“十三五”普通高等教育本科部委级规划教材

网络营销基础与实践

THE BASIC PRINCIPLES AND PRACTICE OF E-MARKETING

李成钢◎主　编
刘娜　于继超　马琳　叶伟◎副主编

中国纺织出版社

内容提要

网络营销是互联网时代市场营销的变革和创新，它传承了市场营销的理论基础，并结合互联网的本质特征，由简单的营销工具的创新，逐步演化为具有时代特征的市场营销的学科发展方向。全书分为10章内容。注重基础性、理论性和实践性的结合。分别介绍和分析了网络营销的发展环境和基础、网络消费者行为、网络营销的4P策略，网络营销理念创新，以及基于PC端和移动端的网络营销工具的应用等。本书通俗易懂，注重基础理论性和实践应用性的平衡。每章设定出学习目标和内容要点，课后思考题；还配备引导案例、穿插案例和延伸阅读等内容，条理清晰，资料翔实。可以作为高等院校经济管理类相关专业的教材或参考资料，也可作为关注网络经济发展的专家、学者和相关人士的参考书。

图书在版编目（CIP）数据

网络营销基础与实践 / 李成钢主编. -- 北京：中国纺织出版社，2016.9（2021.8重印）

“十三五”普通高等教育本科部委级规划教材

ISBN 978-7-5180-2864-1

Ⅰ. ①网… Ⅱ. ①李… Ⅲ. ①网络营销—高等学校—教材 Ⅳ. ①F713.365.2

中国版本图书馆CIP数据核字（2016）第193138号

策划编辑：顾文卓　　责任印制：储志伟

中国纺织出版社出版发行

地址：北京市朝阳区百子湾东里A407号楼　邮政编码：100124

销售电话：010—67004422　传真：010—87155801

http：//www.c-textilep.com

E-mail：faxing@c-textilep.com

中国纺织出版社天猫旗舰店

官方微博 http：//weibo.com/2119887771

北京虎彩文化传播有限公司印刷　各地新华书店经销

2016年9月第1版　2021年8月第5次印刷

开本：787×1092　1/16　印张：19.5

字数：352千字　定价：49.80元

高等院校“十三五”部委级规划教材经济管理类编委会

王若军：北京经济管理职业学院院长、教授

乌丹星：国家开放大学社会工作学院执行院长、教授

吴中元：天津工业大学科研处处长、教授

夏火松：武汉纺织大学管理学院院长、教授、博导

张健东：大连工业大学管理学院院长、教授、硕导

张科静：东华大学旭日工商管理学院副院长、教授、硕导

张芝萍：浙江纺织服装职业技术学院商学院院长、教授

赵开华：北京吉利学院副校长、教授

赵志泉：中原工学院经济管理学院院长、教授、硕导

朱春红：天津工业大学经济学院院长、教授、硕导

序

网络营销是互联网时代市场营销的变革和创新，它传承了市场营销的理论基础，并结合互联网的本质特征，由简单营销工具的创新，逐步演化为具有时代特征的市场营销学科发展方向。

网络营销作为市场营销的分支，研究的是网络环境下的市场营销活动，购买行为的主体是网民，调研的方式也是基于互联网，产品、价格、渠道和促销等营销策略是基于互联网平台的营销活动，侧重的是网络工具的创新性应用。因此，网络营销的理论基础包括市场营销学、网络经济学、消费行为学以及现代管理等相关理论。

在“互联网 +”的背景之下，社会经济的各行业纷纷结合互联网的特质进行融合性创新，互联网的工具性、媒体性和平台性特征为基于互联网的营销模式创新提供了广阔的空间，网络营销成为企业拥抱互联网、新业务模式的重要抓手。

基于这样的背景和认识，借助“十三五”教材规划的契机，编写这本“网路营销基础与实践”教材。

本书注重理论体系的完整性和实践的可操作性。

一方面，按照相对完善的市场营销教材的体系构建本书的框架，即从环境和基础、消费者行为、4P 的营销策略，以及营销理念创新等方面来构建本书的内容体系。

另一方面，实践的操作性。编写中注重最新的工具运用和实践性的商业案例的引入，加强实践方面的引导，增强操作性。为了便于教学和研究，每一章的开篇都设定了学习目标、内容要点和引导案例。

全书共分 10 章，主要由北京服装学院、北京物资学院和北京财贸职业学院的相关老师以及研究生共同编写而成。具体编写分工如下：

框架设计：全体编写人员

序、第一章：李成钢

第二章：王英霞

第三章：冯美琪、李曼丽

第四章：吴丽娜、李曼丽

第五章：吴丽娜

第六章：李曼丽

第七章：王英霞

第八章：冯美琪

第九章：刘娜

第十章：李成钢、马琳、王英霞、李曼丽、吴丽娜、冯美琪

编审：李成钢、于继超、叶伟

由于水平有限，在进行来稿的编审中，难免有取舍不当之处，同时对动态性较强的互联网发展的把握，也难免有认识上的不足，敬请广大读者批评指正。

李成钢

2016年5月18日

目录

第一章　网络营销导论

【学习目标】

1. 了解市场营销观念的沿革
2. 了解网络营销的形成和发展
3. 理解网络营销的含义和特征
4. 了解网络营销的理论基础

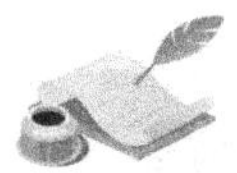

【内容要点】

1. 市场营销观念的发展
2. 网络营销的含义
3. 网络营销的特征
4. 网络营销与电子商务的区别和联系
5. 网络营销的理论基础

【导言】

互联网经济是在工业经济基础上发展的经济新形态，现在还处于发展的初期，但是其发展潜力不容小觑，互联网经济在与传统工业经济的融合中不断改造和提升着传统经济的运营模式，并逐步形成和深化着自己独特的商业价值。与传统工业经济的技术提升带动产业发展不同，互联网更多的是以应用和模式创新的方式来推动经济发展，这导致互联网经济更加关注消费市场、关注消费者的满足程度，加重了互联网时代“买方市场”的市场格局特征。

“互联网 +”的提出，“把互联网的创新成果与经济社会各领域深度融合，推动技术进步、效率提升和组织变革，提升实体经济创新力和生产力，形成更广泛的以互联网为基础设施和创新要素的经济社会发展新形态。在全球新一轮科技革命和产业变革中，互联网与各领域的融合发展具有广阔前景和无限潜力，已成为不可阻挡的时代潮流，正对各国经济社会发展产生着战略性和全局性的影响。积极发挥我国互联网已经形成的比较优势，把握机遇，增强信心，加快推进‘互联网 +’发展，有利于重塑创新体系、激发创新活力、培育新兴业态和创新公共服务模式，对打造大众创业、万众创新和增加公共产品、公共服务‘双引擎’，主动适应和引领经济发展新常态，形成经济发展新动能，实现中国经济提质增效升级具有重要意义。”

第一节　市场营销的观念延伸

一、市场营销观念的沿革

（一）关于市场营销观念

观念是一种相对系统的态度和思维方式，是基于客观事物达成的系统性的主观认识。

市场营销观念是以市场为出发点的微观企业的指导思想和经营哲学。市场营销观念下，企业的市场营销工作要在分析宏观环境和微观环境的基础上，进而正确定位目标市场，采取相应的营销策略，从而比竞争对手更有效、更有利地传送目标市场所期望满足的东西，实现市场营销管理的目标。

市场营销观念的形成受控于两个因素：一是客观环境的变化，主要包括宏观环境和微观环境，客观环境的变化是营销观念变化和延伸的基础；二是主观认识的提升，随着条件的变化，目标市场、营销策略都需要适时而变，作为企业经营哲学的市场营销观念也在发生变化。

（二）市场营销观念的沿革

市场营销观念先后经历了以生产为中心的观念、以消费为中心的观念、以社会利益为中心的观念等阶段和形式[1]。

1. 生产观念

生产观念的典型表现是“我们生产什么，就卖什么”。以生产观念指导营销活动的企业，称为生产导向企业。盛行于 19 世纪末 20 世纪初。该观念认为，消费者喜欢那些可以随处买到和价格低廉的商品，企业应当组织和利用所有资源，集中一切力量提高生产效率和扩大分销范围，增加产量，降低成本。显然，生产观念是一种重生产、轻营销的指导思想。比较典型的例子是美国福特汽车公司，20 世纪初，美国福

[1] 吴健安 . 市场营销学 [M]. 高等教育出版社，2012.

特汽车公司制造的汽车供不应求，亨利－福特曾傲慢的宣称：“不管顾客需要什么颜色的汽车，我只有一种黑色的。”福特公司1914年开始生产的T型车，就是在“生产导向”经营哲学指导下创造出奇迹的。使T型车生产效率趋于完善，降低成本，使更多人买得起。到1921年，福特T型车在美国汽车市场上的占有率达到56%。

2. 产品观念

产品观念是与生产观念并存的一种市场营销观念，都是重生产轻营销。产品观念认为，消费者喜欢高质量、多功能和具有某些特色的产品。因此，企业管理的中心是致力于生产优质产品，并不断精益求精，日益完善。在这种观念的指导下，公司经理人常常迷恋自己的产品，以至于没有意识到产品可能并不迎合时尚，甚至市场正朝着不同的方向发展。他们在设计产品时只依赖工程技术人员而极少让消费者介入。

产品观念把市场看作是生产过程的终点，而不是生产过程的起点；忽视了市场需求的多样性和动态性，过分重视产品而忽视顾客需求。当某些产品出现供过于求或不适销对路而产生积压时，容易导致“市场营销近视症”。

3. 推销观念

推销观念的典型表现是“我卖什么，就设法让人们买什么”。推销观念产生于由“卖方市场”向“买方市场”的过渡阶段。盛行于20世纪30～40年代。推销观念认为，消费者通常有一种购买惰性或抗衡心理，若听其自然，消费者就不会自觉的购买大量本企业的产品，因此，企业管理的中心任务是积极推销和大力促销，以诱导消费者购买产品。在推销观念的指导下，企业相信产品是“卖出去的”，而不是“被买去的”。他们致力于产品的推广和广告活动，以求说服、甚至强制消费者购买。

推销观念与前两种观念一样，也是建立在以企业为中心的“以产定销”，而不是满足消费者真正需要的基础上。因此，前三种观念被称之为市场营销的旧观念。

4. 市场营销观念

市场营销观念是以消费者需要和欲望为导向的经营哲学，是消费者主权论的体现。形成于20世纪50年代。该观念认为，实现企业诸目标的关键在于正确确定目标市场的需要和欲望，一切以消费者为中心，并且比竞争对手更有效、更有利地传送目标市场所期望满足的东西。

市场营销观念的产生，是市场营销哲学一种质的飞跃和革命，它不仅改变了传统旧观念的逻辑思维方式，而且在经营策略和方法上也有很大突破。它要求企业营销管理贯彻“顾客至上”的原则，从而实现企业目标。因此，企业在决定其生产经营时，必须进行市场调研，根据市场需求及企业本身条件选择目标市场，组织生产经营，最大限度地提高顾客满意程度。

市场营销观念是消费者至上的观念，在这种观念的导向下，保护消费者权益的法律纷纷出台，消费者保护组织在社会上日益强大。根据“消费者主权论”，市场营销观念相信，决定生产什么产品的主权不在生产者，也不在于政府，而在于消费者。

5. 社会营销观念

社会营销观念是以社会长远利益为中心的市场营销观念，是对市场营销观念的补充和完善，从20世纪70年代起，随着全球环境破坏、资源短缺、人口爆炸、通货膨胀和忽视社会服务等问题日益严重，要求企业顾及消费者整体利益与长远利益的呼声越来越高。在西方市场营销学界提出了一系列新的理论及观念，如人类观念、理智消费观念、生态准则观念、绿色营销等。其共同点都是认为，企业生产经营不仅要考虑消费者需要，而且要考虑消费者和整个社会的长远利益。这类观念统称为社会营销观念。

社会营销观念的基本核心是：以实现消费者满意以及消费者和社会公众的长期福利作为企业的根本目的与责任。理想的营销决策应同时考虑到：消费者的需求与愿望的满足，消费者和社会的长远利益，企业的营销效益。

互联网的出现以及在商贸领域的广泛应用，再次形成了网络经济下的市场营销观念——网络营销。互联网开始以工具性和媒体性的特征出现，后来逐步发展成平台性和空间性，对市场营销的影响，也由简单的市场营销工具和手段的丰富，逐步过渡到了全新的基于互联网环境的营销观念的创新。

二、网络营销的形成和发展

网络营销的形成和发展，与互联网经济的发展是同步的，而互联网经济的发展与电子商务又是紧密相关的，因为正是在以电子商务为代表的互联网经济发展中，网络营销的模式创新和互联网的营销工具运用才逐步被发掘和认识，网络营销在互联网经济时代的作用和地位才得以彰显。所以探讨中国网络营销的形成和发展，需要了解中国电子商务和互联网经济的发展历程。

中国互联网经济的发展可谓一波三折，从1994年中国首次接入国际互联网开始算起，截至2015年，也不过20年的发展时间，但如果给这短短20年进行阶段划分的话，也能够分出几个标志性的发展阶段。中国电子商务是伴随着电子商务服务业的发展而发展的，它诞生于20世纪90年代中后期8848、阿里巴巴等一批电子商务网站的兴起；受困于2000年至2002年互联网泡沫的破灭；复苏于2003年“非典”影响下网购市场的活跃；壮大于2006年、2007年IPO的“财富效应”、行业良性竞争和创业投资热潮“三驾马车”的促动；异军突起于2008年爆发的国际金融危机[2]。

（一）前期酝酿（1990～1996年）

我国20世纪90年代开始开展EDI的电子商务应用。自1990年开始，国家计

[2] 周宏仁，乔阳，梁春晓，李成钢．从阿里巴巴看中国电子商务及电子商务服务业发展研究报告[R]．2010.5.

委、科委将 EDI 列入“八五”国家科技攻关项目，如外经贸部国家外贸许可证 EDI 系统、中国对外贸易运输总公司中国外运海运 / 空运管理 EDI 系统、中国化工进出口公司“中化财务、石油、橡胶贸易 EDI 系统”及山东抽纱公司“EDI 在出口贸易中的应用”等。1991 年 9 月，由国务院电子信息系统推广应用办公室牵头，会同国家计委、科委、外经贸部、国内贸易部、交通部、邮电部、电子部、国家技术监督局、商检局、外汇管理局、海关总署、中国银行、人民银行、中国人民保险公司、税务局、贸促会等 8 个部委局，发起成立“中国促进 EDI 应用协调小组”；同年 10 月，成立“中国 EDIFACT 委员会”，并参加亚洲 EDIFACT 理事会。EDI 在国内外贸易、交通、银行等部门应用。

1993 年，成立国务院副总理为主席的国民经济信息化联席会议及其办公室，相继组织了金关、金卡、金税等“三金工程”，取得了重大进展。1994 年 5 月，中国人民银行、电子部、全球信息基础设施委员会（GIIC）共同组织“北京电子商务际论坛”，来自美、英、法、德、日本、澳大利亚、埃及、加拿大等国 700 人参加。1994 年 10 月，“亚太地区电子商务研讨会”在京召开，使电子商务概念开始在我国传播。1995 年，中国互联网开始商业化。互联网公司（ISP、.COM 公司）开始兴起。

1996 年 1 月，成立国务院国家信息化工作领导小组，由副总理任组长，20 多个部委参加，统一领导组织我国信息化建设。1996 年，全桥网与因特网正式开通。

1997 年，信息办组织有关部门起草编制我国信息化规划；1997 年 4 月，在深圳召开全国信息化工作会议，各省市地区相继成立信息化领导小组及其办公室，各省开始制定本省包含电子商务在内的信息化建设规划。1997 年，广告主开始使用网络广告。1997 年 4 月以来，中国商品订货系统（CGOS）开始运行。

（二）萌芽阶段（1997 ~ 1999 年）

在此期间，随着 1994 年中国正式接入国际互联网，一批专业服务网站的建立，标志着电子商务的萌芽。网上购物进入实际应用阶段。互联网全新的引入概念鼓舞了第一批新经济的创业者，他们认可了互联网的交流和传播可以为传统的贸易信息提供更为广阔的舞台，看到了无限商机。于是，从 1997 年到 1999 年，美商网、中国化工网、8848、阿里巴巴、易趣网、当当网等知名电子商务网站先后涌现。据中国 B2B 研究中心调查显示：在目前已经成立的电子商务网站当中，有 5.2% 创办于 20 世纪 90 年代。标志着我国电子商务的萌芽与起步时期。

1997 年，中国化工信息网正式在互联网上提供服务，开拓了网络化工的先河，是全国第一个介入行业网站服务的国有机构。1997 年，“易贸通”推出 Tradeeasy.comB2B 贸易入门网站。1997 年 12 月，中国化工网（英文版）上线，成为国内第一家垂直 B2B 电子商务商业网站。1998 年 10 月，美商网（又名“相逢中国”）获多家美国知名 VC 千万美元投资，是最早进入中国 B2B 电子商务市场的海外网站，首开全球 B2B 电子商务先河。1998 年 2 月，由焦点科技运营的中国制造网（英文版）在南京上线。1998 年 12 月，阿里巴巴正式在开曼群岛注册成立；1999 年 3 月，其子公司阿里巴巴中国在我国杭州创建；同年 6 月，在开曼群岛注册阿里巴巴集团。1999 年 8 月，邵亦波创办国内首家 C2C 电子商务平台“易趣网”。1999 年 5 月，“中国电子商务第一人”王峻涛创办“8848”涉水电子商务，并在当年融资 260 万美元，标志着国内第一家 B2C 电子商务网站诞生。1999 年 6 月，《数字化经济》一书在 8848 首发，成为中国网上首发图书第一例。1999 年 9 月 6 日，中国国际电子商务应用博览会在北京举行，是中国第一次全面推出的电子商务技术与应用成果大型汇报会。1999 年 9 月，招商银行率先在国内全面启动“一网通”网上银行服务，建立了由网上企业银行、网上个人银行、网上支付、网上证券及网上商城为核心的网络银行服务体系，并经央行批准成为国内首家开展网上个人银行业务的商业银行。1999 年 12 月，建设银行在北京宣布推出网上支付业务，成为国内首家开通网银的国有银行。1999 年，中国网库推出“中国网络黄页”，并在全国各地开通了地方 114 网，并以各地 114 网为基础为企业提供网络信息化应用等全套服务。

（三）互联网泡沫破灭期（2000 ~ 2002 年）

2000 ~ 2002 年，在互联网泡沫破灭的大背景下，电子商务的发展受到严重影响，尤其是部分严重依靠外来投资“输血”，而自身尚未找到盈利模式具备“造血”功能的企业，经历了严峻考验。包括 8848、美商网、阿里巴巴在内的知名电子商务网站进入残酷的寒冬阶段，商业模式和资金注入成为挽救电子商务企业的法宝。依靠“会员 + 广告”模式的行业网站集群，则大都实现了集体盈利。据中国 B2B 研究中心调查显示：在这 3 年间创建的电子商务网站不到现有网站总数的 12.1%。

在此期间，除了泡沫破灭、网站倒闭、寻找契机外，中国电子商务领域也取得了一定进展。2000 年新年、春节前后的旺季，中国 B2C 电子商务迎来了第一个节日网购销售高峰。2000 年 4 月，于 1992 年成立的慧聪国际推出了慧聪商务网，即现在的慧聪网。2000 年 5 月，卓越网成立，为我国早期 B2C 网站之一。2000 年 6 月 21 日，中国电子商务协会正式成立。2000 年 12 月，阿里巴巴在前一年 10 月获高盛等 500 万天使投资的基础上，获日本软银等境外财团联合投资 2500 万美元，由此开始奠定阿里巴巴电子商务王国的基础。2001 年 7 月 9 日，中国人民银行颁布《网上银行业务管理暂行办法》。2001 年 10 月，中国化工网成功打赢“中国入世跨国知识产权第一案”，捍卫了对全球化工顶级域名 chemnet.com 的所有权，成为我国互联网领域知识产权官司的标本。2001 年 11 月，中国电子政务应用示范工程通过论证，这标志着中国向“电子政府”迈出了重要的一步。2002 年 3 月，全球最大网络交易平台 eBay

以 3000 万美元的价格购入易趣网 33% 股份。2002 年 7 月 3 日，召开的国家信息化领导小组第二次会议，审议通过了《国民经济和社会发展第十个五年计划信息化重点专项规划》《关于我国电子政务建设的指导意见》和《振兴软件产业行动纲要》，2002 年 9 月，王峻涛创办 6688 电子商务网站，二度进军 B2C 网上商城。

（四）“非典”复苏期（2003 ~ 2005 年）

2003 年 5 月，“非典”给电子商务带来了意外的发展机遇，各 B2B、B2C 电子商务网站会员数量迅速增加，并且部分实现盈利，C2C 也由此酝酿变局。在 2003 年一场突如其来的“非典”后，电子商务出现了快速复苏回暖，部分电子商务网站也在经历过泡沫破裂后，更加谨慎务实地对待盈利模式和低成本经营。据中国 B2B 研究中心调查显示：目前现有电子商务网站总数占现有网站总数的 30.1%，应用电子商务的企业会员数量开始明显增加，2003 年成为不少电子商务网站尤其是 B2B 网站的“盈收平衡年”。

在此期间，2003 年 5 月，阿里巴巴集团投资 1 亿元人民币成立淘宝网，进军 C2C；随后几年内，逐渐改变国内 C2C 市场格局，而网购理念与网民网购消费习惯也进一步得到普及。2003 年 6 月，eBay 以 1.5 亿美元收购易趣网剩余 67% 股份，国内最大 C2C 企业由此被外资全盘并购。2003 年 10 月，阿里巴巴推出“支付宝”，致力于为网络交易用户提供基于第三方担保的在线支付服务，正式进军电子支付领域。2003 年 12 月，慧聪网（08292-HK）香港创业板上市，为国内 B2B 电子商务首家上市公司。2004 年，阿里巴巴集团与英特尔合作建设中国首个手机电子商务平台。2004 年 1 月，阿里巴巴集团董事局主席马云正式提出“网商”概念。2004 年 1 月 8 日，中国电子商务“先驱”8848 在京“复出”回到电子商务领域，转型专注做“中国电子商务引擎”。2004 年 6 月，“第一届网商大会”在杭州举办。2004 年 8 月，亚马逊以 7500 万美元协议收购卓越网，并更名为卓越亚马逊。2004 年 8 月 28 日，十届全国人大常委会第十一次会议表决通过了《中华人民共和国电子签名法》，于 2005 年 4 月 1 日起施行。2004 年年底，由温家宝总理主持的信息化领导小组第四次会议通过了《关于加快电子商务发展的若干意见》。2005 年 2 月，支付宝推出保障用户利益的“全额赔付”制度，开国内电子支付的先河；当年 7 月又推出“你敢用，我敢赔”。2005 年 4 月 1 日，《电子签名法》正式施行，奠定了电子商务市场良好发展态势的基础，也是中国信息化领域的第一部法律。2005 年 4 月 18 日，中国电子商务协会政策法律委员会组织有关企业起草的《网上交易平台服务自律规范》正式对外发布。2005 年 8 月，阿里巴巴并购雅虎中国全部资产，同时得到雅虎 10 亿美元投资，雅虎则拥有 40% 股份，由此成为阿里巴巴最大控股股东。2005 年 9 月 12 日，腾讯依托 QQ 逾 5.9 亿的庞大用户推出“拍拍网”，C2C 三足鼎立格局渐形成。2005

年10月26日，中国人民银行出台《电子支付指引（第一号）》，全面针对电子支付中的规范、安全、技术措施、责任承担等进行了规定。

（五）快速发展期（2006年至今）

互联网环境的改善、理念的普及给电子商务带来巨大的发展机遇，各类电子商务平台会员数量迅速增加，大部分B2B行业电子商务网站开始实现盈利。而专注B2B的网盛生意宝与阿里巴巴的先后上市成功引发的“财富效应”，更是大大激发了创业者与投资者对电子商务的热情。IPO的梦想、行业良性竞争和创业投资热情高涨这“三驾马车”，大大推动了我国行业电子商务进入新一轮高速发展与商业模式创新阶段，衍生出更为丰富的服务形式与盈利模式，而电子商务网站数量也快速增加。据中国B2B研究中心调查显示：仅2007年，国内各类电子商务网站的创办数量就超过了现有网站总数的30.3%。

2008年全球金融危机爆发，全球经济环境迅速恶化，致使我国相当多的中小企业举步维艰，尤其是外贸出口企业随之受到极大阻碍。作为互联网产业中与传统产业关联度最高的电子商务，也难以独善其身。受产业链波及，外贸在线B2B首当其冲，以沱沱网、万国商业网、慧聪宁波网、阿里巴巴为代表的出口导向型电子商务服务商，纷纷或关闭、或裁员重组、或增长放缓。在外贸转内销与扩大内需、降低销售成本的指引下，内贸在线B2B与垂直细分B2C却获得了新一轮高速发展，不少B2C服务商获得了数目可观的VC的资本青睐，传统厂商也纷纷涉水，B2C由此取得了前所未有的发展与繁荣。而C2C领域，随着搜索引擎巨头百度的进入，使得网购用户获得了更多的选择空间，行业竞争更加激烈。该时期电子商务行业优胜劣汰步伐加快，模式、产品、服务等创新层出不穷。该阶段是我国电子商务的转型与升级时期。

第二节　网络营销的含义和特征

一、网络营销的含义

网络营销属于市场营销的范畴，是市场营销在互联网时代的融合创新与发展。目前，借助刘向晖在《网络营销导论》中对网络营销概念的梳理，谈谈大家对网络营销的几种基本认识：

杨坚争（2002）：网络营销是借助于互联网完成一系列营销环节以达到营销目的的过程。

姜旭平（2007）：从理论上和一般意义上讲，网络营销是企业利用当代互联网环境来展开的各类营销活动，是传统市场营销在互联网时代的延伸和发展。从实践和具体操作上，网络营销是企业利用网络技术来整合多种媒体，实现营销传播的方法、策略和过程。

冯英健（2007）：网络营销是企业整体营销战略的一个组成部分，是为实现企业总体经营目标进行的，以互联网为基本手段营造网上经营环境的各种活动。所谓网上经营环境，是指企业内外部与开展网上经营活动相关的环境，包括网站本身、顾客、网络服务商、合作伙伴、供应商、销售商、相关行业的网络环境等。

刘向晖（2014）：简单地说，网络营销就是利用互联网在更大程度上更有利润地满足顾客需求的过程。一个更加严格的定义则是：网络营销是依托网络工具和网上资源开展的市场营销活动，是将传统的营销原理和互联网特有的互动能力相结合的营销方式，它既包括在网上针对网上虚拟市场开展的营销活动，也包括在网上开展的服务于传统有形市场的营销活动，还包括在网下以传统手段开展的服务于网络虚拟市场的营销活动。

这些定义尽管表述不同，但是都反映了网络营销的本质和含义。归纳起来，第一，网络营销是属于市场营销的一个部分，是互联网时代市场营销的发展，因此，满足顾客的需求同样是网络营销的基本目的；第二，网络营销是利用互联网，借助于互联网开展的营销活动，包括基于互联网的技术和特征，利用互联网工具和资源，开展市场营销活动。可以说，把握了市场营销的本质和互联网的融合，就把握了目前网络营销发展的本质。

二、网络营销的概念区分

（一）网络营销与市场营销

从范围上看，网络营销是市场营销在互联网时代的延伸和发展，它承继了市场营销的所有本质特点；从现阶段来看，网络营销是市场营销战略的一个组成部分。这与目前互联网经济发展的阶段性特征有关，互联网的普及和运用，尽管带来了先进的理念和工具，但是，企业认识和运用互联网的程度并不相同，这就造成了网络营销在不同企业的地位差异。对于基于网络环境开展业务的企业，其营销的目标和手段更加互联网化，网络营销与市场营销是一体的，其市场营销活动就是网络营销。而在一些传统行业，或者一些目前对互联网依赖程度不是特别强的企业，网络营销通常只是处于辅助地位。所以，理解网络营销和市场营销的关系，应该从两方面来把握，第一，从互联网经济发展的趋势看，网络营销是互联网时代市场营销的变革和延伸；第二，从目前的经济发展来看，基于互联网的网络营销是企业市场营销战略的组成部分。

（二）网络营销和电子商务

网络营销和电子商务是一对联系紧密，容易让人混淆的概念。二者的共同之处在于，一方面，都是借助于互联网，利用互联网开展业务活动；另一方面，二者的根本目的，都是基于顾客的需求，实现企业自身的价值。

而且很多电子商务的模式创新是通过网络营销来开展的。

案例 1-1 三珍斋：网络渠道为老字号注入新活力

浙江桐乡的嘉兴三珍斋食品有限公司，前身是150年前开在乌镇桥边的三珍斋酱鸡店，现在的主打产品是粽子、八宝鸭、乌镇羊肉和东坡肉等，这些酱卤类肉制品浓缩了乌镇文化的精髓。

李飒是三珍斋上海销售经理，也是三珍斋淘宝网店的负责人。2006 年 7 月，李飒在淘宝网上开起了三珍斋网店，慢慢有了一定销路。2007 年 5 月加入“中华绝铺”推广活动后，三珍斋生意越来越红火。

一、开网店与传统超市渠道互补

三珍斋的主要销售渠道是长三角地区包括上海、杭州、南京和温州等各城市的 400 多家超市连锁店。为了避免回款过慢，三珍斋产品都不走代理，而由李飒负责直销进入各超市。但是超市这个渠道有其固有的局限，主要是账期和营销成本。

一般超市的账期通常在三个月以上，超市过长的账期让公司无法承受。于是，三珍斋选择从一些小规模的二线超市中撤出，只在易初莲花这样能保证一个月账期的大超市销售。

超市的营销成本不断增加。例如进入一个超市，一个品类条形码的费用就要上百元，在超市中还有各种附加营销费用，比如促销费等。三珍斋有几百种产品，由于一个单店几千甚至上万元的条形码费用，所以一般只上架几种到十几种的热销商品。

虽然成本在不断增加，但是三珍斋产品在超市的销售增长却不明显。超市的局限性正是李飒向公司申请增加网上零售的原因。

2006 年 7 月，李飒试着在淘宝网开通了三珍斋的网店。刚开始时，网店生意并不景气，很少有顾客光顾。李飒开始寻找原因。她觉得，首先要做自己认可的产品，以它为突破口。她选了一个八宝鸭的产品，开始在它身上做文章。李飒问品尝过的人感觉如何，反馈都不错。于是她把产品的照片全部换掉，不再用有包装纸的照片，全部改成实物照片。同时在美食论坛里发贴子，并且参加一些淘宝网上的促销活动。慢慢地，网店生意开始有了起色。2007 年年初，网店成为“一钻店”。

二、销量超过连锁超市几个分店

2007 年 5 月，淘宝网推出“中华绝铺”[3] 项目，主要针对中华老字号和地方传统特产等知名食品。一些老字号、特产食品在淘宝网上开始火起来。三珍斋也加入了“中华绝铺”项目。当时恰逢传统佳节端午，三珍斋的八宝鸭、粽子等一下子热销起来。

三珍斋网店的生意渐渐火起来。2007 年，网店的销售额达到了 100 万元。到 2008 年端午节，粽子销售到最后竟然断货。网店上一天粽子的销量，不算团购，约 20～30 箱，一箱 40 个，前后持续一个多星期。团购的销量更大，有时一单就是 2 万～ 3 万元，团购总额估计达到 40 万多元，散单一周也达到 10 万元左右。

根据销售额来比较，三珍斋网店的销量差不多能抵上一家大型超市五家分店之和，但销售费用明显降低很多。超市的每家分店一般由三珍斋派驻一名促销员，而网店总共只需要三名客服人员。

三、市场空间显著扩大

三珍斋以前的市场主要是长三角地区，网店开通后，买家来自全国各地，甚至有的来自海外；以前在超市销售，顾客以居家中老年人为主，一般是当作菜肴来购买，网店开通后，顾客主要是年轻人、白领，他们购买八宝鸭等，相当于购买地方小吃和零食。网络渠道让三珍斋能够以极低的成本进入新的市场，接触新的顾客群。

网店还可以帮助三珍斋直接、详细地了解顾客的需求，获得顾客的反馈。通过超市渠道很难收到顾客的反馈信息，网店则具有明显的优势。比如三珍斋曾经有一批八宝鸭做咸了，很多顾客都留言反映，李飒迅速根据反映，回工厂改进产品。顾客的反馈信息还成为帮助三珍斋推出新产品的重要动力。比如三珍斋根据顾客需求推出了以排骨、糯米为主料的新产品——肉排宝。

三珍斋网店生意变得红红火火，这家拥有百年历史的老字号焕发了新的活力。2008 年，李飒被评为“淘宝企业零售十大网商”。

但是不能把网络营销和电子商务二者简单地等同起来。

第一，从交易过程的完整性来说，网络营销是电子商务的一个组成部分。电子商务是商务在互联网时代的延伸和发展，电子商务归根结底是一种商业活动，是基于信息技术从事的商业活动。从本质上看，电子商务的商业社会性没有发生变化，而且社会性更加明显。为交换而生产的特点更加显著。同时，为了交换的顺利完成，电子商务的平台内部和外部自发和刻意地形成了不同的社会性群体，来评价、分析和讨论，使得交易的社会性特点更加突出。

---

[3] 中华绝铺 . 淘宝网 http://www.taobao.com/theme/mall/zhjp/

电子商务连接生产和消费的媒介特质没有发生变化。这种衔接通过信息技术，更加便捷地让生产和消费更好地对接。电子商务的互动性，让生产者能够充分了解消费的需求，提供更加适合的产品和服务，消费者可以把自己的诉求提供给供应方，以便能够让自己的需求得到充分满足，这些是通过信息技术和模式创新完成的。这种基于信息技术的商务活动，使得商业的“生产和消费的时空统一职能”充分发挥出来，即时性、柔性、个性化等特征成为电子商务区别于传统商业的典型特征。

电子商务让商业信用的深度和广度以更加快捷的速度得以扩张。交易的安全性是商业追求的目标之一，电子商务使得商业活动扩张的同时，必然面临着交易安全性的挑战，传统的商业信用和银行信用显然不能满足这种需求。以商业信用和银行信用结合的第三方支付较好地解决了这一结算难题，使得买卖双方能够在较为安全的环境下进行交易。后续的网上银行、信用卡支付等方式的发展，均促进了商业结算的纵深进展，基于电子商务发展的互联网金融蓬勃发展起来。

电子商务归根结底是一种商业活动，没有脱离商业本质，仍然按照商业的运行规律在进行发展，电子商务是信息时代商业模式的一种创新。它强调的是一个完整的商业过程。而网络营销是商务交易当中的一个环节，是为了更好地促成商务交易而进行的一项必备工作，从这个意义上分析，网络营销是电子商务的一个重要环节。

第二，从服务领域来分析，网络营销不仅仅服务于电子商务。互联网的渠道和工具化的应用，除了在商务领域，在很多的社会公益、政府治理等方面也发挥着作用。

三、网络营销的特征

网络营销除了具备传统市场营销的一切基本特征外，更加具备的是互联网的特征。

第一，网络的无限联接性，使彼此之间的联系和影响成为可能。互联网，顾名思义，是基于网络协议相联系的网络与网络之间的网络系统，尽管拗口，但这是互联网的真实面貌。而互联互通就成为互联网的最本质特征。而网络链接，是指从一个网页指向一个目标的连接关系，这个目标可以是另一个网页，也可以是相同网页上的不同位置，还可以是一个图片，一个电子邮件地址，一个文件，甚至是一个应用程序。而这种看似物物之间的链接和终端之间连接的背后是人与人之间资源的传输和共享，这种数据和信息的传输与共享为彼此之间的相互关联和影响奠定了基础。

第二，互联网的开放性。互联网的无限联接属性决定了互联网的开放性，这种开放性体现在人人可以依法接入互联网，人人可以按照网络的要求上传和下载相应的资源，人人可以以自己的方式默默存在或者影响他人，这种开放性使得网络资源呈几何的倍数增长，形成一定规模后，这种源于网民的资源会反过来自觉和不自觉地影响着互联网参与者的行为。

第三，互联网的透明性。为了区分透明性和开放性，必须提到互联网经济中的重要存在形式——互联网平台。互联网平台有很多种，按照平台或者网站的主体可以分为政府网站、教育科研机构网站、个人网站、企业网站、商业网站、其他非营利机构网站以及其他类型等。按照平台的功能可以分为资讯型、娱乐型、商务交易型或综合型等各种平台，而平台是互联网经济的载体，在一定的平台上才可以进行信息的挖掘、交流和共享等，也只有在一定的平台上，互联网的透明性才得以体现，正因为平台在互联网经济中的重要作用，才有平台经济的提法。而正是基于互联网平台信息的透明性，使得彼此之间的相互影响更具有网络效应和外部性，因为很多的信息交流都是基于非市场因素的。

第四，互联网的互动性。互联网的媒体属性，由 WEB1.0 向 WEB2.0 过渡，由单一的信息传输向着互动的形式发展，无论是电视，还是报纸，主要都是一种“我说你听，我演你看”的传播形式，即使实行了反馈机制和问卷调查的形式，滞后也相当明显。但是互联网从开始就是以互动的形式出现的，网络平台更是绝佳的互动广告平台。互联网的互动性是人类各种感觉器官的延伸，互联网上时时互动式的交流，让信息更加充分地在彼此之间传输和共享，也让彼此之间的联系和影响更加深刻和生动。

第五，互联网的创新性。互联网的创新性表现在很多方面，主要是融合、挖掘和商业模式创新，与农业、工业、交通、运输、医疗、服务业等各个领域的融合，都会带来突破和创新意义，而且这种创新是具有示范效应的，触类旁通之下，会引发更多的创新。

互联网的这些属性和特征，使得网络营销也具备了这样的属性和特征。

第三节　网络营销的理论基础

市场营销作为一门较为成熟的专业课程，经过专家们多年的论证和完善，其框架体系已经相对完善，基本形成了由宏观环境和微观环境分析、组织市场和消费者市场、购买者行为、调研预测、目标市场战略、营销策略以及营销管理等内容构成的框架体系。这些问题的研究，市场营销在基本问题和原理方面形成了较为科学的论证，网络营销作为市场营销在互联网时代的发展，网络营销的框架体系基本承继市场营销的基本框架体系。除此之外，作为网络营销的理论基础，消费者行为学、互联网经济学等学科的相关理论也为网络营销提供了理论支持。

一、环境分析理论框架

市场营销的环境分析分为宏观和微观两个层面，宏观环境，即间接营销环境，指影响企业营销活动的社会性力量和因素，包括：人口环境、经济环境、政治法律、法律环境、技术环境及自然环境。微观环境，直接营销环境（作业环境），指与企业紧密相连，直接影响企业营销能力的各种参与者，包括：企业本身、市场营销渠道企业（供应者、中间商）、竞争者及社会公众。这种环境的分析框架在网络营销中仍然适用，网络营销没有脱离现实而存在，它面对的客户仍然是有很大部分是传统的客户，提供的很多产品和服务仍然是传统的产品和服务。面对的竞争和微观环境从内容上仍然是原来的框架。但是在环境分析中有所不同的是网络营销基于互联网环境的分析部分，也就是基于互联网形成的空间环境和特色的分析。但是市场营销环境分析的基本框架在网络营销中还是基本适用的。

二、市场分析框架

市场营销把市场分为消费者市场和组织市场。一般来讲，消费者市场是个人或家庭为了生活消费而购买产品和服务的市场，而组织市场是以某种组织为购买单位的购买者所构成的市场，购买目的是为了生产、销售、维持组织运作或履行组织职能。这是社会生产的角度进行区分的购买目的，一个是为了最终消费，构成消费市场，一个是为了再生产的环节进行的购买而形成的市场。这是具有一定规律性的认识和论断。在网络营销中，这两种市场的分析仍然适用。只是基于互联网经济下消费者市场的表现特征有所不同，而这种传统组织市场之外，还存在着另外基于网络平台，实现消费者联合的“团购市场”。

网络营销中，可以把组织市场分成两类：一种是传统模式的组织市场，另一种是互联网经济下创新型的组织市场。

市场营销学把组织市场定义为“指以某种组织为购买单位的购买者所构成的市场，购买目的是为了生产、销售、维持组织运作或履行组织职能。”其中的“某种组织”主要定位在生产者、中间商、非营利组织和政府。这样的组织市场的共性是：买方是正规的组织，如政府、协会、正规工商部门登记注册的企业；购买的主要方式是招投标和批量采购；购买的特点是买家少，但采购量大；购买的目的基本上不是直接消费，而是间接消费。在我们的实际经济活动中，这种组织市场的交易量要远远高于消费者市场。消费者只是作为最终的消费者，一件产品在消费者市场上可能只是一次性的交易，但是从这件产品的原料采购、各种中间品的交易、到最后的组装、批发、零售等多环节中，可能已经被交易无数次，而这“无数次”的交易，多属于前面定义的组织市场的交易和消费行为。这种组织市场的消费行为，在互联网经济下同样存在，但是在商品的选取范围、沟通交流方式、支付等环节，互联网提供了更加便捷和合理的促进作用。这种生产商中间产品的需求和交易行为，其实是作为生产的必须，可以从供给的角度进行研究。

在这里提到的组织市场，是一个集合概念，是消费者的集合；从满足的角度，不是间接产品，而是最终产品。这种“组织市场”在传统经济下，一般是个体之间的“串联行为”，多人联合，用批发的价格买到零售的产品。但是在互联网经济下，这种消费者的特殊需求被挖掘，并被进行正规化、组织化和平台化，我们称之为“团购”。

团购是互联网经济下崛起的一种商业模式创新和消费满足的方式，顾名思义，就是团体购物，一般是借助互联网平台，基于某一群体的消费需求，联合众多的消费者，以批发的价格求得最佳个体消费的消费满足方式。

团购与传统的批发很类似，但又有不同。在价格上，团购基本上可以享受到类似批发的折扣价格；但在购买的主体来说，批发商一般对应的是一个主体，但团购的形式不同，卖方需要对应两个层面的群体，一个是议价的群体，一个是消费群体，而且卖方需要对应多个个别的消费主体。

团购是“平台型经济”的代表，互联网的发展本身就具有较强的平台性，前面已经论述了平台经济，这里不再赘述。互联网经济下的团购，有一个重要的参与者——互联网平台，互联网平台以独特的商业模式和商业信用来连接卖方和买方。一方面，聚合互联网上本身并不熟悉的却有着共同需求的消费者；另一方面，以自己平台的身份与卖方进行谈判并签订合同。这样团购模式下，交易的形式变成了卖方——平台——买方。但是在具体的消费中，还是卖方——买方。在团购模式下，平台的作用是至关重要的，卖方基于平台提供折价商品、而买方基于平台享受折价消费，二者能否协调统一源于平台运营的质量和信誉。

团购的“团”与传统模式不同，团购模式下，消费者彼此之间可能都不认识，尽管有“团”的含义，但是彼此在进行消费时可能并不碰面，而是单独的消费，是平台把彼此不认识的消费者聚合在了一起，形成“有组织的消费群体”，增强议价能力。

团购的标的是商品，是任何可以交易的商品，包括有形的和无形的。在传统经济中，批发的概念多数以实体商品为主，对于无形的、服务性商品很难形成规模的批发性效益。但是在平台经济下的团购，却显示出了超常的覆盖领域，实物商品类和无形服务类，无所不包。男装、女装、鞋包、内衣、饰品、运动、美妆、童装、食品、母婴、百货、汽车、家电、数码、旅游、家装、酒店、婚庆、电影、理财等。

互联网经济下的团购是一种另类的组织市场，这个市场的组织形式就是平台网站，团购不仅仅是一种商务模式，或者电子商务的形式，更是互联网经济下，聚类需求的客观反映，和满足需求的一种供给方式和组织形式。

三、消费者行为学

消费者行为学为市场营销和网络营销搭建了基于消费者行为的分析框架。如消费市场的具体分类、消费者行为特征和影响因素等分析框架。在网络营销中，这些基本的框架被加以网络化的运用。

消费者行为学的研究中，对消费者进行了分类研究，一般把消费者归纳为：发起者或倡议者、影响者、决策者、购买者和使用者，也称之为影响消费者购买行为的参与者，统称为消费者。

（一）网民是互联网经济下的购买主体

无论消费者的构成角色有多少，在互联网经济下，消费行为的购买者一定是网民，也就是购买行为的直接实施者。也许购买是为了满足孩子、老人、朋友、妻子、丈夫等的需要，但是购买行为的实施者一定是网民，而网民作为互联网时代一个特殊的群体，其代表着一种消费趋势和群体特征，而且“全网民”时代即将来临，网民将成为互联网时代消费者的代名词。

CNNIC 的统计调查报告对网民的界定：半年内使用过互联网的六周岁及以上的中国居民。网民是互联网经济下的直接购买主体，也是互联网经济得以发展的基石。

在前面章节的分析中，互联网经济的需求具有网络的外部性和边际效益递增的特性，网民就是形成这样的规律并见证这一规律运行的互联网经济的主体存在。互联网发展的初期，在没有任何规划的网民和成形的商业模式之下，所谓的互联网经济是不存在的，尽管有人较早地看到了商机的存在，但是市场的不成熟，仍然让早期的一批探险者在“网络经济泡沫”破灭时“折戟沉沙”。正是随着网民数量的增长，网络效应才得以实现，需求市场的互联网经济特性才得以完整地表现出来，从这个意义上说，网民是互联网经济发展的基石，也是互联网经济下满足需求的购买主体。

（二）网民是未来互联网经济的消费者主体

当“全网民时代”来临时，互联网经济下的消费就是网民的消费，网民将成为互联网经济下消费者的代名词。

根据 CNNIC 的统计，截至 2015 年底，我国的网民数达到 6.88 亿，全年新增网民 3951 万，互联网的普及率达到 50.3%。分析显示，“中国网民规模增幅持续收窄，非网民转化难度进一步扩大”，认为网民人数增长进入瓶颈，农村还具有互联网普及和网民数量提升的巨大空间。实际上，仅从时间的顺序推理，就可以得出网民数量巨大增长的可能。

网络营销的消费者分析主要可以从七个方面分析其属性和特征：性别、年龄、区域、城乡、学历、职业和收入。

四、互联网经济学

网络营销中的策略研究，与市场营销的框架类似，以产品、渠道、价格、促销等为主，但是互联网化的特征更加明显，网络经济学的供给与需求适应中的模式创新可以为网络营销的策略研究提供理论基础。

（一）网络经济学的供给理论创新

生产要素，顾名思义，是生产所需要的社会资源和环境条件的总称，是一个经济学的基本范畴，在不同的社会阶段，生产要素的内含有所不同，其构成也日益丰富。在西方经济学中，生产要素的假设和确定更多服务于生产函数。西方经济学的要素理论强调的“四要素”，即劳动、土地、资本和企业家才能是生产的四类要素，各自的要素价格表现为工资、地租、利息和正常利润。随着社会的发展，技术、管理、信息、资源等在生产过程中的作用正在得到重视，成为生产要素的重要表现。

数据信息成为生产要素是互联网经济时代的特色，有人分析过数据和信息的区别，认为信息是加工过的数据，数据是信息的具体表现形式，这里主要探讨数据或者信息作为生产要素的重要性和存在价值。从信息的普遍性上看，信息一直广泛存在于自然界和人类社会，肩负着交流、传承等诸多使命。在信息时代，“cyber space”，我们把它翻译成网络空间，已经成为一个相对独立的存在空间，日益重要。尤其是2011 年 5 月美国《网络空间国际战略》的提出，第一次从国家战略层面提出了网络空间的提法，更是从国家战略的角度表达了对网络空间的重视。作为一个以现实空间为基础的网络空间，其内部的核心资源就是加工或者未被加工的信息。在信息时代，信息的作用被无限的放大，潜力被充分挖掘，信息以其独特的价值，架构了以其为核心的网络空间。

信息时代，信息的作用被人们高度重视，信息的获取渠道也日益多样化，快速、便捷地获取信息正是信息时代的一大特征。人们可以借助手机、电脑、互联网等工具和手段，把时时看到、听到的信息，完整地上传到网络上，使他人能够即时了解发生的实况，因此，信息时代，信息的动态性较强。由于信息传播手段的便捷和特殊的传播空间渠道，使得信息更新速度快，这种即时性传播，信息的时效性得以保障。在很多情况下，信息的这种共享式传播，使得信息的作用和价值得以最大化。一条信息被共享式传播后，可能迅速就其达成一种社会共识，对各种社会主体产生影响，如政务主体、商务主体、社会各界的参与者等。信息时代，信息正以独特的方式影响着政治、经济、社会、生活的方方面面。信息时代，信息的各种特征被充分地利用和展示，甚至包括虚假信息也得以发展，信息的普遍性、客观性、动态性、时效性、可识别、可传递、可共享等特性均淋漓尽致地得以表现。数据（信息）已经成为互联网时代一种重要的生产要素。

在传统的西方经济学的供给理论研究中，假设其他因素不变，只考虑价格和供给之间数量关系的假设；厂商理论中重“厂”而忽略“商”；经济理性人假设下的均衡；生产要素和生产函数等方面的研究，在工业经济的初期和中期，针对当时条件下的主要问题，进行了比较科学的分析。可以说，是当时条件下，这种分析是相对科学的理论描述和分析。但随着社会经济条件的变化，这种假设和分析，受到越来越多的质疑。尤其是在互联网时代，互联网经济对传统工业经济的创新和变革，针对这一现象，传统经济在解释互联网经济的现象和本质方面愈显苍白，需要在原有的基础上不断地完善经济学，并针对互联网经济时代的经济现象和变革进行重新的审视和分析。

（二）网络经济学的需求理论创新

1. 梅特卡夫定律

梅特卡夫提出了作为互联网“眼球经济”的理论基础的梅特卡夫定律[4]。卡茨（Katz）和沙博理（Shapiro）在 1985 年对网络外部性进行了较为正式的定义：随着使用同一产品或服务的用户数量变化，每个用户从消费此产品或服务中所获得的效用随之变化。基于网络外部性原理，以太网（Ethernet）的发明者鲍勃·梅特卡夫针对早期电话网络提出，后因同样适用于虚拟网络，所以被用于互联网当中。该定律认为，网络的价值以用户数量的平方速度增长。V=N（N–1），当用户数 N 无限大时，网络价值 V 趋近于 N^2。具体表现是，网络价值与网络节点数的平方，与联网用户的数量的平方成正比。例如，当只有你一个人使用电子邮件，这时你所获得的价值就是自有价值，它等于你想你自己发邮件，设价值为 1；当再有一个人使用电子邮件时，假设所有的使用者都互发邮件，你就从中获得了协同价值，这时价值等于 2；当有第三个人使用电子邮件时，网络价值等于 3×（3–1）=6；当有 N 个人使用电子邮件时，网络价值等于 N（N–1），当 N 趋向于无穷大时，网络价值相当于 N^2，这即是 Metcalf 法则，即网络的价值等于网络节点数的平方，这里的节点数即是上面提到的消费者的个数。该定律为互联网经济发展初期的“眼球经济”阶段的企业行为进行了较好的诠释。

运用梅特卡夫定律，部分博客的门户网站根据这条定律计算它的价值，并以此作为计算博客参与该门户网站获得股权的测算依据；梅特卡夫定律确定了新技术推广的价值，网络上联网的计算机越多，每台电脑的价值就越大。新技术只有在许多人使用它时才会变得更有价值，使用网络的人越多，这些产品才变得越有价值，因而越能吸引更多的人来使用，最终提高整个网络的总价值。梅特卡夫定律可以解释网络经济下的边际收益递增现象；实践层面，通过梅特卡夫定律，互联网企业为拓展自身用户网络价值，使得企业的技术和产品被采纳的比例增加，企业更广泛地吸引潜在消费者的注意力，取得实际效益，这是网络价值的体现。

---

[4] 朱彤 . 外部性、网络外部性与网络效应 [J]. 经济理论与经济管理，2001.11. 第 61 页 .

2. 互联网经济下的边际效益递增

按照显示性消费偏好，即消费者的行为看，在互联网经济下有很多这样的现象：随着消费者对某种商品或劳务消费量的增加，消费者所获得总效用增加的同时，边际效用也是在增加的。这种边际效用递增的现象在传统经济下，也是很多的，并不是像经济学书本中提及的像收藏、集邮等少数，而是作为基本的规律广泛地存在。

可以用偏好来解释一下边际效用递增的规律性认识。偏好是人的个性中的稳定性存在，有的是天生的、有的是后天形成的，无论是哪一种，一旦形成，都会成为个性中比较稳定的部分，每个人都是独立的个体，这种个体的独立性通过其行为和内心倾向表现出来，那么理论上每个人都应该有自己的偏好，可能表现的方式不同。消费偏好更多表现在消费者的消费行为中，例如爱美的女性，对于漂亮衣服的偏好，不会因为购买了一件衣服，这个偏好得到基本满足后，服装对她的效用就递减了，有可能更加增长她的消费欲望。网络上有一个“吃货”的称呼，对于这样的美食家，他们对于食物的偏好，不会因为一顿这样的美食，就会降低对于美食的偏好需求，可能从生理上会有吃饱的感觉，但是并不会降低对于美食的追求，甚至会更增强对于美食的渴望。这些普遍现象与经济学中提到的个别的边际效应递增现象，同收藏、集邮等道理是一样的。只是笔者认为，这种现象是普遍存在的，在传统经济中很多，在互联网经济下更多。

边际效用递增规律与互联网经济中的“用户黏性”的概念异曲同工。前面章节中分析，互联网经济的发展有三个阶段，即用户流量、用户黏性和价值提升三个极端。其中用户黏性阶段，是互联网发展的第二阶段，增加用户黏性，从而使高黏性用户愿意为其所享用的服务付费成为重要的商业模式。粘性或者“黏度”是培育市场，衡量顾客忠诚度的重要指标。这种黏性或者边际效用递增的产生，主要是让消费主体形成稳定性的偏好，互联网经济通过其互联网的特色效应、提供商品的类别、特点等，逐步让消费者形成稳定性的偏好，增加用户黏性，实现边际效用的递增。

第一，互联网空间的“无限性”为偏好的“显示性”提供了帮助。受到现实中诸多因素制约，很多消费者的喜好并未真正被挖掘和被满足，甚至受到供给能力和传播能力的限制，很多的偏好还处于消费者心中的想象，并未形成成熟的偏好。互联网的平台性展示，为对接这种小众的特色需求提供了帮助，在挖掘和满足这种需求的过程中，形成了独特的市场价值，一旦这类需求得到满足，可能会形成真正的偏好，迅速增加用户黏性。正所谓“众里寻他千百度，那人却在灯火阑珊处”，互联网经济对于这种偏好的形成和满足，提供了契机。

第二，“消费惰性”的存在。消费者的习惯性消费，使得消费者不愿意轻易地转移目标和对象，这在现实中是一种常态现象。造成这种“惰性”的原因很多。主观原因：“帕累托最优状态”，这里引用一下这个概念来形容消费者的心理满足状态，在这种状态下，消费者感觉比较满足，没有更好选择的前提下，没有“帕累托改进”的余地，任何的改变都会造成整体消费水平的下降，所以，让这种状态持续下去，造成了“消费惰性”，导致消费惰性的前提是没有同比更好的产品可供消费。客观原因：转移成本过高。转移成本是消费者在购买一件商品以取代原有商品的过程中，过渡所需要支付的费用，包括学习成本、交易成本和机会成本。在互联网很多产品的消费中，存在着转移成本，例如网络软件的更换，习惯于用某一种软件，如果重新更换一款软件，不仅有购入成本，且在培训和适应方面，都需要花费更多的精力去适应，经济和精力双方约束之下，很多的消费者采取“惰性”的处理方式。

第三，互联网经济下的持续创新。前面章节中提到过“迭代”这一概念，在互联网经济的创新中，“迭代”既是作为一种互联网经济中以快取胜的市场竞争法则，也是作为不断增加用户粘性的营销手段。互联网经济中，信息的传播速度很快，发布范围很广，产品的生命周期缩短，很多产品具有“快时尚”的特性，快速投入市场，迅速完成市场生命周期，再进一步创新。集成创新成为创新的主要形式，在持续创新的过程中，产品和服务会不断地被完善，客户的需求满足程度会被不断加强，形成了持久性的用户黏性，甚至需求不断参与到产品的被完善过程中，形成了经济中的良性循环，在产品的“迭代”创新中，用户黏性逐步增强，边际效用呈现递增的趋势。

第四，网络效应引发的边际效用递增。有人通过对“外部性”的研究发现，互联网经济中存在着“网络外部性效应”，消费者的满足状态中，除了消费商品和服务的基本属性得到满足外，随着消费同种商品消费者数目的增加，其满足程度也在逐步递增，这已经成为互联网经济中的一种现象。互联网的广泛传播性和相对透明性，使每个消费者可以清晰地看到曾经购买同种商品的人数和基本评价，尤其是在电子商务的网购中，网购人数和网评甚至成为后来消费者网购的依据，据此来判断此商家和该商品的可信度和质量等，而且，随着外部消费者人数的增加，消费者消费该商品的满足程度也会随之增加，我们可以把其称之为网络外部性引发的边际效用的递增现象。关于网络的外部性，我们会在后面的章节中进行论述。

第五，互联网经济带动下的边际效用递增。消费者的满足是一个系统的工程，商品基本功能的完备，购物环境和条件、便利性、支付方式、服务态度等方面都会影响到消费者需求的满足程度。互联网经济的融合性、带动性在满足消费需求中发挥了重要的作用。以网络购物为例，网络选购的业务模式赢得了消费者眼球，随着物流、支付、评价等一系列辅助性业务的完善，使得网络购物的消费者的满足程度不断加强，这充分体现在互联网经济的创新中，这些辅助系统的完善是基于需求而自发进行的服务模式创新，基于互联网经济的系统创新，使得消费需求满足的层次不断提高，对于增强用户黏性起到了重要作用，使得消费者的边际效用也呈现递增的态势。

第六，互联网经济中产品知识含量的增加。互联网经济中，很多产品的集成性很强，即累积众多的消费需求于一件产品上，使产品的功能性大为增强，消费者在进行个别产品的消费时不仅能够满足自身对消费产品的需求，而且还能够分享别人的需求，得到额外的满足状态，从而增强了需求的满足程度。以手机为例，在基本通话功能得到满足的前提下，3G时代的智能手机不断进行功能创新，满足消费者通信需求的基础上，已经成为目前重要的终端设备，集合字典、闹钟、通信、娱乐、照相等多种功能于一身，不断挖掘和满足消费者的需求，使得消费的粘性增强，消费的边际效用递增。

【本章小结】

1. 网络营销的形成和发展，与互联网经济的发展是同步的，而互联网经济的发展与电子商务又是紧密相关的，因为正是在以电子商务为代表的互联网经济的发展中，网络营销的模式创新和互联网的营销工具运用才逐步被发掘和认识，网络营销在互联网经济时代的作用和地位才得以彰显。所以探讨中国网络营销的形成和发展，需要了解中国电子商务和互联网经济的发展历程。

2. 网络营销属于市场营销的范畴，是市场营销在互联网时代的融合创新与发展。网络营销就是利用互联网在更大程度上更有利润地满足顾客需求的过程。一个更加严格的定义则是：网络营销是依托网络工具和网上资源开展的市场营销活动，是将传统的营销原理和互联网特有的互动能力相结合的营销方式，它既包括在网上针对网上虚拟市场开展的营销活动，也包括在网上开展的服务于传统有形市场的营销活动，还包括在网下以传统手段开展的服务于网络虚拟市场的营销活动。

3. 网络的无限联接性、互联网的开放性、互联网的透明性、互联网的互动性和互联网的创新性。互联网的这些属性和特征，是网络营销的属性和特征的基础。

4. 网络营销的理论基础包括市场营销学、消费者行为学和互联网经济学等多个领域的理论。

【课后思考题】

1. 举例说明电子商务和网络营销的区别和联系。

2. 系统梳理一下网络营销学的理论基础。

第二章　网络营销发展的基础和环境

【学习目标】

1. 了解网络营销产生、发展的基础
2. 理解网络营销环境的含义，熟悉网络营销环境的特征、内容
3. 掌握网络营销的宏观环境，熟悉宏观环境的五大因素
4. 掌握网络营销的微观环境，并能应用分析实际问题

【内容要点】

1. 网络营销发展的基础
2. 网络营销环境的含义和特征
3. 网络营销的宏观环境
4. 网络营销的微观环境

【引导案例】

云南国际探险旅行社网站建设分析

取信于人是进行网络营销很重要的因素。由于人们对你的初步了解完全来自网络信息，要让网络访问者把资金敲到你的账户里，这就需要在规划信息内容和交流咨询等过程中使用各种方法使访问者相信你，从产品或服务的品质、规格、数量到报价和售后服务等，均需要采用相应的方法最大可能直接展示给客户。

在此首先引入一个成功案例：云南国际探险旅行社。

一、网络环境分析

由于旅行社开展的主要是云南丰富的探险旅游资源，使得外国探险爱好者对此充满期待。

通过对其网络环境的分析可以看出，除了国内市场，互联网上有巨大的虚拟市场。比如，美国拥有几亿的网民，其中一定存在不少探险爱好者，他们是寻求刺激的旅游度假者，同时很多科学考察项目瞄准了云南。以上种种，证明旅行社的市场主要在海外，而且已经完全具备了通过网络招徕海外客户的营销环境。

二、根据网络环境确定营销环节的重点

云南国际探险旅行社认准“服务项目”，服务项目拥有巨大的吸引力和市场需求，这是准确定位的展现。在此基础上，经营者根据项目本身和网络虚拟化的特点，着重抓住营销环节中的两个方面：第一是在知名搜索引擎上的网址注册；第二是取得客户信任。

在搜索引擎注册方面，重点是排位，即当浏览者用诸如“中国冒险旅游”之类的关键词在搜索引擎上进行检索时，旅行社的网址始终会显示在第一页，使旅游网站获得非常好的点击率。

如此，访问的人多了，需要靠优质的信息留住他们，要让他们将网址加到收藏夹中，或者分享他人。同时对于有咨询念头的客户要牢牢抓住。怎么抓，首先就要取得客户的信任。

三、取信于客户

距离遥远不能谋面，不能实地考察，是网络营销的最大弊端。对此，旅行社从几个方面来展现自己的实力与信誉。

网页具有图文并茂的特点，可以将公司全面地展示给客户。在构造信息空间时，严格遵循全面、客观、真实地反映企业的真实情况，坚持不粉饰和不夸张原则，努力打造好的形象。例如路线、潜在危险、饭店软硬件条件、天气、饮食，提供几乎所有旅游者想了解的信息。

对客户的咨询快速回复，对所有问题给出比较详细的解答。例如：导游的照片、接机人的照片、旅行用车、卫星电话、紧急救援等，多注意细微的地方，考虑客户所想的，体会客户的心情。这样可以打消客户的很多疑虑，获得他们最大限度的信任。

利用旁证是取信客户最有效的招数之一。经过一段时间的积累，旅行社已经积累了 40 多个国外旅游者所在国的资料。当潜在客户犹豫时，旅行社可以出示几十个联系方式，让客户自己联系查实，这招屡试不爽。

当前该旅行社几乎所有的客户存在于网络上，每位顾客每天的消费大约在 100 美元以上，获利颇丰。

综上，云南旅行社的成功离不开以下 3 个因素：

（1）云南旅行社本身拥有的特色。

（2）选择网络作为广告媒体经济、快捷、有效。

（3）抓住了营销环节中真正的关键之处。

从上面这个案例中可以看出，网络营销并不是不可控的，而且可以真正掌握。由于该旅行社本身的特色，其采用网络作为广告、媒体、交流和沟通的手段，达到了经济、快捷、有效的目的。

任何一个企业在进行异域扩张时，都要重视当地的文化背景和消费者的需求，并要有所借鉴、有所结合。该旅行社之所以成功的另一个原因，是由于该旅行社成功的分析了其网络环境，并找到了营销环节中的真正关键之处——顾客。因此，相关企业决策者在进行营销方面的决策时，有一条要牢记，那就是只能以顾客为导向，失去了顾客的认可，任何决策都只能以失败而告终。这正是营销和推销的区别所在。前者强调的是生产能够满足消费者需求的产品，后者强调的是将自己生产的产品卖出去。

最后，企业在市场中经营、发展，一定会受到市场环境的影响。随着当今社会的发展变化，特别是科学技术的进步、市场的竞争越来越激烈，企业应该时刻跟上时代的潮流和步伐。倘若企业沿着老路走，未能及时根据环境变化调整自己的战略、结构、体制和营销策略，将会给企业的正常发展带来危害。正确进行市场环境分析，并采取积极的应对策略，有利于企业在市场竞争中获胜。

（资料来源：http：//www.docin.com/p-226136640.html）

第一节　网络营销发展的基础

随着互联网逐渐延伸到商业领域，以互联网为基础的网络营销迅速发展起来。企业纷纷在网上为消费者提供各种信息服务，并把抢占这一科技制高点视为未来获取竞争优势的重要途径。本节试着从网络营销的产生与发展来认识网络营销的基础。

一、网络营销的产生

网络营销之所以能够迅速发展，是科技进步、消费者价值观变革、商业竞争等综合因素促成的。网络营销的产生有以下三大基础。

（一）网络营销的技术基础

1946 年，由冯·诺依曼设计的第一台电子计算机问世，这台计算机占地 170 平米，且运算速度慢，是计算机发展历史上的一个里程碑。此后，计算机技术迅速发展起来，至今经历了四个阶段：电子管计算机时代、晶体管计算机时代、集成电路计算机时代、超大规模集成电路计算机时代。

我们正处于计算机发展的第四阶段，即超大规模集成电路计算机时代。而现代电子技术和通信技术的应用与发展，特别是国际互联网的普及运用，是网络营销产生的技术基础。国际互联网是一种集通信技术、信息技术和计算机技术为一体的网络系统，它将不同类型的网络和不同机型的计算机互联起来，构成一个整体，从而实现网上资源共享[5]。

1.Web 技术

Web 是发展网络营销的软件基础，它是一个全球性的信息架构，具有快速、经济和易使用的特点。Web 架构的组件包括：Web 客户端（Web client）、Web 服务器（Web server）、超文本传输协议（HTTP）、超文本标示语言（HTML）和通用网关界面（CGI）[6]。

Web 架构的每一个组件都具有其特殊的功能。具体说来：Web 客户端，为存取和显示内容提供一个图形使用界面，如微软的 IE；Web 服务器，是存储文件或其他内容的硬件和软件的组合，如微软的因特网信息服务器（internet information server）；超文本传输协议（HTTP），提供了一种能够让服务器与浏览器之间沟通的语言；超文本标示语言（HTML），是一种包含文字、窗体及图形信息的超文本文件的语言；通用网关界面（CGI），是介于 Web 服务器和应用之间的一个标准界面，它可以用来整合数据库和 Web。

以 Web 为核心的网络营销架构，在技术方面全面阐述了网络营销活动实现需要的环节。依靠各个环节，以 Web 为核心的网络营销架构才得以实施[7]。Web 技术为厂商和消费者提供服务：使得厂商能够在网络平台建设网站、发布商品等；消费者能够在网络上浏览商品、网上支付等，完成整个网上交易过程。在 Web 技术的基础上，通过网络把买卖双方联系起来，网上购物才得以顺利进行，使得在世界的任何地点、任何时间，都可以通过互联网进行实时交易，市场范围大大拓展。

2. 信息交流技术

信息交流技术的发展，使得营销者与目标顾客之间能够进行“双向信息交流”，克服了传统市场营销中“单向信息交流”的弊端，解决了传统营销方式下营销者与顾客之间无法沟通的致命弱点。

此外，新用户也想知道老用户对产品或者服务的满意程度，所以，如果能有老用户的积极评价，对企业的可信度有很大帮助。如今，已把“商品评价”设计为一个网页，各大电子商务网站都积极鼓励老用户发表“商品评价”，这对企业和消费者都有好处：一方面可使企业更好地了解消费者的反应，对商品的满意程度，以及一些建议，同时也有利于企业采取改进措施；另一方面为新用户提供参考意见，这也是一种

---

[5] 廉月娟 . 试论网络营销产生的基础 [J]. 北京市计划劳动管理干部学院学报，2001 年第 9 卷第 2 期 .

[6] 计算机软件水平考试——电子商务框架 .

Internet: http://www.qnr.cn/pc/rj/chuji/dzsw/201001/287149_2.html

[7] 杨晓蒙 . 网络营销的基础技术分析 [J]. 黑龙江科技信息，2014.

双赢。

3. 计算机虚拟现实技术

计算机的虚拟现实技术，使网上购物成为一种实实在在的交易。首先，在支付结算方面，网站通过与一些电子商务服务机构合作，如网上银行，直接为消费者提供了网上支付功能，简化了资金流转的问题；第二，在配送方面，网上直销渠道可以利用互联网技术来构造有效的物流系统，也可以通过互联网与一些专业物流公司进行合作，建立有效的物流体系；第三，在个人定制方面，企业还能利用网络技术和辅助设计软件，帮助顾客选择配置或自行设计自己需求的个性化产品，同时承担自己愿意付出的价格成本。

这些就使得看似虚拟的网络系统，一步步地完成了实实在在的购物过程，为消费者提供了便捷的购物环境。

4. 网络硬件设计

网络硬件设计是通过在线调查表或电子邮件等方式，完成网上市场调研，具有高效率、低成本的优点。

作为一个专业的网络营销人员，应掌握网络硬件设计的方法，如果每天仅从统计数据中看到网站有多少人访问，访问者来自哪里，这些是远远不够的，更应该从基本数据中归纳总结出深层次的问题，这才是专业网络营销人员应该具备的能力。[8]

（二）网络营销的观念基础

消费者价值观念的变化是网络营销发展的观念基础。满足消费者的需求在任何时候都是一个企业的经营核心，如今企业正面临空前激烈的市场竞争，消费者主导的营销时代已经来临，这一变化促使当代消费者心理呈现出新的特点和趋势。消费者价值观变化有以下三个方面。

1. 个性消费的回归

人类的进步和历史的发展常常处于肯定与否定的变化之中，这种轮回不是简单的回归，而是曲折发展，螺旋式上升。

在过去一个相当长的历史时期内，工商业都是将消费者作为单独个体进行服务的，在这一时期内，个性消费是主流。

只是到了近代，工业化和标准化的生产方式才使消费者的个性被淹没于大量低成本、单一化的产品洪流之中。另一方面，在短缺经济或近乎垄断的市场中，消费者可以挑选的产品本来就很少，个性因而不得不被压抑。

但市场经济发展到今天，多数产品无论在数量还是品种上都已极为丰富，消费

---

[8] 杨晓蒙．网络营销的基础技术分析 [J]. 黑龙江科技信息，2014.

者能够以个人心理愿望为基础挑选和购买商品或服务[9]。消费者不仅能在丰富的产品中进行挑选，甚至可以制定自己的需求法则。人们在购买商品时，更加注重商品的特色，甚至对某些商品要求个人定制。例如大家现在购买服装，喜欢的不再是千篇一律的款式，而是喜欢新颖、特别设计的款式，不愿意跟别人“撞衫”。可见，人们的消费行为正慢慢回归个性。

用精神分析学派的观点考察，消费者所选择的已不单是商品的使用价值，而且还包括其他的“延伸物”。这些“延伸物”及其组合可能各不相同，因而从理论上看，没有一个消费者的心理是完全一样的，每一个消费者都是一个细分市场。心理上的认同感已成为消费者作出购买决策的先决条件，个性化的消费正在也必将成为消费的主流。[10]

2. 消费主动性增强

随着商品多样化，可供消费者选择的商品样式和功能越来越多，消费者掌握了更多主动购买商品的权利。

一般而言，消费者更喜欢自主选购，而且对单向的“填鸭式”营销沟通感到厌倦和不信任。在很多日常生活用品的购买中，尤其是一些大件耐用消费品，比如电脑、冰箱、洗衣机的购买，消费者会“主动”通过各种可能的途径获取与商品有关的信息并对其进行分析比较。尽管这些分析可能不够科学和专业，但是消费者根据自己的“主动性”选择和判断，可以增加心理上的满足感。

实质上，消费主动性的增强来源于现代社会不确定性的增加及人类追求心理稳定和平衡的欲望。

3. 对购买方便性的需求与对购物乐趣的追求并存

随着社会生活节奏的加快，大城市的很多上班族由于工作压力大，长期处于高度紧张的状态下，还有些事业型的人更是习惯了惜时如金，他们形成了相对固定的需求和品牌选择。对于这类消费者，他们更强调购物的方便性，尽量节省时间和劳动成本。于是，网购对于这类群体来说大有裨益，很好地满足了他们对购物方便、快捷、省时的需求。

另外，有些消费者则恰恰相反。尤其是自由职业者和家庭主妇们，对于她们来说，可供支配的时间较多，“逛街”只是排遣时间，寻找生活乐趣；或者有时候也是一种社交手段，和朋友们联络感情的由头，保持与社会的联系，减少心理孤独感。因此他们愿意多花时间和体力进行购物，追求购物的乐趣。

这两种相反的心理将会在今后较长时间内并存和发展。

---

[9] 廉月娟 . 试论网络营销产生的基础 [J]. 北京市计划劳动管理干部学院学报，2001 年第 9 卷第 2 期 .

[10] 网络消费心理浅析 . Internet:http://www.diyilunwen.com/lwfw/xlx/10523.html

价格仍然是影响消费心理的重要因素。虽然营销工作者总是倾向于以各种差别化来减弱消费者对价格的敏感度，避免恶性削价竞争，但是价格始终是影响消费者心理的重要因素。

消费者在选购商品时，性价比往往起着主导性的作用。人们更倾向于花费同样甚至更少的钱获得更多更完善的服务。例如，在各种节假日打折促销活动时，商品的销量往往会比平时要高。这就简单说明一个道理：即使在当代发达的营销技术面前，价格始终发挥着巨大作用。只要价格降幅超过消费者的心理界限，消费者原本的购物原则都可能发生改变。

（三）网络营销的现实基础

网络营销产生的现实基础是商业竞争的日益激烈化。各企业为了在日趋激烈的竞争中占据优势地位，都使出了浑身解数来吸引顾客。然而，传统的营销已经很难有新颖独特的方法来帮助企业在竞争中出奇制胜了，这就为网络营销的发展带来了新的契机！

开展网络营销对于企业来说可谓是一举多得！开展网络营销可以使经营规模不受场地的限制，可以方便地采集客户的信息，可以节约昂贵的店面租金，可以减少库存商品的资金占用等，这些长处使企业经营的成本和费用降低，运作周期变短[11]，从根本上增强了企业的竞争优势和经营利润。随着市场竞争日益激烈，这些现实因素都使网络营销占据巨大优势，为企业发展网络营销提供了有力的现实基础。

总之，网络营销的产生和发展有其技术基础、理论基础、观念基础和现实基础，是多种因素综合作用的结果。网络市场蕴藏着无限的商机，作为一种全新的营销理念，网络营销具有很强的实践性特征，具有良好的发展前景[12]。

二、网络营销的发展

网络营销的发展前景令人瞩目，但也不会一帆风顺。尽管世界上一部分发达国家的电子商务活动发展较快，网络营销取得初步成功，但其进一步发展所面临的问题依然不少，尤其是在我国，对此我们应有清醒的认识。

（一）国内网络营销发展的现实问题

如果将网络营销简单地分解为“网络销售”和“网络经营”两种功能，那么目前国内主要发展的是网络销售。与欧美国家网络销售取得的不俗业绩相比，我国的网络营销在原本应是优势和特长的若干方面，却存在着一些现实问题。

---

[11] 浅论网络营销产生的基础 .[J] Internet: http://wenku.baidu.com/view/a1dc4ea00029bd64783e2c15.html

[12] 廉月娟 . 试论网络营销产生的基础 [J]. 北京市计划劳动管理干部学院学报，2001 年第 9 卷第 2 期 .

（1）从“方便”优势看，我国城市不存在欧美国家的“空心化”现象。我国市民的居住范围局限于市区，再加上近几年大中城市的商场建设热潮，国内消费者并不存在花两三个小时车程才能购物的无奈，亲临现场购物很方便。

（2）从“快捷”优势看，我国没像发达国家一样，经历了电话、电视直销热潮后，已经建立起一套完整的速递快运业务体系。相反，我国的快运业务从费用、速度两方面都存在还不能尽如人意的情况。

（3）从“交互性能好”优势看，我国的市场经济起步时间不长，消费者保持着浓厚的传统消费心理，不是亲眼所见，很难激发购买欲望，即便交互性再好，距离的间隔也使其不敢贸然行事。

（4）从“其他”优势看，信用消费和在线结算离中国老百姓还有距离，国内的风险投资体系和证券市场还不完善，网络营销的经营者缺乏开发的保障。在认清现实困难的同时，我们也应充满信心地分析网络营销这一新生事物的发展前景，特别要首先了解互联网的发展前景[13]。

（二）互联网发展与应用的特点

当今的世界已进入网络信息社会，互联网已成为一个全球性、辐射面更广、交互性更强的新型媒体，它与广播、电视等传统媒体相比具有独特的优势。其今后发展与应用的特点表现为：

1. 网络的使用者持续快速地增长

截止到 2014 年底，全球已接入网络的人数达到 29 亿人，占全球人口的 40%。以目前的增长速度，到 2017 年，上网人数将会达到全球人口的 50%[14]。而且网络使用者大多是具有中高等学历和较强经济实力的年轻人，这是最具购买力的消费群体之一。

2. 网络科技快速发展

光纤服务普遍化、骨干网络宽频化持续发展，压缩技术已使得多媒体信息可经由一般电话线传输，网络专用电脑的开发，可以轻易处理复杂动画与满足虚拟实境的应用需求，再加上搜寻工具与多媒体视听软件的应用，将使得网络电脑功能越来越完善。

3. 电子商务将成为网络的重要应用

由于网络上进行交易的成本远小于传统商务交易的成本，互联网上的电子商务市场已经形成规模。我国流通现代化水平明显提高，全国商品交易市场超过 8 万家，其中亿元以上的超过 5000 家。2015 年中国网络零售额预计达到 4 万亿元，位居世界第

---

[13] 网络营销的产生和发展 .[J] Internet: http://www.doc88.com/p-28244950885.html

[14] 2014 年全球宽带状况报告：接入网络的人数已达 29 亿 [R]. 国际电信联盟 .Internet : http://www.idcps.com/news/20150506/84129.html

一[15]。这说明中国的网络销售市场具有巨大的发展潜力。

4. 网络在商业、家庭与教育上的应用日趋普及

网上的新兴虚拟社会正在网络空间中逐步形成，在这个虚拟社会中，使用界面将更生活化，现今社会所需处理的各项实际事务将可能超越时空距离，瞬间平行地转移到网络上，使未来的社会更为方便、高效、多姿多彩。

（三）网络营销的发展趋势

根据互联网发展的特点以及市场营销环境的变化，可以预测网络营销将会有以下的发展趋势。

1. 网络技术将更有利于商品的销售

网络的防火墙技术、信息加密技术将更加成熟。电子货币等安全的网上支付方式将得到进一步推行，网络系统在商品销售方面的效率将大大提高，令网络消费者感到不安的网上付款安全问题将会迎刃而解，电子商务的使用将更加多样化，在促进销售上发挥更大的作用。

2. 营销决策趋于理性化

第一，企业服务的对象——网络消费者的购买与消费行为将更加理性化，头脑冷静、擅长理性分析是网络用户的显著特点。第二，市场调研效率的提高为理性决策奠定了基础。在网上进行市场调研比采用传统的调查方法更具优势。不论是在调查的宽度，还是在调查的效率上都为网络用户决策提供了有利条件。

3. 网上的电子商场将兴旺发达

将商场或企业的商品以多媒体信息的方式通过互联网络供全球消费者浏览和选购，是国内外许多大商场和大企业正在使用的促销方式。对于企业来说，网络商场与传统的商场相比，具有不需店面租金，可以减少商品库存的压力，降低销售、管理、发货等环节的成本，经营规模不受场地的限制，便于收集顾客的信息等等很多优点。其发展前景十分广阔。

4. 网络广告将大有作为

与传统广告相比，网络广告所表现出来的优势是明显的，网络广告的空间几乎是无限的，其传播范围远远大于传统广告，网络广告成本低廉，大约仅相当于传统媒体的 10%，网络广告可以实现即时互动，克服了传统广告强制性的缺点，网络广告促成消费者采取行动的机制主要是靠逻辑、理性的说服力，因此具有更高的效率。[16]

综上所述，网络市场蕴藏着无限商机，正如时代华纳集团旗下的新媒体公司科技

---

[15] 2015 年中国网络零售额预计达 4 万亿位居世界第一 . 网易财经 .
Internet:http://money.163.com/15/1227/13/BBRHFAI400254TI5.html

[16] 网络营销的产生和发展 . Internet: http://www.doc88.com/p-28244950885.html

与行政副总裁诺尔顿所言："虽然目前我们还不知道该怎样赚钱，但必须现在就看好网络的无限商机。"

第二节　网络营销环境概述

互联网已经成为面向大众的普及性网络，其无所不包的数据和信息，为上网者提供了最便利的信息搜集途径。同时，上网者既是信息的消费者，也可能是信息的提供者，从而大大增强了网络的吸引力。层出不穷的信息和高速增长的用户量使互联网络成为市场营销者日益青睐的新资源，企业上网成为 20 世纪 90 年代最为亮丽的一道风景，网上的市场营销活动也从产品宣传及信息服务扩展到市场营销的全过程[17]。

一、网络营销环境的概念

网络营销环境指对企业的生存和发展产生影响的各种外部环境，是对企业营销过程相关因素的集合，企业和消费者的各种行为活动都是在一定的营销环境中形成和变化的[18]。营销环境是一个综合的概念，由多方面的因素组成。

网络营销环境是网络营销者的行为时空。互联网络自身构成了一个网络营销的整体环境。

第一，资源。信息是网络营销过程的关键资源，各种信息正是互联网络的血液，互联网络最终将全面反映现实世界的各类信息。

第二，影响。每一个上网者都是互联网的一分子，基本可以无限制地接触互联网络的全部，并在这一过程中受到互联网的影响。

第三，变化。几乎所有现实世界的最新动态都可以迅速出现在网上，信息的不断更新是互联网的生命力所在。

第四，因素。涉及企业活动的各因素在互联网上通过网址来体现，如企业、金融、服务、顾客等，它们通过鼠标的点击相互联系。

第五，反应。信息处理是互联网络的反应机制，各种各样的浏览、搜索软件工具使互联网络能实时提供人们所需的各类信息，而且可以高效率地在网上完成信息交流。

环境的变化是绝对的、永恒的。随着社会的发展，特别是网络技术在营销中的运

---

[17] 钱旭潮，汪群 . 网络营销与管理 [M]. 北京：北京大学出版社，2002.

[18] 从宏观和微观分析环境角度分析企业网络营销的影响 .

Internet: http://wenku.baidu.com/view/ 639d1ce1172ded630b1cb660.html

用，使得环境更加变化多端。虽然对营销主体而言，环境及环境因素是不可控的，但它也有一定的规律性，我们可通过营销环境的分析对其发展趋势和变化进行预测和事先判断。企业的营销观念、消费者需求和购买行为，都是在一定的经济社会环境中形成并发生变化的。因此，对网络营销环境进行分析是十分必要的。

营销环境对企业的营销管理来说是不可控制的变量，营销管理的任务就在于适当安排营销组合，使之与不断变化着的营销环境相适应。

二、网络营销环境的特征

网络营销依托网络平台进行，网络在信息传递、网络技术发展等方面的特性无疑会给网络营销环境带来有别于传统营销环境的新特点。这些新特点主要表现在以下方面。

（一）网络世界的互动性

互联网具有双向信息沟通的特点，这使网络具有极强的互动性，这种互动的特点使网络营销在信息沟通上较之传统营销具有极强的优势。

营销的顺利进行是建立在营销双方进行信息交流和沟通之上的。在传统营销中，沟通方式多为单向地发布信息，如电视、报刊、广播广告，各种形式的广告牌、宣传单等。这些形式限制了消费者接受信息后的反馈行为，或者使其反馈具有较长时间的滞后性，同时还阻碍了有强烈需求的消费者进一步索取相关信息的行为。

在网络营销中，沟通双方同处于网络平台，信息沟通建立在信息传递快速、双向、便捷、实时的互联网技术之上，因此，相对于传统营销来说，营销双方可以实现实时的、双向的信息沟通。在此条件下，消费者的主动性得到了鼓励和增强，消费者逐步具有了信息获取的主动性。上述这些变化充分表现在消费者在网络营销中对信息的获取和反馈上，如主动进行信息查询，主动提出信息获取要求，主动与生产厂商直接沟通等。

沟通双向性使消费者能够真正参与到营销过程之中，当消费者主动寻找信息、及时反馈时，也为营销企业提供了服务消费者的机会，为企业提出了如何更有效地满足消费者在信息服务方面需求的问题。针对于此，网络营销企业在与消费者进行信息服务、信息沟通时采取了不同层次的服务手段。

第一，信息发布与反馈。在网页上提供关于企业及企业产品的有关信息，消费者在信息获取的同时，网页上有简单的信息反馈通道。

第二，培养兴趣与消费者教育。在上述的信息服务内容之外，企业还在网页上展示与产品、企业、行业、消费群体有关的知识，并把这些知识的传递融于网页中的休闲娱乐活动之中，在潜移默化中影响消费者，培养消费者的兴趣，进行消费者教育。

第三，建立关系。除了上述服务之外，网络营销企业针对消费者的需求，在网站上提供实时与企业进行交流的专门渠道，提供网上订购、网上付款等交易过程，提供消费者相互交流的场所，建立消费者数据库，提供个性化信息服务。通过这些服务方式和手段，企业努力与消费者建立深层次的客户关系，使消费者成为企业的终身客户。

（二）网络世界的虚拟性

网络技术为网络营销提供了很多与传统营销相类似的营销场景，如商品种类众多的网上商店，可爱的电子宠物乐园，可供休闲娱乐的电子游戏大厅等。但网络营销环境不是真实的环境，是利用网络技术营造的一种虚拟环境。在这个虚拟营销活动场所中，参与活动的人群却是真实世界中的消费者，所以，使得这个虚拟的环境具有了真实的作用。

由于网络技术的特点，在虚拟的环境中，网络消费者的地理位置、所处地区之间的时差、国籍等不再是交流的障碍，人们可以按照自己的需要和兴趣聚集在一起，自发地组成一个个网络社区；同时，企业也可以把自己的有关内容搬到网络上，并利用互联网在全球范围内进行企业的经营，形成灵活的、虚拟的、全球化的企业，这种企业极易成为动态的、快速学习的企业。

（三）网络世界的平等性

进入互联网要求企业遵守网络协议，共享网络中的资源，这为所有企业提供了平等进入和竞争的环境。这种环境给很多在传统营销中无法实现跨国贸易的中小企业提供了机会和条件，也给大公司带来更大的竞争压力。

相对于消费者来说，任何人都可以随意访问任何一个站点，可以按照自己的意愿接受信息和表达观点；在网络中消除了身份、地位、地理位置、时间的阻隔，能够实现信息共享、机会均等。

在网络中，信息发布者和信息接受者的地位很容易随着信息双向传播的特点而发生变化。当消费者通过互联网提出自己的观点和见解时，它就成为一个信息发布者。因此，信息发布者和接收者之间的界限不再明显，消费者也可以掌握信息传播的主动权。

网络世界信息传播的自由、平等性也会带来一些危害，如侵犯他人隐私、恶意散布谣言、制造假新闻、侵犯他人著作权等。因此，各国政府及相关行业相继制定了相关的法律法规，用以规范和管理网站、个人信息的发布和获取行为。

网络世界的平等性是相对的，与传统传播媒介相比，网络信息传播依靠网络技术为其提供了技术上或理论上的平等环境，但并不意味着参与者事实上的平等，这一点需要注意[19]。

---

[19] 田玲 . 网络营销理论与实践 [M]. 清华大学出版社，北京交通大学出版社，2008.

三、网络营销环境的内容

根据营销环境对企业网络营销活动影响的直接程度，网络营销环境可以分为网络营销宏观环境与网络营销微观环境两部分。网络营销宏观环境（图 2-1），是指对企业影响比较间接的内容，如政治法律、人口、经济、社会文化、科技、自然地理等环境因素。

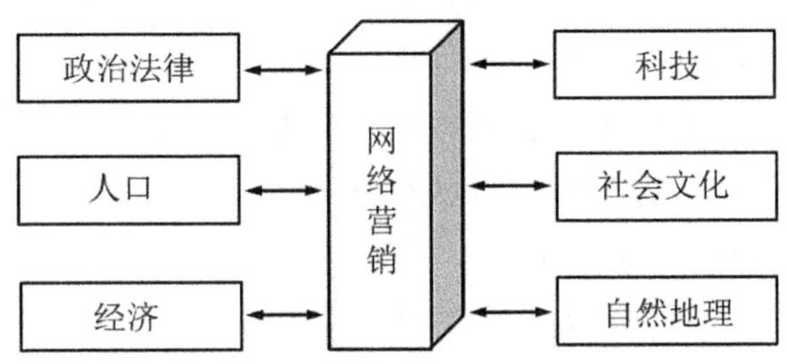

图 2-1 网络营销的宏观环境

网络营销微观环境（图 2-2），是指与企业网络营销活动联系较为密切、作用比较直接的各种因素的总称，主要包括企业内部条件和供应商、营销中介、顾客、竞争者以及网上公众等。不同行业企业的微观营销环境是不同的。因此，微观营销环境又称行业环境因素。

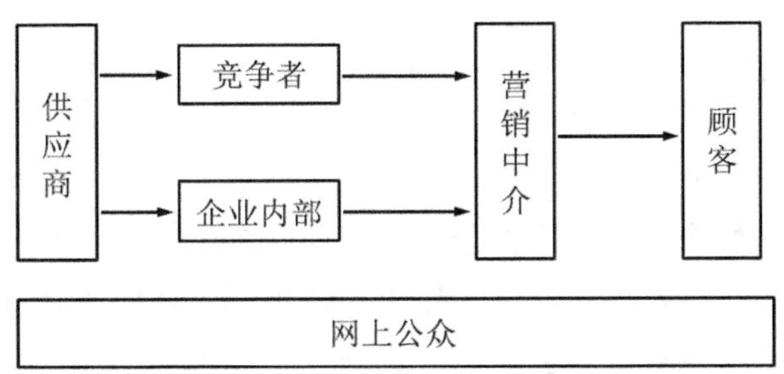

图 2-2 网络营销的微观环境

网络营销环境根据是否与互联网特性有关来划分，又可以分为市场营销的网络环境和网络营销的现实环境两部分。市场营销的网络环境是指网络在市场营销活动中的运用，使企业的市场营销行为表现出许多与过去不同的特征和规律，企业可以在网上发现大量新的营销机会和更为广阔的市场空间。同时，网络经济也给企业的营销活动带来更多的挑战与威胁。企业开展网络营销活动的前提是明确认识网络本身对营销活动的影响，从而做到企业营销活动与网络的完美结合，使网络在市场营销方面的应用取得显著的效果。网络营销的现实环境，即在网络与营销做到比较完美的结合后，对网络营销活动造成直接或间接影响的各种因素的总称[20]。

不同行业所面临的微观和宏观因素是不同的。如目前，很多企业越过了商品销售中介，直接把商品或者服务提供给消费者，他们减少了商品销售中间环节，从而免除了一项微观影响因素，同样很多企业都存在一定类似的区别。

要进行网络营销环境的分析，首先必须掌握构成网络营销环境的五要素：

（1）提供资源。信息是市场营销过程的关键资源，是互联网的血液，通过互联网可以为企业提供各种信息，指导企业的网络营销活动。

（2）全面影响力。环境要与体系内的所有参与者发生作用，而非个体之间的互相作用。每一个上网者都是互联网的一分子，他可以无限制地接触互联网的全部，同时在这一过程中要受到互联网的影响。

（3）动态变化。整体环境在不断变化中发挥其作用和影响，不断更新和变化正是互联网的优势所在。

（4）多因素互相作用。整体环境是由互相联系的多种因素有机组合而成的，涉及企业活动的各因素在互联网上通过网址来实现。

（5）反应机制。环境可以对其主体产生影响，同时，主体的行为也会改造环境。企业可以将自己企业的信息通过公司网站存储在互联网上；也可以通过互联网上的信息，自己决策。因此，互联网已经不只是传统意义上的电子商务工具，而是独立成为新的市场营销环境。而且它以其范围广、可视性强、公平性好、交互性强、能动性强、灵敏度高、易运作等优势给企业市场营销创造了新的发展机遇与挑战[21]。

研究网络营销环境的目的在于充分认识环境因素对于网络营销活动与效果的影响，从而更好地把握网络营销的本质，为制订有效的网络营销策略提供指导。从企业的角度来讲，可以把营销环境大体上分为两大块：企业内部环境、外部环境。内部环境和外部环境必须共存，并相互促进。作为企业来说，在实施任何策略和发展市场的时候，必须关注其与自身密切相关的内外环境，因为内外环境的因素在一定程度上决定了企业的存与亡。当企业面对前景一片光明的大环境的情况下，自身的整体实力和各种能力却无法保证自己的进一步发展，无论在经济实力或是技术能力上，即便有再好的外因也无法阻止企业的衰败或者灭亡。从另一方面来说，当一个企业具备相当强的内在条件，有足够的资金支持，尖端的技术力量，完善的管理制度等，如果当下的外部市场环境不支持这一企业或行业的相关产品的发展，如法律的约束、市场的限制和需求的大小等，那么即便有再尖端的产品，在市场上也不会有好的出路。

---

[20] 张卫东 . 网络营销 [M]. 北京：电子工业出版社，2002 .

[21] 互联网条件下网络营销环境分析 [D]. 上海理工大学 .

四、营销理念的变化

互联网的产生和发展导致营销理念的变化、促使企业营销的重心由“推销已有产品”转变为“满足客户需求”，由“以产品为中心”转向“以客户为中心”，由此导致企业营销管理的重心由传统的“4P”，即产品、价格、渠道和促销（Product、Price、Place、Promotion）转变为“4C”，即客户、成本、方便、沟通（Customer、Cost、Convenience、Communication）[22]。

从“4P”方面来看，互联网首先使营销产品发生变化，通过网络营销可以提供所有能够数字化、信息化的产品或服务项目，由大量销售产品转向定制销售产品，转向个性化的“一对一”网络整合营销；其次，互联网由于对市场供需具有强大的匹配能力以及市场信息充分公开，竞争者之间的价格明朗化，致使企业之间的价格竞争激烈，对企业的价格策略提出了更高的要求；再次，通过网络直销改变了传统的迂回模式，实现零库存、无分销商的高效运作。传统意义上的中间商如果不能为用户提供增值服务将无法生存。单纯的贸易公司也将不复存在，营销渠道将趋于扁平化。最后，互联网的产生使市场营销增加了一种全新的、效果较佳的广告和公关工具，即在互联网上进行广告和公关。大量的电视广告将从荧光屏上消失，报纸和杂志上的广告也将减少，在上网杂志和报纸上做广告将成为时尚。

从“4C”方面来看，第一，互联网克服了传统营销中客户由于时间和空间的限制而具有明显的地域性局限，使其客户遍及全球；第二，电子商务作为交易手段的使用因交易直接进行、交易环节减少而使交易费用大为降低，使消费者直接受益；另外使企业更加有效地控制库存，减少甚至取消库存，从而可以减少库存占用资金的成本，大大降低了企业的成本、减少了消费者的负担；第三，网上销售、网上采购、交易电子化无疑大大方便了企业、方便了消费者；第四，企业营销的结果在很大程度上要受企业和客户沟通程度的制约，而电子商务无疑为双方的准确、有效、快捷沟通创造了良好的条件。电子商务以一种快捷方便的方式，全天候提供企业及其产品的信息及客户所需的服务，并且交互方式不受地域的限制。

第三节　网络营销发展的宏观环境

宏观环境是指一个国家或地区的政治、法律、人口、经济、科技、社会文化等因素影响企业进行网络营销活动的宏观条件。宏观环境对企业短期的利益可能影响不

---

[22] 韩耀，张春发，刘宁 . 论网络营销的基本模式 [J].Internet:http://www.wm23.com/paper/P01/01001.html

大，但对企业长期的发展具有很大的影响[23]。所以，企业一定要重视宏观环境的分析研究。宏观环境一般分为如下五个方面。

一、政治法律环境

政治与法律是影响企业营销的重要的宏观环境因素。政治因素像一只有形的手，调节着企业营销活动的方向，法律则为企业规定商贸活动行为准则。政治与法律相互联系，共同对企业的营销活动发挥影响和作用。

（一）政治环境因素

政治环境指企业市场营销活动的外部政治形势和状况以及国家的方针政策的变化对市场营销活动带来的或可能带来的影响。

1. 政治局势

政治局势指企业营销所处的国家或地区的政治稳定状况。一个国家的政局稳定与否会给企业营销活动带来重大的影响。如果政局稳定、生产发展、人民安居乐业，就会给企业营造良好的营销环境。相反，政局不稳、社会矛盾尖锐、秩序混乱，这不仅会影响经济发展和人民的购买力，而且对企业的营销心理也有重大影响。

战争、暴乱、罢工、政权更替等政治事件都可能对企业营销活动产生不利影响，能迅速改变企业环境。例如，一个国家的政权频繁更替，尤其是通过暴力改变政局，这种政治的不稳定，会给企业投资和营销带来极大的风险。因此，社会是否安定对企业的市场营销活动影响极大，特别是在对外营销活动中，一定要考虑东道国政局变动和社会稳定情况可能造成的影响。像中东地区的一些国家，虽然有较大的市场潜力，但由于政治不稳定，国内经常发生宗教冲突、派系冲突，还有恐怖组织的恐怖活动，国家之间也常有战事，这样的市场有较大的风险，需要企业的营销人员进行认真的评估[24]。

2. 方针政策

方针政策是指各个国家在不同时期，根据不同需要颁布一些经济政策，制定经济发展方针。这些方针、政策不仅会影响本国企业的营销活动，而且还会影响外国企业在本国市场的营销活动。

从对国内企业的影响来看，国家通过方针政策会对本国企业的营销活动产生直接影响。一个国家制定出来的各种经济政策，是要求国内企业强制执行的，而执行的结果必然要影响市场需求，改变资源的供给，扶持和促进某些行业的发展，同时又限制

---

[23] 朱爱华 . 网络营销的宏观环境 [J]2011. Internet:http://abc.wm23.com/mangye/86063.html

[24] 政治法律环境及其对企业营销的影响 . 南京廖华 .

Internet:http://3y.uu456.com/bp_538px97glj3 qhtz4wk8g_1.html

另一些行业和产品的发展。那么企业就必须按照国家的规定，生产和经营国家允许的行业和产品。例如，我国在产业政策方面制定的《关于当前产业政策要点的决定》，明确提出了当前生产领域、基本建设领域、技术改造领域、对外贸易领域各主要产业的发展序列。还有诸如人口政策、能源政策、物价政策、财政政策、金融与货币政策等，都给企业研究经济环境、调整自身的营销目标和产品构成提供了依据。同时，国家也可以通过方针、政策对企业营销活动施以间接影响。例如，通过征收个人收入调节税，调节消费者收入，从而影响消费者的购买力来影响消费者需求；国家还可以通过增加消费税来抑制某些商品的需求，如对香烟、酒等课以较重的税收来抑制消费者的消费需求。这些政策必然影响社会购买力，影响市场需求，从而间接影响企业营销活动。

从对国外企业的影响来看，市场国的方针、政策是外国企业营销的重要环境因素，要直接和间接影响到外国企业在市场国的营销活动。例如，改革开放之初，我国的外贸政策还比较谨慎，有关外贸的法律制度既不健全，又缺乏稳定性和连续性，因此，外国资本来华投资很多表现为短期行为，投资期限短，抱着“捞一把算一把想法”的投资者也不乏其人。随着我国改革的进一步深入和对外开放的进一步扩大，特别是对外开放政策的进一步明朗化和外贸、外商投资法律制度的进一步完善，外资看到了在华投资的前景，因而扩大投资规模，延长投资期限（由最初的 1 ～ 3 年，延长到 5 年以上，甚至 10 年、20 年、50 年），来华投资的外国企业也越来越多。这说明，市场国的方针、政策对外来投资有非常大的影响作用。

目前，国际上各国政府采取的对企业营销活动有重要影响的政策和干预措施主要有：

（1）进口限制。这指政府所采取的限制进口的各种措施，如许可证制度、外汇管制、关税、配额等。它包括两类：一类是限制进口数量的各项措施；另一类是限制外国产品在本国市场上销售的措施。政府进行进口限制的主要目的在于保护本国工业，确保本国企业在市场上的竞争优势。

（2）税收政策。政府在税收方面的政策措施会对企业经营活动产生影响。比如对某些产品征收特别税或高额税，则会使这些产品的竞争力减弱，给经营这些产品的企业效益带来一定影响。

（3）价格管制。当一个国家发生经济问题时，如经济危机、通货膨胀等，政府就会对某些重要物资，甚至所有产品采取价格管制措施。政府实行价格管制通常是为了保护公众利益，保障公众的基本生活，但这种价格管理直接干预了企业的定价决策，影响企业的营销活动。

（4）外汇管制。指政府对外汇买卖及一切外汇经营业务所实行的管制。它往往是对外汇的供需与使用采取限制性措施。外汇管制对企业营销活动特别是国际营销活动产生重要影响。例如，实行外汇管制，使企业生产所需的原料、设备和零部件不能自由地从国外进口，企业的利润和资金也不能随意汇回母国。

（5）国有化政策。指政府由于政治、经济等原因对企业所有权采取的集中措施。例如为了保护本国工业避免外国势力阻碍等原因，将外国企业收归国有。[25]

3. 国际关系

国际关系包括国家之间的政治、经济、文化、军事等关系。发展国际间的经济合作和贸易关系是人类社会发展的必然趋势，企业在其生产经营过程中，都可能或多或少地与其他国家发生往来，开展国际营销的企业更是如此。因此，国家间的关系也就必然会影响企业的营销活动。这种国际关系主要包括两个方面的内容：

（1）企业所在国与营销对象国之间的关系。例如，中国在国外经营的企业要受到市场国对于中国外交政策的影响。如果该国与我国的关系良好，则对企业在该国经营有利；反之，如果该国对我国政府持敌对态度，那么，中国的企业就会遭到不利的对待，甚至攻击或抵制。比如中美两国之间的贸易关系就经常受到两国外交关系的影响。美国经常攻击中国的人权状况，贸易上也常常采取一些歧视政策，如搞配额限制，所谓“反倾销”等，阻止中国产品进入美国市场。这对中国企业在美国市场上的营销活动是极为不利的。

（2）国际企业的营销对象国与其他国家之间的关系。国际企业对于市场国来说是外来者，但其营销活动要受到市场国与其他国家关系的影响。例如，中国与伊拉克很早就有贸易往来，后者曾是我国钟表和精密仪器的较大客户。海湾战争后，由于联合国对伊拉克的经济制裁，使我国企业有很多贸易往来不能进行。阿拉伯国家也曾联合起来，抵制与以色列有贸易往来的国际企业。当可口可乐公司试图在以色列办厂时，引起阿拉伯国家的普遍不满，因为阿拉伯国家认为，这样做有利于以色列发展经济。而当可口可乐公司在以色列销售成品饮料时，却受到阿拉伯国家的欢迎，因为他们认为这样做会消耗以色列的外汇储备。这说明国际企业的营销对象国与其他国家之间的关系，也是影响国际企业营销活动的重要因素。[26]

（二）法律环境因素

我国的市场经济是法制经济，企业在市场经济中发展，必然要受到政治法律环境的影响与制约。政治法律环境直接或间接地影响着经济和市场，企业在互联网上经营，也会受到相关政策、法律、各项规章制度的制约和影响。

---

[25] 政治法律环境及其对企业营销的影响 . 南京廖华 .

Internet: http://3y.uu456.com/bp_538px97glj3qhtz4wk8g_1.html

[26] 政治法律环境及其对企业营销的影响 . 南京廖华 .

Internet: http://3y.uu456.com/bp_538px97glj3qhtz4wk8g_1.html

1. 我国电子商务相关法律法规的制定现状

法律环境是影响企业网络营销的重要的宏观环境因素。自1994年以来，中国颁布了一系列与互联网管理相关的法律法规，主要包括《全国人民代表大会常务委员会关于维护互联网安全的决定》《中华人民共和国电子签名法》《中华人民共和国电信条例》《互联网信息服务管理办法》《中华人民共和国计算机信息系统安全保护条例》《信息网络传播权保护条例》《外商投资电信企业管理规定》《计算机信息网络国际联网安全保护管理办法》《互联网新闻信息服务管理规定》《互联网电子公告服务管理规定》等，法律法规对于企业的网络营销活动有着举足轻重的重要影响。[27]

其中，2005年4月1日，《中华人民共和国电子签名法》正式实施，这是我国第一部有关电子商务领域的专门法律[28]，标志着我国电子商务法律建设发展到一个新的阶段。《中华人民共和国电子签名法》规范了电子签名行为，保障了网络交易的安全，为电子商务的成长创造了良好的法律环境，为我国电子商务安全和网络信任等体系奠定了重要基础。

为推动网络营销的发展，我国政府还颁布了《中国电子商务发展战略纲要》，特别是在电信、电子信息和互联网服务等与网络营销相关联的行业，国务院和有关部门陆续颁布了一系列相关政策、法规和规章。随着整个网络营销体系的建立，国内电子商务的竞争环境也逐步完善起来，这将更有利于企业之间的竞争[29]。

但是，伴随着中国网购市场的迅速发展，有些问题也变得越来越突出。例如：网络欺骗、电商价格战、虚假促销、售后服务不当、个人信息被泄露，以及电子商务引发的合同问题、知识产权问题、信息安全问题、纳税问题，围绕网上支付、理财发展的互联网金融问题等。在此背景下，2013年12月27日，全国人大财经委召开电子商务法起草组成立暨第一次全体会议，首次划定中国电子商务立法的“时间表”，即从起草组成立至2014年12月，进行课题研究和专题调研并完成研究报告，形成立法大纲。2015年1月至2016年6月，开展并完成法律草案起草工作。[30]

2. 国内网络营销发展需要立法解决的问题

由于我国的网络营销发展和发达国家相比要落后一些，我国还处于发展初期，没有充分的社会实践。因此，目前在我国编制一套全面的网络营销法律的时机还不是非常成熟，立法工作也处于起初的研究阶段，相关的政策规范正在萌芽中。法律的不健全，对企业网络营销有一定的不利影响。（参考案例2-1）

---

[27] 中国互联网状况白皮书[M]. 第5页 .

[28] 中华人民共和国电子签名法简介 .http://hbot.cngold.com.cn/20150528d1949n44100171.html

[29] 田玲 . 网络营销理论与实践[M]. 清华大学出版社，北京交通大学出版社，2008.

[30] 齐爱民，中华人民共和国电子商务法草案建议稿[J]. 法学杂志，2014年第10期 .

案例 2-1 900 元的 DVD 机变泥土

刘小姐是深圳津宏电子公司广州地区的销售负责人，在天河展望数码广场拥有一家电子产品零售店；曾在淘宝网上注册了一家店铺，主要面向内地销售。她一般在网上与买家达成交易，买家通过“支付宝”等方式付款后，她便通过快递方式将货物送到客户手里。

某日，通过网上交易，刘小姐向一位江苏客户卖出一台价值 800 多元的 DVD 机。按照往常惯例，刘小姐联系上海申通快递广州公司的一名姓胡的收件员，将货物收走发往江苏。谁知数天后，江苏客户打开包装时，却发现里面根本没有什么 DVD，只见一把泥土。

从刘小姐保存的快递单上看，其内容包括临时代码、寄信人和收信人地址与联系方式、内件说明、付款方式、货物重量与快递费用。临时代码即淘宝网按照卖家与买家达成交易的精确时间所形成的序列号，内件说明即包装内所装货物的品名、数量、价值等。但据刘小姐说，收货员从来没有填写过内件说明。发生此事之后，江苏的客户打来电话，质问她 DVD 机怎么变成了泥土。随后，刘小姐上淘宝网和申通快递网站投诉，而得到的结果是对方只进行内部调查，从此以后再也没有了后续的回音。

由于网络购物有着便捷、实惠的特点，选择这种购物方式的人越来越多。据了解，淘宝网在 2015 年“双十一”当天的销售额达到 912 亿元，比 2006 年的全年成交额约 170 亿元还增长好几倍。随着上网购物人数的快速增长，关于网上购物的投诉越来越多。

据一名专业人士介绍，目前我国关于网络交易的投诉比较多，主要有两个方面的原因：首先是电子商务在我国是一种新兴的交易形式，相关规则和法律都不够严密。其次是电子商务涉及的范围非常广泛，相互之间的联系也比较复杂，主要表现在以下几点：第一，由于是网上虚拟交易，产品质量缺乏保证，相关证书真假难辨；第二，在电子商务这一新兴领域，相关管理机构等都存在盲区；第三，网上支付的安全性难以保障，迄今为止央行都没有对各专业银行之间的转账支付流程作出有效的规定。

一旦网上交易出现问题，消费者就会处于不利地位。一方面是网络交易往往是跨地区的远程交易，维权成本高，还涉及区域管理控制的问题；另一方面，网络交易的达成往往要以相关物流公司为中介，如果这个过程出现问题，又涉及一层法律关系，使得维权变得更加艰难。

（资料来源：http：//tech.163.com/08/0409/14/493HUNCL000915BF.html）

从上述案例可以看出，由于电子商务在我国是一种新兴的交易形式，各项行业规则以及相关法律法规都不够严密，比较容易被钻空子；同时，电子商务涉及很多方面，比较复杂。

首先，目前我国涉及网络购物方面的纠纷，一般依据《合同法》《消费者权益保护法》《广告法》《电子签名法》《电子支付指引》《关于加强网络信息保护的决定》等法律进行判决[31]。但网络营销作为一种新的商业形式，还在不断发展之中，旧的法律难以解决很多新出现的问题，因此迫切需要更新法律体系。

其次，一旦网上交易出现问题，消费者往往处于弱势地位。如果消费者进行维权，就要克服不同地区交易、维权成本高、区域管理、买卖双方和中介方的法律关系等一系列问题[32]。所以，建议消费者在网上购物时严格遵循淘宝网所设置的流程，并尽量通过支付宝付款或选择同城交易，货到达以后一定要先验货再签字，如果收货时发现问题，则立即向支付宝申请冻结交易并退款。

3. 发挥政府在网络营销发展中的作用

企业作为网络营销发展的主体，应该在网络营销的技术、应用、实践和服务中起主导作用。政府的作用是推动网络营销业的发展，要发挥政府的推动作用可从以下几个方面做起：

（1）政府应为网络营销的企业提供一个良好的法律环境，遵循技术中立法、保护竞争的原则，制定一系列可操作、符合我国网络营销发展国情的法律法规；

（2）加强信用体制建设，为企业和消费者提供一个信任度高、信用制约性强的环境；

（3）注重与国际接轨，制定相关法律法规时，考虑与国际标准、国际惯例相适应；

（4）发挥政府电子政务系统的作用，实施电子政务，以实际行动促进企业网络营销的健康发展[33]。

综上，我国的网络营销立法正在发展中，有关的法制建设也在不断地健全完善。相关部门和法律人士都在关注国际网络营销的发展趋势，从发展眼光去考虑当前存在的问题，不断完善法律、不断创新技术、不断建设基础设施和不断提高认知度，从而不断提出更好的建议。在法律法规的制定过程中还需要政府、专家、企业等各方面相关人员密切配合，共同创造一个有利的法律环境。

---

[31] 网络消费者权益保护 . 中国法院网黄山屯溪法院 .2015.10.23.

Internet: http://www.chinacourt.org/article/detail/2015/10/id/1731969.shtml

[32] 田玲 . 网络营销理论与实践 [M]. 清华大学出版社，北京交通大学出版社，2008. 第 32 页 .

[33] 田玲 . 网络营销理论与实践 [M]. 清华大学出版社，北京交通大学出版社，2008. 第 32 页 .

二、人口环境

市场是由商品的需求者和商品的供给者组成的，人口因素对市场供给需求有着深刻影响。在其他条件一定的情况下，人口规模的变化将引起市场容量和市场潜力的变化，人口结构的变化将引起消费结构和产品构成的变化，人口组成的家庭、家庭类型的变化对消费者市场有着显著的影响。因此，网络营销所面临的人口因素主要包括网民规模变化、网民地理分布、网民结构等。

（一）网民规模变化

某种程度上来说，网民的规模和互联网市场的大小正相关。根据中国互联网络信息中心（CNNIC）的《第 37 次中国互联网络发展状况统计报告》（如图 2-3）。

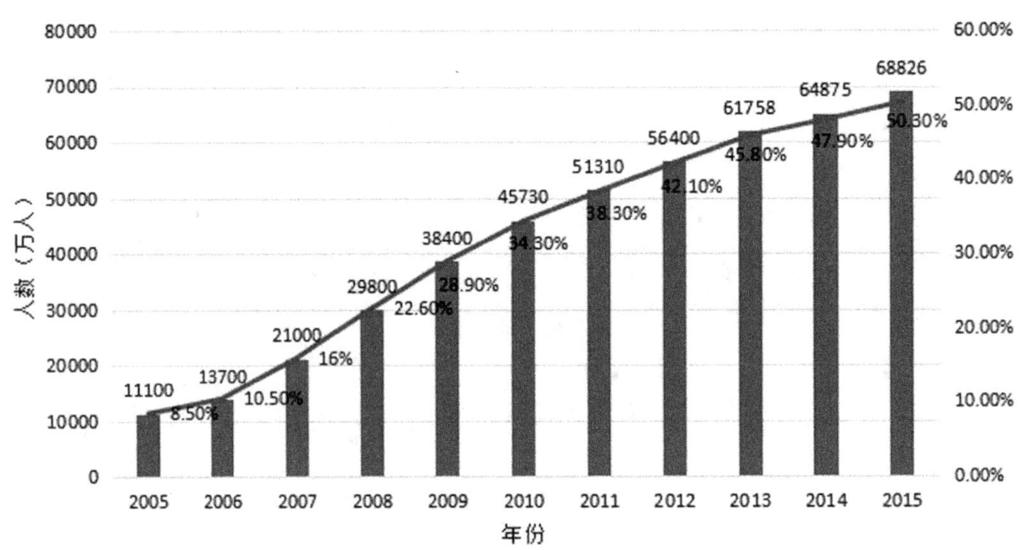

数据来源：《CNNIC 第 37 次调查报告》

图 2-3　中国互联网普及率

网民规模的不断扩大首先必然会带来互联网市场规模的扩大，其次还会对互联网市场需求结构带来一定的影响，网民规模的扩大也给移动电子商务带来了大量的机会[34]（如图 2-4）。

[34] CNNIC 第 37 次调查报告：90 后成互联网主流人群 [R].2016.1.22.

Internet:http://jiangsu.china.com.cn/html/2016/kuaixun_0122/3585549.html

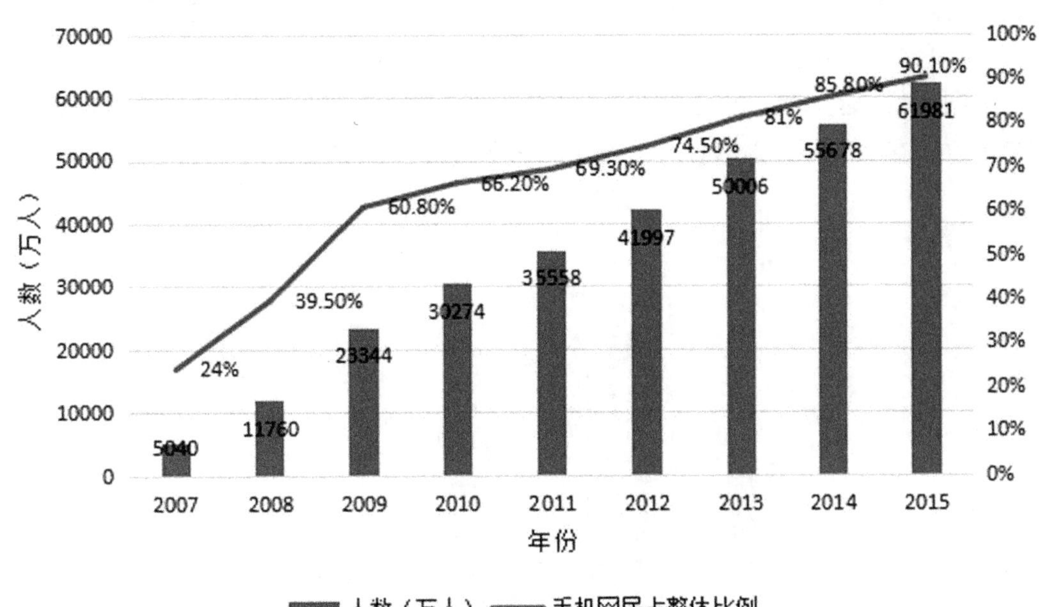

数据来源：《CNNIC 第 37 次调查报告》

图 2-4　中国手机网民规模及占比

个人上网设备进一步向手机端集中，以互联网为基础的在线教育、网络医疗、网络约租车也已成规模。

（二）网民的地理分布

根据 CNZZ 数据中心的相关统计分析显示，2015 年中国各省互联网普及率排名前三的是北京、上海和广东，分别为 76.5%、73.1%、72.4%；紧随其后的是福建、浙江、天津、辽宁、江苏等地，网民的地理分布状况会直接决定网络营销工作的重点区域。

截至 2015 年 12 月，我国网民中农村网民占比 28.4%，规模达 1.95 亿，较 2014 年底增加 1694 万人，增幅为 9.5%；城镇网民占比 71.6%，规模为 4.93 亿，较 2014 年底增加 2257 万人，增幅为 4.8%。农村网民在整体网民中的占比增加，规模增长速度是城镇的 2 倍，反映出 2015 年农村互联网普及工作的成效。

另外由于各地经济文化风俗的不同，对消费品的需求存在一定的差异，不同地区的气候、生活条件、需求、交通状况等，都会使得居民在消费水平和消费结构上存在较大差别。因此企业针对不同区域的网民，应该在营销策略上采取不同的方式。

（三）网民结构

网民的构成分为自然构成和社会构成，前者如年龄结构、性别结构；后者如学历结构、职业结构等。由于在个人经历、生理需求、生活方式、价值观念、社会活动等方面存在的差异，会使不同的人拥有不同的消费需求和消费方式，形成不同的消费者群。

1. 网民的年龄结构

不同年龄的消费者，由于在生理、审美、生活方式、价值观念、社会活动、社会角色等方面存在差异，必然会产生不同的消费需求[35]（如图 2–5）。

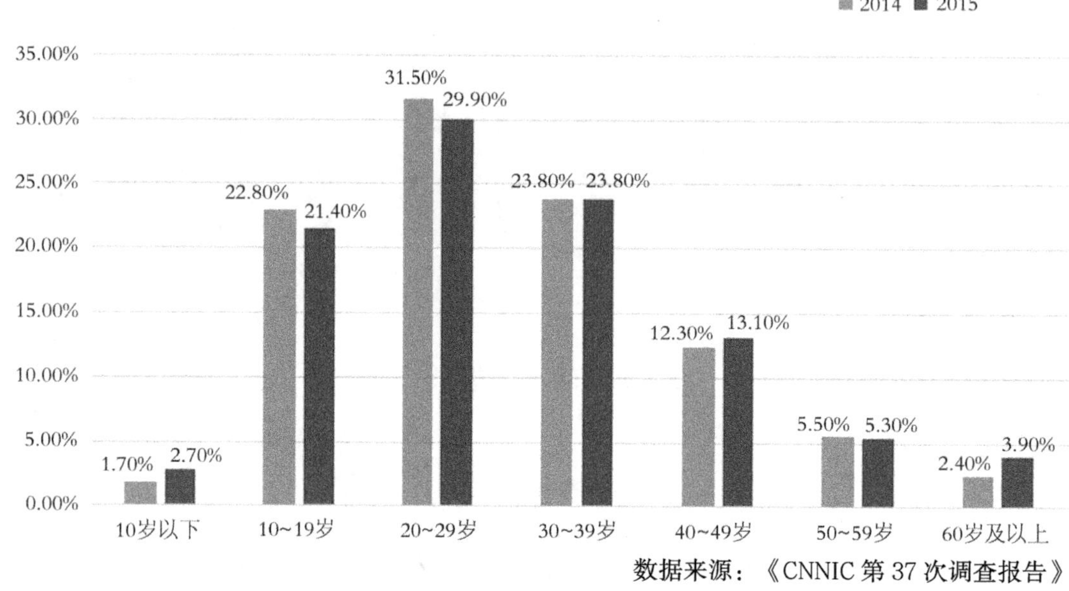

数据来源：《CNNIC 第 37 次调查报告》

图 2–5 中国网民年龄结构

对于网络营销人员，需要根据不同年龄阶层的特点制定不同的销售方式。既然网购的主要群体是 10 ~ 39 岁的人群，那么某些网络营销等可以适当迎合这类人群的喜好，在产品、广告风格、价格等方面体现不同年龄阶段的特色。

2. 网民的性别结构

截至 2015 年 12 月，中国网民男女比例为 53.6：46.4，网民性别结构趋向均衡。网民性别比例结构的差异进而影响男性用品市场和女性用品市场，网络营销需要在差异中发现机会（如图 2–6）。

---

[35] CNNIC 第 37 次调查报告：90 后成互联网主流人群 [R].2016.1.22.

Internet:http://jiangsu.china.com.cn/html/2016/kuaixun_0122/3585549.html

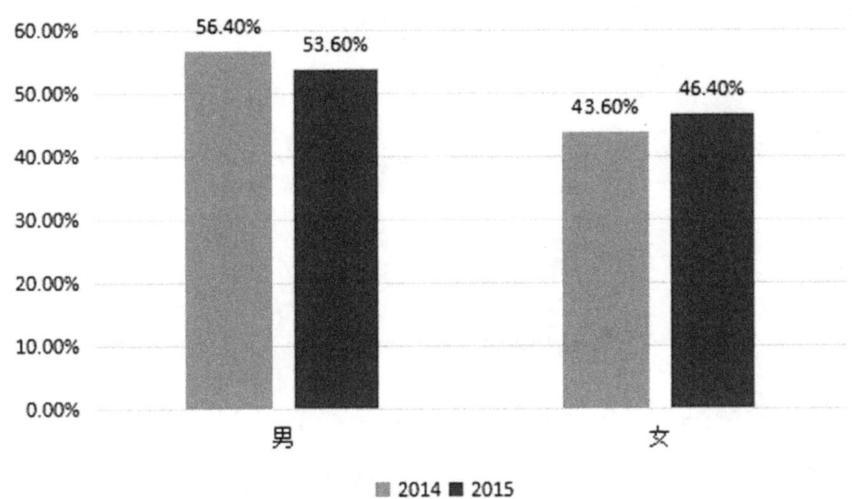

数据来源：《CNNIC 第 37 次调查报告》

图 2-6 中国网民性别结构

3. 网民的学历结构

随着上网用户的增多，上网者的受教育程度也在发生变化。这从一个侧面说明，互联网已经逐步进入到大众的生活、工作和休闲之中（如图 2-7）。

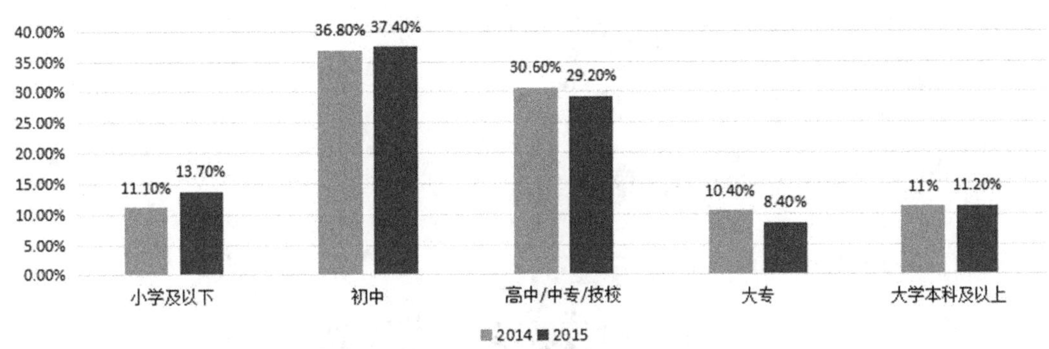

数据来源：《CNNIC 第 37 次调查报告》

图 2-7 中国网民学历结构

4. 网民的职业结构

同时，从上网用户的职业比例来看，截至 2015 年 12 月，企业 / 公司的管理人员和一般职员占比合计达到 15%，如图 2-8 所示，这些人员形成了网络用户的中坚力量，是企业网络营销不可忽视的消费群体[36]。

[36] 数据来源：第 37 次《中国互联网络发展状况统计报告》

行业的不同将会直接影响人们的消费需求和购买行为，进而影响企业的网络营销行为。

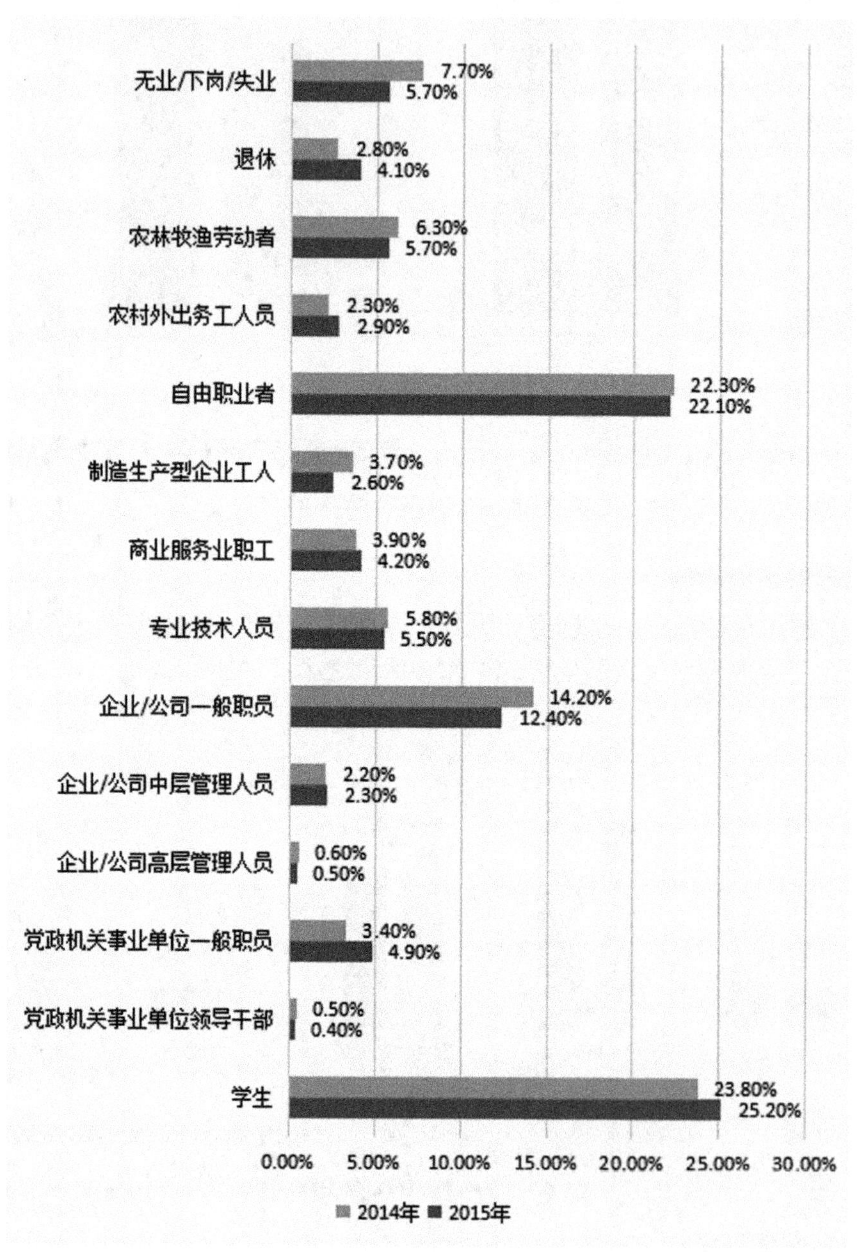

数据来源：《CNNIC 第 37 次调查报告》

图 2-8 中国网民职业结构

三、经济环境

经济环境是指企业网络营销活动所面临的外部经济条件，经济环境的状况会直接或间接地对企业营销活动产生影响。传统市场营销学认为，市场是由那些想购买并且有购买能力的人组成的，而且这样的人越多，市场的规模就会越大。购买力是构成和影响市场规模的一个极其关键的因素。具体到网络营销，网上的购买力是一个重要的因素。因此，企业的网络营销不仅受网上人口分布的影响，还受到整体经济环境的影响。

（一）网民的收入水平

由于收入水平的提高，电脑和计算机的普及率越来越高，网民的数量将越来越多，随着网络费用的降低和企业网络服务质量的提升，越来越多的企业和个人会选择网络购物，以节省时间和降低成本。

网民的收入分布结构偏向中层收入群体。截至 2015 年 12 月，网民中月收入在 2001～3000 元、3001～5000 元的群体占比较高，分别占比 18.4% 和 23.4%。随着社会经济的发展，网民的收入水平也逐步增长，与 2014 年底相比，收入在 3000 元以上的网民人群占比提升了 5.4 个百分点（如图 2–9）。

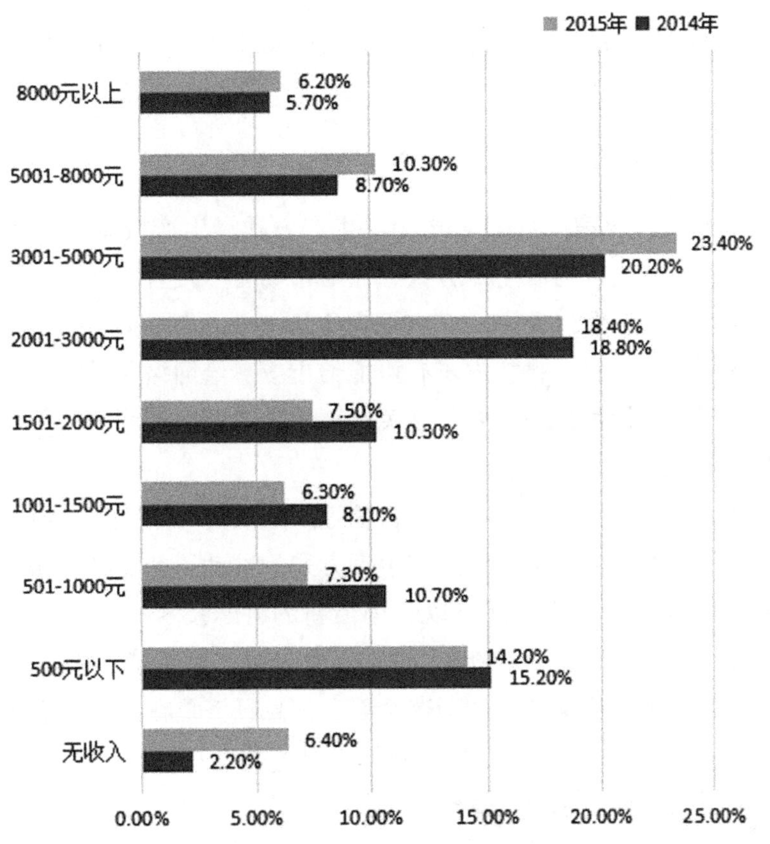

数据来源：《CNNIC 第 37 次调查报告》

图 2–9　中国网民个人收入结构

（二）经济发展水平

企业的网络营销活动要受到一个国家或地区的整个经济发展水平的制约，经济发展阶段不同，居民的收入不同，网民对产品的要求也会存在一定的差异，从而影响企业的网络营销方式和结果。例如，从消费者市场来说，较高的经济发展水平地区，在网络营销方面，强调产品款式、性能以及特色，品质竞争多于价格竞争。较低的经济发展水平地区，则较侧重于产品的功能及实用性，价格因素比产品品质更为重要。对于不同经济发展水平的地区，企业应采取不同的营销策略。

（三）地区与行业发展状况

我国地区经济发展平衡失调，东部好于中西部地区，不同省市也呈现出不同的发展趋势。事实也证明，东部沿海等经济发达地区的网民数量远远多于西部及偏远等经济不发达地区的网民数量[37]。地区经济发展的不平衡，对企业研究网络营销战略会带来较大的影响。同时行业的发展也有差异。在互联网上，服装行业、图书音像制品行业等发展比较成熟，而对于部分工业品则发展相对落后。

因此，网络营销与经济发展程度有着密切的关系。所以，企业在定位消费群体、制订网络营销策略时，应着重考虑网络消费者的实际购买能力和对产品价格的不同需求。

四、科技环境

科技环境的影响主要表现在对生产力、生产方式、生产效率等诸多方面的影响上。科技进步不仅改变生产力和生产方式，还对市场有直接且明显的影响。互联网技术本身对社会生产力、企业经营方式、市场竞争状态、人们生活习惯和方式等的影响就是一个很好的例子。因此，科技进步有可能给市场、给网络营销带来翻天覆地的影响，企业在实施网络营销过程中，要不断关注科学技术的发展和创新，应对科技进步给企业经营带来的挑战[38]。

信息技术是人类史上一次巨大的进步，拉近了人们的时空距离，数字化、网络化生存，已成为人们不可或缺的生活模式和生存方式，推动了新的经济增长点的形成。企业、消费者、业务支付方式等都可以利用最新的科学技术提高效率。试想若一家 Internet 服务商通过为用户接入 Internet 网而直接收费，用传统经济形式看无疑是很合理的。但从信息经济的角度则完全不这么看，信息经济是在网络社会中，进行信息的价值交换，是一种服务。Internet 服务商们通过免费向用户提供信息服务，以此来换取用户数量的增长，再把用户当做资本，拥有用户就是拥有信息，然后出售这些信

[37] 李倩茹，郑娜，孟许峰．我国企业网络营销的宏观与微观环境分析 [J]. 营销策略，2012.02.

[38] 田玲．网络营销理论与实践 [M]. 清华大学出版社，北京交通大学出版社，2008 年．

息就可以兑换成金钱。例如：谷歌和百度都绕过了向用户直接收费，而是与广告商打交道，从而解决了信息资本形成靠免费服务而又要有收入的矛盾。这种资本形式使用户更易接受，从而促进了网络营销的发展和壮大。

科学技术广泛而深刻地影响着社会经济生活、企业经营管理及消费者的购买行为与生活方式。网络营销人员特别是网络战略的设计者，要密切关注互联网技术的发展和变革，互联网技术的发展给企业创造了许多市场机会，也使企业面临许多潜在的威胁。

从“尽力而为的 IP 传送机制”到 MPLS 等电信级网络技术的崛起、从 56k 调制解调器到 ADSL 的规模商用、从“WWW+E-mail”到层出不穷的新应用，互联网的技术面貌发生了翻天覆地的变化。这些都在不断的影响着企业的网络营销战略和具体战术。

科技进步改变了网络用户的结构，同时也扩展了网络营销的范畴。宽带技术的发展使视频点播、多媒体网络教学成为可能。无线上网技术的发展吸引了更多的人移动购物、办公、炒股等。这给消费者提供更多便利的同时也给企业带来了更多的机会。

五、社会文化环境

社会文化环境是指企业所处的社会结构、社会风俗和习惯、信仰和价值观念、行为规范、生活方式、文化传统、人口规模与地理分布等因素的形成和变动。任何企业都处于一定的社会文化环境中，企业网络营销活动必然受到所在社会文化环境的影响和制约。为此，企业应该了解和分析社会文化环境，针对不同的文化环境制定不同的网络营销策略，组织不同的网络营销活动。企业发展网络营销对于社会文化环境的研究一般可以从以下几个方面入手：

（一）网络文化分析

互联网上内容的日益丰富、服务的日益多样、操作上的简便以及使用成本的降低，使互联网更具亲和力，越来越趋于大众化，形成了独特的网络文化。网络文化传播到了世界的各个角落，改变着人们的生活、学习和工作方式，给人们带来了新的需求，同时也对人们的生活和工作产生了巨大的影响。另外，网络文化又有其自身的特性：

1. 网络文化是速度文化

网络社会靠的是信息，信息高速传递和更新，只有随时掌握最新的信息才能做出最恰当的决策。互联网革命就是一场速度革命。网络营销的产品只有时时地更新、创造，才能不断满足公众需求。

2. 网络文化是创新文化

网络创造了注意力经济、眼球经济、网络经济、ICQ、QQ、WAP 甚至还有网络病毒。同时网络文化激发了企业家的创新精神，使企业的文化走向了现代社会开放一端，使企业的组织结构呈现虚拟化和扁平化，以前无法参与传统市场竞争的小企业也加入到与大企业的竞争队伍中。创新已经成为网络营销的制胜法宝。

3. 网络文化是虚拟文化

虚拟企业、市场的出现对传统的企业组织结构和市场带来了巨大冲击，同时，也为企业带来了巨大的发展机遇。虚拟社区的出现改变着人们的生活方式，并创造了新的需求。

因此，网络企业应该充分思考并利用网络文化，及时地把握顾客的心理和行为在网络文化作用下的变化，研发出符合顾客消费倾向的创新产品，制订满足顾客消费欲望的网络营销策略，只有这样企业才能脱颖而出。

（二）价值观念分析

价值观念是指人们对社会生活中各种事物的态度和看法。不同文化背景下，人们的价值观念往往有着很大的差异，而消费者对商品的色彩、标识、式样以及促销方式都深受其价值观念的影响，有着自己褒贬不同的意见和态度。例如，西方一些发达国家部分人比较追求生活上的享受，超前消费突出也是常有的事情。在我国，勤俭节约是民族的传统美德，借钱买东西这种消费行为往往被看成是不会过日子，人们大多攒钱买东西，而且大多局限在货币支付的能力范围之内，量入为出。因此，企业网络必须根据消费者不同的价值观念设计产品，提供服务。对于乐于变化，喜欢猎奇，富有冒险精神的消费者，应重点强调产品的新颖和奇特；而对一些注重传统、喜欢沿袭传统消费习惯的消费者，企业在制定促销策略时应把产品与目标市场的文化传统联系起来。

另外，一些少数民族地区的消费习俗也是价值观念的一种，消费习俗是指人们在长期经济与社会活动中所形成的一种消费方式与习惯。不同的消费习俗，具有不同的商品要求。研究消费习俗，不但有利于组织好消费用品的生产与销售，而且有利于正确、主动地引导健康的消费。

第四节　网络营销发展的微观环境

网络营销的微观环境，是指与企业紧密相连、直接影响企业网络营销能力的各种因素和各种参与者[39]。在传统营销中，企业所处的微观环境对企业及其目标市场的选

---

[39] 网络营销的微观环境分析 .Internet: http://blog.sina.com.cn/s/blog_9370adca0100w6v1.html

择起着举足轻重的作用，同样，网络营销的微观环境对企业网络营销的成败也起着至关重要的作用。下面从企业内部微观环境和企业外部微观环境两个方面来分析。

一、企业外部微观环境

企业营销环境由企业内部营销环境和企业外部营销环境两个要素构成，企业外部营销环境包括企业外部宏观环境和企业外部微观环境。企业外部微观环境是企业外部营销环境的重要组成部分，它包括：网络市场中介、网络顾客市场状况、竞争对手状况等。微观环境中的所有因素都要受宏观环境中各种力量的影响。

（一）网络市场中介

企业开展营销往往离不开中介组织提供的促销、销售、配销、推广和监管等中间服务。正因为有了营销中介所提供的服务，企业的产品才能顺利地到达目标顾客手中[40]。

网络市场中介是指网络服务提供商（ISP）、网络中间商（如网络批发商、网络零售商、经纪人和代理商）、第三方物流提供商、认证中心，以及网上金融提供商等。第三方物流提供商是为交易货物提供运输配送的专业化机构；认证中心在交易过程中完成对交易双方身份的确认，保证交易的顺利实现。网上金融提供商则是提供网上电子支付的机构。

在网络时代，企业实现了利用网络直接与最终用户沟通，减少了以前模式存在的中间环节，降低交易成本，提高竞争优势，这样使中间商的地位受到了严峻的挑战。但是正如互联网作为新的第五种媒体还不能完全取代广播、电视、报纸、杂志一样，网络营销虽然会使一部分中间商走向灭亡，但中间商并不会完全消失，而是其功能和服务发生了变化，同时又会产生具有崭新功能的新的市场中介。例如，原来的运输商转化为物流配送的第三方物流提供商，与此同时出现了新的市场中介认证中心，也出现了像京东网一类基于网络的中间商。

（二）网络顾客市场状况

网络营销的一切行为都是以满足顾客的需求为中心的，因此，顾客是企业最重要的环境因素。顾客是企业服务的对象，即顾客是企业的目标市场。因此，企业需要把握目标客户跨地域的共同特点，并以此作为策划依据。

能否准确地认识网络顾客市场状况，是企业制订和实施网络营销策略能否成功的关键。网络顾客市场状况包括：消费群体的主要需求、网上行为特点、影响其网上行为的主要因素等。在进行分析时，首先应明确企业的主要消费群体，通过分类来进行

---

[40] 从宏观和微观分析环境角度分析企业网络营销的影响 .

Internet: http://www.docin.com/p-809420574.html

分析。在分析过程中还可以借助相关的市场调查工具，进行两种消费途径（线上和线下）的消费者调查。

根据购买者进行市场划分的，网络顾客市场包括：

（1）网上个人消费者市场，即为了个人消费而通过网络进行购买的个人和相关家庭所构成的市场。

（2）网上生产者市场，即为了生产并取得利润而通过网络进行购买的个人和企业所构成的市场。

（3）网上政府市场，即为了履行职责而通过网络进行购买的政府机构所构成的市场。

上述的各种网上市场都各有特点，网络营销人员需要分别对各种市场进行细致研究。网络营销人员在制定营销计划时，要根据企业的营销目标，针对不同的网上市场制订不同的网络营销计划。

（三）竞争者

竞争是商品经济的基本特征，只要存在着商品生产和交换，就必然存在着竞争。各种技术的迅速共享和普及，企业竞争者的数量大大增加，因此，竞争者也成为企业开展营销必不可少的环境因素。

在网络时代企业的竞争者分为：在线竞争者和离线竞争者。离线竞争者由于其产品的差异性一般不构成网络营销企业的主要竞争者，所以网络营销企业的主要竞争者是在线竞争者。因此，了解在线竞争者的产品价格、服务，以及消费者对其的评价，并据此制订相应的网络营销措施至关重要。

（四）网上公众

传统营销中企业面对的公众有金融公众、媒体公众、政府公众、市民公众、地方公众、一般群众和企业内部公众，相应的网络营销企业所面对的网上公众就是网上一般公众、网上金融公众、网络媒体公众、政府公众、内联网公众。

（1）网上一般公众：网上一般公众都是企业的潜在客户，企业需要关心网上一般公众对其商业站点、产品和服务的态度。

（2）网上金融公众：网上金融公众影响网上经营企业在线支付系统的建立与获得资金的能力，主要的网上金融公众包括网上银行、风险投资公司和股东等。

（3）网络媒体公众：网络媒体公众由类似发表网上新闻、网上特写功能的一些机构组成，主要包括电子化报纸、电子化杂志、主要搜索引擎、提供网站评估服务方面的专业性网站等。

（4）内联网公众：企业的内联网公众包括其相关负责机构人员、企业员工等，企业往往用企业内联网给内部公众传播信息，给员工信心。当员工对自己的企业感觉良好时，他们的积极态度也会通过各种在线交流等影响到外部网上公众。

（5）政府公众：政府负责管理网络企业的审批、网络链接、网络交易、网络安全、网络立法，其有关机构即构成政府公众。企业的管理层需要密切关注政府层面的有关动态，和政府管理者紧密联系。

适时调查并了解企业的外部微观营销环境状况，及时发现企业外部市场环境变化情况，是企业进行准确市场细分、科学制定或调整营销战略的重要依据。因此，科学评价企业的外部微观营销环境状况对企业的生存与发展具有重要意义[41]。

除了上述一些环境因素，网络营销的微观环境还受到工商行政机构、行业协会、消费者协会等因素的影响。开展网络营销的过程中要注意从一个全面的角度去分析所处的微观环境，获取更丰富更周详的营销依据。

二、企业的内部微观环境

企业的内部微观环境是指企业内部各部门的关系及协调合作。企业内部微观环境分析应主要侧重于产品特性、财务状况、企业相关负责人的态度、企业内部拥有的网络营销资源及利用状况等。这些都是企业网络营销至关重要的因素[42]。

（一）企业网络营销人员

网络营销人员的素质是影响企业网络营销效果的重要因素。在内部各环境要素中，企业最重要的资源是人员，他们是网络营销策略的制定者与执行者。对一个企业来说，想在网络营销环节取得胜利，必须有集网络技术与营销技能于一身的网络营销人才！很多传统企业要涉足网络营销，不仅需要直接引进人才，还要对企业已有人员进行培训。

我们不得不承认，营销是十分微妙而复杂的工作，网络营销人员应该反复检讨各自的经营模式。营销经理面临着一系列的重大决策，例如，在新产品设计中产品的特色是什么，雇佣多少营销人员，在广告上投入多少资金；也面临一些次要的决策，如在新产品的包装上用什么确切的字眼或颜色等。公司承受的最大风险是没有重点关注他们的客户和竞争对手，并不断提升他们的产品价值；而是只注重短期利益，以短期的销售额为发展导向，最后，他们将不能维护股东、员工、供应商和渠道合作者的利益。营销的技巧性是永无止境的！

（二）企业内部组织结构

企业的组织结构也是一个重要影响要素。这主要是指企业各部门之间在组织结构

---

[41] 杨艳梅．企业外部微观营销环境状况的模糊综合评价 [J]. 西华师范大学学报 .2010 年 9 月，第 31 卷第 3 期．

[42] 李倩茹，郑娜，孟许峰．我国企业网络营销的宏观与微观环境分析 [J]. 营销策略，2012.02.

上的相互关系。营销部门在所有部门中占有重要地位，直接关系到网络营销活动能否顺利进行。各部门之间总会存在各环节上的协调问题，解决冲突的办法是营销部门与其他部门根据网络营销的特点，结合企业的实际情况制定合理协调运作的流程。

互联网条件下，企业营销能力实际上就是企业适应环境的能力，企业营销能力的高低很大程度上取决于营销组织结构的状况，主要取决于营销组织结构是否能适应市场的需求、是否具有较高的战斗力。由此，互联网要求企业的组织结构必须具有以下基本特点：

1. 扁平化

扁平化是网络经济下企业组织变革最显著的特征。适合工业革命需要的组织结构都是一种金字塔式的层级结构。这种组织结构的优点是分工明确、等级森严、便于控制。但是，这种组织结构在网络经济下暴露出越来越多的弊端。如：由于管理层次多导致机构臃肿、人员冗余，进而造成管理成本居高不下，不同机构之间互相推诿责任，管理效率低下，组织内部信息传递不畅等。为了克服传统组织的这些缺点，组织开始出现扁平化的趋势。组织结构的扁平化改变了传统命令链的多层级和复杂性，精简了结构层次，从而有利于信息的传递，保证信息传递的有效和不失真，大大提高了组织效率。[43]

2. 网络化

企业组织结构的网络化主要体现在四个方面：一是企业形式集团化。随着经济全球化的趋势，企业集团、企业战略合作伙伴、企业联盟大量涌现，这使得众多企业之间的联系日益紧密起来，构成了企业组织形式的网络化。二是企业经营方式连锁化。很多企业通过发展连锁经营和商务代理等业务，形成了一个庞大的销售网络体系，使得企业的营销组成网络化。三是企业内部组织网状化。由于企业组织架构日趋扁平，管理层次减少，跨度加大，组织内的横向联络不断增多，内部组织机构网络化正在形成。四是信息传递网络化。随着网络技术的飞速发展和计算机的广泛应用，企业信息传递和人际沟通已经逐渐数字化、网络化。不同部门、员工之间通过先进的通讯技术进行信息沟通和及时有效的交流，可增进员工之间的了解，提高其学习能力，并增强部门之间的协同能力，有利于企业处理复杂的项目，形成竞争优势。

3. 虚拟化

传统组织结构的设计总是力求职能部门的“全面化”，企业组织也总是力求“大而全、小而全”的模式。不管是职能制、事业部制，还是矩阵制组织结构，也不管规模大小和在某项功能上的优势如何，企业组织内的各种具体执行功能。诸如研究开发、设计、生产、销售等都是以实体性功能部门而存在的。这些实体性功能组织部门

---

[43] 信息化与企业经营战略 . Internet:http://www.netcec.com/Infomation/show.asp?id=73

作为企业组织系统中相对独立的单元，往往难以对市场变化作出快速而有效的反应。网络经济下企业组织要想具备竞争力，必须要有快速而强大的研发能力，有随市场变化而变化的生产和制造能力，有广泛而完善的销售网络，有庞大的资金力量，有能够生产出满足顾客需求的产品的质量保证能力和管理能力等。只有集上述各种功能优势于一体的组织才具有强大的市场竞争能力。事实上，大多数企业组织只有其中某一项或少数几项比较突出、具有竞争优势，而其他功能则并不具备竞争优势。为此，企业组织在有限资源条件下，为了取得最大的竞争优势，可仅保留企业组织中最关键、最具竞争优势的功能，而将其他功能虚拟化。虚拟化了的功能可通过借助各种外力进行弥补，并迅速实现资源重组，以便在竞争中最有效地对市场变化做出快速反应。

在实际过程中，即使面临相同的外部环境，不同企业的营销活动所取得的效果往往并不一样，这是因为它们有着不同的内部环境要素，比如企业内部组织结构不合理，或者营销人员不良，产品不适应市场需求等。

（三）供应商

供应商是指向企业及其竞争者提供生产经营所需原料、部件、能源和资金等生产资源的公司或个人。其实，企业与供应商之间既有合作又有竞争，这种关系既受宏观环境影响，又制约着企业的营销活动，企业一定要注意与供应商搞好关系。供应商对企业的营销业务有实质性的影响。

为企业提供所需要的产品和服务的厂商，是企业外部供应链的重要组成部分，与企业之间具有战略性的关系。没有保障的资源，企业就不能正常运转，也就不能保证后续销售活动的进行和持续的盈利。因此网络营销企业在寻找和选择供应商时需要注意一些问题：

（1）企业必须增强对供应商资信状况的了解程度；

（2）企业必须多样化自己的供应商；

（3）企业必须与供应商之间建立便捷有效的信息交流渠道，问题处理机制，尽量缩短物流链。

（四）企业现有技术水平

企业具备相应的硬件设施和相关技术是开展网络营销的基础。硬件技术和系统软件技术在所有网络营销中扮演重要角色。由于不同行业网络营销方式的差异，企业建立网络营销系统所对应的技术组成也会有所差异。不同企业依据不同的网络营销目标会选择不同的营销技术。

企业进行网络营销要求企业具有比较先进的信息化水平，从而有利于进行网络化建设。基于信息交换的主体不同，企业的网络可分为企业内部的网络和企业外部的网络。企业内部的网络，包括建立内部局域网和外联网，建立相应的网站，有些企业建立了 MIS（管理信息系统）、DSS（决策支持系统），还有一些企业建立了 ERP（企业资源计划）和 CRM（客户关系管理）系统。企业内部的信息化和网络化是企业开展网络营销的微观基础。企业外部的网络，又分为企业与企业之间的网络（B2B）和企业与消费者之间的网络化（B2C）。企业与企业间的网络可以降低和减少企业的交易成本、时间，提高企业的工作效率[44]。

总言之，企业内部微观环境包括市场营销部门之外的某些部门，如：企业最高管理层、财务、研究与开发、采购、生产、销售等部门。这些部门与市场营销部门密切配合、协调，构成了企业市场营销的完整过程。网络营销缩短了企业与消费者之间的时空距离，为消费者提供交互式的服务。企业在制定网络营销计划时，既要考虑企业外部环境，也要考虑企业的内部环境。

三、小结

分析网络营销的微观环境因素，对企业制定和实施网络营销策略具有直接作用。掌握企业外部微观环境的变化情况，有利于企业和网络中介更好地合作，了解顾客市场状况，认清所面对的各类竞争者，确定自身的优劣势等；掌握网络营销中企业内部微观环境，有利于企业合理建设和挖掘内部环境资源，有效地适应、协调和利用各种外部环境条件。

为了方便大家记忆，建议同学们把网络营销微观环境的 5 大要素和传统营销微观环境的 5 大要素对比记忆。我们都知道，传统营销的微观环境一般包括：供应者、消费者、中间商、竞争者、公众 5 大要素；同理，分析网络营销的微观环境应该从企业（供应者）、网络顾客（消费者）、网上市场中介（中间商）、网上竞争者（竞争者）、网上公众（公众）这 5 个方面分析。

【本章小结】

1. 网络营销的产生有以下三大基础：技术基础、观念基础、现实基础。尽管网络营销的发展前景令人瞩目，但进一步发展所面临的问题依然不少，尤其是在我国，对此我们应有清醒的认识。

2. 网络营销环境指对企业的生存和发展产生各种影响的外部环境，即与企业网络营销活动有关联、因素的部分集合。企业和消费者的各种行为活动都是在一定的营销环境中形成和变化的。

3. 网络营销环境与传统的市场营销理论十分类似，也划分为两个层次：宏观环

---

[44] 网络营销 – 课程讲义 – 第三章互联网营销环境分析 . 南京廖华 .

Internet: http://www.njliaohua.com/lhd_0ci700oj273jk4g7snk1_1.html

境和微观环境。

4. 宏观环境是指一个国家或地区的政治法律、人口、经济、科技、社会文化等因素影响企业进行网络营销活动的宏观条件。宏观环境对企业短期的利益可能影响不明显，但对企业长期的发展具有很大的影响。

5. 网络营销的微观环境，是指与企业紧密相连、直接影响企业网络营销能力的各种因素和各种参与者，包括企业内部因素、营销中介、网上顾客、网上竞争者和网上公众等。

关键术语：网络营销环境、网络营销宏观环境、网络营销微观环境

【延伸阅读】

从“小月月事件”看互联网营销环境的转变

引言：2010年国庆期间，署名为蓉荣的网友在天涯上发布了一篇《感谢小月月这样一个极品的朋友给我带来了这样一个悲情的国庆》，引起轩然大波。它的劲爆来源于作者笔下，以真实身份存在的主人公“小月月”——一个不以正常逻辑思维行事的胖MM。描述作者接待她与男友来到上海旅游期间的夸张故事。短短数日，其关注量就达到4千多万。一句“神马都是浮云”更是成为时下最流行的用语。网友们疯狂转帖讨论，想弄清事实真相。一夜间，小月月成为网络一号人物。究竟是炒作还是恶搞呢？作为广告人的我们，更喜欢透过现象看本质。

可用“恶炒”一词来形容现今网络世界走红的营销手段。近年来，纷繁复杂的信息在扰乱人们视听之际，使得互联网上的主流文化缺失，网络媒体“娱乐至死”的方向，更使中国网民逾倾向于“无聊”“寂寞”。“恶搞”“火星语”“哥说的不是话是寂寞”等互联网文化的出现，也在助长着网络环境的变化。

小月月事件无论是不是炒作，其本身已经是网络营销的事件，无论是自发的，还是背后操纵，其中涉及的营销细节值得我们学习以及思考。从中可以看出网络营销环境的转变，导致网络营销行为的转变，值得我们网络营销人员深思。

一、网络营销主体不再是企业，企业更多依靠草根阶层作为传播的途径

网络营销效果更多是依靠传播的广泛，而中国的网民阶层大多都是草根，虽然意见领袖在网络传播中起到煽动作用，但是传播的群体基础还是回归大众。从“贾君鹏”事件，到“犀利哥”再到如今的小月月、芙蓉、凤姐，每一个都是草根阶层。现今流行的网络营销的主流方式还是社会化媒体营销以及病毒营销，笔者所理解的社会化媒体营销其实已经包含了病毒营销，小月月事件是以SNS社区为起点，由网友发起以及传播，而后至各意见领袖的评论转载，已经把社会化媒体营销以及病毒营销的一部分概念穿插进去，所以，小月月事件更像是一个网络草根大众的人际传播式营

销，无论背后是否有网络推手，其本质还是，主体已经改变，草根阶层是以后网络营销的主要群体。

当大众倾向于集体讨论时，往往会形成一定的认知，无论是好的还是坏的，一旦形成，将很难打破，就像小月月事件过后的“拜月神教”，无论声音多么杂，这也许称之为“火了”，“火了”的概念是如此。

企业在面对着网络营销主体的改变，小月月事件也许能给企业一点启示：网络营销的主体也许可以利用草根阶层，或者，主体可以变成活生生的一个人，也就是前面提到的——“社会化媒体营销要求企业不能像台冷冰冰的机器”。有些企业不满足于“像个人”，他们干脆就“是个人”。举个案例，东航凌燕是一个比较成功运用新浪微博的案例。凌燕是东航“乘务示范组”的名称，这个示范组由一群美丽高素质的空姐组成，标志着东航的高服务水准。东航为凌燕的每位空姐建立了自己的微博账户，在这些微博里，空姐们发了一些工作心情，旅行照片，或者小情绪，东航的形象体现得非常亲切可人，赢得了众多好感，这也是前面提到的，不仅企业要像个人，还要企业运用草根阶层作为传播的主题这个概念。

二、创意门槛提高，核心在于找到广大参与者的传播动力

在小月月事件里，前后都贯穿了网络营销的极致，一是积极互动，前期引起足够悬念以及激发网友情绪，二是能找到广大参与者的传播动力。

对于网络营销人员来讲，刺激活动参与者不断将活动传播出去，并且不断产生新的参与者再将活动传播出去是关键，网络营销将面临着对创意要求越来越高的门槛，也许在未来，网络营销行业将变成网络公关行业，以创意为起点，以互动为传播动力。

事实上，网络营销人员在“找到广大参与者的传播动力”方面依靠的是活动的奖励，例如奖品奖励，总会遇到奖品太好送不起，奖品太差引发不了网友参与兴趣的尴尬。往往要求能在激励机制上花时间想创意才能得到出其不意的效果。创意的的确确已经贯穿了整个网络营销行业的始终。这种前提下需要我们网络营销人员一些启示：

（1）没有创意，就没有强大的传播势能，有创意，未必有势能，但没有眼球，注定与强大的传播势能无缘。

（2）强大的传播动力在于抓住消费者内心的薄弱，或者迎合他们的狂欢，不要认为他们无聊，多花时间想传播的环节，了解他们的情绪，成为他们的神经。

（3）网络营销人员在未来是创意者，是心理学家。

三、媒体责任缺失，娱乐化本身需要适应不同的网络文化

天涯捧红了小月月，也捧红了自己，其“居心叵测”令网友大感质疑。其实，像“贾君鹏”捧红了魔兽世界，“西单女孩”捧红了视频网一样，很多 SNS 社区倾向于捧红草根借以达到宣传社区品牌知名度。

媒体作为改变网络环境的工具，其影响力广泛，网络环境在其影响下变得极其娱乐，主流文化越来越薄弱。互联网形成的文化值得我们网络营销人员去研究，譬如不同的SNS社区，所处在的环境下所用的网络语言，特点行为也会不同。网友们在置身于各种社区玩乐的同时，可以自由切换“真实身份”以及“虚拟身份”。例如人人与豆瓣的区别。

也许在未来，我们在不同的网络集合地，有着不同的语言，各自形成精准的圈子群体，我们网络营销人员在寻找目标受众也许会更加便捷。无论如何，未来的环境，会在娱乐中进行改造，这是中国互联网的鲜明特点。

（资料来源：http：//b2b.toocle.com/detail–5497213.html）

【课后思考题】

1. 网络营销发展的基础是什么？
2. 网络营销环境的概念是什么？我们应该如何分析企业的网络营销环境？
3. 企业网络营销面临的宏观环境具体有哪些？
4. 企业网络营销面临的微观环境具体有哪些？

第三章　网络市场和网络消费者的行为分析

【学习目标】

1. 了解网络消费市场的含义和特点
2. 了解网络消费者的行为特点
3. 理解和掌握影响消费者购买决策的各种因素
4. 理解传统的消费决策过程
5. 掌握网络消费决策过程

【内容要点】

1. 网络消费者现状的分析
2. 网络时代消费方式的变化
3. 网络消费者购买决策的过程及影响因素
4. 网络消费者的行为特点

【引导案例】

“双十一”网络购物狂欢节

在网络购物的热潮下，电子商务企业迎来了蓬勃发展的时期。自 2009 年首创“双十一”节日营销开始，淘宝网历时五年把原本一个普通的日子变成全中国网民每年一度的“网购狂欢节”，如今淘宝“双十一狂欢节”已经成为国内电商营销领域的标杆级现象。

淘宝网（taobao.com），中国最大的网购零售平台，目前拥有近 5 亿的注册用户，每天有超过 6000 万的固定访客，同时每天的在线商品数已经超过了 8 亿件，平均每分钟售出 4.8 万件商品。随着淘宝网规模的扩大和用户数量的增加，淘宝也从单一的 C2C 网络集市变成了包括 C2C（Consumer To Consumer）、团购、分销、拍卖等多种电子商务模式在内的综合性零售商圈。目前已经成为世界范围的电子商务交易平台之一。

“双十一狂欢节”发展至今已经有五年历史，近两年来也开始伴有一些争议，但是纵观其五年发展，不但没有衰败的迹象，反而每一次的销售总额都在不断刷新电商企业的记录。自从“双十一狂欢节”举办以来，阿里巴巴每年的当日交易额不断攀升，具体数据如图 3-1 所示。

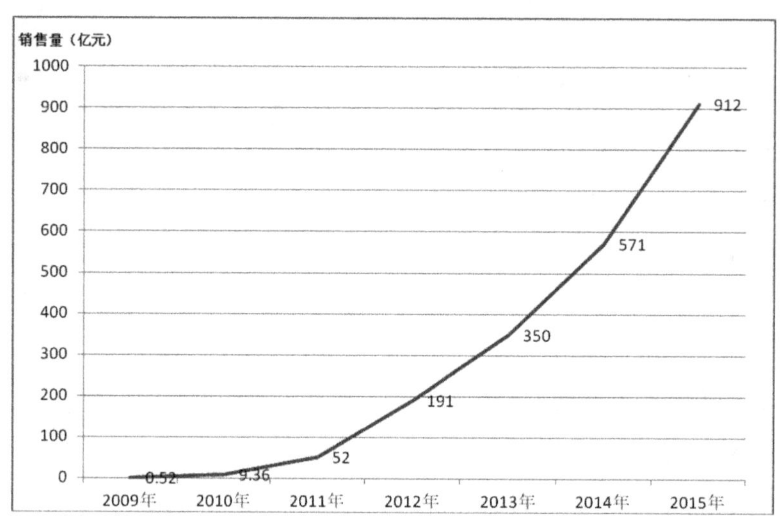

图 3-1 阿里巴巴“双十一”当天交易额

从 2009 年淘宝开始做“双十一”起，当时打出的最响亮的口号就是“品牌商品五折活动”，即在 11 月 11 日当天，凡是参加“双十一”活动的淘宝网店全部商品都将以平时价格的一半来进行销售，虽然第一年只有 27 家网店参与，但不可否认的是，在市场经济时代以低价促销来吸引顾客，是极为普遍但又最为有效的手段之一，物超所值的购物体验是吸引消费者的策略之一。因为作为商品交易的购买者，都希望能够以最低的价值换取最优质的商品，可以享受到物美价廉的产品和服务。随着网络消费日益普及，消费者能够进行不盲目、不冲动及理性的消费，消费者已经计划好大部分的支出要购买哪些商品，购物庆典有利于提高销量，消费者也能在促销中以更低的价格买到需要的商品。

“双十一狂欢节”的参与者也从最开始的小部分网友逐步演变成大多数网友的集体购物狂欢。也许是受到利益的驱使，从 2012 年起，国美、京东、当当、易迅等其他国内大型电商企业也开始加入到“双十一狂欢节”的队伍中策划推出相关营销活动。经过 2013 年的电商大战之后，现在“双十一狂欢节”俨然已经成为电商企业的集体狂欢，乃至是全民的一种狂欢。所以总体来说“双十一狂欢节”的营销效果是非常显著的。2014 年“双十一”中国网购消费者平均支出 1371 元人民币，2015 年平均每个消费者支出1440元人民币。

不得不承认，淘宝在每年双十一除了给消费者带来网购的狂欢之外，也在潜移默化中改变着人们的生活和购物习惯。在这种改变中，淘宝自身也在不断创新着网络购物的模式，以期赢得更多的利润同时也给消费者带来更好的网购体验。随着网购的发展，网购平台也在不断升级，其中2012年“双十一狂欢节”中淘宝兴起的C2B预售模式和2013年开始尝试的O2O模式也对电商界造成了不小的震荡。

“双十一”对企业的启示之一是策略的营销必不可少。尽管“造节营销”对于大多数电子商务企业来说早已不是什么新鲜事，但是最成功的为什么是“双十一狂欢节”，而不是别的电商节日。抛开淘宝自身的资源平台优势不提，灵敏的市场嗅觉，精准的营销定位，超前的电商营销理念、健全的营销活动体系等，这些都是值得其他电商企业甚至是线下实体企业可以学习并借鉴的。

（资料来源：成杰 . 淘宝“双十一狂欢节”营销研究 [R]）

第一节　网络消费市场的含义和特征

随着互联网的飞速发展，互联网已深入人们的生活。越来越多的人上网购物，网络消费市场日益成熟，同时也造就了淘宝、阿里巴巴、京东商城等商业网站。并且，环境的变化使消费者在消费特征和消费行为方面发生着改变。但是，在网络消费快速发展的同时，网络消费市场的维权问题也日益突出[45]。

一、网络消费市场的内涵

消费者市场即购买者集合在一起的组织，消费者市场的存在是为了满足消费者个人及其家庭成员的日常生活需要，它是一个最终市场，产品一旦被购买即退出再生产。

（一）网络消费市场的含义

1. 网络消费的概念

网络消费是指人们以互联网为工具手段而实现其自身需要的满足过程，其范围包括网上购物、网络影院、网络游戏等多种消费形式。从狭义的范围说，网络消费是指用户为完成购物或与之有关的任务而在网上虚拟的购物环境中浏览、搜索相关商品信息，从而为购买决策提供所需要的必要信息，并实现决策的购买过程，也就是我们通

[45] 刘戈 . 网络消费市场中的体验营销 [M].2012（14）:9-10《China Market》.

常说的网上购物。网络消费即网上购物仅仅是指通过相关的网站，在网络上购买有形商品的形式，其交易的一方肯定是消费者，即包括 B2C 和 C2C 两种形式。因此可以说，网络消费或者网络购物仅仅是电子商务的一部分，不能完全等同于电子商务。那么，网络消费是否等同于电子商务呢？网络消费和电子商务是两个完全不同的概念。电子商务主要是指交易方式的电子化，它是利用 Internet 进行的各种商务活动的总和。通常，电子商务有三种模式：

（1）B2B（企业对企业），如阿里巴巴，中国制造网，环球资源网，TRADEKEY 等。在这种模式下，电子商务交易双方都是企业，电子商务平台的作用仅仅是在网络上发布供求信息。

（2）B2C（企业对消费者），典型的代表是企业开设的“网上虚拟商店”，如 VANCL，麦包包，麦考林等。在这种模式下，企业需要在网上建立一个具有完整销售功能的网站，包括产品展示，网上购物，在线支付系统，售后服务等，消费者在网上可以完成商品的购买。

（3）C2C（消费者对消费者模式），如淘宝网，EBAY 等。C2C 模式与 B2B 模式类似，主要的区别在于前者交易的双方多是个人，而后者交易的双方多是企业。但是随着淘宝网知名度的提高，很多企业也在淘宝网上开设“淘宝商城”，这就不再是“C2C”模式，而是“B2C”模式了。

2. 网络消费市场的概念

消费者市场亦称为最终消费者市场，指的是个体消费者及机构团体为了满足自身使用的需求而进行产品或劳务购买的市场。一般成功的营销者是那些知晓开发对消费者有价值的产品，并运用合适的方法将产品合理地呈现给消费者的组织或个人。所以，无论企业或个人，要想开展有效的市场营销活动，研究在消费者市场中影响消费者购买行为的主要因素及其购买决策过程等问题就是必不可少的内容。

（二）消费者市场的特点

为了更好地了解消费者市场，有必要对消费者市场的特点进行分析。从市场运作的机制看，消费者市场有如下几个显著特点。

1. 无店铺营销

企业在网络市场上进行营销活动，不需要租赁店面，进行装修，摆放样品和雇佣大量导购人员。如京东商城、唯品会等，它们没有设置实体的零售网点，而是通过互联网，这些店铺的商品可直接销往全国各地甚至是海外。

2. 零库存定制

在网络市场中，企业不需要将商品样本一一展示出来供消费者选择，只需在网页上陈列产品图片和规格数据，并且在接到客户订单之后，可以根据订单来组织生产和配送。这样，企业就不会因为存货而增加其成本，还可以最大限度地满足客户的个性化需求。

3. 成本相对较低

企业在网络市场上进行营销活动，可以有效地控制企业成本，大大节约营销成本，降低管理费用。其主要体现在以下几个方面：

（1）降低销售成本。企业在网络市场的销售成本主要涉及 Web 站点建设成本、软硬件费用、网络使用费以及以后的维护费用。这些费用通常比一般企业常规性的成本要低很多，这是因为它间接地节省了一般企业在经营中需要支付的昂贵店铺租金、装修费用、水电费、税费及员工工资等。

（2）降低管理费用。企业通过互联网可以及时传递信息，在经营中可以实现无纸化办公，购物订单的成本可以缩减八成以上。举消耗纸张的例子来说明，一个中等规模的企业一年要发出或接收订单 10 万张以上，大企业则在 40 万张左右。因此，对企业，尤其是大企业，无纸化交易就代表着节省少则数百万元，多则上千万元的支出。

4. 24 小时经营模式

在网络市场中，企业可以开设 24 小时营业的全天候经营模式的店铺，并且不需要增加额外的经营成本。因为客户可以进行自主咨询、下订单和付费，无需人工辅助，只需利用机器自主完成即可。这对于平时工作繁忙、缺少闲暇时间的消费者具有很大的吸引力。

5. 空间自由

互联网创造了一个即时全球社区，在空间上，它消除了同其他国家客户做生意的时间和地域障碍。面对提供无限商机的互联网，国内的企业可以加入网络行业，开展全球性营销活动。海外代购和全球购的发展，将逐渐实现世界经济网络一体化。不论身处何地，只要有互联网和物流配送服务，消费者就可以购买到心仪的商品和享受便捷的服务。

6. 扁平渠道

网络市场中，经销商和中间商的作用被削弱，网络直销成为了普遍的销售渠道。因而，网络市场的渠道逐渐缩短，趋于扁平。消费者可以直接登录相关网站进行购买，企业也可以利用互联网上的销售网站直接向客户进行销售。通过这种网络直销渠道，企业可以利用数据库和网络跟踪系统掌握客户的购物信息，对这些资料进行分析和发掘，能够使企业更及时地把握不同客户的需求，并适时向客户提供具有针对性和个性化的产品。

7. 消费小量多次性

随着社会的现代化发展，小量多次性越来越普遍。由于家庭规模日益缩小，由原来的三世、四世同堂逐渐转变成为由父母和少数子女组成的“现代家庭”，人数的减少代表着消费者的一次性购买量也会逐渐减少，即消费者的购买日渐呈现出小型购买的特点。并且，随着一次性购买量的减少，家庭有必要进行经常性的重复购买，这点与购买生产资料的过程有所不同，因为要供给一段时期的生产所需，所以生产资料需要一次性大批量的购买。根据这种家庭模式的改变，企业应该适当缩小消费品的产品规格和包装，更好地适应消费者的需要。

8. 市场差异大

由于消费者的购买受到性别、年龄、收入、气候条件、地理环境、文化教育和心理状况等不同因素的影响而呈现很大的差异性，因此，企业不能将消费者一概而论，不能将消费者市场只看作一个包罗万象的大市场，必须要把市场细分，满足消费者的个性需求。

9. 消费非专业性

由于消费者所学专业的限制，大多数的消费者对于需要购买的商品都缺乏专业的判断，常常会受广告宣传以及其他促销方法的影响而产生购买行为。尤其是在电子产品层出不穷的当下市场，一般消费者都很难判断各种产品的质量优劣或者价格高低。因此，现代企业应该努力提高品牌知名度，诚信为商，建立良好的信誉，注重广告及其他促销工作。恰当有效的广告有助于巩固企业在行业中的地位，提高产品的销量。同时，一定要抵制坑害消费者的行为，如利用消费者的非专业性这一特点，很不利于企业的长远发展。

总之，网络市场具有传统的实体化市场所不具有的特点，这些特点正是网络市场的优势。对于现代企业而言，利用网络市场来实现企业的目标价值链是现在和未来最佳的选择。

二、网络消费市场的现状分析

网络消费市场具有传统消费市场不具备的优势，它改变了我们的消费方式，对促进消费拉动经济起到很大作用。同时，在网络消费的发展中依然存在许多问题，并不是所有的产品都适合在网络上进行销售，消费者维权问题也日渐突出。

（一）网络营销产品的分类

由于网络的限制，只有部分产品适合在网上销售。随着网络技术发展和其他科学技术的进步，将有越来越多的产品在网上销售。在网络上销售的产品，按照产品物理特点和配送方式的不同，可以分为两大类：即实体产品和虚体产品。

1. 实体产品

将网上销售的产品分为实体和虚体两大类别，主要是根据产品的物理形态来区分的。实体产品是指具体物理形状的物质产品，如日用消费品、旧货、工业品等。在网络上销售实体产品的过程与传统的购物方式有所不同，网络销售采用交互式交流已然成为买卖双方交流的主要形式，而传统营销中的面对面买卖方式已经不适用。消费者通过浏览卖家的网站主页判断其产品优劣好坏，通过填写表格表达自己对品种、质量、价格、数量的选择；而卖方则将面对面的交货方式改为快递产品或送货上门，这一点与邮购产品颇为相似。因此，网络销售也属于直销方式的一种。

2. 虚体产品

虚体产品与实体产品的本质区别是虚体产品一般是无实物形态的，即使表现出一定形态也是通过其载体体现出来，但产品本身的性质和性能必须借助其他方式才能表现出来。

在网络上销售的虚体产品可以分为两大类：软件和服务。

（1）软件包括计算机系统软件和应用软件。网上软件销售商常常可以提供一段时间的试用期，允许客户尝试使用并提供反馈信息。质量好的软件很快能够吸引顾客，使他们决定购买并成为“回头客”。

（2）服务可以分为普通服务和信息咨询服务两大类，普通服务包括远程医疗、法律救助、航空火车订票、入场券预定、饭店旅游服务预约、医院预约挂号、网络交友、电脑游戏等，而信息咨询服务包括法律咨询、医药咨询、股市行情分析、金融咨询、资料库检索、电子新闻、电子报刊等。

（二）网络营销在消费市场上的优势

网络营销在消费者市场上的优势主要有以下五点。

1. 直接沟通和及时反馈

与传统消费者市场相比，互联网消费者市场更为直接主动，消费者在购买过程中的参与度提高。企业在网上发布信息，消费者通过阅读在线消息，能够对企业直接表达出个性需求，以此作为对网络营销活动的信息反馈。通过顾客的在线反馈，一方面，企业能够从中获取大量的市场信息，作为今后市场分析与预测的依据。另一方面，顾客的问题得以及时解决，同时能够获得额外价值。

2. 提供比较服务

现代化的厂商能够根据消费者的需求及时主动地通过网络提供产品比较服务，建立识别系统、分析模型以及比较网站，解决消费者难以评价在网上碰到的大量信息的难题。一方面，比较服务能够为顾客提供安全和服务，另一方面，消费者能够获得心理满足，即避免产生购买后就后悔的概率或降低风险感的可能性，并且能够增加对品牌的信任和心理上的平衡感。

尽管这些比较信息不够准确充分，不够专业化，但是单凭分析服务，企业就可以获得消费者的关注度。再而，当商家纷纷提供这种分析服务之后，比较分析就会更为专业准确，更为科学，分析工具更加先进的企业有更大的机会得到消费者的认可，在吸引消费者的过程中抢得先机。在信息量巨大的网络环境中，消费者将充分利用各种分析比较工具，呈现理智型购买决策。

3. 拥有消费者数据库

明确的目标市场和完善的顾客档案是一种特殊的信息资源，对于企业的长远发展尤为重要。有些网站甚至要求访问者注册登录，注册过程中一般会提交消费者的姓名、性别、工作地址、联系电话和电子邮件等信息。通过这类表格获得的信息，企业营销人员能够从中提炼用户信息，形成用户轮廓，积累用户数据库，彻底细分目标市场，进而有效地进行营销活动。比如，跟踪顾客的购买过程，分别记录某个顾客对某种类型产品的偏好，记录其购买的模式等。并且，在恰当的时候为消费者提供相关的产品信息，提醒消费者对某个问题或者环节的注意，维护及提高消费者对网站的忠诚度。

通过网站注册和问卷调查，网络营销人员得到了部分顾客的信息，能够将营销组合更加准确地推送给目标顾客，实现数据库为基础的一对一营销。这不仅满足顾客个性化需求，同时还可以有效地维护顾客关系。

4. 实现消费者教育

在传统的营销环节中，消费者的消费行为具有可诱导性，这就代表着对消费者的教育是有理可循的。现今，由于网络信息的完善和资源的充足，通过开展网上讲座、网络培训、开设网络虚拟展厅以及开展网络消费者论坛等方式能够有效的提高消费者教育的学习效率。消费者能够对各个产品有更全面地了解，达到更好地、有针对性地对消费者进行教育的目的。同时，进行消费者教育有可能是为她人做嫁衣的活动，实施起来也是相当困难的。

5. 提供多个入口

随着网络越来越便捷，消费者更加偏爱简单的搜索路径，由此，需为消费者提供多个入口，如今网站与一些知名度较高的行业网站和门户网站链接紧密的联系，使得消费者能够从别人的网站点轻易地进入，避免每次都要输入特定网址的麻烦。根据数据统计，网民通过其他网站得知新网站地址的比例高达 52.9%。提供多个入口，为消费者带来更多方便，同时也能够增加潜在消费者浏览并进行购买的机会。

三、网络消费市场的维权问题研究

网络消费已经成为经济增长和创新的主要引擎，互联网为众多小型企业提供创业机会，为“大众创业、万众创新”提供了便利条件，他们不用支付公司的场地租赁费用。网络消费对于零售产业产生重大的影响，越来越多消费者使用网络浏览商品并进行购物，在网上购买旅游等服务项目的交易数量也有显著增加。消费者在互联网上购买商品或服务可以不受时间和空间的束缚，每一个消费者都可以依靠移动技术的发展，在世界上任何地点，任何时间购买到自己需要的商品。但与此同时，网络营销采取远距离订货、网店销售、交易主体虚拟化以及电子支付等手段，增加了交易的不确定性和风险。

（一）网络消费市场中的侵权现象

相比于传统消费模式，网络消费市场上存在集中的侵权现象，网络消费最大的不同在于借助网络来实现商品从商家到消费者的转移，因此，在网络消费市场上出现的侵权现象由于网络的虚拟性而具有独特性。

1. 消费者个人隐私得不到保护

无处不在的计算机网络不可避免导致网络能够追踪个人生活方面的轨迹，由于这个原因，消费者个人身份信息状态问题变得更加重要。它损害不特定多数网络消费者权益，给网络消费者整体权益造成损失，甚至酿成公害事件，危害社会经济秩序和国家经济安全。

2. 消费者知情权被侵犯

在网络消费市场中，消费者与经营者的联系来自于虚拟的网络，信息不对等现象非常严重，一些不良经营者很容易利用这一点蒙骗消费者，使消费者无法获知商品或者服务的真实信息，因而买到假冒伪劣产品，严重者构成欺诈交易。

3. 物流等售后服务不到位

运输是网络购物过程中的重要环节，目前大部分商家没有自己专属的物流体系，委托其他的物流企业良莠不齐，运输过程中一旦出现货物迟延、毁损，商家与运输商经常互相推诿，消费者难以维权；另外，网络购物的消费者很难享受到消费者权益保护法所规定的三包服务。这一方面有消费者自身原因，比如购买水货行为本身就得不到法律保护，但更多的是经营者借助网络消费市场目前的监管空白来逃避责任。

（二）网络消费市场中的维权现状

（1）从立法角度讲，我国尚未出台专门规范网络消费市场的法律法规，网络消费在法律上存在真空地带。本质上看，网络消费只是消费的一种方式，网络消费者也是消费者中的一类，因此，网络消费者可以依据传统的《消费者权益保护法》《产品质量法》《广告法》等进行维权，但是，上述法律法规在制定之初没有预见到如今网络消费市场的出现与繁荣发展，因而没有针对网络消费市场的特殊性做出专门规定，导致他们在事实上无法保护网络消费者的权益。

（2）从监管角度看，2009 年 7 月，国家工商局宣布将网络购物纳入其监管范围，随后出台《网络商品交易及有关服务行为管理暂行办法》，并于 2010 年 7 月 1 日起施行。这在网络消费市场领域是一个很大的突破，表明鱼龙混杂的网络交易市场有了明确的监管主体，将规范网络交易行为，从而为维护消费者权益提供切实保障。但是，监管的介入也随之带来了担忧，很多经营者担心国家机关滥用监管权力或者借此机会收税，增加网络经营成本，消费者也担心因此买不到物美价廉的商品。

（3）从网络消费市场本身来看，一些提供网络交易平台服务的经营者进行了维权的努力，如淘宝网等大型购物网站。这些网站通过第三方担保制度、信用评价制度和先行赔付制度等几个方面初步建立了网络消费的信用体系，起到了一定的第三方监管的作用，获得消费者的欢迎。但是这类网站的维权与监管存在先天的缺陷，因为他们本身也是盈利性企业，而且在交易过程中也并不是利益受到直接损害的一方，单纯依靠他们来维护消费者权利不是长久之计。另外，各个交易平台提供者之间存在竞争关系，彼此很难合作来共享各自的信用体系，经营者在这个平台上信用恶劣，大不了换个交易平台，没有全国统一的信用体系，也很难实现真正的监管。

（4）从最终的救济手段来看，消费者难以通过诉讼方式来获得权利的实现。网络消费者享受到的是足不出户的便利，而实际上，消费者与经营者很可能远隔千里，当纠纷发生后，由于大部分经营者没有在工商局进行登记注册，消费者在起诉的时候就无从得知经营者的真实地址，根据民事诉讼中原告就被告的管辖原则，消费者无法确定管辖法院，往往陷入诉讼无门的境地。而且异地诉讼也大大增加了维权的难度与成本，导致很多消费者望而却步。

另外，虚拟的网络交易，使得原告很难提供证据。在淘宝网的投诉中心可以得到承认的阿里旺旺聊天记录，电子邮件等，由于没有明确的法律依据，在法官面前是很难作为呈堂证供的。我国出现的个别法院认定的案例也是在其他的合同纠纷领域，而且要求了很复杂的证明过程。关于电子证据的应用问题在法学界也有很多学者进行着广泛的研究，但理论研究无法给实际应用提供法律依据，而《电子签名法》中所规定的电子签名目前很少也很难适用于网络消费领域。这导致消费者因无法举证而常常面临败诉风险[46]。

（三）如何更好地维护网络消费者权益

通过对我国目前网络消费市场维权现状的分析，不难发现，在网络消费市场中所涉及的各个主体均已认识到了维护网络消费者权益、合理规范网络消费市场发展的重要性。

那么如何开展行动，才能切实有效的维护消费者的权利呢？初步建议从以下几个方面入手：

1. 借鉴国际经验，结合我国国情，完善立法，以加强对消费者合法权益的保护

相对西方发达国家，我国的互联网及电子商务起步较晚，法律制度体系尚不完

[46] 乔娇娇，武建伟 . 网络消费市场维权问题研究 [R]. 2010 年 12 月（上）.《法治与社会》.

善，法制建设相对滞后。要想确立我国网络消费者权利保护法律制度，既要借鉴国际经验，也要结合我国自身国情。修改现行《消费者权益保护法》，增加有关消费诉讼、消费信用方面的规定，针对网络交易的特殊性确立新的消费者权益保护方法，做出专门规定，并对其他相关法律法规进行修订。

2. 加强网上交易的行政管理

加强对网上经营者主体资格的审查力度，明确网络消费法律关系中的主体范围以及各个主体的权利与义务，尤其需要明确经营者和消费者的概念及其权利义务。由各地工商行政管理部门联合介入，实现分区管理，从而防止网络经营者跨区登记，逃避监管。行业协会、认证系统、金融系统和工商管理等部门大力合作，在网络社会中尽快建立个人数据安全保障体系、经营者信用保障机制以及网络支付安全系统三大安全保障系统，对消费者知悉真情权的保护建立在完善的信用体系基础上。

3. 建立网络交易消费者纠纷投诉解决机制和纠纷司法救济规则

当消费者和经营者发生争议时，解决争议的传统方式通常包括：与经营者协商；请求消费者协会解决；向有关行政部门申诉；提请仲裁以及向人民法院提起诉讼。由于网络消费具有全球性、电子化、网络化、虚拟化的特征，对传统争议解决方式造成冲击。

（1）当事人双方很可能距离遥远，管辖权确定、证据的提供和认定、判决执行都存在着难题。为保护消费者权益，各国都在积极探索有利于消费者的管辖规则。如加拿大魁北克省偏向消费者的管辖权立法以及美国的以“最小联系”原则扩张法院管辖权等。对这个问题，我国应当借鉴吸收这些先进经验，取消费者住所地专属管辖原则，不再死守传统交易中的“原告就被告”原则。

（2）由于多数网络交易涉及金额较小，消费者往往认为通过诉讼来解决纠纷有点得不偿失。为了保护这部分消费者的合法权益，应当建立在线争议解决机制，在线争端解决机制包括在线协商、在线调解、在线仲裁和在线诉讼四种方式。和传统争端解决机制相比，在线争端解决机制具有成本低、花费时间少的优点。

4. 普及网络消费知识，帮助消费者从源头杜绝侵权

面对目前的维权现状，作为普通消费者要减少维权成本，最好的方法还是在平时就养成良好的交易习惯，具备一定的法律知识，尽量避免事后维权。

（1）培养维权意识。在消费者权利遭到侵犯后，应及时采取积极手段进行维权。否则将是纵容经营者，最终产生更大的伤害。所有消费者都能够积极维权的话，对于网络消费市场也将是一股巨大的监督力量。对此，监管主体应采取鼓励措施，比如建立基金来资助那些民间维权斗士，各地工商管理部门应设立专门部门来受理网络消费投诉案件，针对网络购物的特点，通过人性化设计来建立通畅的投诉渠道，在消费者提供证据方面，可接受电子证据，通过网络来递交，从而为异地的受害消费者提

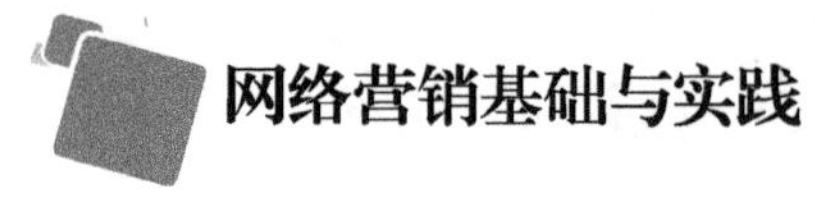

供方便。

（2）做好网络消费准备。学习必要的网络安全知识，树立正确的消费观念，具备一定的风险意识。在自己的电脑上安装杀毒软件并及时更新，上网时要仔细辨认，不要冲动性购物，选择知名品牌网店，不要随意透漏自己的个人信息，并且选择稳妥的支付方式，尽量采用货到付款或者第三方支付平台的方式付款。可参照商务部在2007年发出的《关于网上交易的指导意见》。

（3）做好证据保全。网络消费维权最大的困难在于证据难以取得，因此，消费者在购物过程中应考虑周全，养成良好的购物习惯，在购物前与商家协商好开具发票等购物凭证，在淘宝网上购物的话最好采用淘宝承认的阿里旺旺聊天方式与商家进行交易，购物之后对网上显示的订单可以截图保存，收到货物之后如果货物有毁损或者是假冒伪劣产品，及时以拍照等方式记录当时状况，保存快递单，并在需要的时候到有关部门进行质量鉴定，如果由于货物的瑕疵导致加害给付，产生人身伤亡，对于医疗费用，住院证明等各项材料都要保管妥当，以备日后维权需要。

第二节　影响网络消费者行为的主要因素

互联网强大的通信能力和电子商务提供的便捷交易环境，彻底改变了消费者的购物方式和消费行为。从消费者行为的变化来看，网络经济环境下的消费者不再像传统营销方式下被动地接受产品和服务的情况。而是积极地参与营销，企业与消费者之间的互动性也随之加强。

一、网络营销方式对消费者行为的影响

网络营销方式的普及给消费者带来了诸多好处。

第一，产品和服务更加丰富。在理想的网络营销环境中，任何现有的商品和服务都可以在网络上进行展示和销售。此外，网络站点上还有大量的信息产品，因此，一个普通的网民所接触到的商品数量远远多于传统营销环境中的商品数量，即网络营销已经涵盖了传统营销的产品范围。

第二，获取信息途径更广泛。一个熟悉互联网的消费者想要收集相关产品和服务的信息是轻而易举的，如功能、价格、厂家、品牌的对比等信息能够轻易地通过网络手段获取。网络技术还可以筛选出适合用户个性化需求的产品和服务。借助广泛的信息，通过多重的比较选择，消费者能够以合适的价格购买到满意的产品。

第三，消费形式更加安全自由。消费者希望享受高质量的服务。在传统的购物环境下，消费者不但会遇到诸如交通安全、商场安全、服务质量、礼貌服务和产品质量

等问题，还要经过到收款台排队、支付、打包，再把商品带回家等繁琐的购物过程。而网上交易的实现，使消费者只要点击鼠标即可完成购物，免去了购物中心的嘈杂、拥挤，使消费者享受悠闲自在、随心所欲的高质量服务。

第四，支付价格更加优惠。对于一般消费者来讲，商品的价格是影响购买决策的重要因素之一。由于网络营销中信息足够充分，在理论上，消费者能够以趋于产品实际的市场价格购买到特定产品，与传统营销相比，消费者承担了更小的支付成本和购买风险。

网络营销方式不仅为消费者带来了便利，更改变了网络环境下消费者与企业的沟通方式。信息沟通方式在市场营销中的功能主要有如下三个：即信息告知、信息提醒、购买诱导。在传统营销方式下，信息沟通模式是一对多，只能完成信息告知和信息重复提醒两个步骤的功能和作用，信息传递的单向性使得产品和品牌的差异化工作难以进行，而这恰恰是推动消费者做出购买决策的关键所在，传统营销中的信息沟通模式如图 3-2 所示。

图 3-2　传统营销信息沟通方式

一对多模式即企业通过媒体将编译过的信息传递给消费者群体，信息的传输是单方向的，作为信息接收者的消费者被动地接受产品信息，没有选择接收或者拒绝接收的权利，就像电视观众不能选择电视台停止播放某一产品的广告一样。

网络环境下的信息沟通模式既包括一对一模式，也包括多对多模式，信息沟通的过程是交互的，是动态的。网络营销中信息的沟通模式如图 3-3 所示。

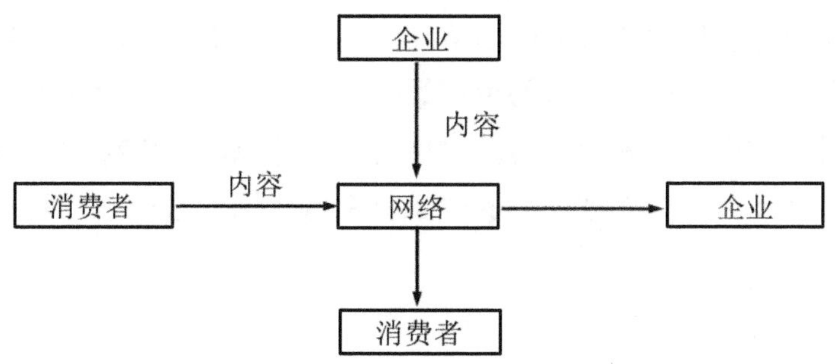

图 3-3　网络营销信息的沟通模式

网络环境下，新的信息沟通模式即消费者具有主动性和积极性，其行为过程是完全以自我意识为导向的。消费者可以直接地与企业进行信息互动，也可以主动地在媒体上发布自己的需求，不论是企业还是消费者，既是信息的发布者也是信息的接收者，这是网络营销与传统营销的本质区别所在。正是由于这种差别的存在，网络消费者的购买行为才发生了很大的变化。

二、影响网络消费者行为的主要因素

（一）产品因素

产品因素影响是指产品的特点和价格因素对消费者行为的影响。

1. 产品的特性

首先，由于网络市场不同于传统市场，网络消费者有着区别于传统市场的消费需求特征，因此并不是所有的产品都适合在网上销售和开展网上营销活动。根据网络消费者的特征，网上销售的产品一般要考虑产品的新颖性，即产品是新产品或者是时尚类产品，比较能吸引人的注意。追求商品的时尚和新颖是许多消费者，特别是青年消费者重要的购买动机。

其次，考虑产品的购买参与程度，一些产品要求消费者参与程度比较高，消费者一般需要现场购物体验，而且需要很多人提供参考意见，对于这些产品不太适合网上销售。对于消费者需要购买体验的产品，可以采用网络营销推广功能，辅助传统营销活动进行，或者将网络营销与传统营销进行整合。可以通过网上来宣传和展示产品，消费者在充分了解产品的性能后，可以到相关商场再进行选购。

2. 产品的价格

从消费者的角度说，价格不是决定消费者购买的唯一因素，但却是消费者购买商品时肯定要考虑的因素，而且是一个非常重要的因素。对一般商品来讲，价格与需求量之间经常表现为反比关系，同样的商品，价格越低，销售量越大。网上购物之所以具有生命力，重要的原因之一是网上销售的商品价格普遍低廉。

此外，消费者对于互联网有一个免费的价格心理预期，那就是即使网上商品是要花钱的，但价格也应该比传统渠道的价格要低。这一方面，是因为互联网的起步和发展都依托了免费策略，因此互联网的免费策略深入人心，而且免费策略也取到了成功的商业运作。另一方面，互联网作为新兴市场，它可以减少传统营销中的中间费用和一些额外的信息费用，大大削减产品的成本和销售费用，这也是互联网商业应用的巨大增长潜力所在。

（二）环境因素

环境因素影响是指购物的便捷性和安全可靠性、企业的营销策略以及客户服务对消费者行为的影响。

1. 购物的便捷性

购物便捷性是消费者选择购物的首要考虑因素之一。一般而言，消费者选择网上购物时考虑的便捷性，一方面是时间上的便捷性，可以不受时间的限制并节省时间；

另一方面是可以足不出户，在很大范围内选择商品。

2. 安全可靠性

网络购买另外一个必须考虑的问题是网上购买的安全性和可靠性。由于在网上消费，消费者一般需要先付款后送货，这时过去购物一手交钱一手交货的现场购买方式发生了变化，网上购物中的时空发生了分离，消费者有失去控制的离心感。因此，为减低网上购物的这种失落感，在网上购物各个环节必须加强安全措施和控制措施，保护消费者购物过程的信息传输安全和个人隐私保护，以及树立消费者对网站的信心。

3. 营销策略

在互联网高速发展的时代，网络营销方式也趋于多样化，企业可以采取建设网络站点、投放网络广告、进行微信营销等策略，营销策略能够加深消费者的印象，尤其是优秀的网络营销策略能够对消费者的行为产生积极的影响。

4. 良好的客户服务

和传统营销相比较，除了包含传统营销客户服务的内容，网络营销更加注重与目标受众的沟通与交流，方式有很多种：比如 QQ、E-mail 信息交流。网站的设计也是一种交流方式，通过设计站点的界面和内容，优秀的站点能够发掘消费者的需求并引发消费行为。

（三）个人因素

个人因素的影响主要是指消费者的年龄、性别、职业、受教育水平、经济收入、生活方式和个性对消费者行为的影响。

1. 年龄

随着人们生活水平的日益提高，人们的生活方式越来越趋向潮流营养健康的状态，因此人们的消费心理也在发生着很大的变化。随着年龄的增长和消费地位的不断提升，儿童影响父母购物行为的能力越来越强，对于 5~11 岁的少年儿童消费群体，具有品牌忠诚度高，容易参照群体消费，好奇新鲜事物等特点。青少年接受信息快、知识面广，是家庭的主要决策者，表现在不仅是对其自己的消费拥有决定权，对家庭消费如家电、电脑、日用品消费也有决定权。青年人追求自己的个性，追求时尚和新颖，在感情因素的影响下，容易产生冲动性购买。青年人是网络消费的主力军，不难发现，在电子商务市场中，新颖有创意的商品的销售量较大，更受消费者的欢迎。中年人则趋于理性购买，能够有计划地购买实用性强的商品和服务。老年人节俭为先，对于同种商品，更加倾向于选择方便简单、物美价廉的一类，而且出于保守的特点，老年人容易重复购买令人满意的同一品牌的产品。

2. 性别

男性和女性的购买行为具有较大的差异。男性的购买动机通常是迅速的、被动的、感情色彩比较淡薄的。在现代社会，谁抓住了女性，谁就抓住了赚钱的机会。相比之下，女性消费者追求潮流和美观，尽管不同年龄层次的女性具有不同的消费心理，但是她们在购买某种商品时，首先想到的就是这种商品能否展现自己的美，能否增加自己的形象美，使自己显得更加富有活力和魅力。例如，她们往往喜欢造型别致新颖、包装华丽、气味芬芳的商品。女性消费者会主动购买商品和服务，购买过程受情感支配。并且女性消费者更加乐于比较，在购买时常常犹豫不决，喜欢幻想、联想，购买活动中心境变化多端。

3. 职业

一个人所从事的职业在一定程度上代表了其社会地位，并直接影响其生活习惯和消费行为。消费者感兴趣的网站也受此影响，信息的来源也大相径庭。网络营销应该有针对性地在合适的网络站点上投放广告，因为专业性越强的网站，聚集对应职业人群的能力就较强。

4. 受教育水平与经济收入

一般来说，受教育程度和经济收入水平具有正相关关系，因此，这里将两种因素对网络消费者行为的影响放在一起讨论。统计数据表明，互联网用户中大多数人都受过高等教育，平均收入水平要略高于总人口收入水平。网络消费者的受教育程度和收入水平是如何影响其消费行为的呢？网络消费者的受教育程度越高，越容易接受新鲜事物，勇于尝试互联网购物模式，了解和掌握互联网知识方面的困难就越少，也就越容易接受网络购物的观念和方式，网络购物的频率就越高。通常，网络消费者的收入越高，在网上购买商品的次数也就越多。

5. 生活方式

社会中每个消费者都具有特殊性，生活方式和网络消费习惯有很大的差异，有一部分消费者不熟悉网络，甚至抵触网络，上网时间较少，网络购物的频率较低。一部分人逐渐习惯了互联网，在日渐熟悉互联网之后，随着新鲜感的降低，会逐渐减少上网时间，网络购物次数不会有很大的起伏。还有一部分人把网络空间看作现实社会的替代品，在互联网上学习、交流、消费购物、娱乐等，因为他们认为可以在网上找到更多的乐趣而且也更方便。因此，不同的消费者的购物理念和上网习惯不同，在日用品、书籍、娱乐消费等类别中的经济支出比例也是不同的。

6. 个性

影响消费者行为的个性因素指的是消费者的心理特征，个性的心理结构是复杂的，它主要包括个性心理倾向（指需要、动机、兴趣、理想、信念、价值观、世界观等）和个性心理特征（指气质、性格、能力）。例如，消费者一旦产生对某种产品恒久的兴趣，逐渐发展成为一种个人偏好，从而促使他习惯性地使用，形成重复的、长期的购买行为。如有人已习惯使用某种洗衣液，对其有了偏好，不管有何新的洗衣清洁产品问世，他都不改变习惯，还是购买此种洗衣产品。对集邮、钓鱼、种花等有兴趣的消费者，会经常去光顾有关的商品专业市场，重复购买与此兴趣有关的商品。对待不同生活经历和价值观念的消费者，其营销策略应该是不同的。

（四）社会因素

社会因素的影响主要是指消费者所处的家庭、社会群体、社会地位和社会文化等对其消费行为产生的影响。

1. 家庭

对大多数产品来说，家庭是基本的消费单位，家庭是消费者个人所归属的最基本团体。首先，一个人从父母亲那里学习到许多日常的消费行为，即使在长大离家后，家庭的消费观念仍然会对家庭成员的消费行为产生明显的影响。其次，家庭权威中心的不同也对消费行为产生影响，包含各自做主型、妻子主导型、丈夫主导型和共同决策型。最后，家庭规模的大小同样会对消费者行为产生影响，在两口之家组成的年轻家庭中，消费观念比较新潮超前；而在老少三代同堂之家，消费行为倾向于保守和理智。

2. 社会群体

名人效应与从众行为。一般来讲，群体的规模越大，所产生的群体压力越大，此时越容易产生从众行为。消费者在挑选相似的同类产品时，更加容易受到暗示，通常会选择知名度高，有名人明星代言的产品。因为名人效应是产品质量的保证，这样的产品能够在同类产品中脱颖而出，是消费者购物的首选。

在生活群体当中，朋友是与消费者关系较为密切的一个群体，朋友能够对消费者的行为产生更为重大的影响。通常情况下，朋友的示范和建议能够对消费者产生有效的影响，很多消费者，尤其是年轻女性消费者，在看到朋友购买某种商品时，通常会进行类似商品的购买，也有很多消费者的购买行为是因为朋友的建议而产生的。

3. 社会地位

不同社会阶层的消费者所选择和使用的产品是存在差异的。有的产品如股票、到国外度假更多地被上层消费者购买，而另外一些产品如廉价服装与葡萄酒则更多地被下层消费者购买。如果消费者认定某种产品被同一层次或者更高层次的人群消费，那么其购买此种产品的可能性就大大提高，反之，如果消费者认定某种产品被较低层次的人群消费，那么其购买此种产品的可能性就大大降低。

4. 社会文化

这里的社会文化影响因素是指社会意识形态与人们的物质文化生活和社会关系结

合的一种文化，如风俗习惯、文化信仰、价值观念等。以京沪穗为例说明社会文化对消费行为的影响，北京地区的消费者受传统观念的影响较为重，有一种潜在的贵族意识，更务虚；上海地区的消费者强大的经济实力使得他们小资意识很明显，很精明；广州地区的消费者务实精神和商品意识无疑是他们的显著特点。

社会文化对消费者购买行为有最直接的影响，这一点在网络环境下也不例外，人类的某种社会生活，久而久之，必然会形成某种特定的文化，包括一定的态度和看法、价值观念、道德规范以及世代相传的风俗习惯等。文化是影响人们欲望和行为的一个很重要的因素。企业的最高管理层作出市场营销决策时必须研究这种文化动向[47]。

三、网络消费者的购买决策过程

网上购物是指用户为完成购物或与之有关的任务而在网上虚拟的购物环境中浏览、搜索相关商品信息，从而为购买决策提供所需要的必要信息，并实现决策的购买的过程。电子商务的热潮使网上购物作为一种崭新的个人消费模式，日益受到人们的关注。消费者的购买决策过程，是消费者需要、购买动机、购买活动和买后使用感受的综合与统一。网络消费的过程和传统购物的步骤大致是相同的，网络消费的购买过程一般可分为以下五个阶段：需求确认、信息搜集、比较选择、购买决策、评价反馈。

（一）需求确认

网络购买过程的起点是诱发需求，当消费者认为已有的商品不能满足需求时，才会产生购买新产品的欲望。在传统的购物过程中，消费者的需求是在内在需要和外部刺激的双重作用下产生的，而对于网络营销来说，诱发需求的动因只能局限于视觉和听觉。并且，由于网络购物过程中，信息传递的双向互动和范围无限等特点，使得消费者之间的互相影响的能力扩大，消费的主动性和交互性增强。因而，网络营销对消费者的吸引是有一定难度的。作为企业或中介商，一定要注意了解与自己产品有关的实际需求和潜在需求，掌握这些需求在不同时间内的不同程度以及刺激诱发的因素，研究能够引起消费者内在需求的环境，以便采取相应的促销措施去吸引更多的消费者浏览网页，诱导他们的需求欲望。

（二）信息搜集

当消费者认为缺少某种产品或者已有的产品不能够满足日益扩大的需求后，即当需求被唤起后，每一个消费者都希望自己的需求能得到满足，所以，针对被确认的需求，与传统的消费者购买环节相同，收集信息、了解情况成为消费者购买的第二个环节。

---

[47] 田玲．网络营销理论与实践 [M]. 清华大学出版社，北京交通大学出版社，2008 年．

收集信息的渠道主要有两个方面：内部渠道和外部渠道。消费者在收集信息，了解情况时，首先会在自己的记忆中搜寻可能与所需商品相关的知识和经验，即消费者自己以往了解、存储、保留的市场信息被重新调用，包括以前购买商品的实际经验、对市场的观察、个人购买活动的记忆等。如果没有足够的信息用于决策，消费者便要到外部环境中去寻找与此相关的信息，包括通过个人渠道、商业渠道和公共渠道等收集到的信息。网络消费者搜集信息的外部环境发生了变化，互联网强大的信息传递和沟通能力，为网络消费者提供更便利的信息收集条件，并且，随着网络信息源的增加，信息数量越来越多、信息内容更加详细具体。

当然，不是所有的购买决策活动都要求同样程度的信息和信息搜寻。根据消费者对信息需求的范围和对需求信息的努力程度不同，可分为以下三种模式：

1. 广泛问题的解决模式

是指消费者尚未建立评判特定商品或特定品牌的标准，也不存在对特定商品或品牌的购买倾向，而是很广泛地收集某种商品的信息。处于这个层次的消费者，可能是因为好奇、消遣或其他原因而关注自己感兴趣的商品。这个过程收集的信息会为以后的购买决策提供经验。

2. 有限问题的解决模式

处于有限问题解决模式的消费者，已建立了对特定商品的评判标准，但尚未建立对特定品牌的倾向。这时，消费者有针对性地收集信息。这个层次的信息收集，才能真正而直接地影响消费者的购买决策。

3. 常规问题的解决模式

在这种模式中，消费者对将来购买的商品或品牌已有足够的经验和特定的购买倾向，它的购买决策需要的信息较少。

（三）比较选择

消费者需求的满足是有条件的，这个条件就是实际支付能力。消费者为了使消费需求与自己的购买能力相匹配，并且尽量在经济能力可承受范围之内购买到性价比较高的产品，就要对各种渠道汇集而来的信息进行比较、分析、研究，根据产品的功能、可靠性、性能、模式、价格和售后服务，从中选择一种自己满意度相对较高的产品。

由于网络购物不能直接接触实物，所以，网络营销商要对自己的产品进行充分的文字描述和图片描述，以吸引更多的顾客。但也不能对产品进行虚假的宣传，否则可能会永久地失去顾客。

值得注意的是，企业在进行网络营销的过程中，仅仅把信息放到网上供消费者查询是不够的，还要提供信息的比较分析，为消费者提供更便捷的服务。

（四）购买决策

网络消费者在完成对商品的比较选择之后，便进入到购买决策阶段。消费者的购买决策一般包含以下几方面的内容。

1. 购买动机

消费者的购买需求是多种多样的，消费动机也是千差万别的。例如，同样购买一台笔记本电脑，有的人是为了工作需求，有的人是为了家用方便。

2. 购买对象

确定购买对象即确定购买目标，要确定具体的对象及具体的内容，包括商品的名称、款式、品牌和价格等。这是购买商品决策的首要和核心问题。

3. 购买数量

购买的数量同时受到市场供需情况、消费者支付能力和实际消费需求等多种因素的影响。例如，一般情况下，如果市场中某种日化产品的供给充足，消费者不会一次性购买大量的该种日化产品；反之，如果该产品的市场供应紧张，但确实是消费者当下急需的产品，即使消费者的支付能力不足也会购买大量的该产品。

4. 购买时间

购买的时间通常与消费者可供支配的时间、市场的供应情况、营业时间和交通情况有关。一般情况下，网络消费的多种动机中，需求强度的高低是决定购买时间先后缓急的重要影响因素。购买时间是购买决策中的一项重要内容，它与主导购买动机是否迫切有重大关系。

5. 购买地点

购买地点受消费者对于价格的敏感度、可供挑选的产品种类以及客服人员服务态度等因素的影响。例如，有些消费者可能更乐于在种类更多的店铺里选购，另外一些消费者可能倾向于在具有特色的店铺里选购自己中意的产品。

（1）与传统的购买方式相比，网络购买者在购买决策时主要有以下三个方面的特点：

第一，网络购买者理智动机所占比重较大，而感情动机的比重较小。

第二，网络购物受外界影响小。

第三，网上购物的决策行为与传统购买决策相比速度要快。

（2）网络消费者在决策购买某种商品时，一般要具备以下三个条件：

第一，对厂商有信任感。

第二，对支付有安全感。

第三，对产品有好感。所以，网络营销的厂商要重点抓好以上工作，促使消费者购买行为的实现。

（五）评价反馈

消费者购买商品后，往往通过使用对自己的购买选择进行检查和反省，以判断这种购买决策的准确性。购后评价往往能够决定消费者以后的购买动向，“满意的顾客就是我最好的广告”。

为了提高企业的竞争能力，最大限度地占领市场份额，企业必须虚心及时地听取消费者的反馈意见和建议。在传统的营销方式中，收集顾客售后意见是一件费时费力的事情。相比较而言，方便、快捷、便宜的电子邮件，为网络营销者收集消费者购后评价提供了得天独厚的优势。

具体来说，企业可以利用以下的网络技术方法进行售后服务，与消费者进行沟通。

1. 电子邮件

电子邮件（E-mail）可以为网络营销者收集到消费者在使用商品或服务之后的评价，根据这些评价，网络营销商可以通过数据统计软件的测算，分析得出自身产品或者工作中的不足和缺陷，及时地了解消费者的意见和真正需求，制定相应的对策，改进自己产品的性能和售后服务。

2. 网络论坛

社会论坛具有言论自由的特点，这是一个消费者可以畅所欲言的平台，同时，企业的人员也可以进行和其他企业及消费者之间的沟通。企业能够从论坛的言论中得知消费者使用商品后的第一手信息，这对于企业了解消费者对现有产品的看法，了解消费者对新产品性能的期望有很大的帮助。

3. 网络社区

具有相同兴趣和爱好的网络消费者聚集在网络社区中，畅谈各自对于产品的看法和意见。企业可以通过消费者经常聚集的网络社区来了解消费者对企业产品的看法和需求。

厂商在网络上收集到这些评价之后，通过计算机进行分析、归纳，这对于改善企业和消费者之间的客户关系具有非常重要的意义。

第三节　网络消费者的行为特征

一、传统市场上的消费者特征

传统市场上消费者的购买行为主要表现为谁参与购买活动（Who）、他们购买什么商品（What）、他们为什么要购买（Why）、他们在什么时候购买（When）、他们在什么地方购买（Where）、他们准备购买多少（How much）、他们将如何购买（How）等几个方面，对于较为复杂、昂贵的购买，消费者往往要反复权衡、综合考虑。同类产品不同品牌之间的差异程度越大，产品价格越昂贵，消费者越是缺乏产品知识和购买经验，感受到的风险越大，此时购买行为就越复杂。

传统市场上的消费者无法提前获取自己所需要的产品信息，对产品的价格、性能、质量等特性无法了解，只能从卖家生产出的标准化的单一产品中进行选择。

传统市场上消费者的特征：第一，被动地接受商品的价格信息。第二，消费的主动性较低。第三，消费心理稳定性较高。

传统市场无法满足消费者的需求，必然会慢慢地被抛弃。随着 21 世纪互联网技术的发展，网络营销市场慢慢地摈弃传统市场的劣势，发展成为一个新型的市场。

二、网络消费者的特征

企业若想在网络环境下吸引消费者，使自己的产品占据一定的市场份额，必须要分析网络环境下的消费者与传统市场上消费者的不同特征。根据消费者的特征，制订相应的策略。

（一）消费心理个性化

传统市场下的企业都是工业化、标准化的生产方式，大批量的生产单一化的产品，消费者可以选择的产品种类较少，每个消费者的消费心理都是不同的，进而对消费产品的要求也是不同的，从而无法满足消费者的需求。随着网络技术的发展，消费者市场变得越来越丰富，消费者对产品的可选择性越来越多，促使消费者也希望做选择，因为在选择的过程中消费者可以制定自己的消费准则。因此，个性化消费将成为网络营销的潮流。

（二）消费的主动性增强

有人称网络时代的消费者是“一个坚持己见积极为自己的主张辩护的时代”。他们不习惯被动接受，而习惯于主动选择。这种消费主动性的增强一方面来源于以互联网为标志的信息媒体技术的发展，另一方面来源于现代社会不确定性的增加和人类需求心理稳定和平衡的欲望。网络消费的主体是年轻人，年轻人对商品的要求较高，为尽可能地规避风险，从而会主动的通过各种途径获取商品的信息，对同类商品进行对比分析，选择性能较高的商品，减少购买后的后悔感。

（三）追求购买方便

随着网络技术的发展，消费者在选择商品上不愿意花费较多的时间，更多的是想花费较少的时间来购买价值较高的商品。消费者对购物的方便性越来越重视。

（四）价格仍是影响消费者心理的重要因素

从消费者的角度来说，价格虽然说不是决定消费者购买产品的唯一因素，但却是消费者购买商品时肯定要考虑的因素。尽管经营者都倾向于以创造差异来降低消费者对价格的敏感度，避免恶性竞争，但价格始终对消费者的心理产生重要的影响。网上购物之所以具有生命力，重要的原因之一在于网上销售的商品价格普遍低廉。因为正常情况下网上销售的低成本将使经营者有能力降低商品销售的价格，并开展各种促销活动，给消费者带来实惠。

（五）消费心理稳定性较小，转换速度快

现代社会发展和变化速度极快，新生事物不断涌现，消费心理受这种趋势带动，稳定性降低，在心理转换速度上趋向与社会同步，在消费行为上则表现为产品生命周期不断缩短，消费品更新速度加快，品种花色层出不穷。产品生命周期的缩短反过来又会促使消费者的心理转换速度进一步加快，消费者求新求变的需求欲望进一步加强。

三、网络消费者的行为特征

随着 21 世纪的到来，世界变成了一个计算机网络交织的社会，消费品市场变得越来越丰富，相对应的消费者本身发生了诸多变化，相应的行为也会随之发生变化。

（一）需求导向的消费行为

互联网技术的发展，消费者可以全面地了解产品的价格信息，这样使企业的产品价格透明化。消费者在选择产品的时候更注重产品的价值，同类产品的差异性，更倾向于自己对产品价值理解度更高的产品，而不再那么注重价格。

（二）理性的消费行为

网络环境为消费者挑选商品提供了前所未有的广阔选择空间，在这个空间里，消费者可以不必面对嘈杂的环境及各种影响和诱惑，理性地规范自己的消费行为。在理性消费时，消费者要尽可能多地获取产品的信息，进行比较，做出理性的消费选择。在传统营销环境下，虽然大多数消费者都会“货比三家”，精心挑选，但是毕竟信息来源有限，再加上地理环境等条件的限制，能够让消费者选择的品种实在是少之又少。在网络营销环境下，由于网络和电子商务系统强大的信息处理能力，为消费者在挑选商品时提供了空前规模的选择余地，从而使上述情况得到较大改观。但是在庞大的网络环境下，消费品琳琅满目，不可能每个同种商品都去浏览、比较。消费者要有层次地进行筛选。

常见的两种比较方式：一是横向比较。消费者在选择商品时筛选出品牌好、信誉高的商家，进行不同品牌间的比较。二是纵向比较。选择一个品牌后，进行同种商品

不同阶段的对比，尽量地选择成熟期的产品。

（三）主动地表达对产品的欲望

消费者会主动地运用网络搜索自己所需要的产品，选择适合自己的产品，而不是被动接受卖家所推销的产品。如果在网上搜索不到自己所需产品的信息，消费者会主动地联系卖家，与卖家进行网上互动，根据自己的消费需求，让卖家提供正确的商品信息。网络消费者可以自由地浏览和比较，可以对购买的商品进行评价，并且消费者的评价对买家也是一种很好的消费指导，消费者甚至可以与厂商交流想法和意见，加上网络营销中出现的逼真的影像、详实的信息，更增添了网络消费者多种感官的综合效应。

（四）有层次的消费行为

网络消费本身是一种高级的消费形式，但就其消费内容来说，仍然可以分为由低级到高级的不同层次。在网络消费的开始阶段，消费者侧重于精神产品的消费，到了网络消费的成熟阶段，消费者完全掌握了网络消费的规律和操作，并且对网络购物有了一定的信任感后，消费者才会从侧重于精神消费品的购买转向日用消费品的购买。

【本章小结】

网络消费市场具有传统消费市场不可比拟的优势，能够为消费者带来便捷。购买者的购买过程主要有五个阶段组成，需求确认、信息收集、比较选择、购买决策和评价反馈。购买者在做出购买决策时通常要受到文化因素、社会因素、个人因素和社会因素等多方面因素的影响。营销人员不仅要了解购买者行为的主要因素，还要对购买者的购买过程进行认真分析。

关键术语：消费市场特征　消费者特征　消费者行为特征　购买决策过程

【延伸阅读】

和其他普通消费品一样，消费者在买车的问题上也存在各式各样、五花八门的消费心理和特征，随着汽车市场环境的变化、汽车流行元素的变化，消费群体年龄结构、知识结构的不同等诸多因素，也在无形中影响、左右着很多消费者的购车行为。在即将过去的 2007 年，究竟哪些富有代表性的消费特征和消费心理决定了消费者的最终选择呢？

第 1 大消费特征：“以大为美”者，车子空间、排量够大才有派

很多人这样评价骏捷：空间够大够宽敞、同等排量的车型中，感觉它的性价比较高。其实，国内消费者对轿车空间和排量的追求由来已久。尽管近几年两厢车、小型车被很多家庭所接受，但不可否认的是，在大多数人的传统观念里，真正的轿车，仍然是前有头、后有尾，空间宽敞、中规中矩的“庞然大物”，也许只有这样才有面子、够气派。

排量，似乎更是很多人心中衡量一辆车是否够档次的尺子。在政府机关，排量的大小象征着职位的高低。这种规则，在人们心中已经形成了一种潜意识，所以，在普通消费者购车之前都会把排量作为选车的重要因素之一。

“黄金排量”这个词在几年前就被提及，也曾引起过一番讨论，对于普通消费者来说，究竟什么是黄金排量？前几年，有人认为1.6L是普通型轿车的黄金排量，其后1.8L又被不少消费者追捧为黄金排量。时至今日，2.0L被誉为中高级轿车的黄金排量。对排量的关注，足以显示出消费者对排量的重视程度。排量真的越大越“黄金”吗？当然，不能一概而论。如今，除了一部分追求大排量的消费者，相当一部分消费者对小排量车开始情有独钟，在这些消费者看来，小排量才“黄金”。所以，实际上所谓的黄金排量只是依消费者的购车心理而定。究竟多大才是黄金排量，恐怕要根据自己的实际需求而定，只有最适合自己需求的排量才是黄金排量。

第2大消费特征：女性购车群体我爱我车，怎么方便怎么来

虽然女性购车早已经不是什么新鲜事，但是由于受传统观念的影响，汽车一直被认为是更适合男人的大玩具。由于性别不同，女性在购车时的一些消费心理与男性存在着很大差异，从而造成了男性和女性钟爱的车型各有不一。事实上，为了适合更多女性消费者的口味，厂商开始努力用自己的产品讨好女性消费者。靓丽鲜艳的颜色、灵巧可爱的造型、温馨的内饰、方便易操控的手动档都是相当一部分女性对车辆关注的方面，这些消费特征造就了一些小型车被很多女性所青睐。由于女性，尤其是年轻女性，对时尚都有很敏感的触觉，所以，融入了时尚元素的车型，对她们来说也是一种吸引。另外，大多数女性为了便于轻松驾驶都对自动档车型更为热衷，这些都构成了女性消费者的消费特征。

在实际当中，一些厂商利用“三·八”妇女节做起了推广、促销活动，还有一些厂商专门推出了“女人车”产品，这些都说明了厂商对女性消费群体的重视和关注。一些经销商也在利用女性消费者的消费心理进行着一系列的营销措施，比如将车的外观和内饰进行相应的改装，把车营造出一种温馨、浪漫、时尚的氛围，迎合女性消费者的需求。

第3大消费特征：“80后”购车新势力，求个性化、强调自我感受

掐指一算，出生在上世纪80年代初的“独生子女”们，如今也已经是二三十岁的成年人了，但他们中的大多数仍旧被家人当作掌上明珠般宠爱。社会把这个群体称为“80后”。这个群体的青年人现在大多数都已经步入了工作岗位，工作年限至少也有1~2年。

他们个性张扬、追求时尚、能够很快地接受新事物。消费观念和消费意识很强的特点，决定着他们正在成为购车军团中不可小视的群体。根据有关部门的统计，近两年来，购车主体的年龄逐年降低。目前，18~25岁这一年龄区间的消费者成为最具潜力的汽车消费群体。另据统计，目前我国的“80后”青年大概有2亿人，这么庞大的消费群体不容小视。

“80后”有一定的消费能力，而且多数都能得到父母的资金支持。不想向父母伸手的，一般会选择贷款购车。喜欢运动时尚、造型个性的车型，对品牌有一定的忠诚度，更乐于从直观的广告和杂志等途径获取较为直接的车型信息等，这些都是“80后”消费群体在选车、购车中普遍存在的心理和特性。他们强调个性、追求自我感受，完全一副“我买我车，我做主”的心态。

如何成功进入“80后”市场，也许是很多厂商目前和未来一段时间所要认真考虑的问题。想要抓住这一消费群体的消费心理和特征，除了推出适合这类群体的车型产品外，营销方式是关键。了解“80后”现在在想什么，什么东西能让他们产生极大的兴趣，为此厂商还是要费一番苦心和脑筋的。另外，如何正确引导“80后”汽车消费使这个群体树立健康的消费观，也是社会、厂商和家庭都应该关注的。

第4大消费特征：SUV忠实粉丝，油价上涨，“气魄”依然

有这样一批人，只钟情于SUV。尽管有些SUV被称为可怕的“油老虎”，尽管油价是一再地涨了又涨，他们还是义无反顾地选择SUV。

在他们眼里，油价并不能成为让他们放弃选择SUV的理由，这种消费心态自然决定了他们的最终选择。

据中国汽车工业协会的数据统计，今年1～11月，全国SUV累计销量318915辆，同比增长55.56%。在油价飙升的今天，消费者“一反常态”地钟情于SUV，原因何在？据调查显示，大部分消费者认为城市紧凑型SUV能满足他们的需求。近几年，厂家越来越多地推出了集休闲性和驾驶性为一身的紧凑型城市多功能SUV。与传统轿车相比，既有较好的越野性能，又比传统的越野车更加时尚，满足了很大一部分消费者的需要。另外，近几年SUV的概念传播被很多消费者所接受，其所倡导的休闲旅游的生活方式也受到很多消费者的追捧，SUV忠实粉丝队伍的壮大，销量自然随之增加。

第5大消费特征：轿跑拥护运动与舒适兼顾，需要的不仅仅是外形

近几年，奥迪A4、马自达6的热销，至少证明了一点：国内消费者开始渐渐接受轿跑车型。个性、时尚、兼顾运动性能和轿车优势的轿跑车型，一定程度上打破了轿车要中规中矩、严肃庄重的固有定律。

于是，今年不少打着轿跑名义的车型纷纷亮相。值得注意的是，一些轿跑车型的设计元素甚至被运用到了很多商务车型上。一时间，跑车元素在很多消费者心中占据了重要地位。实际上与SUV热销的道理相同，之所以轿跑车型渐渐被消费者接受的原因，也是个性化消费需求的结果。

其实，对于目前国内的多数轿跑车型来说，能被国内消费者接受并不是件太难的事。首先，掀背式的设计并不会影响大部分消费者追求车身“有头有尾”的造型，动力、空间、配置等都能兼顾轿车和跑车的优势，同时又能强调个性。所以轿跑车型的渐入人心似乎并不那么“出乎意料”。

第6大消费特征：“实惠派”买车要看使用成本

“买车容易，养车难”，被越来越多的消费者认同。购车之前先调查车辆的使用成本，成为很多消费者购车前的准备工作。

这是消费心理和消费行为趋于成熟的标志之一。随着汽车的普及，消费者切身体会到买车是瞬间的决定和行为，用车、养车则是更长远的事。所以，除了追求相对低廉的车价以外，养车、修车的经济实惠，似乎显得更重要。

很多经销商发现，现在看车、选车的消费者除了了解车型特点、优势和价格以外，还格外关心车辆的维修保养费用。于是，不少经销商将市场上同档次车型的使用成本进行调查后，再与自己的车型进行比较，并把结果张贴在销售大厅的明显位置。告诉消费者自己所售车型在使用成本上具有经济实惠的优势，让消费者看车时一目了然。

汽车作为消耗品，在多年的使用过程中，所需要的维修、保养费用以及其他使用成本的总和甚至高于车价本身。这也是越来越多的消费者在买车前就开始关注汽车使用成本的原因。

第7大消费特征：新兴Cross服装流行混搭车型时髦Cross

两厢天语SX4、Cross POLO的接连亮相，预示着Cross（交叉）车型之风在今年刮进中国。据悉，东风日产明年重头戏的角色将由四驱Crossover Qashqai逍客扮演。敏锐的消费者是否嗅到了这股时尚之风？这股风潮又能对他们的消费行为带来怎样的影响？

一份调查显示，在被调查的4000余名消费者中，有80%以上的消费者接受并喜欢Cross车型。有人把Cross车型称为“四不像”，因为它某个部分可能有SUV的影子，某些设计又带着两厢轿车的特征，使用便利性方面又与MPV或者旅行车相似。总而言之，它有着“一专多能”的突出特性。这些综合的特性正适合很多消费者需要。

厂家推出Cross车型是为了进一步满足消费者的个性需求和细分市场。同时，更多的车身颜色和更运动化的外观内饰能增加车型吸引力，最终推动销量的增长。

究竟Cross车型在未来的市场表现如何？是销量平平，还是赚足了口碑和人气，销量一路走高，最终名利双收？时间会告诉我们答案。

第8大消费特征："仇富"者让豪华车主无奈换车

按理说，自己能拥有一辆高档豪华车是实力、身份、地位的象征，作为车主应该引以为豪。但是，从近期接连发生的事件中，豪华车似乎已经成了车主的一个精神负担。他们的豪车车身被莫名其妙地画满乌龟，或者被利器划得伤痕累累；发生交通事故就算是自己无责，也会遭到路人的无端指责或者嗤之以鼻；如果你是个年轻漂亮、事业有成的美女，开了一辆豪华车，那更会遭到很多人的猜测，甚至怀疑你的身份和职业。

为此，已经购买和打算购买豪华车的车主心里开始忐忑不安。他们有的不得不换车，或停车后用罩子把车罩上，或是选择颜色最深的防晒膜贴上，像要把自己封闭在"城堡"里一般。他们想不明白，为什么自己用辛苦劳动挣来的钱购买喜欢的高档车，却无形中成了自己的负担。甚至为此付出了很大的代价。这让他们心理不平衡，难道买豪华车也有错？难道开好车的就不是好人？虽然目前社会上一些人对豪华车主的"歧视"态度还不足以让所有的豪华车消费者选择放弃购买，这种不良社会现象的蔓延却对健康消费观和和谐消费环境的建立产生不利的影响。

心理学家认为，随着目前社会贫富差距的增大，有的人在攀比之下产生了巨大的心理落差。对开好车、住好房、高消费的人群，产生了某种敌意，通常被称为"仇富"心理。实际上不论是豪华车消费者还是普通大众，都应当树立健康的消费心态，用劳动为自己创造美好生活而不是一味攀比、嫉妒。

第9大消费特征：爱国者购车专挑自主品牌

有这么一批消费者，在选车、购车时有一种"民族情结"，专门选购自主品牌车型。所以今年作为自主品牌车型的代表，骏捷在市场上持续热销，奇瑞的第100万辆轿车也驶下生产线。

北京一家奇瑞经销商的总经理曾告诉记者，目前他们了解到，不少消费者对自主品牌车型的忠诚度有了明显提升。同一家庭成员先后购买的几辆车都是自主品牌产品，或者在向亲戚朋友推荐车型的时候也会首先推荐自主品牌。"据我们了解，一个大家庭同时拥有数辆自主品牌车型的情况，在现实中很普遍。"这家奇瑞经销商的总经理告诉记者。

自主品牌产品能够逐步被消费者认可和接受，主要是性价比较高，更能在合理的价位上满足消费者尽可能多的需求。同时，近几年自主品牌在产品技术提升上纷纷下足功夫，使自主品牌产品与同档次合资品牌车型的差距逐步缩小，这些都是吸引越来越多消费者选择购买自主品牌车的理由。这种消费特征的出现，也表明自主品牌产品近几年的进步和成长。

第10大消费特征：保守派第一辆车不能太另类

与轿跑车、SUV、Cross车型相比，休闲旅行车明显少了很多人气。马自达

Wagon上市后的市场表现至少表明，大多数国内消费者现阶段还不太能接受休闲旅行车型。

一直以来国内的休闲旅行车市场都比较冷清，与欧美市场相比反差很大。多年来，国内市场上推出的休闲旅行车车型数量远不如其他细分车型。在国内，最有代表性的休闲旅行车应该算是上海大众的桑塔纳旅行版，还有标致505、凯越旅行版、派力奥周末风，这些旅行车在国内的市场表现与其三厢版车型相比几乎可以用天壤之别来形容。虽然这类车型很实用，但一直没有被大众广泛接受。也许，中国消费者对于休闲旅行车的概念并没有完全理解。

看到国内消费者对休闲旅行车的冷淡，有业内人士判断，正如当年两厢车进入中国市场曾遭受过的冷遇一样，目前休闲旅行车对众多中国消费者来说还比较陌生。另外，作为国内消费者，普遍还处在购买第一辆车的消费阶段，休闲旅行车则更适合扮演家庭的第二或第三辆车角色。这样就不难解释休闲旅行车为何少人问津了。

【课后思考题】

1. 网络消费者的特征有哪些?
2. 网络消费者的行为特征有哪些?
3. 网络消费者的购买过程包括哪几个步骤?
4. 结合案例，分析网络消费者的行为特征。

第四章　网络营销的目标市场战略

【学习目标】

1. 了解网络市场细分的概念、条件、原则和依据
2. 掌握网络市场细分的方法和步骤
3. 理解并掌握目标市场选择的标准和战略
4. 明确市场定位的概念

【内容要点】

1. 市场细分的概念、方法和步骤
2. 目标市场选择的方式
3. 网络市场定位策略
4. 网络市场定位的步骤

【引导案例】

奇瑞QQ——“年轻人的第一辆车”

“奇瑞QQ卖疯了！”在北京亚运村汽车交易市场2003年9月8日至14日的单一品牌每周销售量排行榜上，奇瑞QQ以227辆的绝对优势荣登榜首！奇瑞QQ能在这么短的时间内拔得头筹，归结为一句话：这车太酷了，讨人喜欢。

在北京街头已经能时不时遭遇“奇瑞QQ”的靓丽身影了，虽然只是5万元的小车，但是“奇瑞QQ”那艳丽的颜色、玲珑的身段、俏皮的大眼睛、邻家小女儿般可人的笑脸，在滚滚车流中是那么显眼，仿佛街道就是她一个人表演的T型台！

一、公司背景

奇瑞汽车公司成立于1997年，全称上汽集团奇瑞汽车有限公司。公司拥有整车外形等十多项专利技术，先后推出了SQR系列发动机和“奇瑞·风云”系列轿车，

2003 年 4 月推出“奇瑞·QQ”系列和“奇瑞·东方之子”系列轿车。

奇瑞公司成立以来，在不到两年的时间里顺利实现 3 万辆轿车下线。2002 年，奇瑞轿车产销量双双突破 5 万辆，比上年同比增长 78.11%，在国内汽车市场占有率达到 4.4%，成功跻身国内轿车行业“八强”之列，成为行业内公认的车坛“黑马”。与此同时，奇瑞轿车还连创五个国内第一，六次走出国门，以自己的不懈努力创造了中国汽车史上的奇迹。

二、微型车行业概述

微型客车曾在 20 世纪 90 年代初持续高速增长，但是自 90 年代中期以来，各大城市纷纷取消“面的”，限制微客，微型客车至今仍然被大城市列在“另册”，受到歧视。同时，由于各大城市在安全环保方面的要求不断提高，成本的抬升使微型车的价格优势越来越小，因此主要微客厂家已经把主要精力转向轿车生产，微客产量的增幅迅速下降。

在这种情况下，奇瑞汽车公司经过认真的市场调查，精心选择微型轿车打入市场；它的新产品不同于一般的微型客车，是微型客车的尺寸，轿车的配置。QQ 微型轿车在 2003 年 5 月推出，6 月就获得良好的市场反应，到 2003 年 12 月，已经售出 28000 多辆，同时获得多个奖项。

三、QQ 上市之路

2003 年 4 月初，奇瑞公司开始对 QQ 的上市做预热。在这个阶段，软性传播奇瑞公司新产品信息的宣传方式引发媒体对 QQ 的关注。由于这款车的强烈个性特征和最优的性价比，媒体自发掀起第一轮的炒作，吸引了消费者的广泛关注。

2003 年 4 月中下旬，蜚声海内外的上海国际车展开幕，通过媒体告知奇瑞 QQ 将亮相于上海国际车展的消息引起消费者更进一步的关注。就在消费者争相去上海车展关注奇瑞 QQ 的时候，奇瑞 QQ 以未做好生产准备为由没有在车展上亮相，只是以宣传资料的形式与媒体和消费者见面，极大地激发了媒体与公众的好奇心，引发媒体第二轮颇有想像力的炒作。在这个阶段，厂家提供大量精美的图片资料给媒体供炒作，引导消费者对奇瑞 QQ 的关注度走向高潮：2003 年 5 月，上市预热阶段，就在消费者和媒体对奇瑞 QQ 充满了好奇时，公司适时推出奇瑞 QQ 的网络价格竞猜，在更进一步引发消费者对产品关注的同时，让消费者给出自己心目中理想的奇瑞 QQ 的价格预期。网上的竞猜活动，有 20 多万人参与。当时普遍认为 QQ 的价格应该在 6 万～9 万元。

2003 年 5 月底，上市预热阶段结束，奇瑞 QQ 的价格揭晓了——4.98 万元，比消费者期望的价格更吸引人。这个价格与同等规格的微型客车差不多，但是从外观到内饰都是与国际同步的轿车配置。此时媒体和消费者沸腾了，媒体开始了第三轮自发的奇瑞 QQ 现象讨论，消费者中也产生了奇瑞 QQ 热，此时人们的心情就是尽快购买。

这时奇瑞公司宣布：QQ是该公司独立开发的一款微型轿车，因此，消费者在购车时不必多支付技术转让费用。这为QQ树立了很好的技术形象，给消费者吃了一颗定心丸。

2003年6月初，上市阶段，消费者对奇瑞QQ的购买欲望已经具备，媒体对奇瑞QQ的关注已经形成，奇瑞QQ自身的产能也已具备，开始在全国同时供货，消费者势如潮涌。此阶段，一边是大批量供货，一边是借助平面媒体大面积刊出定位诉求广告，奇瑞QQ年轻时尚的产品诉求由此深深植根于消费者的脑海。除了平面广告，公司还邀请了专业的汽车杂志进行实车试驾，对奇瑞QQ的品质进行更深入的真实报道，在具备了知名度后进一步加深消费者的认知度，促进消费者理性购买。

2003年6月中下旬，上市阶段，奇瑞QQ在全国近20个城市同时开展上市期的宣传活动，邀请各地媒体，对奇瑞QQ进行全面深入的报道，保持对奇瑞QQ现象持续不断的传播。

2003年7、8、9月，奇瑞QQ开始了热卖阶段，这个阶段的重点是持续不断刊登全方位的产品诉求广告，同时针对奇瑞QQ的目标用户年轻时尚的个性特点，结合互联网的特性，联合新浪网，推出“奇瑞QQ”网络flash设计大赛，吸引目标消费者参与。

2003年10月，这时奇瑞QQ已经热卖了3个多月，在全国各地都有相对的市场保有量，此时，厂家针对已经购车的消费者开展了“奇瑞QQ冬季暖心服务大行动”，为已经购车的用户提供全方位服务，不断提高消费者对奇瑞QQ产品的认知度及对奇瑞品牌的忠诚度。

2003年11月下旬，厂家更进一步针对奇瑞QQ消费者时尚个性的心理特征，组织开展了“QQ秀个性装饰大赛”。由于“奇瑞QQ”始终倡导“具有亲和力的个性”的生活理念，因此在当今社会的年轻一代中深获共鸣。从这次个性装饰大赛中不难看出，“奇瑞QQ”已经逐渐成为年轻一代时尚生活理念新的代言者。

令人惊喜的外观、内饰、配置和价格是奇瑞公司占领微型轿车这个细分市场成功的关键。

四、市场细分

奇瑞QQ的目标客户是收入并不高但有知识有品位的年轻人，同时也兼顾有一定事业基础，心态年轻、追求时尚的中年人。一般大学毕业两三年的白领都是奇瑞QQ潜在的客户，人均月收入2000元即可轻松拥有这款轿车。

许多时尚男女都因为QQ的靓丽、高配置和优性价比就把这个可爱的小精灵领回家了，从此与QQ成了快乐的伙伴。

奇瑞公司有关负责人介绍说，为了吸引年轻人，奇瑞QQ除了轿车应有的配置以外，还装载了独有的“I-say”数码听系统，成为了“会说话的QQ”，堪称目前小型车时尚配置之最。据介绍，“I-say”数码听是奇瑞公司为用户专门开发的一款车载数码装备，集文本朗读、MP3播放、U盘存储多种时尚数码功能于一身，让QQ与电脑和互联网紧密相连，完全迎合了离开网络就像鱼儿离开水的年轻一代的需求。

五、品牌策略

QQ的目标客户群体对新生事物感兴趣，富于想像力、崇尚个性，思维活跃，追求时尚。虽然由于资金的原因他们崇尚实际，对品牌的忠诚度较低，但是对汽车的性价比、外观和配置十分关注，是容易互相影响的消费群体；从整体的需求来看，他们对微型轿车的使用范围要求较多。奇瑞把QQ定位于“年轻人的第一辆车”，从使用性能和价格比上满足他们通过驾驶QQ所实现的工作、娱乐、休闲、社交的需求。

奇瑞公司根据对QQ的营销理念推出符合目标消费群体特征的品牌策略：

在产品名称方面：QQ在网络语言中有“我找到你”之意，QQ突破了传统品牌名称非洋即古的窠臼，充满时代感的张力与亲和力，同时简洁明快，朗朗上口，富有冲击力；

在品牌个性方面：QQ被赋予了“时尚、价值、自我”的品牌个性，将消费群体的心理情感注入品牌内涵；

引人注目的品牌语言：富有判断性的广告标语“年轻人的第一辆车”，及“秀我本色”等流行时尚语言配合创意的广告形象，将追求自我、张扬个性的目标消费群体的心理感受描绘得淋漓尽致，与目标消费群体产生情感共鸣。

六、整合营销传播

QQ作为一个崭新的品牌，在进行完市场细分与品牌定位后，投入了立体化的整合传播，以大型互动活动为主线，具体的活动包括QQ价格网络竞猜，QQ秀个性装饰大赛，QQ网络FLASH大赛等，为QQ2003年的营销传播大造声势。

相关信息的立体传播：通过目标群体关注的报刊、电视、网络、户外、杂志、活动等媒介，将QQ的品牌形象、品牌诉求等信息迅速传达给目标消费群体和广大受众。

各种活动“点”“面”结合：从新闻发布会和传媒的评选活动，形成全国市场的互动，并为市场形成了良好的营销氛围。在所有的营销传播活动中，特别是网络大赛、动画和个性装饰大赛，都让目标消费群体参与进来，在体验之中将品牌潜移默化地融入到消费群体的内心，与消费者产生情感共鸣，起到了良好的营销效果。

QQ作为奇瑞诸多品牌战略中的一环，抓住了微型轿车这个细分市场的目标用户。但关键在于要用更好的产品质量去支撑品牌，在营销推广中注意客户的真实反应，及时反馈并主动解决会更加突出品牌的公信力。

据奇瑞汽车销售有限公司总经理金弋波介绍说：“因为广大用户的厚爱，QQ现在供不应求。作为独立自主的企业，奇瑞公司什么时候推出什么样的产品完全取决于市场需求。对于一个受到市场热烈欢迎的产品，奇瑞公司的使命就是多生产出质量过硬的产品，让广大用户能早一天开上自己中意的时尚个性小车QQ。”

QQ的成功，引起了其他微型车厂商的关注，竞争必将日益激烈。2004年3月奇瑞推出0.8L的QQ车，该车具有全自锁式安全保障系统、遥控中控门锁、四门电动车窗等功能，排量更小、燃油更经济、价格更低。新的QQ车取了“炫酷派”“先锋派”等前卫的名称，希望能够再掀市场热潮。

（资料来源：整理自 http：//www.795.com.cn/wz/94624_6.html）

请结合案例思考奇瑞QQ是如何细分轿车市场的？它为什么会取得经营成功？

第一节　网络市场的细分

当下，网络营销成为互联网环境下的发展趋势，每一个在激烈的市场竞争中谋求生存与发展的企业都要意识到这一点。网络的发展、网民的个性化与多样化等都是网络市场与传统市场的区别。网络营销市场细分是企业进行网络营销的一个非常重要的战略步骤，是企业认识网络营销市场、研究网络营销市场，进而选择网络目标市场的基础和前提。

一、网络市场细分概述

网络市场细分是指企业在调查研究的基础上，依据网络消费者的购买欲望、购买动机与习惯爱好的差异性，同时结合网络市场虚拟环境的特点，把网络营销市场划分成若干个具有需求差别的群体的过程，其中每个消费群体构成企业的一个细分市场。网络营销市场细分的目标是为了更好地实现网络营销。

网络市场细分的结果是把一个整体市场通过一个或多个细分条件划分成若干个子市场，每个子市场都由需求和愿望大体相同的消费者组成。在同一细分市场内部，消费者需求大致相同；不同细分市场之间，则存在明显的差异性。需要注意的是，市场细分根据消费者需求的差异性进行分类，而不是根据企业的特点和产品本身的特点进行分类。

传统市场细分的概念是由美国著名的市场学家温德尔·史密斯（Wendell R.Smith）在20世纪50年代中期首先提出来的。这个基于市场“多元异质性”论的市场细分理论为企业选择目标市场提供了基础，并对企业的发展有重要的促进作用。当时市场趋势已是买方市场占统治地位，市场营销观念已逐渐成为企业经营的指导思想，即顾客的需求已成为企业营销活动的出发点。随着商品经济的不断发展，顾客的需求呈现出多样性的特征，为满足不同顾客的需求并在激烈的市场竞争中获胜，企业就必须进行市场细分，这同样适用于互联网背景下的网络营销。

二、网络市场细分的条件[48]

互联网背景下的企业竞争越来越激烈，细分市场在网络营销中愈发显得格外重要。一般而言，当企业面临以下问题时，就应该及时选择市场细分。

第一，产品定位已经非常清晰，但不确定采用何种促销组合才能最大程度地吸引目标顾客。对于目前很多商品的用户群体都是唯一的，那么企业在做促销时就要考虑到策略的组合，从而使这些策略的运用既能让所有的目标客户群体接受，而且性价比又最高。如果能做到当然是最好的，如果实在找不到一个合理的策略组合方式，那么此时就要进行市场的细分。针对不同的特定客户群体，在整体形象和策略下，运用不同的促销策略。

第二，不同的消费者对产品有不同的偏好，厂商希望知道消费者的哪些偏好是厂商能够满足的。对于这个条件是很常见的事，很多企业都面临着这样的问题。比如碧生源公司就对细分市场做了不同程度的宣传和满足。针对年轻人重点介绍产品的减肥功效，针对中年人应酬多等因素，重点宣传清洗肠胃能使人轻松健康的功效，针对老年人则侧重宣传有保健、医治便秘等功效。所以当一个企业想了解目标客户群体最需要哪一种服务时，或是针对不同的群体进行需求细化时，可以进行市场的细分。

第三，销售额仿佛没有变化，但厂商已经感觉到顾客群的构成正在发生变化，并希望获得变化的详情。这一条件是指在市场销量一定时，厂家已经感觉到客户群的构成发生了质的变化、客户的需求点也发生了转变，可同时又不能确定这一部分市场的确切需求和份额，为了满足市场新的需求点的要求而进行市场细分。

第四，厂商准备打入竞争者牢固占领的市场，希望先获得一小块根据地。为了在新的市场尽快地占领一席之地，减少与这个领域的强者的正面竞争，这时可以进行市场的细分。因为在一个市场领域，不同的群体或是客户都有着不同的需求，所以一个企业刚进入某一新领域时，要结合企业产品特性找出最合适、最容易接受企业产品的市场进入这个领域，迅速占领这个领域的一席之地。

第五，厂商自己的产品在市场上占据主导地位，但有竞争者开始蚕食这一领地。

这和第四点类似，为了抢回自己专业或主导的领域，为了抢回那些被竞争对手蚕食的领地，也要进行市场的细分。

第六，尽管厂商有好的产品，但市场数据显示营销计划遭受重大挫折。当一个企业在全面占领市场营销的实施过程中效果不太明显时，应该考虑细分市场，先从企业的产品和营销策略最容易进入的市场群体切入，以点带面。

---

[48] 参考资料：http://en.wenzhouglasses.com/Small, 431610.html

第七，没有良好的全面覆盖营销策略，但局部进入市场性价比和成功率很高。

第八，作为新的市场决策者，需要重新审定公司的营销计划。

三、网络市场细分的原则

实现网络市场细分化，并不是简单地以消费者的需求为标准就行。因为它在企业市场营销活动中处于战略地位，直接影响到企业各种营销策略的组合。所以网络市场细分必然遵循一定的原则，或者具备一定的条件，这些原则主要有：

（一）可衡量性

可衡量性是指表明消费者特征的有关资料的存在或获取这些资料的难易程度，亦即通过这些资料细分出来的市场不仅范围比较明晰，而且能够大致判定该市场的大小。比如，以地理因素、消费者的年龄和经济状况等因素进行市场细分时，这些消费者的特征就很容易衡量，该资料获得也比较容易；而以消费者心理因素和行为因素进行市场细分时，其特征就很难衡量。

（二）实效性

实效性是指网络营销市场细分后各子市场的需求规模及获利性值得企业进行开发的程度。也就是说，细分出来的各子市场必须大到足以使企业实现它的利润目标。一个细分市场是否大到足以实现具有经济效益的营销目标，取决于这个市场的人数和购买力。在进行市场细分时，企业必须考虑细分市场上消费者的数量、消费者的购买能力和购买数量。一个细分市场应是适合设计一套独立营销计划的最小单位。因此，市场细分并不是分得越细越好，而应该科学归类，保持足够容量，使企业有利可图。

（三）可接近性

可接近性是指企业能有效地集中力量接近网络目标市场并有效地为之服务的程度。企业对所选中的网络目标市场，能有效地集中营销能力，开展营销活动。可接近性一方面指企业能够通过一定的媒体把产品信息传递到细分市场的消费者；另一方面指产品经过一定的渠道能够到达细分市场。对于企业难以接近的网络市场，进行细分就毫无意义。

（四）反应的差异性

反应的差异性是指不同的细分市场对企业采用相同营销策略组合的不同反应程度。如果网络市场细分后，各细分市场对相同的营销组合策略做出类似的反应，就不需要为每个子市场制定一个单独的营销组合策略了，细分市场也就失去了意义。例如，所有的细分市场按同一方式对价格变动做出相似的反应，也就无需为每一个市场规定不同的价格策略了。

（五）稳定性

稳定性是指网络细分市场必须在一定时期内保持相对稳定，以使企业制定较长期的营销策略，有效地开拓并占领该目标市场，获取预期收益。若细分市场变化过快，将会增加企业的经营风险。

值得注意的是，细分市场并不是越细越好。因为如果细分过细会导致以下后果：第一，增加细分变数，给细分带来困难；第二，影响规模效益；第三，增大费用和成本。这时就应该实施“反细分化”策略，它并不是反对市场细分，而是要减少细分市场数目，即略去某些细分市场或把几个太小细分市场集合在一起。

四、网络市场细分的依据

（一）地理变量

这是指按照消费者所处的地理位置和自然环境来细分市场。地理变量之所以作为市场细分的依据，是因为处在不同地理环境下的消费者对于同一类产品往往有不同的需求与偏好，他们对于企业采取的营销策略和措施会有不同的反应。在传统营销模式下，按地理因素细分市场把市场分为不同的地理区域，具体变量包括国家、地区、省市、乡村、城市规模和不同的气候带等。在网络市场中，产品种类相对集中在科技含量较高或标准化程度较高的产品上，并且其适用性相当广泛，需求差异不明显。但是这并不能排除市场细分的地理因素。这是因为虽然在 Internet 上，企业可以跨越时空的界限进行沟通、交易，但是在实体货物的交易时，仍然需要考虑空间距离带给配送方面的费用。

（二）人口变量

这是指根据不同的人口统计变量来划分消费者群体，具体的人口因素有年龄、性别、家庭规模、家庭生命周期、收入、职业、教育程度、宗教、种族和国籍等。人口因素在传统营销中一直是细分市场的重要因素，在网络市场细分中也是一个重要标准。因此，作为企业，必须根据自身特点，进行正确的网络市场细分，才可能在竞争中获得成功。

（三）心理变量

这是指根据消费者所处的社会阶层、生活方式和个性特点等心理因素细分市场。心理因素十分复杂，包括生活方式、生活态度、个性、购买动机和价值取向等。这些与市场需求有着密切关系，尤其是在经济发展水平较高的社会中，心理因素对购买者行为的影响更加突出。在网络市场中，企业必须根据客户不同的消费心理细分市场，并提供与之相应的个性化产品和服务。在传统市场中，心理因素比较复杂，没有实际有效的衡量标准，在实际操作中也很难给出一个明确的细分界限。而在网络市场中，企业可以利用客户关系管理系统中的数据库对客户进行有效的市场细分。例如宝洁公司根据客户对商品需求档次的不同将自己的产品分为高、中、低档，并为不同档次的产品建立不同风格的网站，实行不同的网络营销策略。

（四）需求变量

这是指根据购买者对产品的了解程度、态度、使用情况及反应等将他们划分成不同的群体，叫行为细分。比如，IBM公司根据客户需求不同，将用户分为四种类型：企业、开发人员、家庭/家庭办公和小企业，根据四个市场的不同特征，IBM公司为每个细分市场设计了不同的网页，并实施不同的服务策略。

五、网络市场细分的方法

根据细分程度的不同，网络市场细分有三种方法，即完全细分、按一个影响需求的因素细分和按两个以上影响需求的因素细分。

（一）完全细分

假如购买者的需求完全不同，那么每个购买者都可能是一个单独的市场，完全可以按照这个市场所包括的购买者数目进行最大限度的细分，即这个市场细分后的小市场数目也就是构成此市场的购买数目。在实际市场营销中，有少数产品确实具有适于按照这种方法细分的特性。但在大多数情况下，要把每一购买者都当做一个市场，并分别生产符合这些单个购买者需要的各种产品，从经济效益上看是不可取的，而且实际上也是行不通的。因此，大多数企业还是按照购买者对产品的要求或对市场营销手段的不同反应，将他们做概括性的分类。

（二）按一个影响需求的因素细分

对某些通用性比较大、挑选性不太强的产品，往往可按其中一个影响购买者需求最强的因素进行细分，如可按收入不同划分，或按不同年龄范围划分。

（三）按两个以上影响需求的因素细分

大多数产品的销售都受购买者多种需求因素的影响，如不同年龄范围的消费者，因生理或心理的原因对许多消费品都有不同要求；同一年龄范围的消费者，因收入情况不同，也会产生需求的差异；同一年龄范围和同一收入阶层的消费者，更会因性别、居住地区及许多情况不同而有纷繁复杂、互不相同的需求。因此，大多数产品都需按照两个或两个以上的因素细分。

六、网络市场细分的步骤

网络市场细分作为一个过程，一般要经过以下程序：

（一）了解基本情况

企业在进行市场细分前首先要对消费者市场有一个基本的了解。比如[49]：消费者对产品的了解及感兴趣程度；市场细分研究是为短期规划服务还是为长期战略服务；市场细分的目的是增加现有顾客的忠诚度还是吸引新的顾客；公司管理人员和营销人员如何看待现有市场结构等。

（二）明确研究对象

企业首先要根据战略计划规定的任务、目标及选定的市场机会等，决定将要分析的产品市场，进而根据需要确定市场细分的范围，即是将这一产品的整体市场还是从中划分出来的局部市场作为细分和考察的对象。

（三）拟定市场细分的方法、形式和具体变量

这是市场细分过程中最重要的一步。企业首先根据潜在顾客的实际需求拟定采用哪一种市场细分的方法；然后选择市场细分的形式，即决定从哪个或哪些方面对市场进行细分；最后还要确定具体的细分变量，将其作为有关的细分形式的基本分析单位。

（四）收集信息

企业对将要细分的市场进行调查，以便取得与已选细分方法、细分形式及细分变量有关的数据和必要的资料。市场细分研究对样本量有很高要求，利用网络营销数据库，企业很快发现顾客的现实需求和潜在需求，从而为市场细分提供依据。

（五）实施细分并进行分析评价

收集到信息之后，企业通常要运用科学的定性和定量方法进行统计分析，经过相关分析、聚类分析等计算方法合并出相关性高的变量，找出有明显差异的细分市场，进而对各个细分市场的规模、竞争状况及变化趋势等方面加以分析、测量和评价。通常这一步可以帮助确定细分市场，但有时也会出现相反的结果，这时需要重新确定细分方案。

（六）选择目标市场，提出营销策略

一个企业要根据市场细分结果来决定营销策略，通常需要考虑足够大、可识别、可接触、差异性、稳定性和增长性六大原则。这要区分两种情况：如果分析细分市场后，发现市场情况不理想，企业可能放弃这一市场；如果市场营销机会多，需求和潜在利润满意，企业可根据细分结果提出不同的目标市场营销策略。

---

[49] 卓骏 . 网络营销理论、策略与实战 [M]. 机械工业出版社 .2015，2.

七、网络市场细分的意义

一个科学、合理的市场细分必然会把市场营销力有效的集中于一点，从而有效地节省市场营销费用和市场营销时间，并更能使企业有力地占领目标市场。

（一）有利于分析网络市场，发掘最佳市场机会

网络消费者尚未加以满足的需求对企业而言往往是潜在的，一般不易发现。建立在调查基础上的市场细分可以使企业深入了解网络市场顾客的不同需求，并根据各子市场的潜在购买数量、竞争状况及本企业的实力的综合分析，发掘新的市场机会，开拓新市场。

（二）有利于制定和调整市场营销组合策略，增强企业应变能力

网络市场细分是网络营销策略运用的前提。企业在对网络营销市场细分后，细分市场的规模、特点显而易见，消费者的需求清晰明了，企业可以针对各细分市场制定和实施网络营销组合策略，做到有的放矢。

（三）有利于集中使用企业资源，取得最佳营销效果

不管企业在网络营销中试图开展什么工作或者最后总的目的是什么，都将面对网络营销中主要和次要的目标市场。在网络营销中，企业不仅要确定自己的目标市场在哪里，还要确定哪些是主要的，哪些是次要的，从而选择对自己最有利的目标市场，进而合理使用企业有限的资源，以取得最理想的经济效益。这对于发展中的中小企业尤为重要，因为中小企业资源能力有限，与实力雄厚的大企业相比缺乏竞争力。

案例 4-1　麦当劳瞄准细分市场需求

麦当劳作为一家国际餐饮巨头，始创于20世纪50年代中期的美国。由于当时创始人及时抓住高速发展的美国经济下的工薪阶层需要方便快捷的饮食的良机，并且瞄准细分市场需求特征，对产品进行准确定位而一举成功。当今麦当劳已经成长为世界上最大的餐饮集团，在109个国家开设了2.5万家连锁店，年营业额超过34亿美元。

回顾麦当劳公司发展历程后发现，麦当劳一直非常重视市场细分，而正是这一点让它取得令世人惊羡的巨大成功。市场细分是1956年由美国市场营销学家温德尔·史密斯首先提出来的一个新概念。它是指根据消费者的不同需求，把整体市场划分为不同的消费者群的市场分割过程。每个消费者群便是一个细分市场，每个细分市场都是由需要与欲望相同的消费者群组成。市场细分主要是按照地理细分、人口细分和心理细分来划分目标市场，以达到企业的营销目标。而麦当劳的成功正是在这三项划分要素上做足了功夫。它根据地理、人口和心理要素准确地进行了市场细分，并分别实施了相应的战略，从而达到了企业的营销目标。

一、麦当劳根据地理要素细分市场

麦当劳有美国国内和国际两个市场，本国和其他国家都有各自不同的饮食习惯和文化背景。麦当劳进行地理细分，主要是分析各区域的差异，如美国东西部的人喝的咖啡口味是不一样的。通过把市场细分为不同的地理单位进行经营活动，从而做到因地制宜。

每年，麦当劳都要花费大量的资金进行认真严格的市场调研，研究各地的人群组合、文化习俗等，再书写详细的细分报告，以使每个国家甚至每个地区都有一种适合当地生活方式的市场策略。例如，麦当劳刚进入中国市场时大量传播美国文化和生活理念，并以美国式产品牛肉汉堡来征服中国人。但中国人爱吃鸡，与其他洋快餐相比，鸡肉产品更符合中国人的口味，更加容易被中国人所接受。针对这一情况，麦当劳改变了原来的策略，推出了鸡肉产品。在全世界从来只卖牛肉产品的麦当劳也开始卖鸡肉了。这一改变正是针对地理要素所做出的，也加快了麦当劳在中国市场的发展步伐。

二、麦当劳根据人口要素细分市场

通常人口细分市场主要根据年龄、性别、家庭人口、生命周期、收入、职业、教育、宗教、种族和国籍等相关变量，把市场分割成若干整体。而麦当劳对人口要素细分主要是从年龄及生命周期阶段对人口市场进行细分，其中，将不到开车年龄的划定为少年市场，将 20 ~ 40 岁之间的年轻人界定为青年市场，还划定了年老市场。

人口市场划定以后，要分析不同市场的特征与定位。例如，麦当劳以孩子为中心，把孩子作为主要消费者，十分注重培养他们的消费忠诚度。在餐厅用餐的小朋友，经常会意外获得印有麦当劳标志的气球、折纸等小礼物。在中国，还有麦当劳叔叔俱乐部，参加者为 3 ~ 12 岁的小朋友，定期开展活动，让小朋友更加喜爱麦当劳。这便是相当成功的人口细分，麦当劳抓住了该市场的特征与定位。

三、麦当劳根据心理要素细分市场

根据人们的生活方式划分，快餐业通常有两个潜在的细分市场：方便型和休闲型。在这两个方面，麦当劳都做得很好。例如，针对方便型市场，麦当劳提出"59 秒快速服务"，即从顾客开始点餐到拿着食品离开柜台标准时间为 59 秒，不得超过一分钟。针对休闲型市场，麦当劳对餐厅店堂布置非常讲究，尽量做到让顾客觉得舒适自由。麦当劳努力使顾客把麦当劳作为一个具有独特文化的休闲好去处，以吸引休闲型市场的消费者群。

（资料来源：整理自 http：//www.795.com.cn/wz/94624_9.html）

请结合案例思考麦当劳是如何进行市场细分的？

第二节　网络市场的选择

网络目标市场选择是网络市场细分的直接目的。目标市场确定之后，企业就要将全部的精力和资源用于目标市场，从而取得满意的经济效益。目标市场的选择是企业制定市场营销战略的基础，也是企业经营活动的基本出发点之一，对企业的生存和发展具有重要的现实意义。

一、目标市场选择的定义

网络目标市场选择是指企业在认真评估每个细分市场的吸引力程度之后，根据其自身的发展目标等特点，决定将哪些和多少子市场作为目标市场，并选择进入一个或多个细分市场从事营销活动的过程。企业在确定好网络细分市场之后，就可以进入网络市场中的一个或多个细分市场。网络目标市场选择是目标市场策略的第二个步骤。

二、目标市场选择的标准

（一）具备一定的规模和发展潜力

企业进入某一市场的目的是期望获得满意的经济利润，如果市场规模狭小或者趋于萎缩状态，企业进入后难以获得发展，应该审慎考虑，不宜轻易进入。当然，企业也不宜以市场吸引力作为目标市场取舍的唯一标准，特别是应力求避免“多数谬误”，即与竞争企业遵循同一思维逻辑，将规模最大、吸引力最大的市场作为目标市场。大家共同争夺同一个消费市场的结果是，造成过度竞争和社会资源的无端浪费，同时使消费者一些本应得到满足的需求遭受冷落和忽视。

例如，美国的“李”（Lee）牌牛仔裤始终把目标市场对准占人口比例较大的那部分“婴儿高峰期”的消费者群体，从而成功地扩大了该品牌的市场占有率。在 20 世纪 60 ~ 70 年代，李牌牛仔裤以 15 ~ 24 岁的小青年为目标市场。因为这个年龄段的人正是那些在“婴儿高峰期”出生的，在整个人口中占有相当大的比例。可是，到 80 年代初，昔日“婴儿高峰期”的小青年一代已经步入中青年阶段。新一代小青年在人口数量上已大大少于昔日小青年。为了提高市场占有率，在 80 年代末，李牌牛仔裤又将其目标对准 25 ~ 44 岁年龄段的消费者群体，即仍是“婴儿高峰期”一代。为适应这一目标市场的变化，厂商只是将原有产品略加改进，使其正好适合中青年消费者的体形。结果，90 年代初，该品牌牛仔裤在中青年市场上的份额上升了 20%，销售量增长了 17%。

（二）细分市场结构的吸引力

细分市场可能具备理想的规模和发展特征，然而从赢利的观点来看，它未必有吸引力。波特认为有五种力量决定整个市场或其中任何一个细分市场的长期的内在吸引力。这五个群体是：同行业竞争者、潜在的新参加的竞争者、替代产品、购买者和供应商。他们具有如下五种威胁性：

1. 细分市场内激烈竞争的威胁

如果某个细分市场已经有了众多的、强大的或者竞争意识强烈的竞争者，那么该细分市场就会失去吸引力。

2. 新竞争者的威胁

如果某个细分市场可能吸引新的竞争者，这些新的竞争者会增加新的生产能力和大量资源并争夺市场份额，那么该细分市场就会没有吸引力。

3. 替代产品的威胁

如果某个细分市场存在着替代产品或者有潜在替代产品，那么该细分市场就失去吸引力。替代产品会限制细分市场内价格和利润的增长，如果这些替代产品所在行业中的技术有所发展，或者竞争日趋激烈，这个细分市场的价格和利润就可能会下降。

4. 购买者讨价还价能力加强的威胁

如果某个细分市场中购买者的讨价还价能力很强或正在加强，该细分市场就没有吸引力。购买者会设法压低价格，对产品质量和服务提出更高的要求，并且使竞争者互相斗争，所有这些都会使销售商的利润受到损失。较好的防卫方法是提供顾客无法拒绝的优质产品供应市场。

5. 供应商讨价还价能力加强的威胁

如果公司的供应商能够提价或者降低产品和服务的质量，或减少供应数量，那么该公司所在的细分市场就会没有吸引力。因此，与供应商建立良好关系和开拓多种供应渠道才是防御上策。

三、目标市场选择的战略

目标市场选择战略是指企业根据其自身产品的特点，针对不同的消费者群体所采取的不同的市场营销组合的总称[50]。一般来说，目标市场选择战略有三种，无差异性目标市场策略、差异性目标市场策略和集中性目标市场策略。

（一）无差异性目标市场策略

这是指把整个市场作为一个大目标开展营销的策略，该策略强调市场需求的共

---

[50] 梁娜，刘军 . 浅析市场细分与目标市场选择 [J].2011 年第 4 期 .

性，忽视细分市场的差异性特征。也就是说，企业只生产单一化的产品，通过运用相同的市场营销组合策略，力求在一定程度上尽可能多地满足各个子市场上顾客的需求。

无差异性目标市场策略采用的是全面进入的模式来选择和占领市场，它的理论基础是成本的经济性。采用这一策略的一般都是进行大规模生产、有广泛而可靠的分销渠道以及统一的广告宣传方式和内容的实力强大的企业[51]。例如，可口可乐公司在进入中国市场之初就采用了这种策略，它以单一的口味和品种、统一的价格和包装、相同的广告主题将其产品面向所有顾客。

无差异性目标市场策略的优点是产品品种单一，可以降低企业的各种成本费用，成本领先的优势有助于企业在市场上赢得竞争优势。缺点是不能对市场需求的改变做出弹性的应对，一旦消费者需求发生改变，企业很难作出快速调整；同时由于该策略使得企业对市场的依赖性很强，所以企业面临的风险也相对较大。

（二）差异性目标市场策略

这是指把整体市场划分为若干细分市场并选择其中的两个或两个以上的细分市场作为其目标市场的策略。针对不同细分目标市场需求的特点，企业分别制订出不同的市场营销计划为之服务，按计划生产目标市场所需要的不同商品，并在渠道和价格等方面做出相应调整，有针对性的满足不同细分市场顾客的需求。例如，各种服装企业针对不同年龄、不同职业和不同教育水平的消费者宣传不同款式和不同品牌的服装产品，来达到企业的盈利目标。

差异性目标市场策略的优点是以小批量、多品种生产方式生产的产品具有较强的针对性，可以满足消费者的需求，进而扩大企业的销售；同时由于企业不过度依赖某一子市场，企业的经营风险也相对较低。缺点是由于这种策略需要做市场细分，所以企业的各项成本费用较高；同时企业内部很可能出现资源争夺的现象。

（三）集中性目标市场策略

这是指选择一个或几个细分化的专门市场作为营销目标的策略，该策略集中企业的优势力量，对某细分市场采取攻势营销战略，实行专业化生产和销售，以取得较大的市场占有率。一般说来，实力有限的中小企业多采用集中性目标市场策略。

集中性目标市场策略的优点是企业可以集中有限的资源来开展营销活动，因为该策略下企业能够精准把握顾客的需求，所以企业很容易在某一特定市场上取得成功；同时企业的投资收益率也比较高，在一市场上取得成功后可以向更大的市场范围发展。缺点是企业对某一市场的依赖程度高，一旦市场需求发生改变，企业都很难有回

---

[51] 田玲．网络营销理论与实践 [M]. 清华大学出版社，北京交通大学出版社，2008 年．

旋的余地，所以该策略下企业的经营风险较高。

这三种目标市场策略各有其利弊，实施何种策略，企业要根据市场环境、企业自身能力、产品特点和竞争者的营销策略等多种因素而定。

案例 4-2 “斯航”的目标市场选择

斯堪的纳维亚航空公司（简称“斯航”）是由挪威、瑞典和丹麦三国合资经营的公司：由于价格竞争、折扣优惠及许多小公司的崛起，斯航在其国内和国际航线上都处于亏损状况。

1982 年初，“斯航”首先设计了一种新的、单独的商务舱位等级，这种商务舱是根据工商界乘客不喜欢与那些寻欢作乐的旅游者同舱的特点设立的。工商界乘客常常因为一些情况必须改变日程，他们需要灵活性；他们在旅途中关心的是把工作赶出来，这意味着他们需要读、写，为会议或谈判作准备，或睡觉——以便到达目的地后能够精力充沛地投入工作。换句话说，他们不需要分散注意力或娱乐。旅游者却没有这种压力，对他们来说，旅途就是假期的一部分，而机票价格则是一个敏感的决定因素。设置紧凑的座位和长期预留的机票，使航空公司有可能出售打折扣的机票，因而使一些人获得了旅行的机会，另一些人则把省下的钱更多地花在异国情调的度假生活中。商务旅行者与此不同，他们最重视的是时间和日程表。在“斯航”以前，没有一家航空公司懂得怎样在同一架飞机上满足这两类顾客不同的需求。

“斯航”的商务舱票价低于传统的头等舱，高于大多数的经济舱，但给予乘客更多的方便。在每个机场，“斯航”都为商务舱的乘客设置了单独的休息室，并免费提供饮料，有的还可看电影。在旅馆，为他们准备了有会议室、电话和电传设备的专门房间，并提供免费使用的打字机，使他们能够完成自己的工作，他们还可以保留这些房间，而且不受起程时间、时刻表变动及最低住宿时间的限制，所有这些都以经济实惠的价格提供。机场还为商务舱乘客设置了单独的行李检查处，他们不必去和普通乘客一起拥挤地通过安检。在飞机上，他们享有单独的宽大座椅，放腿的空间更为宽敞；同时装设了一些传统头等舱才有的装饰品，比如玻璃器皿、瓷器、台布等。

“斯航”开辟了一个独特的市场，并正在赋予它更多的价值。对工商界乘客来说，头等舱太贵，经济舱又太嘈杂，太不舒服。他们可能与旅游者挤在同一舱内，享受旅游者同等的待遇，但却会出较高的价格——因为他们不能像旅游者那样，由于不受日程限制而等待减价或折扣机票，商务舱成为工商界乘客及航空公司双方都很适宜的较好的供需办法。

（资料来源：http：//www.ceowl.com/shichang/yingxiaoguanli/gl9011.shtml）

请结合案例思考“斯航”进行目标市场选择时的战略。

第三节　网络市场的定位

一、网络市场定位的含义

网络市场定位是指根据竞争对手产品的信息，来分析自身产品的差异，在差异方面为自己的产品制定特色。在目标消费者心中形成特殊的偏爱，从而在消费者心中占据一个独特而有利的位置，树立一定的市场形象。

网络市场定位的实质是使本企业与其他企业严格区分开来，使顾客明显感觉到这种差别，从而在顾客心中占据特殊位置。

二、目标市场定位的原则

不同的行业面对不同的消费者，不同的消费者的心理不同，网络目标市场定位要迎合消费者的心理，依据特定的原则、特定的环境具体分析。常见的目标市场定位有以下几个原则。

（一）符合企业的长期发展目标

网络市场的市场定位必须是企业核心的产品所针对的市场，这样才能发挥企业的核心竞争优势，促进企业的长期发展。

（二）企业的产品与消费者相适应

企业所选择的目标产品一定要与当地消费者的收入水平相适应，符合当地消费者的消费能力。

（三）受众性

企业的产品一定要在消费者心中树立一定的产品形象，对消费者产生一定的作用，占有一定的地位。掌握了消费者的心理，再加上适当的营销手段，就会取得很好的营销效果。

（四）根据产品的特点

产品的内在构成或者产品的包装都可以成为产品的市场定位，要根据产品的差异进行市场定位。例如，七喜汽水的市场定位是非可乐，强调它是不含咖啡因的饮料，与可乐不同。

（五）根据产品的特定适用场合以及用途

为老产品找到一个新的特定场合的新用途是重新定位产品市场的好方法。例如现在很火的猴菇饼干，以前定位是休闲食品，后来发现被大多数消费者用来送人，这样企业就包装成各种礼盒，用于消费者赠送礼品。

三、网络市场的定位策略

企业要正确的对自己的产品进行定位，才能建立一个稳定的、持续的、不被竞争者打败的品牌形象，战胜对手。企业的市场定位策略有很多，常见的主要包括：产品或服务特性定位、用户类别定位、心理定位、对峙性定位、回避性定位、二次定位、综合定位。

（一）产品或服务特性定位

特性是指产品或服务的性质，主要是指产品的性能、形状、颜色、大小等。企业根据产品的特性进行定位时，一定要注意这些产品的独特性、创新性、市场领先性。企业网站根据自己的实力选择其中某一方面的突出服务，将这种服务的鲜明特色传播到广大网民心中。例如，Tylenol 公司不提供网上销售，但提供有用且让人快乐的网上一对一服务，诸如“健康信息”和“问候卡”等，这个网站还提供顾客可以购物的网站链接。

（二）用户类别定位

用户类别定位是指企业的产品主要针对的群体，产品的某些性质或者用途与哪些群体有密不可分的关系，根据这种关系对产品进行定位。例如，雅虎公司的 Groups 网站可以让用户根据自己的兴趣爱好组成若干社区，顾客可以和其他有相同兴趣爱好的人交流。

（三）心理定位

心理定位是指企业从消费者的心理出发，积极创造自己产品的特色，以自己最突出的优点来定位。利用消费者的心理使自己的品牌树立特殊的形象。

（四）对峙性定位

对峙性定位又称为竞争对手定位或者针锋相对定位策略，是指企业与竞争者的目标市场相同，本企业想要占有一定的市场份额，必须要生产出比竞争者更好地产品，并采取不同的营销策略，进而争夺相同的一批消费者。

（五）回避性定位

回避性定位又称为创新式定位或者填空补缺位定位，是指企业回避与自己实力相当或者比自己实力强的竞争对手直接对抗，将其位置定在市场上某处空白领域或“缝隙”之处，开发销售市场上不存在的，具有某种特性地产品，占领新的市场。

（六）二次定位

二次定位就是对品牌、产品或者企业本身进行新的定位，或者调整定位的一个过程。企业进行二次定位是企业适应网络环境不断变化的一个必不可少的过程，企业必须灵活地强化定位，或者调整定位来适应消费者的需求。

（七）综合定位

网络市场上的有些卖家把自己定义为综合性的供应商，卖家将结合自己的所有产品和提供的所有服务进行定位。现在的消费者不愿意花费较多的时间去进行各个产品的选择，因此更愿意倾向于综合性的卖家，一次性的购买商品。综合定位也是网络营销定位的一种常见方法。

四、网络市场定位的步骤

网络市场定位对企业起着至关重要的作用，企业的市场定位就是找到企业自己的产品与竞争对手产品的差异，识别差异的潜在竞争优势，从众多潜在竞争优势中找出核心的竞争优势，从而制定相应的策略。所以，网络市场定位分为以下三个步骤。

（一）识别潜在的竞争优势

网络环境复杂，企业要发掘自己的潜在竞争优势，找出自己与竞争对手的差异所在，根据自己的差异性找到自己定位的切入点。

（二）找出核心竞争优势

所谓核心竞争优势是与主要竞争对手相比在市场上可获取明显的差别利益的优势。找出核心竞争优势的方法是找出企业与竞争者相比，哪些是优势，哪些是劣势。企业在自己众多的优势中，选择一个最适合本企业优势的项目，加以完善强化，确定为本企业的核心竞争优势。

（三）制定发挥核心优势的战略

企业在网络市场方面的核心优势不会自动地在网络市场上得到充分表现。对此，企业必须制定明确的网络市场战略来充分表现其优势和竞争力。企业要通过各种方式使消费者了解并强化企业产品的优势在消费者心目中的重要程度，使消费者偏爱并选择该企业的产品。

【本章小结】

网络市场细分是指企业在调查研究的基础上，依据网络消费者的购买欲望、购买动机与习惯爱好的差异性，同时结合网络市场虚拟环境的特点，把网络营销市场划分成若干个具有需求差别的群体的过程，其中每个消费群体构成企业的一个细分市场。

根据细分程度的不同，网络市场细分有三种方法，即完全细分，按一个影响需求的因素细分和按两个以上影响需求的因素细分。

1. 网络市场细分作为一个过程，一般要经过以下程序：了解基本情况；明确研究对象；拟定市场细分的方法、形式和具体变量；收集信息；实施细分并进行分析评价；选择目标市场，提出营销策略。

2. 网络目标市场选择是指企业在认真评估每个细分市场的吸引力程度之后，根据其自身的发展目标等特点，决定将哪些和多少子市场作为目标市场，并选择进入一个或多个细分市场从事营销活动的过程。

3. 目标市场选择战略是指企业根据其自身产品的特点，针对不同的消费者群体所采取的不同的市场营销组合的总称。一般来说，目标市场选择战略有三种，无差异性目标市场策略、差异性目标市场策略和集中性目标市场策略。

4. 网络市场定位是指根据竞争对手产品的信息，来分析自身产品的差异，在差异方面为自己的产品制定特色，在目标消费者心中形成特殊的偏爱，从而在消费者心中占据一个独特而有利的位置，树立一定的市场形象。

5. 网络市场定位策略：产品或服务特性定位、用户类别定位、心理定位、对峙性定位、回避性定位、二次定位、综合定位。

6. 网络市场定位的步骤：（1）识别潜在的竞争优势；（2）找出核心竞争优势；（3）制定发挥核心优势的战略。

【延伸阅读】

案例一：欧莱雅打入中国市场

欧莱雅作为世界著名品牌，为广大中国消费者所熟知。欧莱雅旗下拥有相当数量的护肤、彩妆、香水等品牌，且作为一个外来品牌，能在存在强大竞争对手的前提下迅速打入中国市场着实不易。

作为财富500强之一的欧莱雅集团，由发明世界上第一种合成染发剂的法国化学家欧仁·舒莱尔创立于1907年。历经近一个世纪的努力，今天，欧莱雅已从一个小型家庭企业跃居世界化妆品行业的巨头，在2003年的财富500强排名中位居第373位，年销售收入达到135亿多美元。2004年1月，英国《金融时报》公布的“全球最受尊重公司”排名中，欧莱雅集团在总共72家上榜公司中名列第20位。2004年7月26日，美国《商业周刊》公布了按市值计算的全球1000家最大的公司，欧莱雅集团名列第78位。这一系列数据的背后无不折射出历经近一个世纪沧桑的欧莱雅惊人的成长步伐。

1964年收购兰蔻，这是欧莱雅成为高档化妆品帝国的第一步。

1965 年收购卡尼尔。

1970 年收购碧欧泉。

1973 年收购法国 Syn thé labo 药物公司的大部分股份，让欧莱雅集团得到了开展皮肤病学活动和皮肤病药物学活动的途径。1973 年收购彩妆品牌 Gemey。

1996 年欧莱雅集团收购美宝莲，该举动宣告了科技创新将与彩妆权威更完美的融合在一起。一系列的收购活动奠定了欧莱雅集团的实力。

1996 年，欧莱雅在中国的商务经销处于香港成立。

1997 年，欧莱雅公司在上海创办了中国总代表处，负责在中国经销欧莱雅公司各类产品，目前已在 50 多个城市开办了几百个销售点。

2003 年 12 月 10 日，欧莱雅中国以一个对外保密的价格，全资拿下了与之谈判 4 年的“小护士”品牌。

2004 年，欧莱雅集团宣布和科蒂集团签订协议，收购其旗下的品牌羽西。至 2000 年，欧莱雅在中国 50 多个大城市成立了 870 家专卖店，聘用了 2000 名专业美容顾问，并成功推广了欧莱雅、美宝莲、兰蔻、薇姿四个品牌。可见欧莱雅在中国的发展取得了相当可观的成就。

时至今日，欧莱雅已发展成为世界化妆品行业的巨头，经营活动已遍及 150 多个国家和地区，在全球拥有 283 家分公司、42 家工厂及 100 多个代理商，在世界各地拥有员工 5 万多人，成为世界第一大化妆品公司。

作为世界第一大护肤集团，欧莱雅旗下品牌众多，其中包括兰蔻、赫莲娜等一线品牌；碧欧泉、契尔氏等二线品牌，也包括巴黎欧莱雅、美爵士、卡尼尔、羽西、小护士等三线品牌。同时欧莱雅集团不仅限于发展护肤产品，在实力雄厚、发展稳定的基础上进行了品牌拓展，分别通过并购现有企业等方式发展了彩妆品牌，包括巴黎创意美家、植村秀、美宝莲；药妆品牌薇姿、理肤泉、修丽可、口服美容品牌一诺美、香水品牌阿玛尼、拉尔夫劳伦，以及美发品牌巴黎欧莱雅、卡诗、美奇丝等，构成了一个庞大的、全方位的产品体系。

根据产品功用的不同，其产品又分为：护肤产品系列、彩妆产品系列、染发产品系列、男士产品系列等四大系列，专业性较强，为消费者提供了良好的选择基础。

自 1996 年成功收购了美宝莲品牌之后，欧莱雅不仅扩大了它在全球市场的产品线，还取得了全面进入中国市场的机会。通过美宝莲的销售渠道，欧莱雅迅速渗透到中国化妆品市场，并凭借其先进的运营方式及对中国消费者及市场的准确把握，在中国的业务突飞猛进，冲击着宝洁等大型跨国企业在中国的市场份额。目前，欧莱雅已成为中国市场上最知名的跨国企业之一，并成为最受中国消费者喜爱的外国品牌之一。

事实上在欧莱雅进军中国市场之前，就已经有像宝洁这样的大众洗化品牌以及完美等高端品牌在中国占有一定的市场份额，并且中国本土品牌，如丁家宜、大宝、东洋之花、隆力奇等，在当时也有相当的消费群体。在这样的形势下，欧莱雅作为一个外来的新品牌能迅速渗透到中国市场占据一定地位，与其精准、细化的定位有着不可分割的联系。

阿尔·里斯与杰克·特劳特在《定位》一书中说，“定位是你对预期客户要做的事。”换句话说，你要在预期客户的头脑里给产品定位。因此在预期客户头脑中构建属于你的形象显得尤为重要。

（一）针对不同年龄层次预期客户的定位策略

不同年龄层次的人的皮肤有不同特质，欧莱雅从专业角度为每一年龄层的消费者打造专属于他们的护肤系列，例如：清润全日保湿系列适合 18 ～ 25 周岁人群使用，而复颜抗皱紧致系列则适用于 35 周岁以上的消费者。这样专业、贴心的分类设计，在预期客户头脑中的印象肯定不错。

（二）针对不同性别的预期客户的定位策略

在传统观念中，护肤品好像专属于女士，男士很少涉及。但随着人们对生活质量的要求日益提高以及对外在的日益关注，男士也对护肤、美容等有了一定的需求。不知道欧莱雅是不是第一个关注男士护肤的，但它应该是最成功的在人们头脑中冠以“男士护肤著名品牌”的集团，并且就其在中国的电视广告来说，大多是邀请外形帅气、气质优雅的男明星作模特，无疑使宣传力度大增。

欧莱雅正是通过“找空子”的方法，在其他竞争者都很少关注的领域拔得头筹。首先他们了解大众的定位，然后，他们向预期客户头脑里固定的思维提出了挑战。

（资料来源：http：//wenku.baidu.com/link?url=H2EjbJEFOncCWQuzmXMv9Wlir8Sm8ReokiZUGzXaIBXPRFnaZft50gg1w5I）

案例二：星巴克打开中国市场之路

星巴克是在 20 世纪 90 年代中后期登陆中国大陆市场，都是定位在曾经“稀少”的中高端人群，起初“曲高和寡”，后来还是在中国市场，星巴克获得了前所未有的“高歌猛进”。它的成功之处，就在于它是“面对”着消费者，而不是“背对”着消费者。

100 多年前，星巴克是美国一本家喻户晓的小说里主人公的名字。1971 年，3 个美国人开始把它变成一家咖啡店的招牌。1987 年，霍华德·舒尔茨和他的律师，也就是比尔·盖茨的父亲以 380 万美元买下星巴克公司，开始了真正意义上的“星巴克之旅”。如今，星巴克咖啡已经成为世界连锁咖啡的第一品牌。星巴克咖啡已经在全球 38 个国家开设了 13000 家店。虽然传统意义上“根红苗正”的咖啡并非起源于美国，但星巴克咖啡目前已经俨然是这些品类最“正宗”的代名词。1999 年 1 月 11 日，北京国贸中心一层开设了一家星巴克咖啡店，这意味着星巴克开始了美妙的中国之旅。

那么，星巴克在中国是怎样进行市场定位的呢？

一、在中国，星巴克、哈根达斯征服的不仅仅是消费者的胃

在网络社区、博客或是文学作品的随笔中，不少人记下了诸如“星巴克的下午”“哈根达斯的女人”这样的生活片断，似乎在这些地方每天发生着可能影响人们生活质量与幸福指数的难忘故事：“我奋斗了五年，今天终于和你一样坐在星巴克里喝咖啡了！”此时的星巴克还是咖啡吗？不！它承载了一个年轻人奋斗的梦想；“如果你是一位适龄女子，你所生活的城市有哈根达斯，而你从来没被异性带入哈根达斯，或者已经很久没机会去了，那你就不得不在内心承认，没有人疼你、宠你了。”此时的哈根达斯还是冰淇淋吗？不！它变成了一个女人心中爱的祈祷……

这种细腻的感情、美妙的感觉，不仅仅是偶然地在一个消费者心中激起涟漪，而是形成一种广泛的消费共鸣。我们不得不承认，星巴克、哈根达斯的成功与准确的品牌定位不无关系。

二、星巴克的“第三空间”

关于人们的生存空间，星巴克似乎很有研究。霍华德·舒尔茨曾这样表达星巴克对应的空间：人们的滞留空间分为家庭、办公室和除此以外的其他场所。第一空间是家，第二空间是办公地点。星巴克位于这两者之间，是让大家感到放松、安全的地方，是让你有归属感的地方。20 世纪 90 年代兴起的网络浪潮也推动了星巴克“第三空间”的成长。于是星巴克在店内设置了无线上网的区域，为旅游者、商务移动办公人士提供服务。

其实我们不难看出，星巴克选择了一种“非家、非办公”的中间状态。舒尔茨指出，星巴克不是提供服务的咖啡公司，而是提供咖啡的服务公司。因此，作为“第三空间”的有机组成部分，音乐在星巴克已经上升到了仅次于咖啡的位置，因为星巴克的音乐已经不单单只是“咖啡伴侣”，它本身已经成了星巴克的一个很重要的商品。星巴克播放的大多数是自己开发的有自主知识产权的音乐。迷上星巴克咖啡的人很多也迷恋星巴克音乐。这些音乐正好迎合了那些时尚、新潮、追求前卫的白领阶层的需要。他们每天面临着强大的生存压力，十分需要精神安慰，星巴克的音乐正好起到了这种作用，确确实实让人感受到在消费一种文化，催醒人们内心某种也许已经快要消失的怀旧情感。

三、产品中国化

虽然因为一些限制，星巴克在中国的店铺中并没有像其他全球星巴克连锁那样销售星巴克音乐碟片。但星巴克利用自己独特的消费环境与目标人群，为顾客提供精美的商品和礼品。商品种类从各种咖啡的冲泡器具，到多种式样的咖啡杯。虽然这些副产品的销售在星巴克整体营业额中所占比例还比较小，但是近年来一直呈上升趋势。

在中秋节等中国特色的节庆时，还推出“星巴克月饼”等。

（资料来源：http：//wenku.baidu.com/view/0250c148852458fb770b568f.html）

请结合案例思考欧莱雅和星巴克的网络市场定位策略。

【课后思考题】

1. 网络市场细分的步骤有哪些？
2. 网络目标市场选择的标准有哪些？
3. 网络市场定位的策略有哪些？
4. 网络市场定位的步骤有哪些？

第五章　网络营销的产品策略

【学习目标】

1. 了解网络产品的含义和特征
2. 理解网络产品生命周期各个阶段的特点，掌握各阶段的营销策略
3. 掌握公司寻找并开发新产品构思的方法
4. 了解品牌营销的相关概念，掌握品牌营销的策略

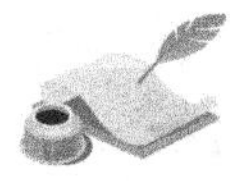

【内容要点】

1. 网络产品概念的五个层次
2. 网络产品生命周期中不同阶段的推广策略
3. 新产品开发的程序
4. 新产品开发的策略
5. 域名对品牌的影响
6. 品牌营销策略

【引导案例】

万达集团的品牌营销策略

背景及目标

作为老牌的房地产企业，万达集团在受众心中的定位还停留在刻板、严谨的形象上。在万达产业转型升级的重要阶段，如何能放下传统房地产企业的架子，缩短与消费者的距离，增加与受众的互动，成为传播的主要目的。

随着多年来微博、微信等社交平台发展趋近成熟，万达集团已经很难再通过标新立异的传播手段在新媒体平台上占得一席之地，所以相比较其他较早涉足营销传播的品牌，如何在众多声音中一鸣惊人、脱颖而出是网络营销的关键点；同时占领当下营销主阵地——移动终端，并在受众中树立万达品牌形象，也是网络营销选择的核心。营销手段：借助手机 APP“微视”“秒拍”举行线上活动，在手机端和 PC 端活动页面同时进行。

广告目标

通过微视频的平台产出的优质内容，配合外围互联网渠道传播，全网覆盖“万达广场就是城市中心”品牌口号。

商业性

随着微视频业务以来首个跨平台大型征集活动的启幕，万达举起了新媒体创新营销的大旗。

本次活动万达集团购买了在微视与秒拍平台中最重要的广告位 Top banner，热门板块，热门活动，热门标签和写环境操作等，同时万达集团提供价值 200 万元的奖品激励，征集带有“万达广场就是城市中心”主题的微视频创作要求，就是要成为自微视频业务开展以来平台声量最大，传播效果最好的商业活动。

消费者行为

在大多数的客户还停留在对广告入口及推广位置的需求，没有真正认识到微视频的核心本质的时候，万达集团提出微视频必须“内容为王”。根据两微视频平台的活跃度，设立了微视频平台征集原创高质量作品 10000 部，秒拍平台征集原创高质量作品 3000 部的目标。

消费者认知

作为体现传播主题的原创的高水平创作作品，万达集团强调了这些优质内容的二次传播性，配合微博，微信，视频网站，媒体报道以及论坛等的扩散，使传播主题“万达广场就是城市中心”曝光量超过 8000 万。

解决方案及实践

在手机 APP“微视”“秒拍”平台上，同步在 Web 端和 Wap 端的活动专题中举行线上活动。

WAP 端、WEB 端：用户通过移动设备拍摄短视频，工作组以自然周、月为单位，由媒体、专家及主办方组成的评审组评选出优秀作品及月度冠军分别赠送 iPad 及长白山等丰厚奖品，凡是参与的用户均有机会获得万达集团提供的全国 3D 电影兑换券 2 张。在这些奖品的刺激下，网友参与的积极性异常高涨，上传了大批的优秀创意视频作品，这些作品通过各种形式诠释了传播主题：“万达广场就是城市中心”，凭借着精彩的创意以及精良的制作，在微视频平台上拥有非常高的播放量与转评值；同时它们具有极强的二次传播性，经过收集和整理，剪辑成推广视频，在以下渠道进行扩散：

1. 各大视频网站上的关键位置推荐；

2. 最热视频推送；

3. 微博、微信上红人大号转发；

4. 相关的专业垂直论坛上的种子视频扩散；

5. 颁奖礼和达人观影礼活动的事件营销传播。

在“万达微视频大赛”正式上线前，选择预热效果最好的活动开始前 2 周，通过新浪、腾讯以及官微三个平台交错配合推广，发布“#10 秒能说多少字儿 #”类似 4 个预热话题，对活动进行话题预埋。

“万达微视频大赛”正式上线后，邀请“爸爸去哪了”明星主持人李锐以及 24 位平台最具人气达人拍摄种子视频，通过新浪、腾讯活动平台，微博、微信红人转发，各大论坛信息的转载以及各大视频网站密集曝光，将活动声量推至高位。同时内部拍摄了 20 只引导视频，通过官方账号发布来对受众进行引导。利用线下 10 所大学的校园活动在广告横幅、背景板、易拉宝、宣传单中，体现品牌元素，同时引导用户拍摄分享视频。

事件营销

在万达广场举办第一月月度赛冠军颁奖礼，现场邀请新浪秒拍，腾讯微视领导，多位达人到场以及多家媒体到场，本次颁奖礼不但是阶段性成果的展示，更成为引爆第二个月活动的爆点，通过线上线下对活动的配合报道，使活动被多家视频、娱乐媒体网站转载文章。

“万达微视频大赛”为了吸引更多达人参与活动当中，成为微视频传播的中坚力量，特地打造了超级粉丝团计划，并为入围达人提供专属权利；通过层层筛选和竞争，选定了最具影响力的 20 位达人成为“万达微视频大赛”第一批超级粉丝团专属达人，随后在 CBD 万达索菲特大酒店举办了线下专属达人观影活动，到场达人的粉丝量总和已超过 300 万，大家对活动的现场情况都进行了直播，本次活动的视频在两微视和秒拍平台的播放量就达 80 余万次。

在 2014 巴西世界杯期间，“万达微视频大赛”通过拍摄以“万达广场就是城市中心”为主题的世界杯系列视频——罗纳尔多、梅西系列，男女看世界杯系列等。借势世界杯增加活动热度，同时创新活动玩法，引导网友拍摄系列创意作品来展现活动主题。短短的一个月内，系列作品上传 600 余部，总播放量累计超千万次。

在武汉万达大戏台举办了第二月月度赛冠军颁奖礼，因前期与微视达人组达成战略合作，本次活动邀请到微视粉丝量排名前 30 的达人到场，同时多家北京及当地媒体到场对活动进行报道。现场多位百万级粉丝的达人自发拍摄的活动视频，在粉丝中引起轰动效应，颁奖礼相关视频播放量超过百万。活动现场观众自发用手机拍摄微视对颁奖礼进行主动传播。

随后两个月开始将活动从线上转到线下，开始针对大学生定向征集视频作品，首届大学生微视频大赛从传媒大学电视台记者团开始发起，活动征集到精品视频600多个。活动的传播主题贯穿线上与线下，产生了联动效应，不仅让微视频大赛深入到大学校园，给线下大学生提供了参与创作的平台，而且在线下范围内，传播具有品牌记忆性的微视频，最终形成一股新的微视频创意热潮。

从活动正式上线到截止，总曝光量达102270000次，据腾讯微视官方统计网友上传参赛作品总数14721部，新浪秒拍官方统计网友上传参赛作品总数5566部。总共收集到19738部作品。

据腾讯与新浪提供的数据，两平台活动专题页面总PV达到359万，UV达到212万。网友互动（转发、评论、点赞）183万次。由普纳公关提供的数据，万达集团官方微博粉丝由最初的60万增长至目前的118万。官方微信粉丝由0.1万增长至目前的5.3万。

创新价值点

万达微视频利用移动视频传播媒介的创新，通过最新手机APP“微视”和“秒拍”两个视频分享社交平台，在百万元大奖刺激下，受众拍摄以“万达广场就是城市中心”为主题的创意视频，并通过外围渠道进行强力的传播，使其产生病毒式扩散，最终让万达集团品牌深植于受众心中。

万达微视频大赛活动的技术应用创新，活动除了用主流文字和图片媒体，主要使用8秒或10秒微视频进行传播，创意视频画面更直观连贯，同时视频配音使活动主题更加立体。通过丰富的创意表现形式对活动主题进行诠释，活动参与用户主动拍摄符合“万达广场就是城市中心”活动主题的视频，具有高度的品牌记忆性，使活动主题深入到受众记忆之中。

（资料来源：http：//mt.sohu.com/20150417/n411406112.shtml）

第一节　网络产品的来源和含义

美国西北大学著名的营销学教授菲利普·科特勒博士曾说，所谓产品是指能够提供给市场以满足消费者需要和欲望的任何有形物品和无形服务。产品是连接企业利益与消费者利益的桥梁，它主要包括实体商品、体验、信息、事件和创意等内容。在网络营销中，产品依然发挥着同样的作用。网络产品是网络营销的首要和基本要素，是网络营销活动过程中的重要载体，也是企业经营的核心和灵魂。

一、网络产品的来源

电子商务的发展为商品销售开辟了一个崭新的领域，网络营销作为一种新兴的营销方式，为企业带来了商机与广阔的市场空间。网络营销是通过在网上虚拟市场开展营销活动来实现企业营销目标的，但网络营销较之传统营销有其独特的属性与要求。企业只有充分认识到这些特点与要求才能在网络营销活动中有效利用网络营销机会，在网络市场竞争中立于不败之地。

面对与传统市场有差异的网上虚拟市场，必须满足网上消费者一些特有的需求特征，因此网络产品在传统产品的基础上应运而生。在网络营销中，产品的营销策略是以顾客为中心。为了满足顾客的个性化需求，企业要根据顾客提出的需求来设计和开发让顾客满意的产品。网络产品除具有物质型、服务型和信息型的特征外，还是一个能够满足顾客特殊需求和欲望的综合体。

网络产品的概念是从传统意义上的“产品”延伸而来的，是在互联网领域中产出而用于经营的商品，它是满足互联网用户需求和欲望的无形载体。狭义上来说，网络产品就是指网站为满足用户需求而创建的用于运营的功能及服务，它是网站功能与服务的集成。

二、网络产品的含义

传统营销中，消费者主要通过产品来满足其一般性需求；网络营销中，产品研发的核心已经从企业转向消费者，产品设计和开发的初衷是满足顾客的个性化需求。因此，网络营销产品与传统产品的内涵有一定的差异性，它在传统产品概念层次的基础上增加了两个层次，即期望产品层次和潜在产品层次。

（一）网络产品概念的五个层次

根据营销大师西奥多·莱维特整体产品的概念，一个产品包含五个层次，每个层次都增加了更多的顾客价值。如图 5-1 所示：

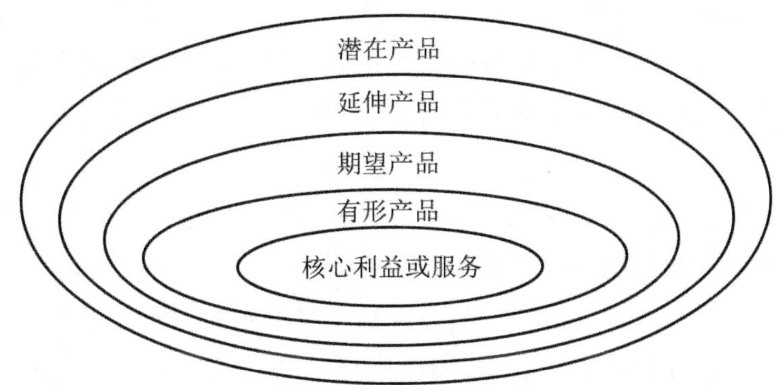

图 5-1　网络营销的产品层次

1. 核心利益层次

这是产品整体概念最基本的层次，是指产品能够提供给消费者的基本效用或益处，是消费者真正想要购买的基本利益或服务。例如，消费者进入某网站的核心是为了获得咨询；消费者购买书籍的核心是为了增长知识；消费者购买洗衣机的核心是为了利用洗衣机的自动功能使生活更加方便。

核心利益层次向人们说明的通常是产品的本质，某一产品能否被消费者接受，更多取决于该产品能否给消费者带来某种切实利益，满足其基本需求。所以，企业研发部门应该以向消费者提供更多的实际利益为出发点来设计、开发网络新产品；营销者要了解顾客需求的核心所在，在推销产品时，应主要通过向消费者说明产品的实质来扩大市场份额。

2. 有形产品层次

这是产品在市场上出现的基本形式，是企业相关工作人员借助一定载体，将核心产品转载为有形的物体而表现出来的具体物质形态。它主要是通过产品的质量水平、功能、包装、特色、款式和品牌六个方面来表现的。以电视机为例，人们在购买时，并不是随便买一个能看的电视机，还要考虑电视机的牌子、质量、性能和外观等因素。

有形产品层次所表现的是核心产品的外部特征，它在一定程度上满足了消费者的个性化需要。因为形式产品一般不涉及产品的实质，所以当产品形式与实质内容高度吻合时，消费者的心理需求会得到较高的满足。因此，在激烈的竞争市场上，企业管理层应高度重视产品形式方面的设计，从而提高网络产品的核心竞争力。

3. 期望产品层次

这是消费者购买产品时通常期望或默认得到的与产品密切相关的一整套属性和条件。例如，腾讯新闻——即时、准确、权威；冰箱——安全、耐用、环保。不同的消费者对可购产品的功能、售后服务等方面的期望值不同，因此产品在研发阶段应以满足顾客的个性化消费需求为出发点。

在中国，品牌定位和竞争主要发生在该层。现代企业往往以顾客需求为中心来设计和研发新产品，以此来适应个性需求的新时代。

4. 延伸产品层次

延伸产品又称扩大产品、附加产品，是指消费者在购买形式产品和期望产品时附带获得的各种附加服务或利益的总和，其主要是为了使产品的核心利益得到更好的应用，以便把公司的产品和竞争者的产品区别开来。例如，质量保证、优良的售后服务、免费送货和维修等。在现代市场营销环境下，企业在竞争中获胜的关键已经从争夺消费者市场转变为向顾客提供完善的产品附加利益。例如新浪对新闻的深度分析、多维视角、读者点评等特色使其在众多新闻门户中脱颖而出，在消费者心中赢得了良好的口碑。

在美国，竞争主要发生在这个层次。例如，美国 IBM 公司最先发现，顾客购买计算机主要是购买解决问题的服务；因此，该公司针对消费者需求，成为第一个向用户提供一整套计算机体系的公司。

5. 潜在产品层次

是在核心产品、有形产品、期望产品和延伸产品层次之外，是指现有产品包括所有附加产品在内的，可能发展成为未来最终产品的潜在状态的产品。它主要是产品的一种增值服务，其与延伸产品的主要区别是，顾客没有潜在产品仍然可以很好地满足其现实需求，但获得潜在产品，消费者的潜在需求会得到超值的满足，消费者对产品的偏好程度与忠诚程度会得到很大提高。

潜在产品指出了现有产品可能的演变趋势和前景，代表了产品的可扩展空间或产品将来的发展方向，即该产品在将来最终可能会实现的全部附加部分或转换部分。例如，随着技术的发展，不只在电脑上，还可以在公交车上用手机看新浪，边开车边听新浪新闻等；全套式家庭式旅馆的出现。

（二）网络产品的特点

互联网的发展使商品销售进入了一个全新的领域，但是，并不是所有的产品都适合在互联网上销售。因此，适合在互联网上销售的产品通常具有以下特性：

1. 产品质量

由于网络的虚拟性，消费者可以不受时间和空间的限制进行远程购物，但网络购买者在购买时却无法切身了解产品性能以进行充分的挑选与评估比较，只能以卖家展示的产品基本信息作为网购的依据。因此，顾客尤为重视网络产品的质量，更愿意购买标准化产品。例如，“中国光盘超级市场”于 1998 年 4 月 22 日开始试营业，在短短的三个月内站点的点击率接近 20 万。然而与 20 万访问人次不成比例的是，在这三个月内，光盘的实际网上购买量只有几百张，因为大多数顾客总要到公司购买才放心[52]。

由此可见，适合在网上销售的产品一般是质量相差不大的同质产品或非选购品，消费者可以直接从网上获得此类产品的相关信息，并主要根据该信息来确定和评价其产品质量。如书籍、火车票等。但高档首饰、服饰等需要消费者反复试穿试用后认为合适才能购买的产品则不适合在网上销售[53]。

2. 产品性质

初期，网民对技术要求较高，因此，适合网上销售的通常是与高技术或计算机有关的产品，即易于数字化、信息化的产品。如信息咨询、远程服务、远程医疗和网络

[52] 欧阳慧，喻建良 . 论适应网络营销的产品特点 [J]. 长沙通信职业技术学院学报 .2004 年 6 月第 3 卷第 2 期第 19 页 .

[53] 张卫东 . 试论网络营销产品的概念与特点 [J]. 南通纺织职业技术学院学报 .2002 年 9 月，第 2 卷第 3 期 .

课程等无形产品和图书、音乐等信息类产品。商家经营此类商品的成本较低，风险相对较小，产品从配送到接收只需很短的时间就可完成。相反，如果企业经营的产品是大型机械设备等固定资产，则不适合在网上销售。

3. 产品式样

网络营销产品必须具备全球化、本地化和个性化的特点。由于不同国家或地区的风俗习惯、宗教信仰和教育水平等国情各异，所以，通过互联网对全世界国家和地区进行营销的产品应该与之相适应。同时，由于网上消费者对产品的个性化需求不同，网络营销产品的式样还必须满足购买者的个性化需求[54]。

4. 产品品牌

在互联网背景下，适合网络营销的产品一般是知名度较高的产品。这主要体现在以下三个方面：

第一，只有引人注目、知名度高的品牌产品才能在不计其数的网络站点中赢得消费者的青睐；

第二，网络的虚拟性使得消费者无法进行购物体验，因此，为了将购物风险降到最低，很多网上购买者只能在众多选择中认购名牌；

第三，网络产品良莠不齐，为了节省不必要的精力和时间，消费者偏好知名网站营销的产品或名牌产品，因为它们的质量已经被众多消费者购物实践所证明。

由于购买者对品牌比较关注，因此，生产商与经营商的品牌在网络营销中同样重要。

5. 产品包装

由于网络营销产品的特殊性，所以其包装必须符合网络营销的特定要求。一般而言，通过网络传送的信息等无形产品可以没有任何包装，而其他有形产品就要进行适合专业配送的包装。

6. 产品价格

网络销售产品一般采用价格水平趋于一致、非垄断化、趋低化、弹性化和智能化定价的策略。这主要是因为：

第一，通过互联网进行销售的各项成本要低于其他渠道的产品成本；

第二，互联网作为信息传递工具，在发展初期采用免费和共享策略，所以网上用户都比较习惯认同网上产品的低廉特性。

第三，传统产品是按成本定价来确定的，在这种价格策略下，生产厂家对价格起着主导作用。而网络产品是按满足需求定价，面对全球化的网络市场，企业在进行产品定价时必须考虑目标市场范围的变化给定价带来的影响，必须采用全球化和本地化

---

[54] 田玲 . 网络营销理论与实践 [M]. 清华大学出版社，北京交通大学出版社 .2008 年 .

相结合的原则进行。

7. 目标市场

一方面，网络市场的主要目标是网络用户，因此，覆盖市场范围大的产品一般比较适合在网上销售。相反，如果产品的市场容量比较小，虽然也能进行网络营销，但无法发挥网络营销的优势，这可能导致较低的经营利润。

另一方面，由于网络营销产品涉及物流的问题，因此，配送方便或信息到达率高的网络产品容易进行网络营销的开展。

8. 市场调查

网络产品和传统产品的营销在市场调查中也存在很大区别。传统产品的市场调查中被调查者始终处于被动地位，企业要投入大量的人力、物力和财力。而网络产品大都通过网络进行调查，网络调查也是网络产品营销中常用的营销手段。

第二节　网络产品的生命周期

网络产品生命周期是市场营销学中的一个很重要的概念，它是经过无数产品从诞生到退出市场的自然过程中总结出来的。它直接影响着企业的产品策略以及在生命周期不同阶段上的经营策略。管理者要想使其产品有一个较长的销售周期，以便赚取足够的利润来补偿推出该产品时所做出的一切努力和经受的一切风险，就必须认真研究和运用产品的生命周期理论。

一、网络产品生命周期的内涵

网络产品生命周期是产品的市场寿命，即一种新产品从开始进入市场到被市场淘汰的整个市场生命循环过程。一种产品进入市场后，它的销售量和利润都会随时间推移而改变，呈现一个由少到多或由多到少的过程，就如同人的生命一样，由诞生、成长到成熟，最终走向衰亡，这就是产品的生命周期现象。产品只有经过研究开发、试销，然后进入市场，它的市场生命周期才算开始。产品退出市场，则标志着生命周期的结束。

网络产品生命周期的实质是“主要矛盾斗争产生的过程”，在产品生命周期中主要矛盾的主要方面是顾客的需求，实现需求和期望的能力是主要矛盾的另一个方面。

在不同技术水平的国家里，这个周期发生的时间和过程是不一样的，不同期间存在一个较大的差距和时差。这一时差表现了不同国家在技术上的差距，它反映了同一产品在不同国家市场上竞争地位的差异，从而决定了国际贸易和国际投资的变化。

二、网络产品的 4 个生命周期

美国哈佛大学教授雷蒙德·弗农认为，产品生命是指市场上的营销生命，产品和人的生命一样，要经历形成、成长、成熟和衰退这样的周期。[55] 网络产品生命周期的衡量依据是产品在市场上的营销情况和利润增减情况，它通常要经历 4 个阶段：产品介绍期、市场成长期、市场成熟期和市场衰退期。如图 5-2 所示：

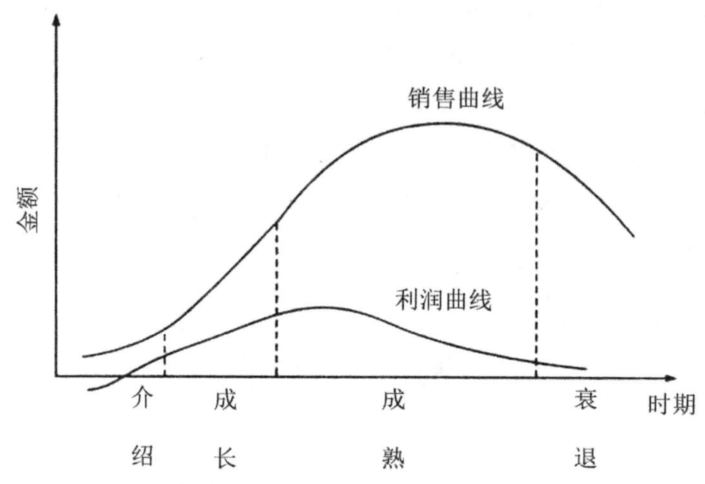

图 5-2 产品生命周期与销售利润曲线

（一）介绍期

介绍期又称引入期、导入期，这是指产品从设计投产直到投入市场并进入测试的阶段。在这一阶段，由于产品刚刚引入市场，销售增长缓慢，几乎没有利润甚至是负增长。介绍期是使产品被市场认可的关键一步，产品进入市场顺利与否关系到新产品推出的成败。此阶段市场竞争者较少，企业若能建立有效的营销系统，则可以使新产品快速进入市场成长期。其主要市场特征有：

（1）消费者对新产品还比较陌生，缺乏全面的了解和信任，除少数追求新奇的顾客外，几乎无人实际购买该产品，市场需求量小；

（2）产销量小，销售缓慢，生产费用、广告费用和其他营销费用开支较大，单位产品成本较高；

（3）没有建立理想的营销渠道和高效率的分配模式 [56]；

（4）难以确立恰当的价格策略，高价可能导致较低的销量，低价可能难以收回成本；

[55] Raymond Vernon. International Investment and International Trade in the Product Cycle[J]. The Quarterly Journal of Economics，1966（5），Vol. 80，No. 2 :190-207.

[56] 田玲 . 网络营销理论与实践 [M]. 清华大学出版社，北京交通大学出版社 .2008 年 .

（5）利润水平低甚至可能破产，企业承担的市场风险最大；

（6）同类产品较少，市场竞争环境较为宽松；

（7）与市场同类产品相比，新产品在经济、技术技能等方面表现出一定的优势，在产品性能方面也有所改进。

（二）成长期

这是指新产品试销取得成功以后，转入成批生产和扩大市场销售额的阶段。在该时期，产品被市场迅速接受，企业利润大幅增加。其主要市场特征有：

（1）产品开始在市场上有较大的吸引力，并逐渐被消费者熟悉和接受，市场需求量增大，产品在市场上站住脚并且打开了销路；

（2）产品开始大批量生产，销售量和销售额也迅速提升，单位产品成本迅速下降；

（3）试销效果良好，理想的营销渠道也逐步建立起来；

（4）企业利润快速增长，经济效益明显提高；

（5）市场价格趋于下降，企业利润增长速度逐步减慢，最后达到生命周期利润的最高点；

（6）由于产品市场迅速打开，竞争者纷纷加入，市场竞争日趋激烈，同类产品供给量增加；

（7）为了进一步扩张市场，企业的营销费用基本保持不变或稍有增长，但占销售额的比重下降；

（8）产品已定型，技术技能等方面都趋于成熟。

（三）成熟期

这是指商品进入大批量生产，而在市场上处于竞争最激烈的阶段。其主要市场特征有：

（1）产品已稳定地进入市场销售，市场需求趋于饱和；

（2）产品普及并日趋标准化，同类企业竞相开展多种多样的促销策略来试图扩大产品销售；

（3）产品的市场供应量和销售量虽还有所增长，但增长的速度都基本趋于缓慢，原有消费者的兴趣开始转向其他产品或替代产品；

（4）企业利润相对稳定，并由缓慢增长趋向缓慢下降；

（5）企业过剩的生产能力使得产品价格竞争日益激烈，同时产品价格迅速下降；

（6）由于竞争加剧，导致同类产品生产企业之间不得不加大在产品质量、花色、规格、包装和服务等方面的投入，这在一定程度上增加了成本。

（四）衰退期

这是指商品逐渐老化、转入商品更新换代的时期。其主要市场特征有：

（1）随着科技的不断发展以及消费需求水平的提高等原因，老产品在经济性能和技术工艺上已经处于落后状态，市场上已经有其他性能更好、价格更低的新产品来满足消费者的需求；

（2）产品老化，不能适应市场需求，老产品销售由缓慢下降变为急剧下降，产品处于被淘汰的过程中；

（3）企业利润持续下降，多数企业无利可图，被迫退出市场；

（4）为了维持最低水平的经营，留在市场上的企业开始逐渐减少产品的附加费用、营销费用和广告费用等开支；

（5）市场价格已下降到最低水平，该类产品的生命周期陆续结束，到最后完全撤出市场。

三、网络产品生命周期中不同阶段的推广策略

网络产品生命周期是营销人员用来描述产品和市场运作方法的有力工具。其在不同阶段的推广策略如下：

（一）介绍期的推广策略

在商品导入期，由于消费者对商品十分陌生，企业必须通过各种促销手段将商品引入市场，力争提高商品的市场知名度；另一方面，又因导入期的生产成本和销售成本相对较高，企业在给新产品定价时不得不考虑这个因素。所以，在导入期，企业营销的重点主要集中在促销和价格方面。一般有四种可供选择的市场战略：

1. 高价快速策略

这种策略的形式是：采取高价格的同时，配合大量的宣传推销活动，把新产品推入市场。其目的在于先声夺人，抢先占领市场，并希望在竞争还没有大量出现之前就能收回成本，获得利润。适合采用这种策略的市场环境为：

（1）市场上有很大的潜在市场需求量；

（2）这种商品的品质特别高，功效又比较特殊，很少有其他商品可以替代；

（3）目标顾客有求新心理，一旦了解这种新产品，常常愿意出高价购买；

（4）企业面临着潜在竞争对手的威胁，需要快速建立良好的品牌形象。

2. 选择渗透战略

这种战略的特点是：在采用高价格的同时，只用很少的促销努力。高价格的目的在于能够及时收回投资，获取利润；低促销的方法可以减少销售成本。这种策略主要适用于以下情况：

（1）商品的市场比较固定、明确；

（2）大部分潜在的消费者已经熟悉该产品，他们愿意出高价购买；

（3）商品的生产和经营必须有相当的难度和要求，普通企业无法参与竞争，或

由于其他原因使潜在的竞争不迫切。

3. 低价快速策略

这种策略的方法是：在采用低价格的同时做出巨大的促销努力。其特点是可以使商品迅速进入市场，有效的限制竞争对手的出现，为企业带来巨大的市场占有率。该策略的适应性很广泛。适合该策略的市场环境是：

（1）商品有很大的市场容量，企业可以在大量销售的同时逐步降低成本；

（2）潜在消费者对这种产品不太了解，且对价格十分敏感；

（3）潜在的竞争比较激烈；

（4）产品的单位制造成本可随生产规模和销售量的扩大迅速下降。

4. 缓慢渗透策略

这种策略的方法是：在新产品进入市场时采取低价格，同时不做大的促销努力。低价格有助于市场快速的接受商品；低促销又能使企业减少费用开支，降低成本，以弥补低价格造成的低利润或者亏损。适合这种策略的市场环境是：

（1）商品的市场容量较大；

（2）潜在消费者对商品有所了解，同时对价格又十分敏感；

（3）有相当的潜在竞争者准备加入竞争行列。

（二）成长期的推广策略

商品进入成长期以后，越来越多的消费者开始接受并使用产品；同时企业的销售额直线上升，利润增加。在此情况下，竞争对手也会纷至沓来，威胁企业的市场地位。因此，在成长期，企业的营销重点应该放在保持并且扩大自己的市场份额，加速销售额的上升两个方面。另外，企业还必须注意成长速度的变化，一旦发现成长的速度由递增变为递减时，必须适时调整策略。这一阶段可以适用的具体策略有以下几种：

第一，积极筹措和集中必要的人力、物力和财力进行基本建设或者技术改造，以利于迅速增加或者扩大生产批量；

第二，提高商品的质量，增加商品的新特色，改进产品的新款式，增加产品的新用途；

第三，进一步开展市场细分，积极开拓新的市场，创造新的用户，以利于扩大销售；

第四，努力疏通并增加新的流通渠道，扩大产品的销售面，增加对市场的覆盖；

第五，改变企业的促销重点。例如，在广告宣传上，从建立和提高产品知名度为中心转变为以说服消费者接受和购买该产品为中心；

第六，充分利用价格手段。在成长期，虽然市场需求量较大，但在适当时企业可以降低价格以增加竞争力，并吸引新的购买者。当然，降价可能暂时减少企业的利润，但是随着市场份额的扩大，长期利润还有望增加。

（三）成熟期的推广策略

通常这一阶段比前两个阶段持续的时间更长，大多数商品均处在该阶段，因此管理层也大多数是在处理成熟产品的问题。

在成熟期，为了节省费用开发新产品，有的弱势产品应该放弃；但同时也要注意到原来的产品可能还有其发展潜力，有的产品就是由于开发了新用途或者新的功能而重新进入新的生命周期的。因此，企业不应该忽略或者仅仅是消极的防卫产品的衰退。一种优越的攻击往往是最佳的防卫。企业应该有系统的考虑市场、产品及营销组合的三种修正策略：

1. 市场修正策略

这是指通过努力开发新的市场来保持和扩大自己商品市场份额的策略。例如：

（1）通过努力寻找市场中未被开发的部分；

（2）通过宣传推广促使顾客更频繁地使用或每一次使用更多的量，达到增加现有顾客购买量的目的；

（3）通过市场细分化，努力打入新的市场区划，例如：地理、人口、用途等的细分；

（4）赢得其他竞争者的顾客。

2. 产品改良策略

这是指企业可以通过改进产品的品质或服务再投放市场的策略。例如：

（1）品质改良，即增加产品的功能性效果，如耐用性、可靠性、速度及口味等；

（2）特性改良，即增加产品的新特性，如规格大小、重量、材料质量、添加物以及附属品等；

（3）式样改良，即增加产品美感上的需求。

3. 营销组合调整策略

这是指企业通过改变定价、销售渠道及促销方式来延长产品成熟期的策略。例如：

（1）通过降低售价来增强竞争力；

（2）改变广告方式以引起消费者的兴趣；

（3）采用多种促销方式，如大型展销、附赠礼品等；

（4）扩展销售渠道、改进服务方式或者货款结算方式等。

（四）衰退期的推广策略

当商品进入衰退期时，企业不能简单的一弃了之，也不应一味维持原有的生产和销售规模。企业必须研究商品在市场的真实地位，然后决定是继续经营下去，还是放弃经营。

1. 维持策略

这是指企业在目标市场、价格、销售渠道和促销等方面维持现状的策略。这一阶段很多企业会自行退出市场，因此，对一些有条件的企业来说，并不一定会减少销售量和利润，使用这一策略的企业可配以商品延长寿命的策略。企业延长产品寿命周期的途径是多方面的，最主要的有以下几种：

（1）通过价值分析，降低产品成本，以利于进一步降低产品价格；

（2）通过科学研究，增加产品功能，开辟新的用途；

（3）加强市场调查研究，开拓新的市场，创造新的内容；

（4）改进产品设计，以提高产品性能、质量、包装和外观等，从而使产品寿命周期不断实现再循环。

2. 缩减策略

这是指企业仍然留在原来的目标上继续经营，并根据市场变动的情况和行业退出障碍水平在规模上做出适当收缩的策略。企业如果把所有的营销力量集中到一个或者少数几个细分市场上，不仅可以加强这几个细分市场的营销力量，也可以大幅度的降低市场营销的费用，以增加当前的利润。

3. 撤退利润

这是指企业决定放弃经营某种商品以撤出该目标市场的策略，即把资源集中使用在最有利的细分市场、最有效的销售渠道和最易销售的品种、款式上。在撤出目标市场时，企业应该主动考虑以下几个问题：

（1）将进入哪一个新区划，经营哪一种新产品，可以利用以前的哪些资源；

（2）品牌及生产设备等残余资源如何转让或者出卖；

（3）保留多少零件存货和服务以便在今后为过去的顾客服务。

四、特殊产品生命周期

以上产品生命周期理论只是一种理想化或典型化的描述，在现实经济生活中，并不是所有产品的生命历程完全符合这种理论形态，还有一些特殊的表现形态。特殊的产品生命周期包括风格型产品生命周期、时尚型产品生命周期、热潮型产品生命周期、扇贝形产品生命周期四种特殊的类型，它们的产品生命周期曲线并非通常的S型。

（一）风格型产品生命周期

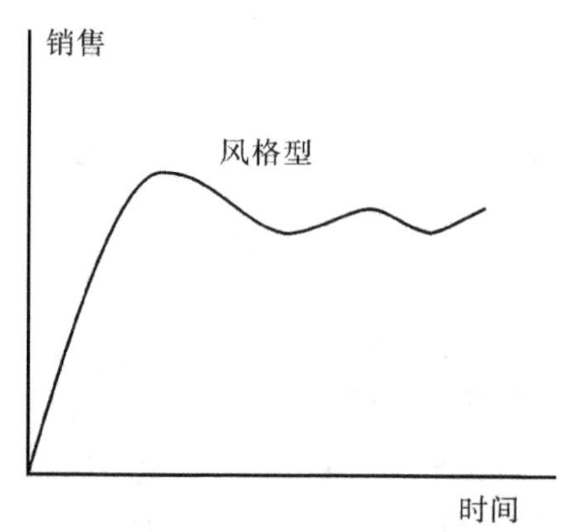

图 5-3

如图 5-3 所示，这是一种在人类生活所出现的基本但特点比较突出的表现方式。风格一旦产生，可能会延续数代，根据人们对它的兴趣而呈现出一种循环再循环的模式，时而流行，时而又可能并不流行。风格型的产品周期在历史长河中没有绝对的衰退期，只是高潮低潮起伏。例如，在急需物质的 20 世纪初期，现代主义的设计凭借功能和理性的特点大行其道；在 20 世纪 60 年代之后物质开始多样化，人们对情感关注开始回升，此时相对冰冷的现代主义设计开始被冷落，这段时期现代主义风格的生命周期在走下坡路；后来，情感回归的后现代主义设计重新受到人们的欢迎，其生命周期又开始走上升路线。

（二）时尚型产品生命周期

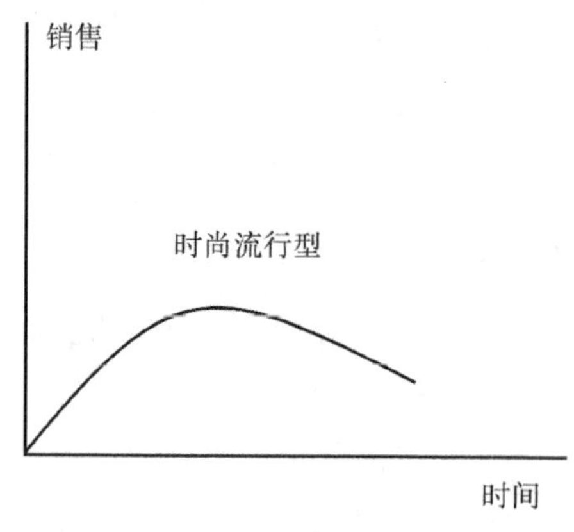

图 5-4

如图 5-4 所示，这是指在某一领域里，大家所接受且欢迎的风格。时尚型产品生命周期特点是，刚上市时很少有人接纳（独特阶段），但接纳人数随着时间慢慢增长（模仿阶段），终于被广泛接受（大量流行阶段），最后缓慢衰退（衰退阶段），消费者开始将注意力转向另一种更吸引他们的时尚。

（三）热潮型产品生命周期

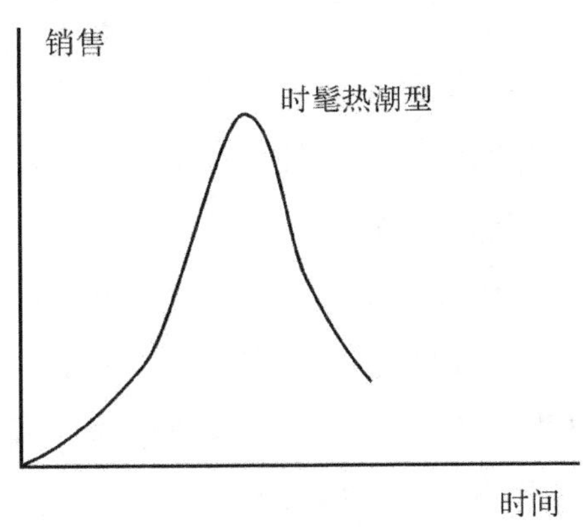

图 5-5

如图 5-5 所示，这是一种来势汹汹且很快就吸引大众注意的时尚，俗称时髦。热潮型产品的生命周期往往快速成长又快速衰退，主要是因为它只是满足人类一时的好奇心或需求，所吸引的只限于少数寻求刺激、标新立异的人，通常无法满足更强烈的需求。该种产品只有成长期和衰退期，它们在市场上迅速地成长，又急剧地衰退。这主要是指一些时尚流行商品。

（四）扇贝形产品生命周期

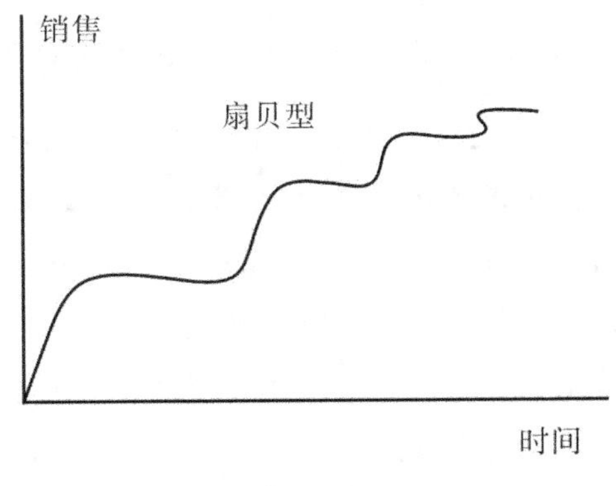

图 5-6

如图 5-6 所示，这是指产品生命周期不断地延伸再延伸，这往往是因为产品创新或不时发现新的用途，其销量和利润都在不断地递增。例如，苹果公司就是一个很好的例子，为了延长该项产品的受欢迎度以及市场存活率，其每隔半年到一年的时间就更新一下 iPod、iPhone 或者 iPad 新的产品，从而达到不断通过新的功能来刺激消费者的目的。

五、网络产品生命周期的优缺点

（一）网络产品生命周期的优点

网络产品生命周期提供了一套适用的营销规划观点。它将产品分成不同的策略时期，营销人员可针对各个阶段不同的特点而采取不同的营销组合策略。此外，网络产品生命周期只考虑销售和时间两个变量，简单易懂。

（二）网络产品生命周期的缺点

1. 网络产品生命周期各阶段的起止点划分标准不易确认；
2. 尚未确定网络产品生命周期所适用的产品层次范围；
3. 该曲线只考虑销售和时间的关系，未涉及成本及价格等其他影响销售的变数；
4. 产品衰退并不表示无法再生，如通过合适的改进策略还可能再创造新的产品生命周期。

六、网络产品生命周期理论的意义

第一，网络产品生命周期理论揭示了任何产品都和生物有机体一样，有一个从诞生—成长—成熟—衰亡的过程，企业必须不断创新，开发新产品；

第二，企业可借助网络产品生命周期理论，根据不同阶段的特点，采取相应的市场营销组合策略，增强企业竞争力，提高企业的经济效益；

第三，网络产品生命周期是可以延长的。企业可借助市场营销组合策略延长产品的生命周期。

案例 5-1　杜邦公司延长尼龙产品生命周期策略

美国杜邦（DuPont）公司是美国最大的化学工业公司之一，也是全球最大的化学与能源集团，素有世界“化工帝国”之称。杜邦公司在全球范围内拥有 180 多个生产企业，拥有在人造纤维、塑料、漆料、X 光胶片、合成橡胶、尼龙、涤纶等 2400 多种优质产品、17000 多项专利和数十个家喻户晓的品牌。杜邦公司在《财富》2003 年度世界 500 强中排序第 172 位，年营业收入 245.2 亿美元。

美国杜邦公司针对尼龙销售下降的趋势，采取以下延长策略：

（1）鼓励频繁使用：尼龙袜的销售曲线日趋平坦后，杜邦公司便潜力研究，发现那时女人已趋向于“露腿”。由于人们的生活不定，青年妇女对于穿袜子的“社交需要”感觉也日渐淡薄。由于这些发现，杜邦公司认为要使销售曲线回升，最直接的方法就是重复强调社交必须穿袜子的重要性；这种方法显然颇为困难，而且宣传的成本也很高；不过它却能促使现有的使用者时常穿着袜子，达到延长产品生命周期的目的。

（2）增加产品式样：对杜邦来说，这种策略主要是使妇女更普遍地购买尼龙丝袜。首先，杜邦公司推出一种淡色的丝袜，当做时髦标志的装饰；其次，妇女们普遍购买后，公司又推出一些带有花样的高级丝袜，取代以前那种花色单调的丝袜，妇女因受新花样的吸引，则趋之若鹜，纷纷换旧购新，货色的变化换新，使她们觉得年年有新花样可买、可穿；最后，妇女们如若购用五颜六色、花样百出的丝袜后，男人的注意力便集中到她们的美腿上，这是妇女们购买丝袜的热情只增不减的主要原因。

（3）创造新顾客：通过广告、公共关系来支持宣传和激发少女穿尼龙丝袜的欲望，达到开拓并增加少女这一阶层的顾客的目的。

（4）寻求新用途：从变化袜子的形态（如松紧长丝袜、松紧短袜）到寻求新的用途（如地毯、轮胎和沥青等等）。

杜邦公司每一次开发产品新的用途和新的市场都使尼龙由它成熟的后期转入迅速增长的阶段，从而使它的生命周期至今持久不衰。

（资料来源：菲利普·科特勒.《营销管理》[M].第十一版.上海人民出版.2003.10.）

请结合案例谈一下杜邦公司产品生命周期的类型。

第三节　新产品开发

开发适合市场需求的新产品已经成为企业获得竞争优势的重要来源。无数国内外企业的成功案例充分说明了开发适合市场需求产品的重要性。例如，宝洁公司将顾客需求作为其创新的出发点，要求每个业务单位每年提供一份按照重要程度排列的顾客需求清单。这些关键需求将成为引导宝洁创新方向的指针。韩国三星快速发展的秘诀之一是其创新活动都是基于实践。三星的领导者认为“让市场接受、迎合消费者心意的设计才是真正的创新”。

一、新产品的概念与分类

企业获得新产品的途径有两种：收购和自己开发。收购是指购买整家企业、专利或生产许可证以生产此新产品。开发是指公司自己研究和开发的原创、改进或调整的产品和新品牌。

（一）新产品的概念

在生产销售方面，新产品是由于科技进步和工程技术的突破而产生，在功能或形态上得到改进，与原来的产品产生显著差异的产品；在消费者方面，新产品是一种具有新意的产品，是指能够进入市场给消费者提供新的利益或新的效用而被消费者认可的产品。

一般而言，开发成功的新产品具备以下特点：

第一，产品成本低；

第二，系统性；

第三，绿色环保；

第四，优势突出且具有新颖性；

第五，适应能力强，技术水平高；

第六，有较强的时代感；

第七，微小且易携带；

第八，收益非独占性；

第九，产品设计简易但功能齐全，同时具备硬件价值和软件价值。

（二）新产品的分类

按产品研究开发过程，新产品可分为全新型新产品、换代型新产品、改进型新产品、模仿型新产品、降低成本型新产品和重新定位型产品。

1. 全新型新产品

全新型新产品也称创新型新产品，它是指新原理、新技术、新材料、新结构及新工艺应用于生产过程而制造出的过去从未有过的产品，它常常代表科学技术发展史的一个突破。这类产品一旦在市场上打开局面，将会表现出强大的生命力，能够为企业带来较长期的利润。此类产品一般需要较长的时间研制，而且要求的技术条件高，成本投入也比较多。

2. 换代型新产品

这是指在原有产品的基础上，产品的性能有重大突破和改进的产品。开发换代新产品要比创造全新产品难度小得多，也能够较快地获得企业收益。

3. 改进型新产品

这是指对原有产品在材料、结构、性能、造型乃至包装一个或几个方面进行改进，制造出规格型号多样、款式花色翻新的产品。

4. 模仿型新产品

这是指企业对自己尚未生产过的、市场上已有的产品进行模仿生产而推出的新产品，亦称企业新产品。

5. 降低成本型新产品

这是指以较低的成本提供同样性能的新产品。

6. 重新定位型产品

这是指企业的老产品进入新的市场而被称为该市场的新产品。

二、新产品开发的程序

新产品开发的程序主要有六步，分别是：寻求创意、筛选创意、形成并测试产品概念、商业化分析、产品研制和试销。

（一）寻求创意

创意是创造意识或创新意识的简称，它是指对现实存在事物的理解以及认知，所衍生出的一种新的抽象思维和行为潜能。创意是一种通过创新思维意识，从而进一步挖掘和激活资源组合方式进而提升资源价值的方法。

新产品的创意来源有十种：实验室、管理者、公司处境、分销商、供应商、顾客、市场变化、外国产品、政府政策法规、军事、空间计划以及咨询工程企业[57]。目前我国企业新产品开发创意的来源主要包括三个途径：第三方专业调查机构提供的数据和报告、企业售后服务中心反馈的信息和销售数据统计分析[58]。

新产品创意的方法有四种：第一，直接寻找法。召集相关人员座谈，会前独立思考，座谈时集中交流，并对各个创意进行评价和发展。第二，技术创新的方法。列举不同的物体，考虑每一物体与其他物体间的关系，引出更多的技术创意。第三，顾客需求研究方法。要求顾客提出使用时遇到的问题，通过分析整理，转化成创意。第四，产品属性分析方法。列出现有产品的若干属性，然后寻求改进每一属性的方法。

（二）筛选创意

新产品的开发是从寻求创意开始的，公司取得充足的创意之后，就要对这些创意进行评估并挑选出可行性较高的创意，这就是创意的筛选。

首先，新产品是否适应市场，消费者需求潜力是否充足；

其次，企业是否有足够的能力来推广新产品，如果有差距，是否可以通过其他途径加以弥补；

然后，新产品的竞争力和盈利能力是否能达到预期的效果；

最后，新产品是否与企业的目标、形象相协调。

（三）形成并测试产品概念

---

[57] ① Alam Ian. Commercial innovations from consulting engineering firms:An empirical exploration of a novel source of new product ideas[J].Journal of Product Innovation Management，2003，20: 300–313.

② Stasch Stanley F，Lonsdale Ronald T，LaVenka Noel M. Developinga framework for sourcesofnew-productideas[J].Journal ofConsumerMarketing，1992，9（2），Spring: 5–15.

[58] 钱丽萍，喻子达．新产品开发创意新源泉——来自海尔的案例分析 [J]. 管理工程学报，2009 年 02 期．

产品概念不同于创意，创意要进一步发展才能形成完整的产品概念。第一，创意是企业从自身角度考察的能够向市场提供的可能产品的构想，产品概念通过消费者的角度来对创意作出详尽描述；第二，创意仅仅是想法，没有明显的产品特征，一个创意可以引申众多具体的产品概念。如，开发满足顾客需求的食品是很好的创意，而儿童营养食品、老年专用健康食品等则是多个具体的产品概念。

产品概念测试时，一般需要被测者回答五个问题：第一，产品概念是否明晰；第二，新产品的特色是否容易接受；第三，对新产品是否喜欢，有何具体用途；第四，新产品上市后是否会购买，主要买给谁；第五，新产品还有哪些需要改进的方面。

（四）商业化分析

为了判断新产品是否符合企业目标，企业在确定新产品概念后，需要制定精准的营销方案，进一步从销售、成本和利润三方面进行盈亏分析。

（五）产品研制

新产品经过商业化分析之后，就会进入研制过程，即新产品样品或实体模型的试制。

（六）试销

为了收集市场反应，减少风险，企业要在符合现实的条件下推出少量正式产品。选择性较强的商品应当试销，消费者可能提出未曾预料到的问题；前景不明及投资太大的新产品，成败难以把握，需要试销。

三、新产品开发的必要性

第一，新产品是企业成长的钥匙；

第二，可以为企业创造一个区别于其他竞争者的竞争优势；

第三，鼓励更多的企业进行创新或革新；

第四，可以间接地促进企业其他产品的对外出售；

第五，有利于提高企业在市场上的应变能力；

第六，可以在公众心目中树立一个良好的企业形象；

第七，新产品让消费者的生活变得丰富多彩。

四、新产品开发面临的挑战

第一，对市场的前景预测分析存在偏差；

第二，新产品自身性能等方面还不够完善；

第三，企业用于新产品开发的成本过高；

第四，与新产品相关的营销策略没有发挥应有的作用；

第五，市场上同类产品之间的竞争过于激烈。

五、新产品开发的策略

新产品开发策略是指企业通过改进原有产品或增加新产品而达到扩大销售的目的。新产品开发策略在企业市场营销决策中占有非常重要的地位。

（一）创新策略

这是指企业研发并推出市场上从未有过的全新产品的策略。在产品严重同质化的今天，此策略要求企业以市场和消费者需求为导向进行深度细致的调研，不仅要看市场上有无类似产品，还要分析消费者购买此类产品的核心动机和需求。使用该种策略的企业不以现有的技术优势为满足，全力以赴追求产品技术水平的先进性和最终用途的新颖性。

这种产品的开发虽然有较大的风险，但有三点好处：第一，提高市场占有率，为企业带来良好的经济效益；第二，在投放期间其他企业新产品开发尚未成功或尚未上市，企业可以采取灵活多变的定价策略；第三，可通过申请专利保护独占市场，使企业在市场竞争中处于强有力的领先地位，从而获得较大的利润。

（二）模仿策略[59]

这是指企业不抢先研制新产品，而是当市场上出现成功的新产品时，立刻进行仿造或跟进，迅速跟进市场的策略。实施这一策略的条件是要有较强的获取技术情报的能力，对市场及竞争对手的动向了如指掌，并有较强的消化、吸收和创新能力。这一做法具有风险小、成本低和成功率大的优点。但也有产品一投入市场就会引起竞争的不利因素。因此，以此策略开发的新产品要有更高的性能和品质。

六、新产品的采用与扩散

在新产品的市场扩散过程中，由于社会地位、消费行为、价值观和个人性格等因素的影响，不同顾客对新产品的反映具有很大的差异。

人们对新产品的采用，客观上存在一定的规律。美国罗吉斯通过数百人的调查实例，总结归纳出消费者接受新产品一般表现为五个重要阶段：认知—兴趣—评价—试用—正式采用。

第一，认知。这是消费者获得新产品信息的初始阶段，消费者可以对新产品做一个一般性的了解。

第二，兴趣。消费者在了解新产品的基础上，会积极地寻找资料进行对比分析，如果满意会产生初步购买动机。

---

[59] 菲利普・科特勒 . 营销管理 [M]. 第十一版 . 上海人民出版社，2003.10.

第三，评价。消费者会考虑新产品所带来的效用。

第四，试用。为了评价自己的认识及购买决策的重要性，消费者开始小规模的试用新产品。

第五，正式采用。当试用效果令消费者满意后，消费者开始正式并重复购买新产品。

七、新产品开发失败的原因

新产品开发失败的原因主要有以下六点：

第一，公司管理层忽视市场调研的否定结论，一意孤行地推行其喜爱的产品构思；

第二，设计不佳，所开发的新产品没有达到预定的理想要求；

第三，产品的开发成本已经入不敷出；

第四，竞争对手的市场反应比想象中的激烈；

第五，产品的目标市场定位出现偏差，营销策略不合理，或产品的定价不准确；

第六，对新产品市场规模估计过于乐观。

案例 5-2　海尔与 Bestbuy 合作

海尔与美国著名家用电器零售商 Bestbuy 之间的合作事例体现了零售商在获得新产品创意中的角色和作用。Bestbuy 作为一家大型零售商，对进入其店内的产品有着非常严格的标准。海尔凭借其出色的产品和业绩，取得了在 Bestbuy 销售产品的资格。根据多年的销售经历以及对客户需求的把握，Bestbuy 公司制定了电视效果评价标准。凡是在 Bestbuy 销售的产品，必须符合其制定的标准。海尔的产品此前已经在美国市场大量销售，并且销售后市场也没有反馈任何不良信息，因此对通过测试非常有信心。但是，Bestbuy 在测试中发现：用户在使用海尔电视机的时候，如果想看 DVD，需要按遥控器上 TV-DVD 按键将信号通道切换到 DVD 通道，然后再把碟片放入才能收看。Bestbuy 认为这样会造成用户使用不便，于是提出：无论电视机当前状态在任何通道下，只要插入 DVD 碟片，电视机都要自动转入 DVD 通道下开始播放 DVD 碟片。接到反馈意见后，海尔也认为这是一个比较正确的操作方式，经过型号经理反复实验和程序的更改，顺利地实现了这个功能。

通过这一次的经历，海尔深切感受到零售商对于产品开发的重要性，积极采取行动将零售商引入企业新产品开发活动中。一方面对在美国市场上销售的产品，海尔都注重与 Bestbuy 等大型零售商的交流，听取他们对消费者偏好和需求的看法，并及时将这些意见运用到新产品开发中；另一方面，海尔逐步将零售商视为新产品开发团队中的重要一员，积极邀请零售商参与到新产品开发的整个过程，以提高新产品开发的成功率。

（资料来源：钱丽萍，喻子达 . 新产品开发创意新源泉——来自海尔的案例分析[J]. 管理工程学报 .2009 年 02 期 .）

请结合以上案例思考新产品开发成功的关键因素。

第四节　品牌营销

品牌是符号，是浓缩着企业信誉、文化、产品、质量、科技和潜力等重要信息的符号。品牌是衡量企业及其产品社会公信度的尺度。品牌竞争力是企业的核心竞争力。基于全球经济一体化的宏观环境影响，市场营销围绕品牌而组成的策略是 21 世纪营销国际化发展战略的重点。

一、品牌营销概述

品牌产品是企业科技水平、管理水平、营销水平的综合体现。品牌创造的过程有助于企业提高产品质量的总体水平和管理素质、技术素质、人才素质，并加快企业技术升级和产品结构的合理化。随着经济的发展和生产力的提高，经济市场也逐渐从卖方市场转向买方市场，在供过于求的情况下，消费者具备了“货比三家”的现实条件。所以，越来越多的企业有了品牌意识，也认识到在消费者日趋主动的市场环境里，唯有实施品牌战略才可能占领市场。

（一）品牌及品牌营销的概念

品牌营销的关键在于为品牌找到一个具有差异化个性、能够深刻感染消费者内心的品牌核心价值，它可以让消费者明确、清晰地识别并记住品牌的利益点与个性，这是驱动消费者认同、喜欢乃至爱上一个品牌的主要力量。

1. 品牌的概念

品牌是一种名称、术语、标记、符号或图案，或是它们相互组合的一种识别标志，一种精神象征、一种价值理念；品牌是组织及其提供的产品或服务的有形和无形的综合表现，它是品质优异的核心体现，企业通过品牌可以同竞争对手的产品或服务区别开来。

与品牌相关的概念有品牌名称、品牌标志和商标。

品牌名称是指品牌中可以用语言称呼的部分，它是由一个字或一组文字所组成的。例如，可口可乐、星巴克、无印良品等都是外国著名的品牌名称。华为、海尔等都是我国著名的品牌名称。

品牌标志是指品牌中可以被认出、易于记忆但不能用言语称谓的部分——包括符号、图案或明显的色彩或字体，即一种“视觉语言”，又称“品标”，它通过一定的图案、颜色来向消费者传输某种信息，以达到识别品牌、促进销售的目的。例如，“苹果”电脑的被咬了一口的苹果，“耐克”品牌的红色一勾，“海尔”冰箱的两个小孩等。

商标是用来区别一个经营者的品牌或服务和其他经营者的商品或服务的标记，它是经商标局核准注册的，包括商品商标、服务商标、集体商标和证明商标，商标注册人享有商标专用权，受法律保护，如果是驰名商标，将会获得跨类别的商标专用权法律保护。

从以上几个概念可以看出，品牌与商标既有联系又有区别。第一，商标是品牌的基本组成部分，是品牌的识别标识，它们是整体与部分的关系，所有的商标都是品牌，但品牌不一定是商标。第二，品牌是个市场概念，商标是个法律概念，二者的区别在于是否经过一定的法律程序。第三，商标可以是与产品或者公司名称毫不相关的图文，而品牌则一般都是公司名称里的文字，或与产品的特定内涵相关。

2. 品牌营销的概念

品牌营销是通过市场营销使客户形成对企业品牌和产品的认知过程，企业要想不断获得和保持竞争优势，必须构建高品位的营销理念。最高级的营销不是建立庞大的营销网络，而是利用品牌符号，把无形的营销网络铺建到社会公众心里，把产品输送到消费者心里。简单来说，品牌营销就是使消费者选择消费时认这个产品，投资商选择合作时认这个企业。

（二）品牌的特点

品牌是一种错综复杂的象征，它是品牌属性、名称、包装、价格、历史声誉、广告方式的无形总和。品牌同时也因消费者对其使用的印象，以及自身的经验而有所界定。

1. 专有性

专有性也称排他性，它是指品牌拥有者经过法律程序的认定，享有品牌的专有权，有权要求其他企业或个人不能仿冒和伪造。

2. 无形性

品牌的无形性主要体现在品牌的价值上，网络品牌的价值意味着企业与互联网用户之间建立起来的和谐关系。品牌拥有者可以利用品牌的市场开拓力、形象扩张力和资本内蓄力不断发展，同时凭借品牌的优势不断获取利益。例如，2015 年苹果品牌价值为 1453 亿美元（约合人民币 8877 亿元），比 2014 年增长 17%；位列排行榜第二的微软品牌价值为 693 亿美元（约合人民币 4234 亿元），比去年增长 10%。我国的品牌创造虽起步较晚，但发展较为迅速，例如，2015 年华为的品牌价值为 1825.96 亿元、中国人寿的品牌价值为 1822.72 亿元。

3. 风险性及不确定性

品牌创立后，在其成长的过程中，由于市场的不断变化、需求的不断提高，企业的品牌资本可能壮大，也可能缩小，甚至某一品牌在竞争中退出市场。因此，品牌的成长存在一定风险，其评估也存在难度。品牌的风险可能由多种因素造成，比如产品质量出现意外，服务不过关或品牌资本盲目扩张、运作不佳等，这些都给企业品牌的维护带来难度，因此对企业品牌效益的评估也出现不确定性。

4. 表象性

品牌是企业的无形资产，不具有独立的实体，不占有空间，但它最原始的目的就是让人们通过一个比较容易记忆的形式来记住某一产品或企业，因此，品牌必须有物质载体，需要通过一系列的物质载体来表现自己，使其有形式化。

品牌的直接载体主要是文字、图案和符号，间接载体主要有产品质量、产品服务、知名度、美誉度和市场占有率等。没有物质载体，品牌就无法表现出来，更不可能达到品牌的整体传播效果。优秀的品牌在载体方面表现较为突出，如“可口可乐”的文字，使人们联想到其饮料的饮后效果，其红色图案及相应包装也能起到独特的视觉效果。

5. 个性化

这是指网络品牌信息服务的个性化，或者说是网络门户的个性化。它要求企业必须将全部资源集中在某一专业领域，同时，为了保持这种唯一性的市场定位，还必须具备源源不断的资金保障，否则，个性化的服务定位就无法实现。因为网络门户是投资未来，所以网络品牌要成为行业里的第一，不仅取决于其独特的定位，还依赖资金的投入。网络经济的自然法则就是资源的集中与社会分工的高度专业化，只有顺应了这一法则的网络门户才能得以生存。传统品牌延伸的策略在这里受到了极大的挑战，如果认识不到网络品牌的这一特殊变化，建立网络门户就有可能重走传统品牌的老路。

6. 扩张性

品牌具有识别功能，其代表一种产品、一个企业，企业可以利用这一优点展示品牌对市场的开拓能力，还可以帮助企业利用品牌资本进行扩张。

7. 公平性

这是指互联网的交互、快捷和全球性等的优势使得相互竞争的网络产品在所有消费者面前被一视同仁。在网络营销环境中，企业试图通过高额广告费支出控制大众媒体的可能性已经降低，相反的是，用户对信息的选择、接受和处理等活动则具有较高积极主动的特性。例如，在互联网的搜索引擎上查询“手机”，“苹果”“华为”以及“三星”等品牌会同时出现在用户的计算机屏幕上。

8. 延伸性

这是指在传统品牌的基础上，网络品牌各方面的延伸。网站使品牌的内涵得以扩充，品牌的内涵已经延伸到售后服务、产品分销、与产品相关的信息和服务方面。[60]例如，美国亨氏公司（婴儿营养学的权威）为了建设亨氏产品的品牌，设立了800免费客户服务热线、支持赞助“妈妈宝宝俱乐部”等活动。目前该公司通过在站点中提供给用户丰富的婴幼儿营养学知识、营养配餐和父母须知等信息展开传播与营销。通过这样的沟通方式使用户在学到了为人父母、照顾婴幼儿常识的同时，建立了对亨氏品牌的忠诚度。这样，人们对亨氏品牌的理解就不仅局限于婴幼儿营养产品，而且包含了丰富的营养学知识。

9. 综合性

网络营销的各个环节都与网络品牌有直接或间接的关系，因此，可以认为网络品牌建设和维护存在于网络营销的各个环节，从网站策划、网站建设，到网站推广、顾客关系和在线销售，无不与网络品牌相关，即网络品牌是网络营销综合效果的体现，如网络广告策略、搜索引擎营销、供求信息发布等各种网络营销方法均对网络品牌产生影响。

二、域名对品牌的影响

域名绝不只是一个简单的网址，对于具有长远眼光的公司，在运营网站前确定一个好域名，对日后市场推广、产品营销和企业品牌的建立至关重要。好域名是企业在市场竞争中获得持久优势的利器。

1. 树立企业形象

一个普通用户会通过域名来判断一个网站或企业的实力。好域名是企业实力的象征！如果域名简明、易记，并与企业名称或品牌相一致，则会让客户记忆深刻。一个好域名可以吸引更多的回头率、激发更多潜在的客户。比如，一提起百度，就会想到它的域名是 baidu.com。

2. 节省广告投入

好的域名方便记忆，不仅容易形成网站的回头客和获得良好的口碑，而且能够让客户很快地记住并找到你，使推广事半功倍。在各大门户网站微博竞争中，新浪收购 Weibo.com 以及 Weibo 系列后缀域名就是极为成功的一个案例，Weibo.com 让网友感觉“微博”就是“新浪微博”。由于域名本身的优势，新浪将其他微博类网站远远地甩在了后面。

---

[60] 田玲 . 网络营销理论与实践 [M]. 清华大学出版社，北京交通大学出版社，2008 年 .

3. 保护品牌形象

为避免企业相关域名被恶意使用，影响品牌形象，需要购买最能反应网站名称的域名，并确保好的域名不落在竞争对手手中。同时尽量将与自己品牌有关的主流域名全部保护起来，也可以购买其他有价值的域名来指向你的网站。一个好的域名对企业知名度的推广和人气的汇聚起了巨大作用，而选中不合适的域名将严重掣肘企业品牌在后期的提升。例如，奇虎 360 花费 1 亿人民币收购域名 360.com，可见域名对品牌保护起到非常重要的作用。

三、品牌营销的要素

品牌营销的关键因素主要取决于以下五大方面：

（一）质量

产品质量指的是在商品经济范畴内，企业依据特定的标准，对产品进行规划、设计、制造、检测、计量、运输、储存、销售、售后服务和生态回收等全程的必要的信息披露。质量是任何产品恒久旺盛的生命力的来源，也是决定企业竞争优势最重要的因素。

（二）诚信

企业诚信是指企业在市场经济的一切活动中要遵纪守法，以信取人。在市场经济中，企业诚信具有经济学价值，它是对企业在道德、法律等方面价值的肯定，是企业无形资产的重要组成部分。

（三）定位

市场定位是指对现有产品的创造性思维活动，它主要针对潜在消费者的心理采取行动。著名的营销大师菲利普·科特勒曾经说过：市场定位是整个市场营销的灵魂。成功的品牌都有一个特征，就是以始终如一的形式将品牌的功能与消费者的心理需要连接起来，并能将品牌定位的信息准确传达给消费者。因此，提炼对目标人群最有吸引力的优势竞争点，并通过一定的手段传达给消费者，然后转化为消费者的心理认识，是品牌营销的一个关键环节。

（四）特色

产品个性化不仅仅包括式样、功能、外观、品质、包装和设计，而且要延伸到产品个性化销售和产品个性化服务的理念上。它是一种建立在完全满足顾客个性化要求基础上的产品，体现的是每位客户的个性而不是企业的个性（实际上这是企业的一种个性化思维）。总之，对于同一行业的竞争对手来说，产品的核心价值是基本相同的，所不同的是在性能和质量上。在满足顾客基本需求的情况下，为顾客提供独特的产品是差异化战略追求的目标，而实现这一目标的根本在于不断创新。

（五）传播

在同质化的市场竞争中，唯有传播能够创造出差异化的品牌竞争优势。所谓“品牌传播”，就是企业以品牌的核心价值为原则，在品牌识别的整体框架下，选择广告、公关、销售和人际等传播方式，将特定品牌推广出去，以建立品牌形象，促进市场销售。传播是企业满足消费者需要、培养消费者忠诚度的有效手段，也是品牌力塑造的主要途径。

四、品牌营销策略

品牌营销策略是以品牌输出为核心的营销策略。品牌不仅是企业、产品、服务的标识，更是一种反映企业综合实力和经营水平的无形资产，在商战中具有举足轻重的地位和作用。对于一个企业而言，唯有运用品牌，操作品牌，才能赢得市场。

（一）增强品牌意识

品牌意识是指一个企业对品牌认识和品牌建设的基本理念[61]。它是品牌营销成功的关键。林思·阿普认为，当一个企业非常清楚地知道“他的企业、他的产品和所提供的服务在市场上、在消费者中间的影响力，以及这种影响力所造成的认知度、忠诚度和联想度，并能够采取适当的战略将品牌融入消费者和潜在消费者的生活过程”时，他也就在一定的意义上培育了自己的品牌意识。

（二）优化商标设计

商标是产品与包装装潢画面的重要组成部分，是品牌的认知工具；商标设计是商标创意的体现和表达，是用文字或艺术手段将商标构思具体化、成果化的结果。设计精美、寓意深刻、新颖别致、个性突出的商标，不仅能很好地装饰产品和美化包装，还能增强品牌效应，使消费者乐于购买。

企业的商标设计是与产品开发和市场营销密切相关的。国外许多企业将商标设计放在企业战略决策位置上，综合考虑各种因素，加以全面规划；同时，在具体的设计中，企业应对商标的文字、图形、色彩作综合的研究，对商标的广告效果作认真的分析。

（三）坚持创新升级

品牌创新，实质就是赋予品牌要素以创造价值的新能力的行为，即通过技术、质量、商业模式和企业文化创新增强品牌生命力。对企业来说，不仅要让顾客记住自己的品牌名称和标识，而且在这个创新的时代，更要注重质量管理、技术、商业模式和企业文化的创新，这样才能提高产品和服务的“含金量”，并最终赢得顾客信赖。

---

[61] 熊晓洁．企业品牌营销策略探析 [J]. 经营谋略 .2009 年第 8 期．

提起麦当劳，大家极易想到“标准化”这个词，也容易将其想象为稳定不变的企业；实际上，麦当劳品牌的成功不仅来自于标准化，而且更来自于产品创新。在一般情况下，麦当劳总有20种新产品处于不同的试制阶段，以保证有源源不断的新产品问世。

（四）借助平台优势

网络营销是以国际互联网络为基础，利用数字化的信息和网络媒体的交互性来辅助营销目标而实现的一种新型的市场营销方式。威柏认为网络营销最直观的认识就是以客户为中心，以网络为导向，借助社会化媒体，为实现企业目的而进行的一系列企业活动。[62] 例如，企业可以利用微博来快速宣传自己的产品，不仅形成了新闻交流互动平台，还对外提供了足够的技术支持反馈和客户服务。

一直以来空洞刻板的企业文化很难与消费者沟通，而在互联网平台上的信息则有着无可比拟的亲和力，它少了些教条，多了些人性化。企业通过微博等平台的互动方式，调动用户参与其中，深层次地走入用户内心，用情感链条连接起了品牌的影响力。例如，2015年天猫双十一的微博营销把200多个明星、段子手、KOL和网络红人的账号特质与要推广的商品有机结合起来，让这些账号的粉丝成为推动传播的核心力量，不但降低了营销成本，也提供了更好的消费场景。

（五）提升品牌附加值

品牌附加值是品牌通过各种方式在产品的有形价值上附加的无形价值。它是在产品的物质功能基础之上建立起来的消费者的精神享受。在不考虑品牌效应的情况下，对于功能、质量完全相同或者相当接近的商品，其有形价值是相近的。而一旦贴上品牌标签，则商品价格就完全不同。比如台湾仁宝集团，是全球第二大笔记本电脑制造商。它为著名计算机品牌戴尔代工生产笔记本电脑，同时自己也生产自有品牌“联宝”笔记本电脑。因此，戴尔的几款笔记本电脑规格、质量同联宝的几乎是完全相似的。但是，因为贴牌不同，其产品价格就相差甚远。这一部分的差额收益，就是品牌的作用所致的附加值。

品牌附加值的体现不仅在于有设计、工艺和创意的产品，更多的还在于品牌的潜在文化内涵。顾客在选择品牌时，除了要求产品的实用价值以外，更希望能够在该产品上找到一种身份的认同感。特别是价格昂贵的服装、珠宝首饰、腕表等，顾客在情感上的依赖往往要高于产品的实际使用价值。而这些附加值的具体表现，就是品牌赋予的文化内涵。这种文化所包含的不仅仅是品牌表现出的名称、符号或图案，还包括定位、历史、产品设计、营销理念、企业行为、服务等。一个出色的品牌，就是一个鲜活的“人”，她（他）有着自己的性格。而这个“人”恰恰可以代表顾客的心

[62] 吴晓璐．微博时代的企业品牌营销策略[J]．中国商贸．2010年第29期．

理需求。

【本章小结】

1. 在传统的市场营销组合策略中，产品策略是企业营销策略的一个重要组成部分。但是，随着社会生产力及网络和信息化的发展，在网络营销中，传统产品策略已开始变化，其逐渐演变为满足消费者需求的营销策略。

2. 网络营销产品与传统产品的内涵有一定的差异性，它在传统产品概念层次的基础上增加了两个层次，即期望产品层次和潜在产品层次。网络产品概念的五个层次分别为：核心利益层次、有形产品层次、期望产品层次、延伸产品层次和潜在产品层次。

3. 网络产品生命周期各阶段的特点和营销策略。

4. 新产品开发的程序主要有六步，分别是：寻求创意、筛选创意、形成并测试产品概念、商业化分析、产品研制和试销。

5. 域名绝不只是一个简单的网址，对于具有长远眼光的公司，在运营网站前确定一个好域名，对日后市场推广、产品营销和企业品牌的建立至关重要。好域名是企业在市场竞争中获得持久优势的利器，其对于树立企业形象、节省广告投入和保护品牌形象有着重要的影响。

6. 品牌营销策略是以品牌输出为核心的营销策略，主要包括增强品牌意识、优化商标设计、坚持创新升级、借助平台优势和提升品牌附加值等策略。

【延伸阅读】

农夫茶的推广策略

农夫山泉股份有限公司成立于1996年，是中国饮料工业十强企业、农业产业化国家重点龙头企业，其核心品牌农夫山泉为中国驰名商标。

农夫山泉于2007年3月开始大张旗鼓地推出新品农夫茶，其通过系列明星代言、硬广告宣传等传统营销推广后，农夫茶逐渐在茶饮料市场占据了一席之地。但农夫系列产品的品牌内涵一贯为“清新健康”的大众路线，而此款茶饮料主要面对的是时尚新潮的年轻人，如何更好地提高品牌知名度，更好地切入最根本的消费人群，成为农夫茶在推广一段时间后体会最深的困难。为了在激烈的市场竞争中打开局面，农夫茶突破了以往的营销模式，选择与腾讯网携手，借助腾讯强大的在线生活平台为用户打造了一个“梦幻爱情世界”。

第一，市场定位分析

农夫茶饮料的主要消费群是充满活力的年轻人，他们善于接受新事物，渴望更多地抓住机会展示自己，更重要的是，网络已经成为他们生活中不可缺少的元素。结合市场情况和消费者需求，在新品的推广中，农夫茶确定了以网络媒体推广为主的营销策略。而在对网络媒体合作伙伴的选择中，腾讯凭借其庞大的用户群，与农夫茶消费群的高度契合以及特有的在线生活平台模式成为此次农夫茶推广最主要的营销平台。

结合目标受众的特点以及活动倡导的“爱情”主题，农夫茶在腾讯中建立了主题，以此为平台开展系列活动并及时进行活动报道。农夫茶 QQ 空间的设计着重体现了清新、爱情的味道。鲜明的主题和新颖的设计，抓住了时下年轻人的眼球。

第二，“爱情表白通关蜜语”活动

农夫茶“爱情表白通关蜜语”活动是通过文字方式对所爱的人大胆表白，参赛者只需将“蜜语”直接回复在农夫茶 QQ 空间页面中最新活动梦幻爱情世界帖的下方便可参赛。最终根据用户投票选出最感人的爱情表白，农夫山泉给予奖金和爱情积分的奖励。便捷的参赛方式吸引了众多网友。

第三，找“茶”活动

此找“茶”非彼找“茬”，这里讲的是寻找“农夫茶”。为了促进消费者对农夫茶新包装、新口味的广泛认知，农夫山泉在“爱情表白通关蜜语”活动举办不久便开展“线下寻找，线上参赛”的“找茶”活动。网友通过搜罗所在城市各大超市和小店新包装、新口味的农夫茶，以拍照方式拍下“找茶”照片并注明时间和地点；如果没有找到农夫茶，只需在没有农夫茶的超市或小店茶饮料货架前留影，并注明时间、该店名称以及所属区域街道等信息即可。然后将这些“找茶”照片上传到农夫茶 QQ 空间的找“茶”活动中进行参赛。农夫山泉每天评选出 20 个优秀奖，赠送一个月的 QQ 黄钻贵族体验资格，在 20 个优秀奖里面还将产生一个特别奖——“加油！好男儿”决赛门票一张。活动截止后，根据获得票数的高低选出最终获奖者。基于 QQ 空间的找“茶”活动，通过线上线下的双重互动，不仅增加了用户对农夫茶新包装及品牌的认知，同时还能使企业通过腾讯的监测系统了解到参赛用户的基本属性，并作出详细的市场及受众分析。

第四，“梦幻爱情博客”活动

2007 年 6 月 1 日到 10 日，农夫茶面向所有 QQ 空间用户开展“梦幻爱情博客”活动：参与者选择自己喜欢的爱情博客，摘录其中最有特点的部分以帖子回复的方式发表，并在文章末尾注明博客的链接地址就可以参加比赛，与网友共同分享心动故事、暗恋经历、爱情观点等。最终的获胜者可以获得精美礼品及相应的“爱情积分”奖励，可以提前进入农夫茶梦幻爱情世界。根据农夫茶新推出的三种新鲜口味，这个虚拟的爱情世界划分了清新柠檬岛、鲜醇绿茶岛、幽香茉莉岛三个爱情岛，网友只要拥有QQ账号并开通了就可以选择入住自己心仪的爱情岛，成为岛上的居民，所有参与梦幻爱情世界活动的用户，在自己的部落会有一棵自己专属的“爱情精灵树苗”。此外，梦幻爱情世界中还设有开心万象城和积分兑换处，只要购买农夫茶新品活动装，在积分兑换岛输入瓶贴反面的16位活动字符代码，即可获得相应的幸运积分。在开心万象城参加游戏活动，每次参与也可获得积分，随着爱情积分的增多，“爱情精灵树苗”会逐渐成长，开花、结果，生成爱情精灵。最后这个经精心培育诞生的爱情精灵将会带着你进入甜蜜王国——梦幻爱情城堡。

同时，“梦幻爱情博客”活动中还会有QQ空间尊贵黄钻资格、QQ空间购物券和新款农夫茶QQ空间皮肤以及各种时尚奖品发送。最终，每个爱情岛爱情积分最高的前三名用户将亲自起航夏日奢华梦幻之旅，积分较高的岛民将有机会角逐最新广告男女主角。

农夫茶充分利用腾讯QQ深入互动等特点，结合上传图片、回帖即参赛等便利资源，连续不断推出新活动，保持了持续的用户关注度。据统计，仅一个月时间，农夫茶官方QQ空间访问量便达到107281亿人次，成为腾讯合作史上第一个单月访问人数超过200万、浏览量超过千万的企业品牌空间。通过前期活动的预热推广，农夫茶的新概念得到来自目标消费者的喜爱和认可，加深了品牌与用户的沟通，也为梦幻爱情世界的开展奠定了良好的基础。丰富、娱乐的活动内容，使农夫茶梦幻爱情世界一上线便得到了广大用户的喜爱和热情参与。上线仅两天，梦幻爱情世界就有超过90000名用户报名参加活动，许多用户在活动参与中表示十分喜欢农夫茶QQ空间风格，认为这种方式“既是种广告，也是种享受”。

（资料来源：北京网络营销公司 www.selsem.com）

请结合案例思考农夫茶的成功经验。

【课后思考题】

1. 举例说明适合在网上销售的产品的特点；

2. 什么是网络营销产品的生命周期？如何根据不同产品的生命周期开展营销活动？

3. 企业如何进行成功的品牌推广策略？

第六章　网络营销的定价策略

【学习目标】

1. 了解影响网络产品定价的因素
2. 能正确地区分传统营销定价方法哪些适用于网络营销
3. 掌握网络营销定价的方法
4. 熟悉地掌握网络营销的定价策略，并且能够运用到网络营销的实践中

【内容要点】

1. 影响网络产品定价的重要的四个因素
2. 传统营销的三种定价方法
3. 网络营销产品的两种定价方法
4. 网络营销的定价策略

【引导案例】

2012年8月苏宁京东价格战

京东商城的刘强东8月14日在微博上表示："京东大家电三年内零毛利！如果三年内，任何采销人员在大家电加上哪怕一元的毛利，都将立即遭到辞退！"他同时表示，从8月15日开始"京东大家电价格绝对比国美苏宁门店低10%。如果苏宁敢卖1元，那京东的价格一定是0元！"对于刘强东的表态，苏宁易购的李斌在微博上第一时间强势回应："苏宁易购包括家电在内的所有产品价格必然低于京东，任何网友发现苏宁易购价格高于京东，我们都会即时调价，并给予已经购买反馈者两倍差价赔付。明天9：00开始，苏宁易购将启动史上最强力度的促销，我一定能够帮刘总提前、超额完成减员增效目标。"同时，没有被京东点名的国美电器也加入了战团，其副总裁何阳青也在微博上表示："国美从不回避任何形式的价格战，从8月15

日 9 点开始，国美电器网上商城全线商品价格将比京东商城低 5%。并且从本周五（8 月 17 日）开始，为方便不同消费群体购买，国美 1700 多家门店将保持线上线下一个价。”

至此，这场由京东发起，苏宁和国美参与的电商价格战再次打响，和以往中国电商之间的价格战不同，这次无论是挑战者京东，还是应战者苏宁与国美，“死掐”的味道极为浓厚。刘强东在随后的微博上就透露：“刚刚和各位股东开完会，今日资本、雄牛资本、KPCB、红杉、老虎基金、DST 等几个主要股东全部参加了！大家都知道打苏宁的事情。我说这场战争是要消耗很多现金的，你们什么态度？一个股东说：我们除了有钱什么都没有！你就放心打吧，往死里打！”笔者认为，“往死里打”这四个字最能恰当地反应这场商战的本质，也能折射出中国电子商务发展过程中缺乏成熟及可持续发展的商业模式导致行业野蛮生长的焦虑。

众所周知，中国的电子商务发展至今日，发展速度很快，但一直没有形成具有真正竞争力的商业模式，价格战成了电商之间争夺市场份额和市场地位的惯用的杀手锏。但价格战不仅没有为行业的发展赢来重整和走向理性的机会，而是随着包括苏宁、国美等传统电器销售商的加入而更加的惨烈。每逢节日，电商们在线上线下杀得天昏地暗，一些明显的违背公平价格竞争的手段层出不穷，去年“11 月 11 日”过多的让利更是让很多电商的系统直接崩溃。交易额直线上升，眼球也有了，低价的商品也不断刺激着购物者的荷尔蒙和胃口。然而，看电商的业绩，却是一片惨淡。京东作为行业龙头，8 年以来却年年亏损，苏宁易购和国美这些传统的电器连锁经营者，面对如此惨烈的价格战要想赚钱显然只是一个梦想。

这样，一边是亏损，一边却是不断的价格战。这背后的逻辑非常简单，京东的目的非常简单，就是把苏宁易购这个竞争者通过价格战彻底拖垮，以亏损换市场份额，以亏损赢得未来的市场地位。用刘强东的话来说，现在还不是京东赚钱的时候，他没说什么时候赚钱，但很显然，苏宁易购等竞争者倒下之日，就是京东赚钱之时。对于一个缺乏持续而健康的产业链的产业而言，除了价格战之外，似乎并没有太多的选择，打价格战可能死，但不打价格战肯定死。当然，任何一场战争，需要有人为此买单，对于京东而言，“军费”的提供者是京东的战略投资者，而苏宁也刚刚在资本市场完成了增发，并且还要发行债券。

然而，不管是谁为这场战争提供军援，参战者的目的很明确，提供资金的股东也很明确，就是把对方“打死”，战争才能结束。正因为如此，双方的价格战不仅血腥，而且大多具有违法的嫌疑。如果京东和苏宁的承诺是真的，那最终有一方会不惜血本，以低于成本的价格挤压对方的生存空间。而这种不正当的竞争手段，在中国电商之间屡见不鲜。面对电商之间的价格战，消费者们笑逐颜开，认为捡到了最便宜的东西，然而，一旦硝烟散尽，那些获得市场垄断地位的胜利者就会开始提高价格，弥补亏损，那些支持这场战争的风险投资者就会要求公司赚钱，以收回投资，最终的买单者将仍然是消费者。

笔者倒是认为，对于刚刚起步的中国电子商务而言，市场的空间相当大，蛋糕本身的规模足以养活很多的电商，根本没必要通过你死我活的战争来赢得市场份额。中国的电子商务不会死于市场，京东也好，苏宁也好，把这些搞价格战的所有市场加起来也不到整个中国消费品零售总额的几千分之一。这么一个庞大的市场，靠京东一家，甚至靠他们几家都是无法满足的。但中国的电子商务发展到今天，最担心的是恶性的价格竞争以及一些投资者对这些公司恶性价格竞争的纵容。这只能加剧京东等公司更加没有积极性打造自己的商业模式和核心竞争力，行业的门槛只会越来越低，而打败竞争对手的手法只会越来越简单，就会和小孩斗气一样，不惜成本，不计后果。

面对电商之间的价格战，笔者多次呼吁中国的反不正当竞争机构一定要出手。欧美的市场管理部门，对行业的降价行为非常敏感，因为降价可能导致不正当竞争。奇怪的是，中国的市场管理部门，却只管涨价，而对于企业之间的价格战，不闻不问。这是基本逻辑的错位。京东试图毁灭一个世界，但他似乎并没有为毁灭后的重建做点什么。当然，对于京东而言，笔者真不觉得他目前有足够的能力消灭竞争对手。他注定既毁灭不了世界，也改变不了世界。但这场恶性竞争本身，却会让中国的电子商务付出成熟的惨重代价。而中国的消费者，在享受了昙花一现的低价商品之后，很快将发现，恶性价格战的遗产将不仅仅是战败者的累累白骨，还有中国家电廉价时代的结束。

（资料来源：http：//wenku.baidu.com/link？ url=0oBQlASXJYJ8_ZondBO7CJxprA9H7QRpGpak1yHPGGq1phDMQHCdaOr）

网络改变了企业的定价策略，不单单只是传统市场上的价格战，仅仅靠低价来博取消费者的眼球，促进消费者的购买欲望。网络技术的发展，消费者可以通过网络了解各种产品的价格信息，使得消费者拥有了一定的权利。在网络环境下，企业的定价增加了价格的透明度，企业要采取有效地定价策略使产品占据一定的市场份额。从京东苏宁价格战的失败来看，网络产品的定价再也不是传统市场上的以成本为基础的定价策略，仅仅靠价格就能取胜的市场环境了。

第一节 影响网络产品定价的因素

随着信息技术和网络技术的发展，网络使得产品的价格信息成为共享的信息，购买者之间可以接近于无成本地通过网络进行信息沟通，使产品的价格成为非常重要的因素，其他方面诸如质量、售后服务、专业的技术显得那么的苍白。互联网上的消费群体拥有更全面的信息，更多的选择，他们可以进行海选。消费者的交易地位逐步上升，已经占据主动地位，消费者可以与网上的卖家进行协商调节，使自己支付最少的金额买到价值更高的商品，这使网络环境下的定价与传统市场上的定价有很大的不同，面对新的营销环境，企业对产品应该重新制定价格策略。价格的制定是一件很复杂的工作，必须全面地综合考虑影响价格的因素。

影响企业定价的因素是多方面的，如企业的定价目标、企业的生产效率、消费者的接受能力、竞争对手的定价水平、供求关系以及供求双方的议价能力等都是影响企业定价的重要因素。市场营销理论认为，产品价格的上限取决于市场的需求，产品价格的下限取决于产品的成本，在最高价格和最低价格的幅度区间内，企业能把价格定多高，取决于竞争对手对产品的定价，买卖双方的议价能力等其他因素。可见市场需求、产品的成本、竞争对手对产品的定价、买卖双方的议价能力因素对企业的定价起着非常重要的作用。

一、市场需求

市场需求是指一定的顾客在一定的地区、一定的时间、一定的市场营销环境和一定的市场营销计划下对某种商品或服务愿意而且能够购买的数量。市场需求通过影响价格和收入之间的关系来影响企业的定价。因价格和收入因素而引起需求的相应的变动率，称之为需求弹性。需求弹性可以分为需求的收入弹性、需求的价格弹性、需求的交叉弹性。

二、产品的成本

产品的成本是企业在制定价格时候的价格的最低界限，产品的成本是指企业在产品的生产过程和流通过程中所耗用的物质资料的价值和支付人工的费用。企业制定产品的价格一般不能低于产品的成本，这样才能补偿企业的支出。产品成本根据与产量之间的关系可以分为固定成本和变动成本。固定成本是指在一定的产量范围内不随产量的变化而变化的那部分成本；变动成本是指随着产量的变化而变化的那部分成本。

从长远来看，企业制定价格应该要高于产品的成本，这样企业的收入才可以抵偿企业的产品成本，否则企业无法经营下去。对企业的定价产生影响的那些成本包括总固定成本、总成本、单位产品变动成本、单位产品固定成本、单位产品总成本。

三、竞争对手对产品的定价

网络环境下，消费者可以全面的了解产品的价格信息，企业定价受竞争者同类产品定价水平的影响。企业必须选择适当的方式，了解竞争者所提供的产品的质量和价格，及时地调整自己产品的价格。企业首先要了解产品的市场竞争程度，根据市场竞争程度，市场可以分为完全竞争市场、不完全竞争市场与完全垄断市场三种。企业要根据三种市场的情况，分别制定合理的价格。

四、买卖双方的议价能力

卖方议价能力是指供应商通过提价或降低所购产品或服务的质量，向某个产业中的企业施加压力的能力。

买方议价能力是指买方支付较低的价格、获得较高价值的产品或者获取更多的产品服务项目等竞争手段，从卖方与竞争者彼此对立的状态中获利的能力。决定买方议价能力的基本因素有两个：价格敏感度和相对议价能力。价格敏感度决定买方讨价还价的欲望有多大；相对议价能力决定买方能在多大程度上成功地压低价格[63]。

（一）价格敏感度

买方对价格是否敏感取决于产品在买方所需的全部产品的成本比重。如果该产品的成本占所有产品购买成本的比重较大时，买方就会考虑是否有成本较低的替代品，买方这时只愿意支付较少的钱来购买同类的产品；当然，买方所要购买产品的质量的重要性也决定着价格是否能成为影响购买决策的重要因素。

（二）相对议价能力

即使买方对价格很敏感，但是若这种产品的替代率较低，他们没有更多的选择——“不得不买”的话，其相对议价能力就较弱。在如今的网络营销环境中，产品的信息全面透明，买方处于主动地位，在买方和卖方冲突的情况下，企业应据自己的实际情况进行产品的定价。

第二节　网络营销的定价方法

一、传统营销定价方法

营销活动中，企业定价的方法主要有三种：成本导向定价法、需求导向定价法、竞争导向定价法。[64]

---

[63] 刘芸 . 网络营销与策划 [M]. 清华大学出版社 .

[64] 刘芸 . 网络营销与策划 [M]. 清华大学出版社 .

（一）成本导向定价法

成本导向定价法包括成本加成定价法、售价加成定价法。

1. 成本加成定价法

成本加成定价法是指在单位产品成本的基础上，加上一定比例的预期利润率构成产品的售价。其中的预期利润率也称为加成率。

成本加成定价公式为：单位产品价格 = 单位产品成本 ×（1+ 加成率）

例如：某种产品的单位成本为 200 元，加成率为 20%，则单位产品的价格是多少？

单位产品价格 =200 ×（1+20%）=240（元）

2. 售价加成定价法

售价加成定价法是指以售价为基数，按售价的一定百分比计算加成率，然后得出产品的最后价格。

售价加成定价公式为：单位产品价格 = 单位产品成本 /（1- 加成率）

例如：一家电风扇生产厂家其电风扇的单位成本为 30 元，厂家想要获得销售价格 20% 的利润率，则单位产品的价格是多少？

单位产品价格 =30/（1-20%）=37.5（元）

成本导向定价法都是在成本的基础上加上一定比例的加成率来计算产品的价格，只是其加成率的确定方法不一样。成本在确定产品价格的时候只起一小部分的作用，成本能够反映该产品是否可以按这个价格销售，按这个价格销售能赚取多少利润，但是并不能反应消费者是否可以接受这个价格进行购买。

消费者在购买产品的时候并不考虑销售商为产品的销售支付了多少成本，在确定产品价格的时候并不能单纯地靠产品的成本来确定价格，要综合考虑市场的需求。“价格决定成本，而不是成本决定价格”。

（二）需求导向定价法

需求导向定价法是指企业在定价时不再以成本为基础，而是以消费者对产品价值的理解和需求强度为定价依据。需求导向定价法包括理解价值定价法、需求差异定价法。

1. 理解价值定价法

理解价值定价法也称觉察价值定价法，是指以消费者对某种产品价值的感受以及理解程度作为定价的基本依据。消费者购买商品时总会在同类商品之间进行比较，选购那些既能满足消费需求，又符合支付标准的商品。消费者对商品价值的理解不同，会形成不同的价格限度。这个限度就是消费者宁愿付货款而不愿失去这次购买机会的价格。如果价格刚好定在这一限度内，消费者就会顺利购买。

2. 需求差异定价法

需求差异定价法以不同时间、地点、商品及不同消费者的消费需求强度差异为定价的基本依据，针对每种差异决定其在基础价格上是加价还是减价。

需求差异定价法主要有以下几种表现形式：

（1）因时间而异

因时间而异是指在不同的时间段，相同产品的价格有所不同。例如，在购物黄金时期，相同产品的价格较平常高。

（2）因地点而异

因地点而异是指在不同的地点，相同的产品的价格可以不同。例如，在火车站，方便面的价格较大型超市的价格高些。

（3）因商品而异

因商品而异是指同类商品质量规格相同，但因外观和式样不同而成本不同，但企业不因不同成本制定不同价格，而是根据不同的外观和式样而制定价格。例如，在2008年奥运会期间，带有奥运会徽或者奥运吉祥物的T恤就会比同类产品的价格高。

（4）因顾客而异

企业可以根据不同消费者的职业、阶层、年龄等原因，判断顾客有没有需求，从而制定不同的价格。例如零售店在定价时给予相应的优惠或提高价格，可获得良好的促销效果。

企业采用需求导向定价法制定价格，一般是以该产品的历史定价为基础，根据市场的需求变化，在一定的价格幅度内调整价格。实行差异定价的基础是市场可以根据需求强度的不同进行细分；细分后的市场能够相互独立，互不干扰；高价市场中不能出现低价竞争者；这样企业提高价格，才不会引起消费者的反感。企业根据市场需求调整价格的时候，一定要价格差异适度，这样消费者才不会因为价格的变化，而放弃购买商品。

（三）竞争导向定价法

竞争导向定价法以市场上相互竞争的同类商品价格为定价基本依据，以随竞争状况的变化确定和调整价格水平为特征，与竞争商品价格保持一定的比例，不过多考虑成本及市场需求因素的定价方法。主要有随行就市定价法、主动竞争定价法、密封投标定价法。

1. 随行就市定价法

随行就市定价法是指企业商品的价格与竞争者商品的平均价格保持一致。这种定价方法确定的价格是同类商品的平均价格，比较容易被消费者接受，是消费者观念中的合理价格，使企业能够与竞争者和平相处，避免激烈竞争产生的风险。

但是采用这种定价方法，企业一般要具有一定的成本优势，无论是在产品的生产成本还是经营成本上都要比竞争者低，否则企业将难以持续经营下去。

在网络市场的大环境下，企业都无法借助自己的产品优势或是价格优势等取得完全的市场，占取绝对的优势。为了避免竞争特别是价格竞争带来的损失，大多数企业都采用随行就市定价法。即将本企业某产品的价格保持在市场平均价格水平上，利用这样的价格来获得平均报酬。此外，采用随行就市定价法，企业就不必去全面了解消费者对不同价差的反应，也不会引起价格波动。

2. 主动竞争定价法

主动竞争定价法是指企业使自己与竞争者同类同质量的商品以一种不同的方式在消费者心目中树立起不同的产品形象，进而根据自身产品的竞争优势，选取低于或高于竞争者的价格作为本企业的产品价格。因此，主动竞争定价法不同于随行就市定价法，它是一种进攻性的定价方法，企业对竞争者的产品做了多方面的调研，分析其优劣势，在此基础上确定产品的价格，使自己的产品具有一定的竞争优势。

根据主动竞争定价法确定产品的价格大致需要四个步骤：

（1）将自己产品的价格与市场上竞争者的价格进行比较，划分为高、一致、低三个价格层次。

（2）将自己产品的质量、性能、规格、式样、成本等与竞争者的商品进行比较，分析产生价格差异的原因。

（3）据上述步骤的分析总结出自己产品的优势，确定自己产品的市场定位，按本企业想要达到的目标，确定商品的价格。

（4）要时刻关注市场上竞争者产品价格的变化，及时发现原因，随时调整自己产品的价格。

主动竞争定价法要求企业必须在产品成本、质量、性能等方面具有一定的优势，相对于市场上的竞争者具备一定的竞争力。否则，企业必然会陷入困境。

3. 密封投标定价法

密封投标定价法是招标方在报刊上刊登广告或发出函件，说明拟采购商品的品种、规格、数量等具体要求，邀请投标方在规定的时间内投标，招标方在规定的期限内开标，选择报价最低的、最有利的投标方成交，签订合同。这种定价方法往往适用于许多大宗商品、原材料、成套设备和建筑工程项目的买卖和承包，以及出售小型企业等，往往采用发包人招标、承包人投标的方式来选择承包者，确定最终承包价格。

这种定价方法，招标方只有一个，处于相对垄断地位，而投标方有多个，处于相互竞争地位。标的物的价格由参与投标的各个企业在相互独立的条件下来确定。在买方招标的所有投标者中，报价最低的投标者通常中标，它的报价就是承包价格。投标方参加投标的目的是希望中标，所以它的报价应低于竞争对手的报价。一般说，报价高、利润大，但中标机会小，如果因价高而招致败标，则利润为零；反之，报价低，虽中标机会大，但利润低，其机会成本可能大于其他投资方向。

二、网络营销定价方法

网络环境的复杂性，使网络营销定价呈现出了与传统营销定价的不同特点，其突出的特点主要包括：定价弹性化、定价趋低化、定价全球化。

（一）网络营销的定价特点

1. 定价弹性化

网络市场上的消费者可以与卖家进行互动，也就是所谓的讨价还价，从而可以使消费者与卖家进行协商，制定一个双方都满意的价格。

2. 定价趋低化

互联网技术的飞速发展，消费者可以全面地了解商品的各种信息。消费者可以根据自己的购买能力选择适合自己的产品。同样的产品，消费者更愿意选择价格较低的产品来进行购买。

3. 定价全球化

网络的全球性，使得网络上的产品是面向全球的。

传统营销定价的基本原理也同样可以适用于网络营销。网络环境是一种新的营销环境，与传统的市场营销环境有很大的差别，正是由于网络营销定价的特点，网络营销的定价方法与传统的市场营销定价方法有所不同。在网络环境下，消费者能够全面了解产品的价格，所以以成本导向定价的方法逐渐被淡化，而以需求导向定价将成为企业定价的主要方法，同时竞争导向定价得到不断地广泛应用，并且这两种方法在网络营销环境下不断地被升级，企业也根据新的营销环境，在这两种方法上有所突破，而且网络营销定价把这两种方法更充分地加以运用。

（二）需求导向定价法

网络的快捷性和互动性，一方面，使企业能够准确地获得消费者对产品理解程度的准确资料，及时地掌握消费者的预期价格，从而正确地制定商品的价格；另一方面，使企业能够及时准确地掌握消费者差异化需求，有效地避免了定价发生误差或者过时的问题。

消费者跟踪系统，企业可以经常关注顾客的需求，时刻注意消费者潜在地需求变化，使理解价值定价法和需求差异定价法这两种方法得到充分的运用。

案例 6-1　小米手机的定价方法

北京小米科技有限责任公司成立于2010年4月，是一家专注于智能产品自主研发的移动互联网公司。“为发烧而生”是小米的产品概念。小米公司首创了用互联网模式开发手机操作系统、发烧友参与开发改进的模式。

小米公司在指定小米价格的时候充分应用了需求导向定价法。

1. 企业应用理解价值定价法界定产品的价格区间

根据“2011年上半年中国智能手机市场研究报告”得知：

近八成用户把智能手机作为下一部手机的购买对象。

Android操作系统以42.4%的关注度成为2011年上半年中国用户最关注的智能操作系统。

智能手机市场上超七成的用户关注的手机价位处于1000 ~ 3000元。

2. 企业应用需求差异定价法中的因顾客而异锁定目标人群

（1）年龄分析：一般都是经常会购物的网民（18~30岁），手机发烧友。

（2）收入分析：采用线上销售模式。

（3）消费习惯分析：乐于接受新鲜事物，价值观强等。

（4）苹果影响：很多人想吃苹果却吃不起，小米却在营销策略上模仿苹果。

3. 企业应用需求差异定价法中的因产品而异吸引消费者

（1）小米手机是世界上首款双核1.5GHz的智能手机。

（2）小米手机采用了高通MSM826MSM8260 1.5GHz双核处理器，与HTC G14的CPU相似，但是主频更高。

（3）系统：双系统切换，自主研发Android、MIUI操作系统，优化改进功能近100处。

企业在网络环境下及时掌握了解顾客的预期价格，正确地确定了小米手机的价格。从而出现了小米手机一机难求，消费者望之兴叹！

（1）2011年8月16日，小米手机发布。

（2）2011年8月29~31日三天，先预售小米工程纪念版每天200台。

（3）2011年9月5日，小米手机正式开放网络预订，两天内预订数量超30万台，这样的火爆程度让人叹为观止。

（根据小米官方发布资料整理而成 http://www.mi.com/about）

（三）竞争导向定价法

网络环境下的竞争比传统市场的竞争更激烈，但是网络环境下的产品的价格等信息公开透明，这就为企业时刻关注竞争者的价格提供了方便。

企业可以随时掌握竞争者的价格变动，调整自己的竞争策略，时刻保持产品的价格优势。在网络环境下，竞争导向定价法主要包括两种：一是招标投标定价法，二是拍卖定价法[65]。

1. 招标投标定价法

招标投标定价法是招标单位通过网络发布公告，由投标单位在网上进行注册登记报名投标，招标单位从中选择成本最低的投标单位。对于招标单位来说，网络招标定价法不仅降低了招标成本，节省了时间，更重要的是扩大了招标单位的选择范围，从而使企业能在更大范围内进行最优选择。对于投标单位来说，网络投标定价法不仅增加了企业的销售机会，而且使企业能够获得更加公平的竞争环境，为企业的发展创造了良机。

2. 拍卖定价法

拍卖定价法是指拍卖网受卖方委托，在特定的网站上公开叫卖，引导多个买家报价，利用买方竞争求胜的心理，从中选择最高的价格的一种定价方法。

第三节　网络营销的定价策略

产品定价过程充满矛盾，它既是一门科学，也是一门艺术。如果价格太低就会减少企业的收益，价格太高，又会降低销售量。制定合理的价格需要充足的资料，考虑众多因素，选择不同的定价策略。常见的网络营销定价策略有心理定价策略、免费定价策略、低价定价策略、定制化定价策略、使用定价策略、拍卖竞价策略、产品组合定价策略、差别定价策略。

一、心理定价策略

（一）组合定价策略

组合定价策略，即企业迎合消费者求便宜的心理将两种或两种以上有关联的商品合并制定一个价格，具体做法是将这些商品捆绑在一起或装入一个包装物中。例如，美妆网化妆品礼盒的销售。

（二）声望定价策略

企业的形象、声誉是网络营销发展初期影响价格的重要因素。网上交易是在两个陌生人之间进行的，消费者对网上商品的质量存在一定的疑惑，为了消除消费者的疑虑，网上开发了一种评价系统，按照好评、差评、中评，分别对卖家的信誉做出了评价，声誉高的卖家的价格就会高些，声誉低的卖家的价格就会相对低些。

---

[65] 刘芸 . 网络营销与策划 [M]. 清华大学出版社 .

（三）品牌定价策略

产品的品牌和质量会成为影响价格的主要因素，它能够对消费者产生很大的影响。名牌商品采用“优质高价策略”，既增加了盈利，又让消费者在心理上感到满足。如果产品具有良好的品牌形象，那么产品的价格会产生很大的品牌增值效应。对不同品牌，同一价格的商品，当消费者感知该品牌的价值高于其他品牌时，即感知消费者剩余价值大，易形成高忠诚度。由于得到了人们的认可，在网站产品的定价上，可以对品牌效应进行更深层次的扩展和延伸，运用网络营销和传统营销的整合，产生整合效应。研究表明，知名网站的浏览量要远远大于其他的网站，消费者在购物时会优先选择他们。品牌网站的商品价格特别高，但是消费者还是会愿意在这些网站上购物。

二、免费定价策略

免费价格策略就是将企业的产品和服务零价格提供给消费者使用，满足消费者的需求。

（一）免费定价策略的目的

1. 让用户免费使用形成习惯后再开始收费。当一种新产品刚进入网络市场的时候，人们对这种产品的性能、属性都不清楚，企业要使自己的产品占据市场，可以以免费价格的形式让渡给消费者，当消费者使用习惯这款产品后，产品已经逐渐占据了一定的市场份额，这时企业就可以实行一定的盈利模式，获得利润。

2. 发掘后续商业价值。先占领一定的市场，然后再获取收益。卡尔夫定律指出，网络的价值同网络用户数量的平方成正比。也就是说，使用一种网络产品的用户越多，该产品的价值也越高，而且两者不是简单的线性关系，网络价值是随网络用户数呈指数级的增长。网络时代是“赢者通吃”的时代，市场规模大的产品会越来越受到用户的青睐，市场份额会越来越大，用户会集中选择消费该产品。

（二）免费价格策略的形式[66]

1. 产品和服务完全免费

即产品（服务）从购买、使用到售后服务的所有环节都采用免费服务的方式。企业实行免费价格策略，就是为了增加消费者的关注度，招揽到足够的人浏览网站，增加网站的人气以建立网站品牌形象，免费产品就像是网站的广告一样，是扩大网站知名度的手段。

---

[66] 刘芸．网络营销与策划 [M]. 清华大学出版社．

2. 对产品和服务实行部分免费

如一些著名研究公司的网站公布部分研究成果，如果需要全部的成果则需要付费成为其公司客户。企业对其产品和服务实行一部分免费，而另外一部分则需要用户付款才能使用，而这些部分恰好是最重要、最核心的部分，用户因为使用产品的免费部分已经对产品产生了兴趣，很有可能会购买剩余的产品和服务，从而使企业获得收益。

3. 对产品和服务实行限制收费

产品可以被有限次的免费使用，超过一定期限或者次数之后，消费者需要付费后才能使用。这种限制主要有两种表现形式：一是使用时间限制，即产品或服务只能让顾客在下载之后免费使用一段时间并且时间比较短，超过了这个时间，如果顾客有继续使用的需求则要支付费用。二是使用次数限制，它规定了顾客只能免费使用产品数次，超过了这个次数如要继续使用则要支付费用。有些企业将自己的产品让用户免费使用一定的次数，超过一定次数后，需要用户购买使用该产品的时间或者次数。

4. 对产品或者服务实行捆绑式免费

即购买某种产品或者服务时赠送其他产品和服务。对产品或者服务实行捆绑式免费有两种方式，一是“软硬捆绑”，即把软件安装在指定的机器设备上捆绑出售；二是“软软捆绑”，即不同的软件产品打成一个包裹捆绑出售。捆绑策略不仅是定价策略，而且是竞争策略，捆绑免费的目的不像传统物质产品那样只是为了获得更多的销售收入，而更主要的是为了抢夺更多的市场。

（三）实行免费价格策略的产品的特点[67]

采用免费价格策略的产品一般都是利用产品成长推动占领市场，帮助企业通过其他渠道获取收益，为未来市场发展打下基础。但是，并不是所有的产品都适合于免费定价策略。互联网作为全球性开放网络，可以快速实现全球信息交换，一般说来，只有那些适合互联网这一特性的产品才适合采用免费价格策略。免费产品一般具有以下特性：

1. 易于数字化

互联网是信息交换的平台，它的基础是数字运输。易于数字化的产品都可以通过互联网实现零成本的配送。企业将这些产品放到企业网站上，用户可以免费浏览或者免费下载，从而使企业通过较小的成本实现产品推广的目的，可以节省大量的推广费用。

[67] 黄敏学 . 主编 . 网络营销（第二版）[M]. 武汉大学出版社 .

2. 无形化特点

通常采用免费价格策略的产品是一些无形化的产品，他们只有通过一定的载体才能表现出特定的形态。例如，音乐制品、电子书、腾讯新闻、新浪新闻等，这些无形化的产品可以通过数字化技术进行网上传输。

3. 零制造成本

企业只需要投入初期的研制费用及后续的开发费用，产品研发成功后，通过简单复制就可以无限制地生产，使边际成本趋近于零。这些产品的生产、推广和销售完全可以通过互联网实现零成本运作。

4. 成长性

采用免费定价策略的产品一般都是利用产品成长推动占领市场，为未来市场发展打下坚实的基础。

5. 冲击性

采用免费价格策略的主要目的是推动市场成长，开辟出新的市场领域，对原有市场产生巨大的冲击。

6. 间接收益的特点

采用免费价格策略的产品，可以使企业通过其他的渠道获得收益。

三、低价定价策略

互联网的快速发展，带动了互联网销售。通过互联网，企业可以节省大量的成本费用。网上的信息是公开透明的，而且便于搜索，因此网上商品的价格信息刺激消费者的购买欲。相关研究证明，消费者之所以选择上网购物，一方面是因为网上购物比较方便，另一方面是因为从网上可以获取更多的产品信息，从而以最优的价格购买商品。低价定价策略是企业常见的一种定价策略，主要包括直接低价定价、折扣定价和促销定价三种方法。

（一）直接低价定价策略

直接低价定价策略在定价时采用成本加一定利润，甚至是零利润，因此价格比同类产品低。例如戴尔公司计算机的定价比同性能的其他公司产品低 10% ~ 15%。

（二）折扣定价策略

折扣定价是在原价基础上按折扣来定价。这种定价方式可以让顾客直接了解产品的降价幅度以促进顾客的购买行为。常见的折扣价格策略有：

数量折扣策略，企业在网上确定商品的价格，可以根据消费者购买商品所达到的数量标准，给予不同的折扣。购买量越多，折扣越大。

现金折扣策略，为了鼓励消费者用现金购买或者提前付款，企业常常在定价时给予一定的现金折扣。

（三）促销定价

常见的促销定价有以下常见的几种：

1. 满就减

满就减或者满就送是指让消费者消费到一定金额后，就能享受到一定的优惠。例如经常见到卖家店铺上的“满 100 减 10”“满 200 送 100 店铺优惠券”等活动。

2. 加价购

加价购是指当消费者消费达到一定的金额后可以用较少的金额获得价值较高商品的一种促销方式。

3. 秒杀

所谓秒杀就是网络卖家发布一些超低价格的商品，所有买家在同一时间段内进行网上抢购的一种方式。

4. 团购

团购就是集体购物，指认识或者不认识的消费者联合起来，加强与商家的谈判能力，以求得最优价格的一种购物方式。

四、定制化定价策略

由于消费者的个性化需求差异性大，加上消费者的需求量少，因此企业实行定制生产必须在管理、供应、生产和配送各个环节上，都必须适应这种小批量、多样式、多规格和多品种的生产和销售变化。企业可以采用定制化定价策略，按照顾客愿意支付的价格向不同的顾客收取不同的价格。

五、使用定价策略

所谓使用定价策略，就是顾客通过互联网注册后直接使用某公司的产品，顾客只需要根据使用次数进行付费，而不需要将产品完全购买。

六、拍卖竞价策略

一般情况下，都是企业制定价格，消费者接受价格。但是以消费者为导向的网络环境下，网上拍卖已经成为电子商务中发展最快的领域。经济学家认为：市场要想形成合理的价格，拍卖竞价是最合理的方式。拍卖竞价策略主要包括三种：竞价拍卖、竞价拍买、集体议价[68]。

---

[68] 罗乐娟．网络营销差别定价策略分析 [J]. 价格月刊 .2007.

（一）竞价拍卖

竞价拍卖是指将企业的商品在网上进行拍卖，拍卖竞价者在网上进行注册登记，拍卖方将产品的信息交给特定的拍卖网站，经公司审查合格后即可上网拍卖。最大量的是 CtoC 的交易，包括二手货、收藏品，也可以是企业的积压库存商品。

（二）竞价拍买

竞价拍买是竞价拍卖的逆过程，消费者提出一个合理的价格范围，求购某一商品，由商家出价；出价可以是公开的或隐蔽的，消费者将与出价最低或最接近的商家成交。

（三）集体议价

集体议价是指将需求类似的消费者通过网络集结在一起，增加与商家讨价还价的能力，是一种由消费者集体议价的交易方式。

这种拍卖竞价方式是一种市场化的方式，随着互联网市场的拓展，将有越来越多的产品通过互联网拍卖竞价，这将会是网上定价长期流行的一种策略。但是目前拍卖竞价策略并不是企业优先考虑的策略，因为拍卖竞价方式会改变企业传统的定价方式和企业原有的营销渠道，这样会使企业处于很长一段时间的调整中。采用网上拍卖竞价的产品，比较适合的是企业的一些库存积压商品；也可以是企业新研发的一些产品，通过拍卖竞价的方式让更多的消费者了解此种新产品，并能起到促销的作用，许多公司以低廉的价格在网上拍卖，以吸引消费者的关注。

七、产品组合定价策略

（一）选择产品定价

选择产品定价是指在购买相关产品时，提供多种方案以供顾客挑选，以鼓励消费者更多地购买商品。

（二）俘虏产品定价

所谓俘虏产品定价就是把相关产品中的一种商品的价格定得较低以吸引顾客（这种商品成为“引诱品”），而把另一种商品的价格定得较高以赚取利润（这种商品成为“俘虏品”）。当顾客以低价买了引诱品后，就不得不出高价来买俘虏品。一般，引诱品应当是使用寿命较长的商品，而俘虏品应当是易耗品。

八、差别定价策略

所谓差别定价策略，就是企业按两种或两种以上不同反映成本费用的比例差异的价格销售某种产品或服务。差别定价的概念由英国经济学家庇古（Pigu）于 1920 年提出，根据歧视程度的高低，价格歧视可以分为一级、二级和三级。一级价格歧视又称完全价格歧视，是指企业根据每一个买者对产品可能支付的最大货币量（买者的保留价格）来制定价格，从而获得全部消费者剩余的定价方法。由于企业通常不可能知道每一个顾客的保留价格，所以在实践中不可能实行完全的一级价格歧视。二级价格歧视是指企业根据不同消费量或者“区段”索取不同的价格，并以此来获取部分消费者剩余。三级价格歧视是指企业将其顾客划分为两种或两种以上的类别，对每类顾客索取不同的价格。三级价格歧视是最普遍的价格歧视形式[69]。

网络的不断发展，企业可以运用先进的软件系统和大型的数据库对产品进行随时调价，使企业可以更好地利用差别定价策略。常见的差别定价策略有：

（1）会员制。这种策略是很多商家普遍采用的方法。商家可以根据消费者的不同消费层次设置不同的消费梯度，制定不同的会员等级，有1级、2级、3级等。例如京东商城的会员制是消费到一定的金额后就会升级为会员，各种等级的会员实行的价格也不同。京东的会员级别分为注册铜牌、银牌、金牌、钻石。

（2）时间段差异。时间段差异是指在网上的不同时间，其价格也不同。例如，淘宝的聚划算每天10：00抢购，零点秒杀。

（3）地理位置差别。不同的地区其价格也不同。地理位置的不同，其邮费的价格也不同，偏远地区的邮费相对就比较贵。企业利用软件可以识别消费者的地理区域，从而设置不同的价格。

（4）产品组合差别。企业的核心产品相同，可以利用其与附加产品的不同组合来差别定价，这样也不会使消费者产生厌烦心理。例如淘宝卖家的组合优惠策略，就是很好地运用了产品组合差价定价。

【本章小结】

1. 网络营销的定价因素是多方面的，其中最主要的因素包括市场需求、产品的成本、竞争对手对产品的定价、买卖双方的议价能力。

2. 传统市场营销的定价方法包括成本加成定价法、需求导向定价法、竞争导向定价法。

3. 随着网络的飞速发展，消费者能够全面地了解产品的价格，以成本为基础的成本加成定价法，就不适合网络环境下产品的定价。网络营销的定价方法有需求导向定价法和竞争导向定价法。

4. 网络营销的定价策略有心理定价策略、免费定价策略、低价定价策略、定制化定价策略、使用定价策略、拍卖竞价策略、产品组合定价策略、差别定价策略。

5. 免费价格策略就是将企业的产品和服务零价格提供给消费者使用，满足消费

---

[69] 罗乐娟 . 网络营销差别定价策略分析 [J]. 价格月刊 .2007.

者的需求。

6. 低价定价策略是企业常见的一种定价策略，主要包括直接低价定价、折扣定价和促销定价三种方法。

7. 企业采用定制化定价策略，可以按照顾客愿意支付的价格向不同的顾客收取不同的价格。

8. 使用定价策略，就是顾客通过互联网注册后直接使用某公司的产品，顾客只需要根据使用次数进行付费，而不需要将产品完全购买。

9. 拍卖竞价策略主要包括三种：竞价拍卖、竞价拍买、集体议价。

10. 所谓差别定价策略，就是企业按两种或两种以上不同反映成本费用的比例差异的价格销售某种产品或服务。

关键术语：网络营销定价方法　网络营销定价策略

【延伸阅读】

亚马逊网络营销定价策略分析报告

差别定价被认为是网络营销的一种基本的定价策略，一些人甚至提出在网络营销中要“始终坚持差别定价”。然而，没有什么经营策略在市场上可以无往不胜，差别定价虽然在理论上很好，但在实施过程中却存在着诸多困难，我们将以亚马逊的一次不成功的差别定价试验作为案例，分析企业实施差别定价策略时面临的风险以及一些可能的防范措施。

一、亚马逊公司实施差别定价试验的背景

1994 年，当时在华尔街管理着一家对冲基金的杰夫·贝佐斯（Jeff Bezos）在西雅图创建了亚马逊公司，该公司从 1995 年 7 月开始正式营业，1997 年 5 月股票公开发行上市，从 1996 年夏天开始，亚马逊极其成功地实施了联属网络营销战略，在数十万家联属网站的支持下，亚马逊迅速崛起成为网上销售的第一品牌，到 1999 年 10 月，亚马逊的市值达到了 280 亿美元，超过了西尔斯（Sears Roebuck & Co）和卡玛特（Kmart）两大零售巨人的市值之和。亚马逊的成功可以用以下数字来说明：

根据 Media Metrix 的统计资料，亚马逊 2000 年 2 月在访问量最大的网站中排名第 8，共吸引了 1450 万名独立的访问者，亚马逊还是排名进入前 10 名的唯一一个纯粹的电子商务网站。

根据 PC Data Online 的数据，亚马逊是 2000 年 3 月最热门的网上零售目的地，共有 1480 万独立访问者，独立的消费者也达到了 120 万人。亚马逊当月完成的销售额相当于排名第二位的 CD Now 和排名第三位的 Ticketmaster 完成的销售额总和。在 2000 年，亚马逊已经成为互联网上最大的图书、唱片和影视碟片的零售商，亚马逊经营的其他商品类别还包括玩具、电器、家居用品、软件、游戏等，品种达 1800 万种之多，此外，亚马逊还提供在线拍卖业务和免费的电子贺卡服务。

但是，亚马逊的经营也暴露出不小的问题。虽然亚马逊的业务在快速扩张，亏损额却也在不断增加，在 2000 年第一个季度中，亚马逊完成的销售额为 5.74 亿美元，较前一年同期增长 95%，第二季度的销售额为 5.78 亿，较前一年同期增长了 84%。但是，亚马逊第一季度的总亏损达到了 1.22 亿美元，相当于每股亏损 0.35 美元，而前一年同期的总亏损仅为 3600 万美元，相当于每股亏损为 0.12 美元，亚马逊 2000 年第二季度的主营业务亏损仍达 8900 万美元。

亚马逊公司的经营危机也反映在它股票的市场表现上。亚马逊的股票价格自 1999 年 12 月 10 日创下历史高点 106.6875 美元后开始持续下跌，到 2000 年 8 月 10 日，亚马逊的股票价格已经跌至 30.438 美元。在业务扩张方面，亚马逊也开始遭遇到了一些老牌门户网站——如美国在线、雅虎等的有力竞争，在这一背景下，亚马逊迫切需要实现赢利，而最可靠的赢利项目是它经营最久的图书、音乐唱片和影视碟片，实际上，在 2000 年第二季度亚马逊就已经从这三种商品上获得了 1000 万美元的营业利润。

二、亚马逊公司的差别定价实验

作为一个缺少行业背景的新兴网络零售商，亚马逊不具有巴诺（Barnes & Noble）公司那样卓越的物流能力，也不具备像雅虎等门户网站那样大的访问流量，亚马逊最有价值的资产就是它拥有 2300 万的注册用户，亚马逊必须设法从这些注册用户身上实现尽可能多的利润。因为网上销售并不能增加市场对产品总的需求量，为提高在主营产品上的赢利，亚马逊在 2000 年 9 月中旬开始了著名的差别定价实验。亚马逊选择了 68 种 DVD 碟片进行动态定价试验，试验当中，亚马逊根据潜在客户的人口统计资料、在亚马逊的购物历史、上网行为以及上网使用的软件系统确定对这 68 种碟片的报价水平。例如，名为《泰特斯》（*Titus*）的碟片对新顾客的报价为 22.74 美元，而对那些对该碟片表现出兴趣的老顾客的报价则为 26.24 美元。通过这一定价策略，部分顾客付出了比其他顾客更高的价格，亚马逊因此提高了销售的毛利率，但是好景不长，这一差别定价策略实施不到一个月，就有细心的消费者发现了这一秘密，通过在名为 DVD Talk（www.dvdtalk.com）的音乐爱好者社区的交流，成百上千的 DVD 消费者知道了此事，那些付出高价的顾客当然怨声载道，纷纷在网上以激烈的言辞对亚马逊的做法进行口诛笔伐，有人甚至公开表示以后绝不会在亚马逊购买任何东西。更不巧的是，由于亚马逊前不久才公布了它对消费者在网站上的购物习惯和行为进行了跟踪和记录，因此，这次事件曝光后，消费者和媒体开始怀疑亚马逊是否利用其收集的消费者资料作为其价格调整的依据，这样的猜测让亚马逊的价格事件与敏感的网络隐私问题联系在了一起。

为挽回日益凸显的不利影响，亚马逊的首席执行官贝佐斯只好亲自出马做危机公关，他指出亚马逊的价格调整是随机进行的，与消费者是谁没有关系，价格试验的目的仅仅是为测试消费者对不同折扣的反应，亚马逊“无论是过去、现在或未来，都不会利用消费者的人口资料进行动态定价。”贝佐斯为这次事件给消费者造成的困扰向消费者公开表示了道歉。不仅如此，亚马逊还试图用实际行动挽回人心，亚马逊答应给所有在价格测试期间购买这68部DVD的消费者以最大的折扣，据不完全统计，至少有6896名没有以最低折扣价购得DVD的顾客，已经获得了亚马逊退还的差价。

至此，亚马逊价格试验以完全失败而告终，亚马逊不仅在经济上蒙受了损失，而且声誉也受到了损害。

三、亚马逊差别定价试验失败的原因

我们知道，亚马逊的管理层在投资人要求迅速实现赢利的压力下开始了这次有问题的差别定价试验，结果很快便以全面失败而告终，那么，亚马逊差别定价策略失败的原因究竟何在？我们说，亚马逊这次差别定价试验从战略制定到具体实施都存在严重问题，现分述如下：

（一）战略制定方面

首先，亚马逊的差别定价策略同其一贯的价值主张相违背。在亚马逊公司的网页上，亚马逊明确表述了它的使命：要成为世界上最能以顾客为中心的公司。在差别定价试验前，亚马逊在顾客中有着很好的口碑，许多顾客想当然地认为亚马逊不仅提供最多的商品选择，还提供最好的价格和最好的服务。亚马逊的定价试验彻底损害了它的形象，即使亚马逊为挽回影响进行了及时的危机公关，但亚马逊在消费者心目中已经永远不会像从前那样值得信赖了，至少，人们会觉得亚马逊是善变的，并且会为了利益而放弃原则。

其次，亚马逊的差别定价策略侵害了顾客隐私，有违基本的网络营销伦理。亚马逊在差别定价的过程中利用了顾客购物历史、人口统计学数据等资料，但是它在收集这些资料时是以为了向顾客提供更好的个性化的服务为幌子获得顾客同意的，显然，将这些资料用于顾客没有认可的目的是侵犯顾客隐私的行为。即便美国当时尚无严格的保护信息隐私方面的法规，但亚马逊的行为显然违背了基本的商业道德。

此外，亚马逊的行为同其市场地位不相符合。按照刘向晖博士对网络营销不道德行为影响的分析，亚马逊违背商业伦理的行为曝光后，不仅它自己的声誉会受到影响，整个网络零售行业都会受到牵连，但因为亚马逊本身就是网上零售的市场领导者，占有最大的市场份额，所以它无疑会从行业信任危机中受到最大的打击，由此可见，亚马逊的策略是极不明智的。

综上，亚马逊差别定价策略从战略管理角度看有着诸多的先天不足，这从一开始就注定了它的“试验”将会以失败而告终。

（二）具体实施方面

我们已经看到亚马逊的差别定价试验在策略上存在着严重问题，这决定了这次试验最终失败的结局，但实施上的重大错误是使它迅速失败的直接原因。

首先，从微观经济学理论的角度看，差别定价未必会损害社会总体的福利水平，甚至有可能导致帕累托更优的结果，因此，法律对差别定价的规范可以说相当宽松，规定只有当差别定价的对象是存在相互竞争关系的用户时才被认为是违法的，但同时，基本的经济学理论认为一个公司的差别定价策略只有满足以下三个条件时才是可行的：

1. 企业是价格的制定者而不是市场价格的接受者。

2. 企业可以对市场细分并且阻止套利。

3. 不同的细分市场对商品的需求弹性不同。

DVD 市场的分散程度很高，而亚马逊不过是众多经销商中的一个，所以从严格的意义上讲，亚马逊不是 DVD 价格的制定者。但是，假如我们考虑到亚马逊是一个知名的网上零售品牌，以及亚马逊的 DVD 售价低于主要的竞争对手，所以，亚马逊在制定价格上有一定的回旋余地。当然，消费者对 DVD 产品的需求弹性存在着巨大的差别，所以亚马逊可以按照一定的标准对消费者进行细分，但问题的关键是，亚马逊的细分方案在防止套利方面存在着严重的缺陷。亚马逊的定价方案试图通过给新顾客提供更优惠价格的方法来吸引新的消费者，但它忽略的一点是：基于亚马逊已经掌握的顾客资料，虽然新顾客很难伪装成老顾客，但老顾客却可以轻而易举地通过重新登录伪装成新顾客实现套利。至于根据顾客使用的浏览器类别来定价的方法同样无法防止套利，因为网景浏览器和微软的 IE 浏览器基本上都可以免费获得，使用网景浏览器的消费者几乎不需要什么额外的成本就可以通过使用 IE 浏览器来获得更低报价。因为无法阻止套利，所以从长远角度，亚马逊的差别定价策略根本无法有效提高赢利水平。

其次，亚马逊歧视老顾客的差别定价方案同关系营销的理论相背离，亚马逊的销售主要来自老顾客的重复购买，重复购买在总订单中的比例在 1999 年第一季度为 66%，一年后这一比例上升到了 76%。亚马逊的策略实际上惩罚了对其利润贡献最大的老顾客，但它又没有有效的方法锁定老顾客，其结果必然是老顾客的流失和销售与盈利的减少。

最后，亚马逊还忽略了虚拟社区在促进消费者信息交流方面的巨大作用，消费者通过信息共享显著提升了其市场力量。的确，大多数消费者可能并不会特别留意亚马逊产品百分之几的价格差距，但从事网络营销研究的学者、主持经济专栏的作家以及竞争对手公司中的市场情报人员会对亚马逊的定价策略明察秋毫，他们可能会把他们的发现通过虚拟社区等渠道广泛传播，这样，亚马逊自以为很隐秘的策略很快就在虚拟社区中露了底，并且迅速引起了传媒的注意。

比较而言，在亚马逊的这次差别定价试验中，战略上的失误是导致“试验”失败的根本原因，而实施上的诸多问题则是导致其惨败和速败的直接原因。

四、结论：亚马逊差别定价试验给我们的启示

亚马逊的这次差别定价试验是电子商务发展史上的一个经典案例，这不仅是因为亚马逊公司本身是网络零售行业的一面旗帜，还因为这是电子商务史上第一次大规模的差别定价试验，并且在很短的时间内就以惨败告终。我们从中能获得哪些启示呢？

首先，差别定价策略存在着巨大的风险，一旦失败，它不仅会直接影响到产品的销售，而且可能会对公司经营造成全方位的负面影响，公司失去的可能不仅是最终消费者的信任，而且还会有渠道伙伴的信任，可谓“一招不慎，满盘皆输”。所以，实施差别定价必须慎之又慎，尤其是当公司管理层面临短期目标压力时更应如此。具体分析时，要从公司的整体发展战略、与行业中主流营销伦理的符合程度以及公司的市场地位等方面进行全面的分析。

其次，一旦决定实施差别定价，那么选择适当的差别定价方法就非常关键。这不仅意味着要满足微观经济学提出的三个基本条件，而且更重要的是要使用各种方法造成产品的差别化，力争避免赤裸裸的差别定价。常见的做法有以下几种：

1. 通过增加产品附加服务的含量来使产品差别化。营销学意义上的商品通常包含着一定的服务，这些附加服务可以使核心产品更具个性化，同时，服务含量的增加还可以有效地防止套利。

2. 同批量订制的产品策略相结合。订制弱化了产品间的可比性，并且可以强化企业价格制定者的地位。

3. 采用捆绑定价的做法，捆绑定价是一种极其有效的二级差别定价方法，捆绑同时还有创新新产品的功能，可以弱化产品间的可比性，在深度销售方面也能发挥积极作用。

4. 将产品分为不同的版本。该方法对于固定生产成本极高、边际生产成本很低的信息类产品更加有效，而这类产品恰好也是网上零售的主要品种。

当然，为有效控制风险，有时在开始大规模实施差别定价策略前还要进行真正意义上的试验，具体操作上不仅要像亚马逊那样限制进行试验的商品的品种，而且更重要的是要限制参与试验的顾客的人数，借助于个性化的网络传播手段，做到这点是不难的。

实际上，正如贝佐斯向公众所保证过的，亚马逊此后再也没有作过类似的差别定价试验，结果，依靠成本领先的平价策略，亚马逊之后终于在2001年第四季度实现了单季度净赢利，在2002年实现了主营业务全年赢利。

综上所述，在网络营销中运用差别定价策略存在着很大的风险，在选择使用时必须慎之又慎，否则，很可能适得其反，给公司经营造成许多麻烦。在实施差别定价策略时，通过使产品差别化而避免赤裸裸的差别定价是避免失败的一个关键所在。

（资料来源：http：//wenku.baidu.com/view/cba9151859eef8c75fbfb3cb.html？re=view）

【课后思考题】

1. 影响网络营销定价的因素有哪些？
2. 传统的营销定价方法有哪些？
3. 区别于传统营销定价方法的网络营销定价方法有哪些？
4. 网络营销定价策略有哪些？

第七章　网络营销的渠道策略

【学习目标】

1. 了解渠道的内涵
2. 了解网络渠道的含义
3. 熟悉网络渠道与传统渠道的区别，了解网络渠道的优势
4. 理解网络渠道的类型，掌握网络营销渠道的一般策略
5. 理解渠道冲突的相关概念，掌握解决渠道冲突的策略

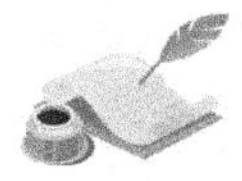

【内容要点】

1. 渠道的长度、宽度结构
2. 网络渠道的含义
3. 网络渠道的三个优势
4. 网络渠道的类型及策略
5. 渠道冲突及其处理

【引导案例】

戴尔：网上直销营销模式的开拓者

人们一提到DELL公司，首先想到的就是其有名的网络直销模式。也正是因为他这种销售模式造就了总生产、销售成本的降低，最直接的效应就是产品价格相对其他国际品牌具有竞争力。下面我们就来看看DELL的销售模式。

一、网上直销模式

DELL的销售模式属于直销方式。在中国和海外都有自己的网站和“800免费电话”，消费者可以通过上网和拨打电话号码800的方式查看或者咨询相关产品性能。在DELL网站上，会对相应产品进行详细分类，按照用户性质的不同分为家庭用户、中小企业用户、大型企业用户等几大类别。而对应不同用户类别，DELL 会提供相应的产品解决方案。

消费者可以在网站上按照 DELL 提供的相应解决方案作为基础，然后根据个人产品喜好或者价格因素来调整产品配置，而 DELL 网站会实时的计算出相应产品的价格，让人一目了然。

（一）降低销售成本

由于省略了一般公司所采用的渠道销售方式，节省了一、二级代理销售渠道，因此直接节省了销售成本，销售成本中包括的运输、人员工资等。只是在中国还是会有一小部分采用 DELL 销售直接和政府或大型企业接触，而放弃使用网站定购和电话定购方式，这是和中国国情相关的。

（二）降低生产成本

我们再来看生产成本这块，DELL 的产品配件是全球统一采购模式，由于大批量的采购可以大大降低单个零部件的价格，而 DELL 通过他优秀的库存管理模块，可以将库存水平降低到一个很低的水平，达到一个动态的平衡，也就是我们经常听到的“零库存”。

当一个企业的生产成本和销售成本都得以控制之后，在追求的利润不变的条件下，产品的销售价格就可以降低。这就是为什么 DELL 的产品价格总是会优于同配置的其他品牌，而产品的配置总是能紧跟科技潮流，做到一周前刚发布一个什么 CPU，一周后 DELL 采用这款 CPU 的笔记本已经开始热卖了，因为 DELL 没有库存的困扰。

DELL 公司的成功很大程度上得益于其推崇备至的直销模式。该模式由公司 CEO 迈克尔·戴尔一手创立，一经推出便在业界引起很大反响。随着互联网的发展和电子商务的应用，DELL 越来越多的采用网络直销的方式。DELL 在美国销售更多的是依靠网络，基本上可以不要门店。看到 DELL 电脑在全球出货量节节攀升，全球知名电脑生产商百思不得其解，弄不清“直销”究竟有何魔力，会具有如此强大的生命力。即便看出个中端倪，放弃传统模式作彻底改变也不是件容易的事，所以至今还没有成功的直销跟随者。

二、“按需定制”服务

DELL 公司直销模式的精华在于“按需定制”，在明确客户需求后迅速做出回应，并向客户直接发货。由于消除中间商环节，减少不必要的成本和时间，使得公司能够腾出更多的精力来理解客户需要。DELL 公司的直销模式能以富有竞争力的价位，为每一位消费者定制并提供具有丰富配置的强大系统。通过平均四天一次的库存更新，戴尔公司及时把最新相关技术带给消费者，并通过网络的快速传播性和电子商务的便利，为用户搭起沟通桥梁。

下面就以 DELL 网上销售笔记本电脑的例子来看看 DELL 的“按需定制”：

（一）别人不一定敢做的保修政策

由于 DELL 采用的直销模式，使得可以对产品配置规格进行随意选购，也因此可以对保修进行按需购买。这样就可以做到使想要充分保护自己笔记本的用户能够购买更高规格的保修，而对价格敏感的用户可以购买最基本的保修。让用户自己按需定制，这是目前很完善的一种保修方式

DELL 比较有特色的保修服务之一就是上门维修服务。以前很少有公司可以作出上述承诺，而现在就连 IBM 在中国也开始推出相似的服务，让兰快公司上门给用户维修了。如果你购买了 DELL 的下一个工作日上门服务，当机器出了问题，你只需要打一个电话告诉 DELL 公司，报上主机的序列号，然后描述一下故障现象。DELL 就会在下一个工作日带上备件上门为你维修笔记本。

（二）网上购买步骤（基本上属于看图说话）

假设我是家庭用户，则选择家庭与家庭用户选项下拉菜单中的笔记本电脑。正好我们看到了 Inspiron 600m 在促销，比较感兴趣，于是点击“即刻购买”选项。之后进入对于笔记本进行定制的页面，上面的价格是默认情况下配置的价格。

首先，看到的是对于 CPU 主频和显示屏幕的基本情况的选择，需要多付出的钱数也在后面注明了。

接着，是对操作系统做选择，家庭用户也是可以选择专业版的 Win XP 的。内存标配为 256MB，DELL 推荐选择 512MB 容量，会对系统有较大提升，所以高亮标明。如果有促销优惠，DELL 也会在网页里面注明，这里显示是否需要 DELL 帮你做培训服务，或者帮忙分区安软件等。

下面是关键的保修服务了，这里种类繁多，一定要仔细研究一下。要选择一款最适合自己的服务，而不要在这里面省钱，否则以后保修可能会遇到麻烦。

最后，再对光驱、硬盘等其他选项做定制，基本就没有什么可选的了。DELL 也不忘记推销一下它的其他附件产品，看你是否有需要购买的一切选项都确定后，就会弹出一个综合页面让你确认，上面会显示最后的销售价格。最后就是填写你的相关信息，特别是电话和送货地址，在网页提交之后，DELL 公司会有电话过来和你确认。确认无误后就是按照销售人员的要求付费，等待产品送达你的指定地点了。其实还是很方便快捷的。

据 2003 年 1 月 24 日 IDC 公布的全球 2002 年第四季度 PC 零售排行榜的数据显示，DELL 公司在台式机市场占据 15.8% 的市场份额，排名全球第一，这是 DELL 首季超过竞争对手 HP，一跃成为台式电脑的领头羊。可以说 DELL 的这种成功和其网络直销是有密切关系的。

正如迈克尔·戴尔所言，“凭借业界独特的直销模式，戴尔已经逐步成为全球第

一大 PC 品牌。”

【点评】戴尔公司率先引入网络直销模式销售其产品，直接销售使公司每年数百万计算机或计算机系统都实现了一对一的客户关系，就是每台计算机都是根据客户具体要求生产，并在一定程度上为顾客提供了“个性化定制服务”。而且，明显的价格优势、优良的产品品质、优质的售后服务等，成就了戴尔公司美国第一大电脑系统销售商，工作站销售全球和美国第一名，标准服务器全球和美国第二名的骄人业绩。

所以说，戴尔独特的网上直销模式和“个性化定制服务”是成功的两大秘诀。

当然，并不是所有企业、所有产品、在任何地区都适合引入网络直销，即使适合也要考虑其他条件，如物流手段、消费习惯等是否能满足要求。戴尔中国公司为了适应中国地区和中国人的消费习惯和特点，就提出要实现从直销到代销、分销等渠道的巨大转型。

（资料来源：http：//www.ecwin.cn/case/casepoint116428056086.html）

第一节　渠道解析

从地理学角度看，渠道通常指流水的通道。从经济学角度，渠道则被引申为商品的流通路线。美国市场营销协会（AMA）认为：“销售渠道是企业内部和外部的各类代理商和经销商（批发和零售）的组织机构，通过这些组织运作，商品（产品和劳务）才得以上市行销。”

一、渠道的内涵

产品一旦下了生产线，就要面临一个很重要的问题——流通。产品只有能在市场上正常运转和流通才是其得以生存的根本所在。只有在现实的市场流通中注重产品的渠道维护，才能从根本上去杜绝产品滞销带来的诸多问题。在 4P 中，渠道的维护也是一个相当重要的概念。

（一）渠道的概念

在营销活动中，渠道是指产品从生产者向消费者或用户的转移中经过的路径，由参与产品或服务转移活动以使产品或服务便于使用或消费的所有组织构成。渠道的起点是生产者，终点是消费者或者用户，中间环节包括各种类型的代理商、批发商、零售商和商业服务机构等。只要是从生产者到最终用户或消费者之间，任何一组与商品交易活动有关并相互依存、相互关联的营销中介机构均可称作一道分销渠道。

渠道是一个区间概念，是生产者与消费者之间的桥梁（见图 7-1）。

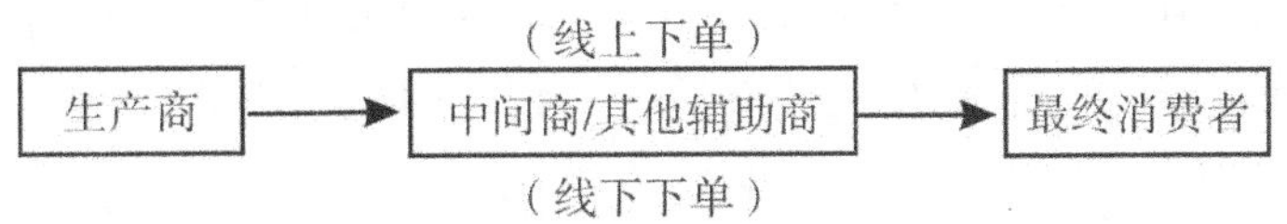

图 7-1 渠道示意图

（二）渠道的主要参与者

菲利普·科特勒认为：“一条市场营销渠道是指那些配合起来生产、分销和消费某一生产者的某些货物或劳务的一整套所有企业和个人。”

我们可以把渠道的主要参与者归纳为以下四类：

（1）生产商：它是渠道的源头和起点。

（2）中间环节：包括批发商、零售商、代理商、经纪人等。

（3）其他辅助商：指该渠道的相关支持元素，如运输公司、仓储公司、保险公司、银行、广告公司等。

（4）最终消费者：是营销渠道的终点。

在这些参与者中，中间商的经济节约作用不可小觑（见图 7-2）。中间商作为一个中间环节，连接了生产者和消费者，促进经济效率的提高。这是因为，随着经济社会的发展，世界市场的范围也在不断扩大。对于如此广阔的市场，存在着无数的消费群体，而一般规模的企业无法全部顾及，这就需要大批的中间商来帮助宣传产品、开拓市场、组织销售。中间商为消费者提供采购服务，向他们发布购买信息，为他们提供产品质量担保，并协调生产者和消费者之间的矛盾。[70]

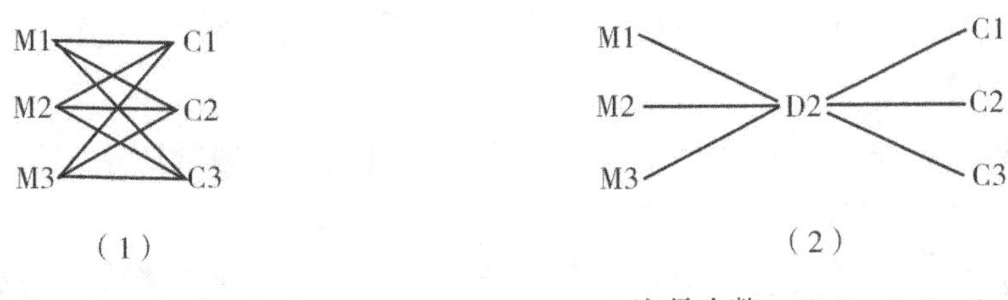

图 7-2 中间商节约社会总劳动示意图

二、渠道的结构

斯特恩认为：“渠道成员的资源与用户需求数量相互作用的结果，就形成了渠道的结构。”罗森布罗姆则从管理学角度把渠道结构定义为“针对一组渠道成员团队分

[70] 田玲 . 网络营销理论与实践 [M]. 清华大学出版社，北京交通大学出版社 .2008.

配分销任务。”所谓的营销渠道结构，就是指渠道的参与者彼此结合和相互作用的方式[71]。我们往往把渠道的结构分为长度结构，即层级结构；宽度结构及广度结构三种类型。

（一）渠道的长度结构

渠道的长度结构，也叫“层级结构”，是指按照渠道中包含的渠道中间商（购销环节），即渠道层级数量的多少来定义的一种渠道结构。如果中间商层级越多，意味着产品从生产领域转到消费领域所经过的买卖次数越多，渠道就越长；反之，渠道也就越短。一般而言，按照渠道中包含中间商的层级多少，我们把营销渠道分为零级、一级、二级、三级渠道等。

1. 零级渠道

零级渠道又称为直接渠道（Direct Channel），是指有 0 个渠道中间商的一种渠道结构。零级渠道是一种罕见、特殊的情况。在零级渠道中，生产者直接把产品销售给消费者。一般适用于大型或贵重物品，以及技术复杂，需要提供专门服务的产品。戴尔（DELL）的直销模式就是一种典型的零级渠道。

2. 一级渠道

一级渠道是指包括 1 个渠道中间商的渠道结构。在工业品市场上，这个渠道中间商通常是指代理商、经销商或佣金商；而在消费品市场上，这个渠道中间商通常是指零售商。

3. 二级渠道

二级渠道是指包括 2 个渠道中间商的渠道结构，在工业品市场上，这两个中间商一般是指代理商和批发商；在消费品市场上，则一般是指批发商和零售商。

4. 三级渠道

三级渠道，是指包括 3 个渠道中间商的渠道结构。通常适用于消费面较宽的日用品，比如包装方便面、肉食品等。

传统营销渠道的长度结构如图 7-3 所示，展示了直接渠道即零级渠道，间接渠道中的一级渠道、二级渠道、三级及多级渠道。

---

[71] 张春法，张为付．渠道结构变迁与网络背景下的营销渠道．财贸经济 [J].2006（12）.

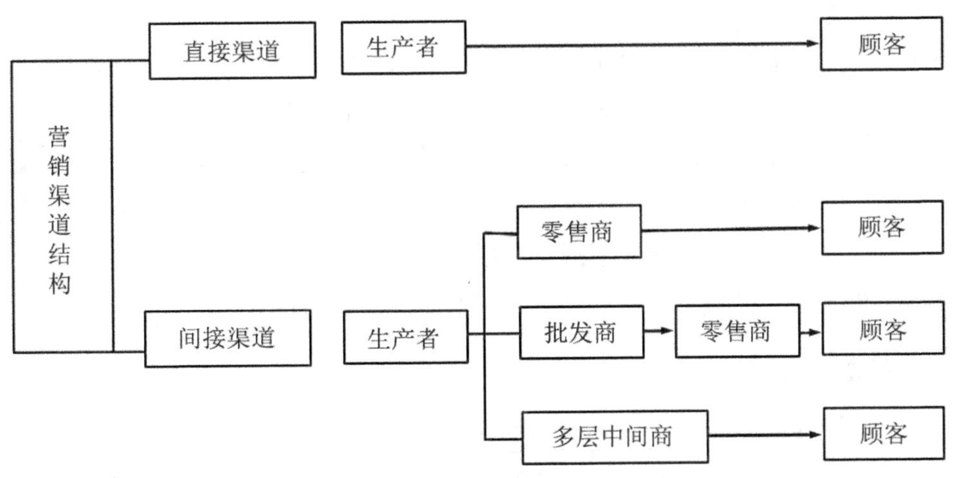

图 7-3 营销渠道的长度结构

（二）渠道的宽度结构

渠道的宽度结构，是根据每一层级渠道中间商的数量的多少来定义的一种渠道结构。企业的销售分宽渠道和窄渠道。

宽渠道是指企业使用的同一层级的中间商很多的渠道。宽渠道的特点是分销面很广，与消费者接触面广，有利于大量地销售产品。它适用于一般日用品，由多家批发商转售给更多的零售商进行销售。

窄渠道是指企业使用的同类中间商很少的渠道。窄渠道的特点是分销面窄，甚至一个地区只由一家中间商来经销。一些专业性较强或比较贵重的耐用消费品则适宜窄渠道。

渠道的宽度结构受产品的性质、市场特征、用户分布以及企业分销战略等因素的影响。实践证明，渠道宽度通常有以下特点：首先，批发层次营销渠道最窄，而零售层次营销渠道较宽。第二，新产品的营销渠道较窄，成熟产品的分销渠道较宽。第三，消耗品、通用零配件的营销渠道较宽。第四，服务业的营销渠道通常较宽，这是为了方便居民使用服务设施、享受服务。[72]

（三）渠道的广度结构

渠道的广度是渠道的一种多元化选择。实际上，很多公司针对同一或者不同的分市场，会选择多条渠道，即采用了混合渠道模式来进行销售。也就是说，可以同时采用零级渠道或多级渠道，也可以同时采用宽渠道或短渠道。

随着顾客细分市场的不断增加，可能产生的渠道种类也不断增加，越来越多的公司采用多渠道分销方式。比如通用电气公司，同时经由独立零售商和直接向建筑承包

[72] 田玲 . 网络营销理论与实践 [M]. 清华大学出版社，北京交通大学出版社 .2008.

商销售大型家电产品。

概括地说，渠道结构可以笼统地分为直销和分销两个大类。其中直销又可以细分为几种，比如制造商直接设立的大客户部、行业客户部或制造商直接成立的销售公司及其分支机构等。此外，还包括直接邮购、电话销售、公司网上销售等。分销则可以进一步细分为代理和经销两类。代理和经销均可能选择密集、选择和独家等方式。

企业可根据自身相关情况来选择金字塔结构还是扁平化结构，总之企业要将其产品以最快速度到达消费者的手中，以实现扩大再生产的目的。

三、渠道的选择

得“渠道”者得天下，渠道的选择是企业发展的关键环节。企业即使生产了最好的产品，但是没有好的销售渠道，产品没有销路就难以卖出去，劳动产品就无法转变成商品，不能形成价值，企业也就不能获得利润。

（一）渠道长短的选择

对企业来说，渠道长度的选择并不是越长越好。

1. 加入中间渠道的好处

加入中间渠道有非常多的好处（但并非渠道越长的优点），主要有以下四点。

（1）有助于产品广泛分销。中间商在商品流转的始点同生产者相连，在其终点与消费者相连，从而有利于调节生产与消费在品种、数量、时间与空间等方面的矛盾。更能使产品广泛的分销，巩固已有的目标市场，扩大新的市场。

（2）缓解生产者人、财、物等力量的不足。中间商购买了生产者的产品并交付了款项，就使生产者提前实现了产品的价值，开始新的资金循环和生产过程。此外，中间商还承担销售过程中的仓储、运输等费用，也承担着其他方面的人力和物力，这就弥补了生产者营销中的力量不足。

（3）间接促销。消费者往往是货比数家后才购买产品，而一位中间商通常经销众多厂家的同类产品，中间商对同类产品的不同介绍和宣传，对产品的销售影响甚大。

（4）有利于企业之间的专业化协作。

2. 渠道过长的危害

渠道过长也会给企业带来巨大的危害，主要有以下三点。

（1）可能形成“需求滞后差”。中间商购买了产品，并不意味着产品就从中间商手中销售出去了。中间商还需要将产品转售给众多消费者，在这个过程中有可能销售受阻。

（2）可能加重消费者的负担，导致抵触情绪。流通环节增大储存或运输中的商品损耗，如果都转嫁到价格中，就会增加消费者的负担。

（3）不便于直接沟通信息。如果与中间商协作不好，生产企业就难以从中间商的销售中了解和掌握消费者对产品的意见、竞争者产品的情况、企业与竞争对手的优势和劣势、目标市场状况的变化趋势等。

3. 渠道长短的选择应考虑因素

概括来说，渠道长短的选择应该综合考虑以下六大因素：

（1）产品因素：产品的单价、体积和重量、易损性、技术性、所处的生命周期阶段等都会影响产品是否适合长渠道或者短渠道。例如，鲜活商品、建筑材料、机械设备等易碎性商品适合短渠道，日用百货就适合长渠道。

（2）顾客因素：顾客的数量、分布范围、单次购买量、购买频率等。

（3）中间商因素：中间商的数量、连锁功能、配套功能等。

（4）企业因素：生产者的实力和声誉、产品组合状况、市场营销能力、控制分销渠道的能力。

（5）竞争者因素：竞争者所选择的分销渠道长度或宽度策略。

（6）环境因素：经济、法律等环境因素。

（二）渠道宽窄的选择

渠道也并不是越宽越好。宽渠道虽然具有以下优点：能够增加销售网点，拓宽产品的市场覆盖面，提高市场占有率，通过多数中间商大范围地将产品转移到消费者手中；另外有利于生产者选择效率高的中间商而淘汰效率低的中间商，提高销售效率。但是渠道过宽，也易导致中间商过多，容易引起渠道冲突。因此，生产商需加强渠道控制。

企业对于渠道宽度的选择，通常有三种策略：密集分销、选择分销、独家分销。

1. 密集分销

密集分销，即尽可能多地同层次中间商来销售产品，这种策略的主要目的是扩大市场覆盖面或者快速进入新市场。密集型分销渠道，多见于消费品领域中的便利品，比如牙膏、牙刷、饮料等。

2. 选择分销

选择分销，即在同一目标市场上，只选择少数几家同层次中间商来经销其产品，这种策略的重心是维护企业、产品形象，巩固市场地位。在 IT 产业链中，许多产品都采用选择型分销渠道。

3. 独家分销

独家分销，即企业在一定时期、一定地区，只选择一家批发商或零售商来经销其产品，以控制市场，强化产品形象并获得较高利润。在 IT 产业链中，这种渠道结构多出现在总代理或总分销一级。同时，许多新品的推出也多选择独家分销的模式，当市场广泛接受该产品之后，许多公司就从独家分销渠道模式向选择分销渠道模式转移。比如，东芝的笔记本产品渠道、三星的笔记本产品渠道等就是如此。

所以，渠道并不是越宽越好，也不是越窄越好，而是适当最好。

（三）线上线下的选择

很多企业认为，线上渠道和线下渠道会有冲突，存在一个选择的问题。其实所谓的冲突主要体现在对消费者的争夺和价格的冲突这两个方面。其实这只是表面现象，本质上是企业线上渠道和线下渠道的利益平衡问题，是有限的资源如何整合利用的问题。

对于一些已经有了较成熟的线下渠道的企业，可以选择线上与线下渠道实现产品差异化的办法。以线下渠道为主，把线上渠道仅仅作为线下渠道的补充。线上只销售特定网供产品，就不会引起线下渠道商们的不满。同时，通过线上渠道扩大企业的市场份额。

但未来线上渠道和线下渠道融合是一个必然的趋势。线上与线下形成互补的关系，消费者可以线下体验，线上订购，享受相应的服务，或“网上购物实体店铺取货”的服务[73]。

总之，选择最佳的销售渠道是每个企业的一门必修课。如前面提到，销售渠道并非简单的越宽越好，或者越长越好，而是最合适就好。渠道的长短和宽窄是相辅相成的，够宽太短不行，够长太窄也不行，需要又长又宽。好的销售渠道能够为企业带来丰厚的业绩和利润，坏的销售渠道可能导致企业的产品滞销或使企业无利可图。因此，企业应多角度考虑销售渠道的模式结构，根据产品与企业的实际情况，选择最佳的销售渠道。企业销售不能急，不是短期就有效果的，要一步一个脚印成长！

第二节　网络渠道的含义

由于电子商务技术突飞猛进的发展，出现了许多直接面向消费者的网络渠道。如亚马逊网上书店、当当网上书店等网上零售业态；还有一些传统的制造类企业积极进行网上直销业务，如美国的戴尔电脑公司、中国的海尔集团；另外还出现了一些新兴的网络公司，搭建虚拟的网络营销平台，为传统企业提供在线的分销场地，如阿里巴巴、天猫、唯品会等。

[73] 陈学军 . 服装网络营销 [M]. 化学工业出版社 .2014.

一、网络渠道的含义

网络营销渠道（Network marketing channel）又名“网络购物渠道”或“线上营销渠道”，是指通过网络提供产品以供消费者使用的过程及其相关的一整套相互依存的机构，它涉及信息沟通、资金转移和产品转移等。它的主要任务是为产品从生产者向消费者转移提供方便。

网络营销渠道使信息沟通由单向变为双向，从而增强了生产者与消费者的直接联系：一方面，企业可以在网络发布有关产品的价格、性能、使用方法等信息；另一方面，消费者也可以通过网络直接了解产品信息，做出合理的购买决策；同时，生产者还可以迅速了解消费者的反馈信息。

狭义的网络营销渠道是指生产者借助计算机、网络软硬件技术创建网络平台，并依靠这个平台将产品或服务从生产者转移到消费者的过程中，能够实现营销渠道所涉及的商流、物流、资金流、信息流等功能的传递目的。

广义的网络营销渠道还包括营销过程中的各个环节，这些环节都不同程度地使用网络及管理系统，并促使营销过程中商流、物流、资金流、信息流等功能的实现。一个完善的网络营销渠道应有三大功能：订货功能、结算功能和配送功能。

二、网络渠道的功能

互联网的发展为传统营销渠道带来了新的革命，网络营销渠道作为一种新兴的渠道系统开始登上历史舞台。与传统营销渠道一样，以互联网作为支撑的网络营销渠道也具备订货、结算和配送三大功能。

（一）订货功能

网络渠道为消费者提供产品信息，同时方便厂家获取消费者的需求信息，以求达到供求平衡。一个完善的网上订货系统，可以最大限度地降低库存，减少销售费用。

（二）结算功能

消费者在购买产品后，可以有多种方式方便地进行付款，因此厂家（商家）应有多种结算方式。目前国外流行的几种方式有：信用卡、电子货币、网上划款等。而国内付款结算方式主要有：邮局汇款、货到付款、信用卡等。

（三）配送功能

一般来说，产品分为有形产品和无形产品，对于无形产品如服务、软件、音乐等产品可以直接通过网上进行配送，对于有形产品的配送，要涉及到运输和仓储问题。国外已经形成了专业的配送公司，如著名的美国联邦快递公司，它的业务覆盖全球，实现全球快速的专递服务，以至于从事网上直销的 DELL 公司将美国货物的配送业务都交给它完成。因此，专业配送公司的存在是国外网上商店发展较为迅速的一个原因所在，在美国有良好的专业配送服务体系作为网络营销的支撑。

三、网络渠道的特点

互联网好比是一种“万能胶”，将企业、团体、组织以及个人跨时空联结在一起，使得他们之间信息的交换变得“唾手可得”。市场营销中最重要也最本质的是组织和个人之间进行信息传播和交换。如果没有信息交换，那么交易也就是无本之源。正因如此，互联网具有营销所要求的某些特性，使得网络营销渠道呈现出以下一些特点。

（一）时域性

由于互联网能够超越时间约束和空间限制进行信息交换，使得营销脱离时空限制进行交易成为可能，企业有了更多时间和更大的空间进行营销，可以每周 7 天，每天 24 小时随时随地地提供全球性营销服务。

（二）富媒体

互联网被设计成可以传输多种媒体的信息，如文字、声音、图像等信息，使得为达成交易进行的信息交换能以多种形式存在和交换，可以充分发挥营销人员的创造性和能动性。

（三）交互式

互联网通过展示商品图像，商品信息资料库提供有关的查询，来实现供需互动与双向沟通。还可以进行产品测试与消费者满意度调查等活动。互联网为产品联合设计、商品信息发布以及各项技术服务提供最佳工具。

（四）个性化

互联网上的促销是一对一的、理性的、消费者主导的、非强迫性的、循序渐进式的，而且是一种低成本与人性化的促销，避免推销员强势推销的干扰，并通过信息提供交互式交谈，与消费者建立长期良好的关系。

（五）成长性

互联网使用者数量快速成长并遍及全球，使用者多属年轻、中产阶级、高教育水准，由于这部分群体购买力强而且具有很强的市场影响力，因此是一项极具开发潜力的市场渠道。

（六）整合性

互联网上的营销可由商品信息至收款、售后服务一气呵成，因此也是一种全程的营销渠道。另一方面，企业可以借助互联网将不同的传播营销活动进行统一设计规划和协调实施，以统一的传播资讯向消费者传达信息，避免不同传播中不一致性产生的消极影响。

（七）超前性

互联网是一种功能最强大的营销工具，它同时兼具渠道、促销、电子交易、互动顾客服务以及市场信息分析与提供的多种功能。它所具备的一对一营销能力，正是符合定制营销与直复营销的未来趋势。

（八）高效性

计算机可储存大量的信息，待消费者查询，可传送的信息数量与精确度，远超过其他媒体，并能适应市场需求，及时更新产品或调整价格，因此能及时有效了解并满足顾客的需求。

（九）经济性

通过互联网进行信息交换，代替以前的实物交换，一方面可以减少印刷与邮递成本，可以无店面销售，免交租金，节约水电与人工成本，另一方面可以减少由于迂回多次交换带来的损耗。

（十）技术性

网络营销是建立在高技术作为支撑的互联网的基础上的，企业实施网络营销必须有一定的技术投入和技术支持，改变传统的组织形态，提升信息管理部门的功能，引进懂营销与计算机技术的复合型人才，未来才能具备市场的竞争优势。

第三节　网络渠道的优势

随着网络时代的到来，网络营销将会以更加迅猛的速度发展。网络营销的销售渠道与传统渠道的竞争中也会更加凸显其优势。新兴的网络渠道不仅简化了传统渠道中的多渠道的构成，而且集销售、售前、售后服务，商品与顾客资料查询于一体，因此具有很大的优势。

一、网络渠道与传统渠道的比较

从传统营销管理的角度分析，传统渠道的层次设计、相互匹配及全面管理是一件很繁杂的工作；对于网络渠道而言，销售渠道已经变为网络这一单一的层次，其作用、结构和费用与传统渠道相比有很大的变革和进步。

（一）作用的比较

传统营销渠道是指某种商品或劳务从生产者向消费者转移时所经过的流通途径。

对于传统营销渠道其作用是单一的，它只是一个把商品从生产者转移到消费者的通道，从广告或其他媒体获得商品信息的消费者，通过直接或间接的分销买到自己所需要的商品。除此之外，消费者没有在渠道中得到任何其他东西。

网络营销渠道的作用是多方面的。

第一，网络渠道是信息发布的渠道。由于网络具有实时性和交换性的功能，网络营销渠道从过去传统营销渠道单向信息沟通变成双向信息沟通。企业的概况与产品的种类、规格、型号、质量、价格、使用条件等都可以通过这一渠道告知用户。消费者可以直接向企业反馈信息，甚至不用见到真正的商品就可以购买。一些无法固化成有形的商品，如订报纸、预约服务等，都可以通过网络营销渠道实现。而对销售产品的数量几乎没有限制，查找产品以及有关信息非常方便，每周 7 天，每天 24 小时开业，这是传统营销渠道所不具备的优势。

第二，网络营销渠道是销售产品提供服务的快捷途径。用户可以从网上直接挑选和购买自己所需要的商品并通过网络方便地支付款项。

第三，网络营销渠道既是企业间洽谈业务，开展商务活动的场所，也是对客户进行技术培训和售后服务的理想园地。一些技术性比较强的行业如 IT 业，提供网上远程技术支持和培训业务，在方便顾客的同时，可以以最小的成本为顾客服务。所以企业是否开展网络营销，绝不仅仅是标志一个企业的信息化水平和现代化程度的问题，更重要的是网络营销能够给企业带来实实在在的好处。

（二）结构的比较

网络渠道和传统渠道一样，按照有无中间商可以分为直接销售渠道和间接销售渠道。直接销售渠道是指由生产者直接把商品卖给用户的营销渠道。凡至少包括一个或一个以上的中间商的营销渠道则称作间接销售渠道。

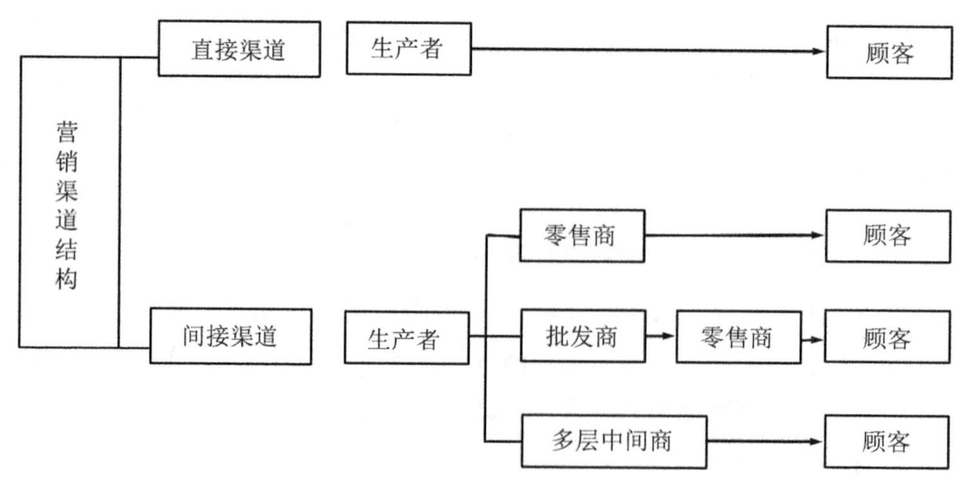

图 7-4　网络营销渠道的结构

与传统渠道相比较，网络营销渠道的结构要简单得多。（见图 7-4、7-5）网络的直接销售渠道和传统的直接销售渠道都是零级渠道，这方面没有多大的区别。而对于间接销售渠道而言，电子商务的网络营销中只有一级分销渠道，即只有一个信息中间商（电子中间商）来沟通买卖双方的信息，不存在多个批发商和零售商的情况。传统渠道根据中间商数量的多少，间接销售渠道则包括一级、二级、三级甚至级别更多的渠道。

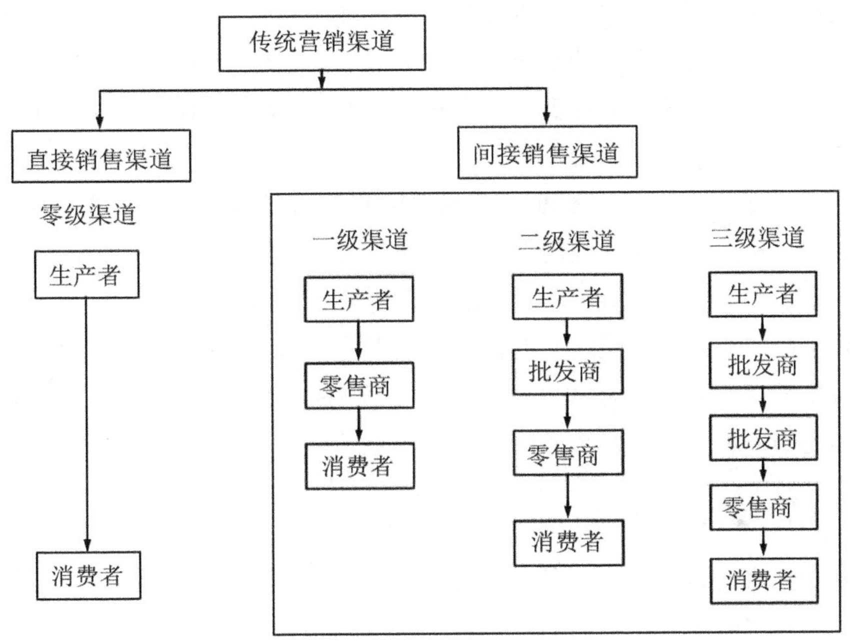

图 7-5 传统营销渠道的结构

（三）费用的比较

网络营销渠道的结构比传统营销渠道的结构大大减少了流通环节，有效地降低了成本。

1. 直接渠道的费用比较

企业通过传统的直接销售渠道销售商品，通常采用两种具体方法：第一种方法是直接出售，没有库存。采用这种方法，企业只需要支付推销员的工资和日常的推销费用。第二种方法是直接出售，但设有仓库。采用这种方法，企业一方面需要支付推销员的工资和推销费用，另一方面还需要支付仓库的租赁费。

通过网络的直接销售渠道销售产品，网络管理员可以从互联网上直接受理世界各地传来的订货单，然后直接把货物寄给购物者。这种方法所需的费用仅仅是网络管理员的工资和极为便宜的上网费用，人员的出差费用和仓库的租赁费用都不再需要了。所以网络直销渠道使得费用成本降低，有更多的利润空间。

2. 间接渠道的费用比较

通过传统的间接销售渠道销售产品，必须要有中介机构，而且中介机构往往不只一个，中介机构越多，流通费用就越高，产品竞争能力也就在其流通过程中逐渐减弱或消失。

网络的间接销售渠道则完全克服了传统间接销售渠道的缺点。网络商品交易中心通过因特网强大的信息传递功能，完全承担着信息中介机构的作用，同时利用其在各地的分支机构承担起批发商和零售商的作用。网络商品交易中心把中介机构的数目减少到一个，从而使商品流通的费用降低到最低限度。这种现代化的交易模式是千百年来传统交易模式的一个根本性变革，是一次类似于 200 年前产业革命的商业革命，它必将会推动整个社会生产力的发展[74]。

此外，由于实体店存在不断上涨的房租和人力成本，经营成本也随之增加，最终使得销售价格整体偏高。与网上商店相比，实体店的价格越来越不占优势。不少网店的商品定价，都比实体店里同样商品的定价低，不少消费者已经养成实体店浏览体验，在线上网店购买的习惯。（例如上海，当前实体商铺的租金、人力、水电、物流等经营成本不断上涨，租金成本和人工成本分别是几十年前的 5 倍，乃至 10 倍，但商品最终的销售利润却没怎么增加。）

二、网络渠道的优势

互联网时代的迅猛发展，促使营销方式推陈出新，网络营销渠道在激烈的市场竞争中凸显出极大的优势。

（一）管理成本优势

网络营销渠道就是借助互联网将产品从生产者转移到消费者的中间环节，它一方面要为消费者提供信息，让消费者进行选择；另一方面，在消费者选择产品后能完成支付的交易手续。所以，网络营销渠道的管理主要通过网络管理人员通过电脑对顾客传输上来的信息进行系统化处理，再把处理后的信息反馈给顾客，这样就完成了一个交易过程。这样的销售管理方式对于传统意义上的销售渠道而言，大大减低了人员活动、广告宣传等所造成的成本消耗和人力资源的浪费。

虚拟网上商店和传统的零售店相比减少了实体店面的运营开支，而且商店可以 24 小时在网上营业，为顾客提供低价优质服务。其次，相对于传统的销售商而言，网络销售商不需要仓储库来储存商品，他们只需要根据顾客的电子订单，联系生产厂家直接发货给顾客，节省了以往许多不必要的物流环节[75]。

---

[74] 上海大批实体店关门 :20 年来租金涨至 5 倍毛利几乎没增，2014.11.12 澎湃新闻网 .

[75] 黄海滨，严中建 . 浅谈网络营销销售渠道的优势 [J]. 商场现代化 .2008.03.

同时网上直接销售还可以减少过去依靠推销员上门推销的昂贵销售费用，最大限度控制成本。

（二）结构优势

网络营销的销售渠道结束了传统销售渠道的中间商时代。网络营销渠道大大减少了过去传统分销渠道中的流通环节，体现了网络营销渠道的高效性。

对于传统的营销渠道除了生产者和消费者外，很多情况下还有许多独立的中间商和代理商存在，这种情况下，商品或服务通过传统营销渠道完成了商品和商品所有权的转移。而网络营销渠道是借助互联网络将产品从生产者转移到消费者的中间环节。基本上不需要中间商和代理商（网络直接营销渠道）或只有一个电子中间商（网络间接营销渠道），通过网络营销渠道完成了商品和商品所有权的转移。

传统的销售是以企业为主体，通过一定的媒体或工具对顾客进行强迫式促销，顾客是被动地接受，缺乏双向沟通，同时，销售成本很高；而网络渠道是一对一的交互式的，网络渠道更能加强与顾客的沟通和联系，了解顾客的需求。对许多销售辅助材料、标准件和修理件等产品的企业来讲，网络营销渠道为降低成本，提升营销沟通的效率和有效性提供了巨大的可能性[76]。

（三）信息传播优势

互联网的高速度发展使其信息传播的速度和自由度越来越高。消费者可以通过互联网的 B2C 和 B2B 网站迅速地了解到某产品的价格信息，同时进行深刻的比较。这样一来，消费者就很容易全面掌握同类产品的不同价格；另外，网上商品的价格弹性较大，因此，各个生产者为了取得较大的竞争优势，有降低价格的趋势，这样做有利于消费者的利益。一些电子商务网站的迅速崛起也证明了网络渠道的信息和价格优势。

未来电子商务的发展将是势不可挡的，同时也说明网络渠道的独特优势，将吸引更多的消费者进行网上消费。企业在应用过程中需不断完善这种渠道，以吸引更多的消费者。

第四节　网络渠道的类型和策略

网络渠道的类型划分与传统营销渠道一样，按照有无中间商的介入，分为直接渠道、间接渠道和双渠道三种类型。了解网络渠道不同类型的各自特点，有利于企业制

[76] 黄海滨，严中建 . 浅谈网络营销销售渠道的优势 [J]. 商场现代化 .2008.03.

定合理的渠道策略，促进产品销售。渠道策略作为“4P”策略中的重要一环，对企业的发展起着至关重要的作用。

一、网络渠道的类型

互联网的发展改变了营销渠道的结构，网络营销渠道尽管是短渠道，但也可以根据是否有中间商参与交换活动，分为以下三种类型。

（一）网络直销

网络直销是指生产商通过网络直接销售渠道直接销售产品。目前通常的做法有两种：一种做法是企业在互联网上建立自己的网站，申请域名，制作主页和销售网页，由网络管理员专门处理有关产品的销售事务；另一种做法是企业委托信息服务商在其网站发布信息，企业利用有关信息与客户联系，直接销售产品。

1. 网络直销概述

网络直销和传统直接分销渠道一样，都是没有营销中间商，可使产品更快更直接地转移到顾客手中。网上直销与传统直接分销渠道同样具有营销渠道的订货、支付和配送功能，但又有所不同：顾客在网站上直接订货；顾客直接在网上实现支付结算功能；可以利用互联网技术构造有效的物流系统，也可以与一些专业的物流公司进行合作。接下来引入雅芳公司向网络渠道改革的案例，从他们的成功当中学习。

案例 7-1　雅芳公司的“网上直销”模式

作为“全球最有价值的 100 个品牌”之一的跨国公司，雅芳公司自主开发了一套基于互联网的经销商管理软件系统，简称为 DRM 系统，雅芳称这套系统为“直达配送”。该系统是由雅芳公司帮助雅芳专卖店拓展业务而设计的电子商务系统软件，它利用互联网赋予的强大功能，将企业的顾客、零售商与企业各个部门联系起来，覆盖了公司销售策略、促销、订货、配送、销售、客户服务等整个交易过程。使经销商足不出户，就能实现与企业之间的信息流、资金流和物资流的准确、顺畅的流通和运转。

网上订购：

通过 DRM 系统，经销商可以在互联网上查询产品信息，了解最新的市场促销活动。此外，借助 DRM 系统中的支付功能，经销商可以在网上订购产品。

网上结算：

经销商可以通过银行的网上支付业务实行网上结算。此时，雅芳的供应链体系转变为“工厂生产—区域服务中心—送达经销商”模式。

第三方物流：

住在新疆南门和川地区的经销商，如今进货时，再也不需要长途跋涉、肩扛手提了，只需要在互联网下订单，在线通过银行网上支付业务付款，然后就可以等着第三方物流公司在72小时内将货物送到店里，最后在网上签收就可以了。

（资料来源：http：//abc.wm23.com/zhaolianghui/166600.html）

2. 网络直销的优点

网络直销具有许多优点：

（1）能够促成产需直接沟通

由于是买卖双方直接接触，顾客可以更好地了解商品和享受服务，生产者可以直接了解顾客的需求、购买特点及其变化趋势。企业可以直接从市场上收集到真实的第一手资料，合理安排生产。

（2）实现买卖双方双赢

由于网络营销使企业的营销成本大大降低，从而使企业能够以较低的价格销售自己的产品；同时，消费者也能够买到大大低于现货市场价格的产品。

（3）降低流通过程中的损耗

由于去掉了商品流转的中间环节，因此减少了销售损失，有时也能加快商品的流转。

（4）提高产品质量

改善企业经营管理。网络直销使企业能够及时了解用户对产品的意见、要求和建议，从而使企业针对这些意见、要求和建议，生产更符合顾客需求的产品，并改善企业的经营管理。

3. 网上直销的缺点

当然，网络直销也有其自身的缺点：

（1）自建成本高

生产者若凭自己的力量去建设独立网络销售平台，成本会比较高。合理利用现有的网购平台应该是直销企业的首选，但同时也必须培养一个相应的网店运营人员团队。

（2）人才瓶颈明显

生产型企业在自销产品的时候，必须承担销售的具体工作。这样会加重生产者的工作负荷，分散生产者的精力。

（3）市场拓展缓慢

生产型企业利用自身力量去拓展市场，绝对不如利用中间商资源拓展市场有力度。所以一些批发型的服装企业在网络上进行销售时总是觉得零售进展太慢，不如批发快[77]。

此外，随着越来越多的企业和商家在网络上建网站，网络访问者很难有耐心一个个去访问一般的企业主页，特别是对于一些不知名的中小企业，大部分网络漫游者不愿意在此浪费时间，或者只是在“路过”时走马观花地看一眼。据有关资料介绍，我国目前建立的众多企业网站，除个别行业和部分特殊企业外，大部分网站访问者寥寥无几，营业额不大。

为解决这个问题，必须从两方面入手：一方面需要尽快组建具有高水平的专门服务于商务活动的网络信息服务点；另一方面需要从间接分销渠道中去寻找解决办法。

（二）网上间接销售渠道

网上间接销售渠道是指生产者利用网上中间商将商品供应给消费者或用户，中介机构介入交换活动。网上的间接销售相当于把产品卖给网络销售平台或具有较多淘客的网店销售，或进行网络批发。

为了克服网络直销的缺点，网络商品交易中介机构应运而生。中介机构成为连接买卖双方的枢纽，使网络间接销售成为可能，中国商品交易中心、商务商品交易中心、中国国际商务中心等都属于此类中介机构。此类机构在发展过程中仍然有很多问题需要解决，但其在未来虚拟网络市场的作用是其他机构所不能替代的。

从经济学的角度分析，网络商品交易中介机构的存在之所以成为必然是因为：

1. 简化了市场交易过程

假设市场上只有 3 个生产者和 3 个消费者。如果在没有网络商品中介机构的情况下，则 1 个生产企业要想销售自己的产品时，需要面对 3 个消费者，或者说 1 个消费者要想买到需要的商品时，也需要面对 3 个生产企业。因此，每个生产者和每个消费者若都利用网络直销建立联系，则总共需要发生 9 次交易关系（见图 7-6 买卖双方信息的直接传递关系图）。

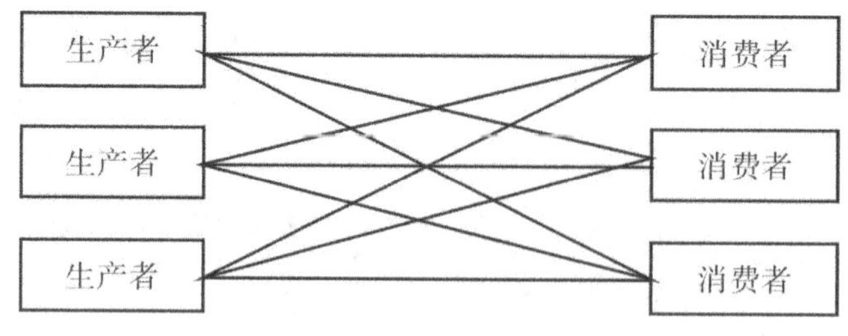

图 7-6 买卖双方信息的直接传递关系图

如果在生产者和消费者之间增加一个中介机构，发挥商品交易机构集中、平衡

[77] 陈学军 . 服装网络营销 [M]. 化学工业出版社 .2014.

和扩散三大功能，则每个生产者只需通过一个途径（中介机构）与消费者发生交易关系，每个消费者也只需通过同一个途径与生产者发生交易关系。在网络直销中必须发生的 9 次交易关系，由于有了中介机构则减少到 6 次，见图 7-7。

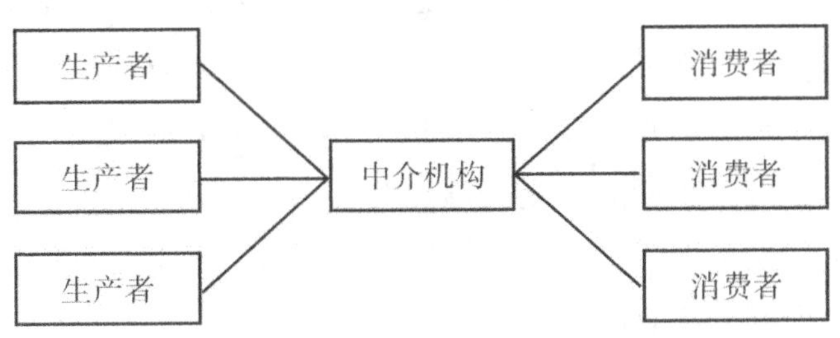

图 7-7　存在中介机构时买卖双方信息传递关系图

以此类推，如果有 5 个消费者和 10 个生产者时，这种交易关系则由 50 次减少到 15 次；如果有 50 个生产者和 100 个消费者时，交易关系则由 5000 次减少到 150 次。由此可见，网络商品交易机构的存在，大大简化了交易过程，使生产者和消费者都会感到满意和方便，其效果十分明显。

2. 使交易活动常规化

在传统的交易活动中，价格、数量、运输方式、交货时间和地点、支付方式等，每一个条件、每一个环节都可能使交易失败。如果这些变量能够在一定条件下常规化，交易成本就会显著降低，从而有效地提高交易的成功率。

网络商品交易中介机构在这方面做了许多有益的尝试。由于是虚拟市场，这种机构可以全天候地常年运转，避免了时间上和时差上的限制；买卖双方的意愿通过固定的表格统一和规范的表达，避免了相互扯皮；中介机构所属的配送中心分散在全国各地，可以最大限度地减少运输费用；网络交易严密的支付程序，使买卖双方彼此增加了信任感。

显然，由于网络商品交易中介机构的规范化运作，减少了交易过程中大量的不确定因素，降低了交易成本，提高了交易成功率。

3. 平均订货量规模化

对生产企业而言，工业的规模化生产性质决定了企业必须追求平均订货规模的扩大。作为连接生产者和消费者的一种新型纽带，网络商品交易中介机构可以有效地克服传统营销渠道的弊端。一方面，它能够以最短的渠道销售商品，满足消费者对商品价格的要求；另一方面，它能够通过计算机自动撮合的功能，组织商品的批量订货，满足生产者对规模经济的要求。这种具有功能集约的商品流转方式的出现，为从根本上解决现代工业发展中批量组货与订货的难题创造了先行条件。

4. 便利了买卖双方的信息收集过程

在传统的交易中，买卖双方都卷入了一个双向的信息收集过程。这种状况既要付出费用，又要承担一定的风险。信息来源的局限性使生产者不能确定消费者的需要，消费者也无法找到他所需要的商品。网络商品交易中介机构的出现改变了这种状况，为信息的收集过程提供了便利。网络商品交易中介机构本身是一个巨大的数据库，其中聚集了全国乃至全世界的众多厂商，也汇集了成千上万种商品。这些厂商和商品实行多种分类，可以从各个不同的角度进行检索。买卖双方完全可以在不同的地区、不同的时间，在同一个网址上查询不同的信息，方便地交流不同意见，在中介机构的协调下，匹配供应意愿和需求意愿。

（三）双渠道

所谓双渠道，是指企业同时使用网络直销和网络间接销售渠道。在买方市场条件下，通过两条渠道销售产品比通过一条渠道更容易实现“市场渗透”。因此，这是生产企业网络营销渠道的最佳策略。

企业利用双渠道的策略又称“双道法”。所谓的双道法，就是企业为了达到销售业绩最大的目的，同时使用网络直销和网上间接销售渠道的策略。企业在互联网上建立网站，一方面为企业打开了一个对外开放的窗口，另一方面，也建立了自己的网络直销渠道。事实也充分证明，国外的亚马逊书店，国内青岛海尔集团的实践，都说明了企业上网建站大有作为，建站越早，收益越早。

在选择电子商务的中间商时，必须考虑成本（Cost）、信用（Credit）、覆盖（Coverage）、特色（Character）、连续性（Continuity）、能力（Capability）、控制力（Control）、资金（Capital）8 个方面的因素。这 8 个方面的因素可以称之为网上间接销售渠道的五大关键因素，也称之为“8C”因素。

二、网络渠道的策略

企业在设计营销渠道的过程中，一方面应考虑网络直销、网络间接销售及两者并用的方式，开展营销活动；另一方面要通过对地理市场、产品品种的需求、消费者订货类型等分布状况加以分析和研究，以确定在不同的地区采取不同的销售形式或渠道策略。

（一）渠道策略的内容

仅从销售渠道层次的角度来看，网络营销的渠道已简化为网络这一单一的层次，但在渠道的管理上出现了传统销售渠道策略没有遇到的新问题，构成了网络营销渠道策略研究的主要内容。

（1）订单管理。订单管理是渠道策略中最重要的问题，由它可以生成消费者信息数据库，可以用作多项营销决策分析及效果评估的基础。

（2）物流。这时要涉及网络渠道与传统运货方式相配合的问题。

（3）与传统销售渠道的结合。可以利用网络营销将消费者引导到传统渠道中购物，这时就要研究这两类渠道相匹配的问题，即所谓的复合营销（Combined Marketing）和贸易支持营销（Trade Supporting Marketing）。

（4）网上付款安全问题。消费者在决定购买后，可直接利用电子邮件进行线上订购，并通过划拨电汇方式付款，由企业通过邮寄送货上门进行货物交割。但在网络上直接使用电子货币付款方式上，如何保证安全是目前网络营销中最困难的问题之一，也是限制网络营销真正发展的“瓶颈”。

（二）网络营销的渠道策略

网络营销渠道的选择是整个市场营销组合策略的重要组成部分。合理的网络营销渠道，一方面可以最有效地把产品及时提供给消费者，满足用户的需要；另一方面有利于扩大销售，加速物资和资金的周转速度，降低营销费用。

1. 网上配送联盟

在如今流通形式多样化的情况下，传统营销渠道已经不能满足企业低成本与多样性的要求，很多从事网络营销的企业都在构筑富有效率的配送体系。

随着消费者个性化、多样化的日益发展，在配送上要求企业实行多品种、少批量、多频度的配送。这使一些中小型商务网站面临巨大压力：一方面由于自身规模较小，不具备商品即时配送的能力；另一方面，由于经验少，发展时间短等各种原因，不具备配送服务必需的技术。因此，它们难以适应如今多频率、少量配送的要求。即使有些商务网站完善了自己的配送体系从而拥有了这种能力，但限于经济上的考虑，也要等到商品配送总和达到企业配送规模经济要求才能降低成本。面对上述问题，作为解决网络营销中配送问题的新方向，旨在弥合企业规模与实际需要对应矛盾的企业网上配送联盟应运而生。

例如，“8848”借助于“连邦”软件的配送体系完成自己的配送。网上配送联盟可以通过优势互补，营造集成增效的效果，以获得消费者的认同为宗旨，确保消费者的最大满意度，使得供应商、渠道商和消费者之间的亲合度大大增强。

2. 虚拟店铺渠道

在企业网站上设立虚拟店铺，通过三维多媒体设计，形成网上优良的购物环境，进行各种新奇的、个性化的店面布置以吸引更多的消费者进入虚拟商店购物。虚拟橱窗可 24 小时营业，服务全球消费者，并可设虚拟售货员或网上导购员回答专业性问题，这一优势是一般商店所不能比拟的。

例如，可以在首页设计上采取虚拟实境的手法，设立虚拟的商店橱窗，使消费者如同进入实际的商场一般，可以随意选择要进入的柜台，如服装专柜、家电专柜等，挑选自己所喜爱的商品。商店橱窗的样式、布局、色调可以利用计算机技术设计得更加吸引消费者，并且随着时间、季节，促销活动、经营策略、消费者类型等的需要，轻易快速地改变设计，随时变动，这是实际中的零售商所望尘莫及的。虚拟商店可以24小时服务，不占用土地和设备，全球消费者可随时进入“商场”走一遭。“商场”内的服务员永远笑容可掬，彬彬有礼，百问不厌，百挑不烦。

3. 网络渠道

网络将消费者与企业直接连接在一起，给企业提供了一种全新的销售渠道。主要包括：

（1）会员网络

网络营销中一个最重要的渠道就是会员网络。会员网络是在企业建立虚拟组织的基础上形成的网络团体。通过会员制，促进消费者相互间的联系和交流，以及消费者与企业的联系和交流，培养消费者对企业的忠诚，并把消费者融入到企业的整个营销过程中，使会员网络的每一个成员都能互惠互利，共同发展。

（2）分销网络

根据企业提供的产品和服务的不同，分销渠道也不一样。如果企业提供的是信息产品，就可以直接在网上进行销售，需要较少的分销商，甚至不需要分销商。如果企业提供的是有形产品，就需要分销商。企业要想达到较大规模的营销，就要有较大规模的分销渠道，建立大范围的分销网络。

（3）快递网络

对于提供有形产品的企业，要把产品及时送到消费者手中，就需要通过快递公司的送货网络来实现。规模大、效率高的快递公司建立的全国甚至全球范围的快递网络，是企业开展网络营销的重要条件。

（4）服务网络

如果企业提供的是无形服务，企业可以直接通过因特网实现服务功能。如果企业提供的是有形服务，则需要对消费者进行现场服务，企业就需要建立服务网络，为不同区域的消费者提供及时的服务。企业可以自己建立服务网络，也可以通过专业性服务公司的网络实现为顾客服务的目的。

（5）生产网络

为了实现及时供货，以及降低生产、运输等成本，企业要在一些目标市场区域建立生产中心或配送中心，形成企业的生产网络，并同供应商的供货网络及快递公司的送货网络相结合。企业在进行网络营销中，根据消费者的订货情况，通过因特网和企业内部网对生产网络、供货网络和送货网络进行最优组合调度，可以把低成本、高速度的网络营销方式发挥到极限。

三、网络营销渠道建设

由于网上销售对象不同，网上销售渠道还是会有很大区别的。一般来说网上销售主要有两种方式：B2B（Business to Business）和 B2C（Business to Customer）。

B2B 模式每次交易量很大、交易次数较少，并且购买方比较集中。因此网上销售渠道的建设关键是建设好订货系统，方便购买企业进行选择；由于企业一般信用较好，通过网上结算实现付款比较简单；此外，由于量大次数少，因此配送时可进行专门配送，既保证速度也保证质量，减少中间环节造成损伤。

B2C 模式的每次交易量小、交易次数多，而且购买者非常分散。因此网上销售渠道建设的关键是结算系统和配送系统，这也是目前网上购物必须面对的门槛。由于国内消费者信用机制还没有建立起来，加之缺少专业配送系统，因此开展网上购物活动时，特别是面对大众购物时必须解决好这两个环节。

在选择网络销售渠道时还要注意产品的特性。有些产品易于数字化，可以直接通过网络传输，如大多数的无形产品和服务都可以通过互联网实现远程传输，可以脱离对传统配送渠道的依赖；但大多数有形产品，还必须依靠传统配送渠道来实现货物的空间移动。对于部分产品所依赖的渠道，可以通过互联网进行改造，最大限度地提高渠道的效率，减少渠道运营中的人为失误和时间延误造成的损失。在具体建设网络营销渠道时，还要考虑到下面几个方面的问题：

（一）从消费者角度设计渠道

只有采用消费者比较放心、容易接受的方式来建设网络营销渠道才有可能吸引消费者使用网上购物，以克服网上购物“虚”的感觉。如货到付款的方式[78]。

网络营销中渠道的管理首要因素应该是时间。网上购物者的时间观念不再是以分钟来计算，而是以秒来计算的。在网上操作时 3 秒钟的等待就已经令人难以忍受。因而，进行网上销售的公司必须使自己的信息反馈系统快捷而准确。只有这样，才能保证渠道的畅通，提高消费者的满意度。

（二）订货系统要简单明了

在设计网上订货系统时，应注意以下几个方面。

首先，为了减少消费者订货的麻烦，提高订货的易操作性和信息传送的准确性，订单的设计应尽量减少消费者的劳动，要方便、简单、易操作。可以将订单放在页面上，消费者需要购买时，只需输入购买数量，按一下“Submit”（提交）按钮就完成订货。

其次，当消费者在网上购买不同厂家的多种产品时，为了使消费者订货或购物方

[78] 朱文静 . 电子商务下的网络营销策略 [J]. 当代经济 .2016 年 6 月上 .

便，应采用一种叫“购物车”（Shopping Cart）的技术方式模拟超市，让消费者一边看物品一边选购。“购物车”实际上是一种较高级的商品目录，其功能是使消费者更简便地在目录中选择所需要的商品，使购物过程非常容易操作。此外，当消费者选择不同厂家的产品时，购物车可以让消费者在购物结束后，只需进行一次付款。

第三，最好告诉消费者在什么时间范围内能够收到货物。公司最好能保证向消费者宣布：“保证数量，24 小时内运达！”。

第四，最好能让消费者选择送货方式，并能在网站上专门设立一个免费的订购电话。

（三）建立完善的配送系统

消费者只有看到购买的商品到家后，才能真正感到踏实，因此建设快速而有效的配送服务系统，保证货物尽快到达消费者手中是非常重要的。在现阶段，我国配送体系还不成熟的时候，进行网上销售时要考虑到该产品是否适合于目前的配送体系，正因为如此，目前网上销售的商品大多是价值较少的不易损坏的商品，如图书和小件电子类产品等。

（四）保证结算安全

在选择结算方式时，应考虑到目前的实际发展状况，应尽量提供多种结算方式，以方便消费者选择，如可以与银行结算联网，开发网络结算系统，将网上消费的结算与银行转账系统联网，使消费者能够轻松地在网上购物、网上结算。同时还要考虑网上结算的安全性，对于不安全的直接结算方式，应转换成间接的安全方式。如 8848 网站将其信用卡号和账号公开，消费者可以自己通过信用卡终端自行转账，避免了网上输入账号和密码丢失的风险。在中国，目前采用货到付款方式比较让人认可[79]。

第五节　渠道冲突

在西方渠道行为理论中，渠道冲突被定义为：“一个渠道成员意识到另一个渠道成员正在阻挠或干扰他实现自己的目标或有效运作；或一个渠道成员意识到另一个渠道成员正在从事某种会伤害、威胁其利益，或者以损害其利益为代价获取稀缺资源的活动[80]。”只有当渠道中的某一成员认为另一成员的行为妨碍了他实现自己的目标

[79] 陈桂玲 . 网络营销的渠道策略 [J]. 集团经济研究 .2006（8）.

[80] Douglas w. La Bahn and Katrin R. Harich、Sensitivity to National Business Culture: Effects on U.S.–Mexican Channel Relational Marketing、5（December 1997），PP29–51.

时，冲突才会产生。

一、渠道冲突的概念

所谓的渠道冲突，是指渠道成员发现其他渠道成员从事的活动阻碍或者不利于本组织实现自身的目标，从而发生的种种矛盾和纠纷。传统中间商在经营过程中往往有着相对固定的营销区域，而网络渠道没有时空限制，具有成本的优势，原有线下营销商的销售势必会受到冲击。

（一）渠道冲突的三种类型

渠道冲突包括三种：垂直渠道冲突（又叫纵向冲突）、水平渠道冲突（又叫横向冲突）以及多渠道冲突（又叫交叉冲突）。由于生产企业在传统渠道的基础上，引入了网络营销渠道，因此网络渠道冲突大部分属于多渠道冲突，具体有以下三种类型：

1. 企业线上直销部门与线下直销部门的冲突

双模式的直销渠道各有其利弊。传统直销渠道主要是直营店，直营店的缺点是其运转需要大量的资金和人力，优点在于对品牌的推广和树立方面；而网络直销的优点在于人力物力方面的投入相对较少，在没有空间限制的网络上运作，其缺点是线上直营店的维护需要专门的技术人员，流量成本巨大，且消费者只能通过图片及文字说明了解产品，无法实际接触试用，在网站制作上投入大量的时间和资金。这种冲突主要出现在企业内部直营部门和电子商务部门之间。

2. 线下中间商与线上直销渠道成员之间的冲突

有些企业同时开展线上和线下两种营销渠道，不仅开设品牌专卖店，而且自建线上渠道销售产品。网络渠道使企业的网上旗舰店直接面向消费者，从而更好地掌握市场信息，并借助获得的信息设计针对目标消费群的个性化产品，这就形成了对线下中间商的威胁。

传统营销渠道是靠线下分销商来分销产品，一般在某一区域内只有一个或极少数几个分销商相互竞争，他们之间的利润分配往往还是比较稳固的。但随着电子商务的发展，许多生产者希望兴建网络渠道来开拓市场，节约成本。直销网站的覆盖范围广，与消费者接触容易，使得线下分销商的客户部分流失而向生产者直接购买。线下中间商开始对制造商产生不满，严重的还会对其进行投诉，两者之间的冲突问题由此而生。

3. 线下渠道与线上渠道中间商之间的冲突

迫于经营压力，传统经销商（中间商）尝试在网上开展未经企业正规品牌授权的店铺，试图以低价夺回自己的市场，却引发了同款商品的“价格战”。在淘宝网上以品牌名称为关键词搜索店铺，例如：“阿迪达斯”“歌莉娅”“欧时力”等，均会出现成千上万家。原本的线下经销商转变成线上中间商，加剧了线上线下中间商分销的冲突。

虽然线下专卖店也经常会有打折促销活动，但是比网上的价格还是要高。大多数消费者都会对价格比较敏感，就会放弃去实体店购买。继续下去，就会引起线下加盟商和代理商（中间商）的不满和抱怨，导致冲突。

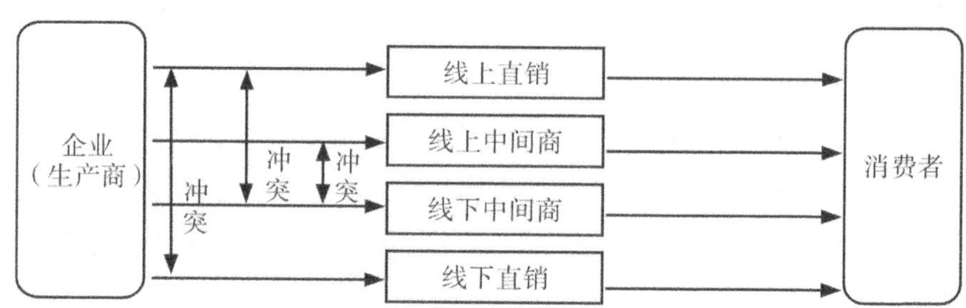

图 7-8　渠道冲突的类型

图 7-8 是对渠道冲突类型的概括。此外，传统中间商网络渠道和电子中间商网络渠道都在网上设立店铺，这就使得网店过多，分流了一部分客户。

（二）冲突的三个表现

针对网络渠道与传统营销渠道的冲突问题，其表现主要有以下三点：

1. 渠道之间的资源争夺

各渠道成员对消费者、销售区域、资金技术等资源争夺，首先是对于消费者的争夺。例如同一款产品，消费者既可以通过网络渠道直接购买，也可以通过在实体店购买，这难免会造成对同一消费者的争夺。其次，对于销售区域的争夺。在引入线上渠道之前，多数服装企业特定区域的销售是由该区域的经销商或代理商负责管理和运营的，引入线上渠道后，两种渠道就开始了对重叠区域销售经营权的争夺。最后，企业内部对于资金、技术、人才等的争夺。这种现象主要发生在线下经销商与制造商/线上中间商之间，线下经销商向制造商在资金支持、价格优惠等方面提出更高的要求，使得线上中间商获得的优惠更少。

2. “搭便车”行为

搭便车的行为可以描述为一个零售商付出了多种销售努力，如零售展示、零售广告等，而消费者最终的购买是在另一个价格较低的零售店内进行。

网络零售商搭了线下实体零售“销售努力”的便车，使得线下零售商在竞争中处于劣势。服装线上线下渠道“搭便车”行为主要体现在消费者在线下的实体店进行试衣，对于满意的衣服，会记下其货号以及尺码等信息，转而到该款服装的线上店铺进行购买。这种行为虽然表面上看属于消费者的个人行为，而实际上是线上渠道经营搭了线下渠道服务、品牌推广以及促销等功能的“便车”[81]。

在渠道冲突领域，一些学者认为在多渠道环境下，搭便车会降低售前服务、消费者产品知识传授、销售人员培训等的零售服务水平。

3. 价格混乱现象

同一款商品的价格可能千差万别，造成商品的价格混乱现象。例如，在淘宝的首页上输入某一知名品牌的名称作为关键词进行搜索，点击出现的某一款服装，复制其款式及型号，如“欧时力大衣女 1154341580”，淘宝首页搜索框中进行再次搜索，就会出现从 238 元至 2398 元之间的各种价格。不只是欧时力，其他很多品牌服装都有类似现象。

经销商对许多品牌都制定了奖励政策，一般销量越大，返利越多。对于部分经销商而言，建立一条渠道的成本相对较低，因此线上渠道就成为了经销商销售的主要途径，在线上渠道以低价走量，将销售所得返点奖励作为经营利润的一部分。在信息畅通便捷的今天，一家销售商的价格折扣过低对于同类销售商有很大冲击。

二、冲突产生原因

渠道冲突正是社会关系中不可避免的一种：渠道冲突是一种状态，是渠道成员之间行为或关系的存在状态；渠道冲突是某一渠道成员对另一渠道成员的破坏性行为或感知；渠道冲突多发生在渠道目标或利润的实现过程中。渠道冲突产生的原因相当复杂。按照西方渠道行为理论分析，导致冲突的原因主要有以下三点。

（一）领域重叠

营销渠道中的决策领域主要包括目标顾客、销售区域、渠道功能分工和技术等。网络渠道没有时空限制，这就会和线下渠道的经营区域发生重叠。对于企业某一特定产品线，网络渠道和传统营销渠道的目标客户是一样的，因此，除非线上和线下的顾客没有重叠，否则这两种渠道间的冲突是不可避免的。

在电子商务发展的背景下，网络渠道和传统渠道成员为获得利益最大化而对顾客展开争夺。若领域重叠范围越大，渠道冲突的程度也就越大。企业往往通过网络渠道来扩展市场，但与线下实体店经营领域的重叠常常会引起线下中间商的不满。线下中间商出于对自身利益的保护也会采取措施，如反对、投诉等。

上文提到的“搭便车”现象更是令线下中间商愤懑不止，却又无法避免。例如对于同一款服装，由于网上的定价往往会比实体专卖店的价格低。消费者可能会在线下实体店进行衣服的挑选、试穿，在确定适合之后，记下服装的型号等信息，转而通过线上渠道进行购买。线下渠道执行了促销、售前服务等功能，而线上渠道执行的仅

---

[81] 李欣 . 服装线上线下营销渠道冲突问题研究 [D]. 浙江理工大学 .2013.06.

仅是订单处理等功能。长此以往，线下渠道所付出的前期准备和成本，最终让线上渠道获得了收益，实体专卖店的付出和回报完全不成正比，必然会导致线下分销商的不满，从而产生冲突。还可能会使得线下销售人员认为，既然顾客来实体店挑选、试穿之后，购买的可能性极低，对顾客丧失信心，就会降低服务水平，这不利于品牌形象，最终形成恶性循环[82]。

（二）感知差异

感知差异主要是因所处环境不同而对现实产生不同的理解或期望，从而对渠道成员之间的冲突产生影响。

“感知”最初是心理学的概念，是指个体对外部刺激进行选择和解释的过程。这里，我们借用这个概念，认为感知是渠道成员的类似行为。不同的渠道成员对同样的外部刺激的选择和解释可能大相径庭。这是因为“感知”，受到渠道成员态度、观察角度、利益、经验和特定的企业文化的影响。渠道成员行为的根据是自己所感觉到的事实，而不是客观事实。因而，渠道成员之间很可能在事实上不存在差异的方面发生冲突。在渠道中，不同的成员可能感知的是同一种刺激，但对其的解释却大相径庭。

对于网络渠道的建立，线下中间商、产品制造商、线上中间商也有不同的看法。线下中间商可能会认为网络渠道的建立会夺去本应属于线下中间商的目标消费者，是在瓜分其利益，这样做是在争夺原本属于他们的市场，挤压他们的生存空间，他们付出了推广等努力却得不到应有的市场份额；而制造商或线上中间商则会认为，网络渠道针对的是区别于线下渠道的目标消费者，两者之间虽有重叠但更多的是互补关系，线上营销渠道的建立会使整体的市场得到扩大[83]。

此外，对于产品折扣率、销售奖励率等的理解不同，也会导致冲突产生。再如，网络渠道和传统渠道的中间商对于制造商的合作促销方案设计的看法会不一致，线下分销渠道中间商认为这样能够刺激该产品的销售量，而线上分销渠道的中间商则会综合考虑利用它的网页做广告的机会成本，可能对这个计划的兴趣就不大。

（三）目标不一致

如今网络渠道和传统渠道上的成员共同争夺利润和目标市场，网络渠道的优势导致诸多线下实体店销售业绩下滑甚至濒临倒闭，这就是渠道冲突的破坏作用之一。

对于传统营销商，主要目标是实现销量的增加，单位销售成本的降低，佣金的提高，交货速度的提升等。制造商构建网络渠道的主要目标是开拓新的渠道，实现更多销售，使生产达到经济规模，同时通过网络营销方式降低交易成本，更好地了解市

---

[82] 李欣．服装线上线下营销渠道冲突问题研究 [D]. 浙江理工大学．2013.06.

[83] 马咏梅．渠道冲突管理理论与实证分析 [D]. 西南财经大学．2007.

场，了解消费者的相关信息。（网络渠道与传统渠道的目标显然是不一致的，二者的共同之处在于，都希望实现更多的销售，但制造商是希望多销售自己的产品，传统营销商是只要实现产品的更多销售，不一定是这一家制造商的产品。[84]）

表 7-1 企业建立网络渠道与传统渠道目标对比

网络渠道目标	传统渠道目标
开拓新的渠道，实现更多的销售，扩大市场占有率	实现销量的增加，巩固现有顾客群并发展新的顾客
减少营销渠道的中间环节，降低渠道成本	最大限度地提高投资回报率
加强与终端消费者的接触，缩短运营周期，加快市场响应能力	维护声誉、最大限度提高销量

以服装行业为例，构建网络渠道的首要目标在于与终端消费者互动获得第一手市场信息，并在第一时间设计、生产出满足市场需求的个性化产品，增加市场占有率和销售额，降低渠道经营成本以及缩短经营周期；而传统营销渠道的主要营销目的是获得更多的顾客，提高返店率、投资回报率等。可见，两者的目标是不一致的，网络渠道的目标重在扩展市场、压缩渠道中间环节，线下渠道的目标则重在巩固原有市场的基础上进一步发展。

综上所述，线上线下渠道冲突的根源主要就是营销领域的重叠、目标不一致和感知差异。

三、渠道冲突的管理策略

如今，信息技术的进步为线上线下渠道进一步融合发展提供了基础。以手机为核心的信息技术，如移动 App、移动支付、大数据分析等，一方面使消费者购物更加便利，足不出户就可以购买商品；另一方面，让商家和消费者之间更加了解，信息不对称慢慢消失。从未来的发展趋势来看，线上和线下渠道深入融合，将迈入渠道的精细化和专业化发展的新阶段[85]。

企业应该充分发挥两种渠道的优势，避免劣势和冲突，促进网络渠道和传统渠道进一步融合，促进市场健康有序发展。

（一）基于市场细分的渠道选择

可以分为线上线下模式，这个标准来源于客户对网络销售的需求，具体分为两种类型：一是传统消费者，注重线下购物体验，二是线上消费者，寻求便捷。由于存在

[84] 文晓庆 . 网络时代混合营销渠道冲突及管理 [J]. 企业管理 . 2010（6）.

[85]《服装行业发展报告 2014-2015》.

线上和线下的不同模式，可以采取差异定价，要采取适合的方式制定防止串价。可采取的差异策略包括：

1. 差别市场

就是对目标群体进行划分和分层，对不同的细分市场以不同的渠道侧重，从而更好地满足传统渠道拥护者和网络渠道追随者的需求。把消费者分为：价格敏感的消费者、注重品质的消费者、老年的消费者、年轻的消费者等，分析他们消费习惯的差异，划分出不同的细分市场，促使企业采取更加精准化和专业化的分销模式。

2. 差别产品

针对不同需求的消费者，企业为了实现商品价值的最大化，就必须利用不同渠道的优势，销售与渠道优势相匹配的商品，尽最大可能迎合更多消费者的品位。网络渠道的优势是客流量大、成交价格相对较低；而传统实体零售渠道则能够实实在在的接触商品，体验的优势明显。所以，企业应在线上渠道出售标准化程度较高的商品；而在线下渠道出售性价比较高、科技含量较高、功能性突出的商品，利用商品的品质和体验吸引愿意为高品质商品买单的消费者。

3. 差别定价

通过适合的差别定价方法，既能保证不同模式的盈利水平，又能控制商品的流通。利用价格手段吸引对价格敏感的需求者。

（二）产品生命周期中的渠道选择

产品生命周期是指产品在市场上的流通寿命，指的是产品从进入市场，到最终退出市场为止所经历的商品流通周期，具体包括导入期、成长期、成熟期、衰退期四个阶段。该理论认为，一种商品从最初进入市场到最终退出市场会经历一个需求的变化，经过一段时间后，商品将退出流通市场。基于这个理论，企业在进行线上和线下渠道选择时可以考虑以下几点：

1. 导入期

线上线下同时宣传及销售，以提高知名度。在进入市场初期，重点经营线下模式，注重消费者的切身体验，打好品牌优势，为线上模式铺路。与此同时，要主动接受消费者的反馈和建议，完善产品和品牌。

2. 成长期

加强两种模式的广告宣传，通过双渠道投放产品，以满足不同消费群体的购物选择。在成长期，由于已经培育了部分忠实的消费者，线上定价略低于线下，给忠实的客户利益。

3. 成熟期

是竞争最激烈的时期，也是产品边际利益最低的时候，此时消费者对价格极为敏感，网上定价应该远低于线下模式，通过线上模式消息的灵便和畅通，多做广告，采用薄利多销的模式，通过量的优势提高利润。

4. 衰退期

产品几乎没有赢利，可以考虑放弃线下渠道，选择线上渠道，以便降低库存和运输成本。这时，价格只需维持在一个较低的水平即可，同时注意新产品的投放，积极引导新产品向成长期迈近。

（三）加强市场管理和渠道管理

加强在市场上和渠道上的管理，即要通过采用科学有效的措施，使得线上和线下模式良好的契合，提高渠道成员的思想认识，鼓励成就公司和企业的双赢，实现线上和线下模式相互依托，取得双赢，以及优化渠道，提高效率。

1. 协同发展，避免敌对

要加强线上渠道与线下渠道的协同发展，避免敌对现象。线下渠道不要把线上渠道看成是自己的敌人，而要看成是正当竞争者，开展正当竞争关系。线上线下渠道都存在特定的优势和劣势，却在很大程度上互补不足。如线下销售为线上销售做保障，线下积压库存可以通过线上低价模式出售。有效整合线下和线上，使得两种销售渠道能够优秀契合，通过两个渠道的各自优势为品牌打广告。通过一系列配合好的措施将使销售和渠道得到优化。

2. 加强目标管理，建立超级目标

科学的目标管理方法可以减少员工以私利为主的心态，规划集体目标，要求渠道员工以集体利益为出发点。企业通过制定管理规划约束成员行为，并对成员的职责和利益分配明确。

3. 冲突控制

通过预防冲突、化解冲突和消除冲突影响三个方面来控制冲突。首先，企业要充分认识到两种渠道可能存在的诸多冲突，比如价格、物流等，并对两者的职责和功能进行科学合理的划分。当冲突发生时，要积极主动的应对，通过调查来分析原因和趋势，建立专门的应对小组，通过沟通、协调、平衡渠道利益等措施改善渠道间关系。最后，当冲突发生后，应尽快采取措施弥补，事后要对冲突发生的起因、经过、影响等进行总结反思，为以后的渠道规划和销售安排提供经验。

（四）O2O 模式

现今十分流行的 O2O 模式就是一种有效整合网络渠道和传统渠道的措施，线上支付线下消费。

O2O 模式（Online To Offline），是指将线下的商务机会与互联网结合，让互联网成为线下交易的平台，这个概念最早来源于美国。O2O 的概念非常广泛，既可涉及线上，又可涉及线下，可以通称为O2O。这种模式既发挥了线上信息量大客流量大的优势，又弥补企业线上交易的不足，发挥实体店的优势。这种新型模式对消费者和企业都十分有利：一方面能节约消费者的成本和精力，提高用户在消费时候的体验。另一方面，也可以给企业带来如下好处：

（1）企业可通过O2O平台，利用从终端实时采集的客户数据来分析客户对产品的个人偏好、消费水平和消费习惯等内容，有针对性的提供销售和服务。

（2）将客户信息反馈到线下实体店，进一步维护企业良好的客户关系。

（3）顾客的需求数据可以成为生产商确定生产数量的重要依据，有效减少企业的库存量。

适合O2O模式的行业有手机数码、餐饮、服装、旅游等。例如服装行业的O2O模式就是采用行之有效的宣传方法将消费者引导到企业线上平台，然后消费者根据自己的需求挑选适合自己的服装，最后到线下服装店去体验试穿、消费。

总之，企业营销的目的是使企业利益最大化，无论是网络营销渠道还是传统营销渠道，都是提升企业市场成长率、扩大企业市场占有率、增加企业利润额的途径之一。要想跟上时代发展的步伐并保持传统渠道优势，渠道整合有着不可忽视的作用，必须将其提升至企业发展的战略高度来看。

【本章小结】

1. 网络营销渠道策略是指企业在以电子信息技术为代表的网络化条件下，对各种营销渠道模式的选择和组合。建立起一个开放的、高效的、适合市场竞争机制需要的企业新的营销渠道体系和模式是企业制胜的关键。

2. 渠道可分长度、宽度、广度三种结构类型。渠道的长度结构，也叫“层级结构”，是指按照渠道层级数量的多少来划分，可把渠道分为零级渠道、一级渠道、二级渠道等多级渠道。渠道的宽度结构，是根据每一层级渠道中间商的数量，可把渠道分为密集分销、选择分销、独家分销。渠道的广度是渠道的一种多元化选择。

3. 网络渠道是指通过网络提供产品以供消费者使用的过程及其相关的一整套相互依存的机构，它涉及信息沟通、资金转移和产品转移等。一个完善的网络营销渠道应有三大功能：订货功能、结算功能和配送功能。

4. 网络直销是指生产商通过网络直接销售渠道直接销售产品，能够促成产需直接沟通，实现买卖双方双赢，降低流通过程中的损耗，提高产品质量，改善企业经营管理。但是网络直销的自建成本高、人才瓶颈明显、市场拓展缓慢。网上间接销售渠道是指生产者利用网上中间商将商品供应给消费者或用户，中介机构介入交换活动，有助于产品广泛分销；缓解生产者资源的不足；有利于企业之间的专业化协作。但网络间接销售具有以下弱点：可能形成“需求滞后差”；可能加重消费者的负担；不便于直接沟通信息。

5. 企业在建设网络营销渠道时，要从以下四个方面考虑：从消费者角度设计渠道、订货系统要简单明了、建立完善的配送系统、保证结算安全。

6. 所谓的渠道冲突，是指渠道成员发现其他渠道成员从事的活动阻碍或者不利于本组织实现自身的目标，从而发生的种种矛盾和纠纷。传统中间商在经营过程中往往有着相对固定的营销区域，而网络渠道没有时空限制，具有成本的优势，原有线下营销商的销售势必会受到冲击。

关键术语：网络直销　网络间接销售　网络渠道冲突

【延伸阅读】

富安娜诉罗莱网络营销侵权，家纺业渠道战升级

“罗莱用不正当的方式从网上把我们的用户导走，换取成自己的流量，形成订单。目前我们已进入诉讼阶段。”富安娜媒介公关经理罗莉红说。2009 年 9 月至 10 月期间，罗莱家纺在其网站推介过程中，利用 Google 竞价排名，将“富安娜”的搜索链接指向罗莱的电子商务网站，当然罗莱的网站只销售罗莱的产品。富安娜认为，罗莱家纺侵犯了其商标专利权。

多年前，一大批中小家纺企业曾试水电子商务，但都无疾而终，大品牌则一直倚重商场和专卖店两大传统渠道。为何家纺业的两大巨头今年突然开始网络渠道的争夺？调查发现，由于原材料的急速上涨，家纺业的厮杀将迎来一个高潮，抢占新兴渠道正是这个高潮即将到来的一个信号。

一、原材料暴涨

江苏南通是中国四大纺织品集散中心之一，被称是“四件套”的最大生产基地。这里盘踞了大大小小、数量众多的家纺生产企业，支撑了家纺业内销和外贸的半壁江山。罗莱就是从南通发家，最终成为中国家纺业第一股。

但今年，南通的家纺企业感到了前所未有的压力。

储俊是当地一家中型家纺企业的负责人，他告诉《华夏时报》记者，从去年 10 月开始，原材料简直可以用“暴涨”来形容。“到今年四五月份，一吨纯棉纱已经从去年的 1.8 万元涨到 2.8 万元，棉纱涨价最凶的时候，一个月会涨两三千。化纤也同时上涨，一周会涨四五百块。”

年初，储俊到纱厂、坯布厂进货时发现，这些原材料的订单已经排到了 7 月，而且都要现钱支付，不可能再像以往那样可偶有赊账。

据相关分析，今年全国范围内的异常天气使得新疆、长江流域的棉花播种进度较去年同期有所推延，导致后备棉产量不足。中国第二大棉花进口来源国印度近日暂停了棉花出口登记，使得本就处在高位震荡的棉花国际供需关系更为紧张。至6月初，标准级棉花已涨至17591元/吨，较2009年上涨了37.10%。

除了棉花，毛纺、麻纺、丝绸、针织、化纤甚至是印染所用面料，今年都有不同程度的涨幅，就连外包装用的纸张也上涨了20%～30%。劳动力成本也在攀升。据中国家纺协会调查显示，今年全国家纺行业劳动力成本上涨幅度已超过10%。往年六七月是秋冬装下订单的高峰期，但面对今年的成本上涨，不少家纺企业都推迟了秋冬装新品的上市。

罗莱这样的大企业也感到了压力。该企业一位采购人员向本报记者表示，原材料如果按“等质等量”衡量，涨价对罗莱和其他任何企业都是相同的。“好比搬起一块巨石，个头大的和个头小的，要费的力气都是一样的。”

家纺业进入了微利时代，而寻求渠道创新成为缓解高压的重要方式。

二、渠道恩怨

一直以来，商场和专卖店是家纺业的主流渠道，今年更多的渠道开始试水。比如一些家纺企业开始尝试在家具城开设家居生活馆，或者在大型连锁卖场中开设家居店中店。这在一定程度上规避了进驻商场的高额代价。

其中，电子商务这一新兴渠道很被看好。罗莱不仅在淘宝商城上开出旗舰店，还成立了专门的电子商务网站LOVO。LOVO不惜重金将网站建设及运营外包，一度被业内称道。

而有报道称，罗莱不遗余力开拓电子商务市场，其实是弥补加盟商退潮的有力手段。罗莱一直以加盟店为主，直营的贡献比例一直很低。2009年，罗莱开始加码直营店的建设，直营店销售比重由2008年的15.45%上升到16.27%。正因为如此，一批加盟商受到正规军的直接挑战，加盟热情降低。罗莱2010年半年报分析称，公司直营和加盟渠道的收入均同步提升约55%。根据测算，加盟门店的同比增速约为11%，收入的提升主要来自单店收入增幅显著，直营渠道收入提升则主要依赖门店数量的同比大幅增长。

在传统渠道中，罗莱有不敌富安娜的迹象。中国服装网《2010年上半年中国家纺内销市场渠道分析》显示，按2009年财务报表显示的相关数据进行推算，富安娜的销售终端数量为罗莱的60%，销售额却达到罗莱的70%。富安娜单店产出为70万元/年，罗莱为63万元/年，相差10%。从财务数据分析，富安娜单店销售业绩和其出色的直营系统有着密不可分的关系，很多家纺企业也从富安娜挖直营人员以提高自身企业终端运营能力。

罗莱2009年网络销售额在2000万元左右。这个业绩在罗莱家纺2009年11.45亿的销售收入中虽显得微不足道，但富安娜认为，其中一部分还是罗莱使用了非法手段进行网络推广才得来的。

罗莉红说，2009 年 9 月，消费者向富安娜投诉，称在 Google 上搜索富安娜，看到罗莱以“买富安娜到 LOVO”的名义推广其网站。富安娜通过中国家纺协会向罗莱提出交涉，罗莱随即做出了改正。而这样的问题在 10 月再次出现，交涉后罗莱又撤下了虚假宣传。但 11 月份，罗莱第三次虚假推广其网站。“这么做最终的受益方是谁显而易见。一定是罗莱从中尝到了甜头，才会屡次冒险。”罗莉红表示。

律师在取证中发现，罗莱 LOVO 网站至少利用了 13 家家纺企业的品牌做推广，手法相似。罗莉红说，这些企业也希望富安娜站出来代表他们讨回公道。

三、网络盗链成公开秘密

对于富安娜的起诉，罗莱家纺董事、董秘吴献忠表示，罗莱家纺作为中国著名的家纺类上市公司，没必要通过这种方式去争抢客户份额，在 2009 年 9 月份接到富安娜的投诉之后，已经清理盗链。而对于此次出现的盗链，他认为可能是一些在网络上售卖罗莱家纺产品的第三方经销商所为，同时也不排除有人故意做局陷害。

利用竞争对手的关键字进行网络推广已经成为了业内不宣的秘密。某电子商务网站 SEO（搜索引擎优化，网络推广方式之一）负责人告诉记者，尤其是在一些新兴行业中，“在对手进行营销推广的高潮期，选择对手的关键字进行推广的确可以导入不少流量，同时，对手也可以用你的关键字进行推广。”

“通过购买搜索引擎只是其中的一种手段而已，很多专门做电子商务的网站通过 SEO 可以不通过购买搜索引擎的‘关键字’也一样可以盗用你的关键字。”这位负责人认为，相对于购买搜索服务提供商的关键字的做法，SEO 则更加隐蔽，防不胜防。

搜索引擎优化实际上则只是网络营销的冰山一角。作为一种新兴的营销推广通道，网络营销成为了近年来备受追捧的营销手段之一。其中，SEO 与 SEM 只是常规的手段而已，“水军”（指收费进行网络发帖或跟帖的人或机构）的应用和网络事件的策划正在被越来越多的人使用。

“网络营销属于新兴事物，由于法律的滞后性，目前还没有对于这类网络营销侵权的相关规定和依据。”但北京市中润律师事务所首席律师王杰认为，尽管目前缺少法律的支持，但这种竞争行为有悖于法理的公平精神，也不利于有序的市场竞争管理秩序。国家对这种不正当行为应该采取坚决抵制的态度，防止其恶意行为的损害后果进一步扩大。

四、家纺业的网络前景

这起官司是否意味着整个家纺业的渠道开始向电子商务倾斜，业界有不同看法。

储俊说，网络只适合大品牌来做，没有全国市场、知名度不高的企业很难靠网络提升销售量。“因为网络开店成本很低。很早的时候南通有一部分家纺企业很热衷在淘宝上开店，但最终都没成气候，都逐渐淡出了。”

今年，南通的家纺产品在淘宝网、拍拍网等大量上线。南通的叠石桥国际家纺城出现了许多做网店的进货商。但多数企业还仅是将网络渠道作为商场和专卖店的一种补充，把网络当成了另一个“批发渠道”，更多的是在打价格战。

AMT 咨询高级顾问葛星表示，现在家纺还没有龙头老大，纷纷进军电子商务是必然的，因为家纺比服装更标准化，但电子商务还没有那么强大，企业都还是两条腿走路而已。

罗莉红说，网络对于富安娜而言，将是原有渠道的一个补充，主要是针对年轻群体，其原有的直营店和加盟店的比例仍会保持。目前富安娜有两个电子商务平台，一个是淘宝官网，另一个是直销的网站，后者进入时间不长，还没开始大规模推广。“罗莱的侵权也提醒了我们，不能忽视网络这块市场。大家都是刚开始进入，应该规范做事，否则日后这个渠道就会成为一滩浑水。”

（资料来源：胡钰，邢云飞 . 富安娜诉罗莱网络营销侵权家纺业渠道战升级 [N]. 华夏时报 .2010-09-04）

【课后思考题】

1. 试论述传统营销渠道的结构与类型。
2. 试论述网络营销渠道的功能与类型。
3. 网络渠道相对于传统的间接分销渠道有什么优势？
4. 网络直销和网络间接销售的比较。
5. 企业如何开展成功的渠道策略？
6. 以一家企业为例，试论述企业应该如何解决渠道冲突？

第八章　网络营销的促销策略

【学习目标】

1. 了解传统促销的概念、方法
2. 熟悉网络促销的概念、作用
3. 掌握实施网络促销的基本方法和策略
4. 掌握网络促销的实际运用

【内容要点】

1. 促销的含义
2. 网络促销的含义
3. 网络促销的实施过程
4. 网络广告的类型、特点和方法

【引导案例】

冷酸灵的网络营销计划

冷酸灵是中国最早的国产牙膏品牌之一，是中国抗牙齿敏感领域的领导品牌及中国国产牙膏第一品牌。2016 年，冷酸灵凭借支付宝“红包春晚”互动活动的契机玩了一把，并且玩得很是出彩。第一季度才过去两个月，冷酸灵前两个月份销售收入增幅 42%，增长率位列同类产品前 3 名。

一、用户群体的改变

年轻一代用户的关注点和参与兴奋点主要有三个：第一是要好玩，有意思，能参与，比较排斥强推的广告形式。第二是要好看，品牌传播的内容有没有创意是否能引起共鸣。第三是要有利可图，享受到品牌商真正的实惠，同时通过用户口碑传播扩大用户群。

快速消费品是品牌营销竞争最为激烈的行业。2015年冷酸灵增长速度位列行业前三，销售额为2.26亿元，云南白药销售额为27.6亿元，但销售的支数却只是冷酸灵的66%。这就是说明，冷酸灵单价偏低，而年轻的消费群体往往能接受高溢价的产品。基于此，冷酸灵公司将自己品牌形象的目标定为年轻化、国民化和专业化。要向年轻一代消费群体渗透。尤其是打进85后，这个互联网原住民的群体，打破这个品牌老年化的印象。

二、把红包营销做成话题

支付宝预热活动集五福卡从1月28日就开始了，支付宝用户纷纷参与到拉好友、收集福卡的游戏中，这个过程中，人们也发现“敬业福”一卡难求。一时之间，寻找“敬业福”成为了一个热点。

除了支付宝和春节联欢晚会，冷酸灵又自己“制造”了另一个关注点——《人民日报》整版广告。2月2日，《人民日报》刊登了冷酸灵整版广告，彩色版面中间被一只桃子占据，并配以“冷热酸甜、想吃就吃”的广告语。整版广告刊登以后，当期《人民日报》被迅速铺进全国3000家卖场。冷酸灵促销员在终端促销时告知用户可以扫描《人民日报》上的二维码并关注支付宝服务窗，同时告诉用户可以连续3天整点参与抢口令红包。冷酸灵公司在官方微博上发布了这则广告。广告的幽默及《人民日报》报纸本身的权威和严肃形成的反差引发了大量网友的转发。2月4日，冷酸灵整版广告再次亮相——“春晚见”、“新年好口福”和“红包雨”等广告词直接预热了“春晚红包”活动。

冷酸灵将《人民日报》广告在微博上不断预热。贯穿着转发送礼，印有冷酸灵广告的福卡的传播。同时在一些大众媒体上就此营销活动本身进行炒作。引发了广泛的关注，还没到春晚，品牌曝光度已经节节攀升。

冷酸灵公司将参与“支付宝春晚红包”这件事本身做成了话题，推动粉丝参与互动，保证了营销效果的最大化。

三、链接销售渠道实现成交

中国的春节联欢晚会覆盖了最大范围的观众群，而支付宝是年轻人常用的软件，加上春节家庭团聚，能够通过年轻人影响更多的非支付宝用户。还有一个关键点，支付宝与阿里生态紧密连接，可以直接拉动销售。无论从目标用户群、话题性、参与度还是带动销售方面，支付宝红包项目都是一个比较好的选择。这一营销形式唯一的缺点是相对于其他广告或者营销形式，这是第一次，没有可参照的效果评估。基于以上几点，支付宝红包设计的集“福卡”，共同分享2亿现金以及“咻”福卡，“咻”红包的玩法都符合目标用户的诉求。

对于品牌厂商来说，无论传统的电视、户外的广告形式还是与用户互动的营销形式，营销最终目的是实现成交。不过，冷酸灵牙膏这类的产品，销售的大头还在线下。通过这样一次营销活动能够拉动线下销售是营销团队希望看到的。传统的线下促销买支牙膏送个杯子之类的活动，很难打动年轻人，但是通过扫描二维码，再关注并抢红包却引发他们很大的兴趣，冷酸灵借势“春晚红包”的线下促销效果明显，有些卖场2小时之内就卖掉了以前一周才能卖掉的数量。

案例点评：

红包只是一个形式，无论是红包还是其他的工具，所代表的都是新的消费行为和营销时代，即消费行为数据化，数据成为生产资源，每个产品卖出去之前，怎么生产，怎么销售，都变得更加有确定性。70%的传统营销人员在进行营销决策时都存在“蒙”的现象，数据时代最大的作用是企业可以高效地统计消费数据，通过数据进行营销决策。至于品牌企业和消费者连接的是红包还是别的介质都不重要，重要的是每个个体声音和需求会被捕捉并反馈，这个才是营销的根本性变革。

冷酸灵公司抓住年轻用户的特点把红包营销本身做成营销事件，多渠道传播，实现线上销售和线下销售的互动。这不但为冷酸灵树立了良好的品牌形象，对品牌本身的推广也是一个非常有效的手段。

（案例来源：中国经营报.2016年2月29日）

第一节　网络促销和网络促销组合

随着网络技术和计算机技术的完善，网络促销已经取得了很大的进步，特别是近年来网络经济的高速发展，网络促销在提高企业管理水平、促进企业信息化发展方面越来越显示出其重要的作用。然而在我国网络促销的发展还处于初级阶段，许多方面还有待改善和加强。

一、网络促销概述

在传统的市场中，企业的促销活动已经日趋成熟。但在互联网时代，传统市场营销理论的实务基础发生改变，企业家和营销人员需要及时调整促销模式，才能适应新的网络促销环境。网络促销的目的与传统营销中的促销目的是相同的，即通过各种方式将产品和服务信息传递给相关的目标市场，促进消费者了解、信任以达到刺激需求、促成购买、扩大销售的目的。

（一）网络促销的内涵

1. 促销（promotion）的含义

促销即促进产品销售。从市场营销的角度看，促销是指企业家以及企业营销人员利用相关手段向目标市场传递有关的产品和服务信息，达到引导消费者认识产品、激发消费者的购买需求、影响消费者购买行为的一系列活动。

网络促销是指利用计算机及网络技术向虚拟市场传递有关商品和劳务的信息，以引发消费者需求，唤起购买欲望和促成购买行为的各种活动[86]。

2. 网络促销具有以下三个明显的特点

第一，网络促销是通过网络技术传递产品和服务的存在、性能、功效及特征等信息的。它是建立在现代计算机与通讯技术基础之上的，并且随着计算机和网络技术的不断改进而改进。网络技术的实时、互动、快捷等特点，使网络促销能够与消费者进行任何时间的、一对一的、具有针对性的沟通。同时，这样的特点无疑会使网络促销的策略、方法和效果与传统的促销有所不同。

第二，网络促销是在虚拟市场上进行的。这个虚拟市场就是互联网。互联网是一个连接世界各国的网络新媒体，它在虚拟的网络社会中聚集了拥有不同信仰、不同法律背景的消费群体，吸收了不同国家的多种文化成分，没有了传统促销所受到的时间和空间上的限制。由于营销环境的变化，从事网上促销的人员在进行网络促销时，应该用适合网络营销环境的思维方式指导网络营销促销策略的策划和策略的实施，勇于突破传统实体市场的局限性，采用虚拟市场的思维方法。

第三，在全球统一大市场中进行。全球性的竞争迫使每个企业都必须学会在全球统一大市场上做生意，互联网虚拟市场的出现，使得所有的企业，不论是大型企业还是中小型企业，都加入了这个统一的市场，相应地，传统的区域性市场正在一步步被打破。在信息技术和网络环境的熏陶下，消费者的消费思想和行为都发生了很大的变化，这种变化主要表现在购买的理性化和需求的个性化方面。因此网络促销策略和方法应该适应网上消费者特有的消费行为。

（二）网络促销与传统促销的区别

与传统的市场营销相比，网络促销与传统促销的最终目的是一致的，都是为了引导消费者认识商品，最终促使销售商品和劳务；但是，由于网络促销利用的信息传递工具是互联网，网络技术具有实时、互动、快捷等特点，因此，依附于强大的互联网技术，网络促销在时空观念、信息沟通方式、消费群体和顾客参与度方面具有了一些区别于传统促销的显著特点。

---

[86] 田玲 . 网络营销理论与实践 [M]. 清华大学出版社 .2008.

表 8-1 网络促销与传统促销的区别

促销名称特点	网络促销	传统促销
时空观念	电子时空观	物理时空观
信息沟通方式	网络传输、形式多样、双向沟通	传统工具、单向传递
消费群体	网络消费者	普通大众
消费行为	大范围选择、理性购买	冲动型消费

（三）网络促销的作用

1. 信息传播功能

网络促销能够将企业的产品、服务、价格等信息通过网络传递给消费者，以引起他们的注意。

2. 诱导功能

网络促销的目的在于通过各种各样有效的方式，解除潜在消费者对产品或者服务存在的疑虑，说服其坚定购买的决心。例如，在众多同类产品之中，顾客往往难以区分各种产品间的细微差别。企业通过网络促销活动，大力宣传自己产品的特点，使消费者认识到该产品将会给他们带来的特殊利益或效用，将本企业产品与市场同类产品区分开来，进而选择本企业的产品。

3. 创造需求功能

网络促销不仅可以诱导需求，通过运作良好的网络促销活动，还可以创造需求，吸引潜在的消费者，拓展新市场，扩大销售量，提升盈利水平。

4. 信息反馈功能

结合网络促销活动，企业可以通过在线填写表格或电子邮件等方式及时地收集和汇总消费者的意见和需求，迅速反馈给企业的决策管理层。由于网络促销所获得的信息大都是准确性和可靠性高的文字资料，对企业经营决策具有较大的参考价值。

5. 促进销售功能

在企业的产品销售量波动较大，市场地位不稳的情况下，通过适当的网络促销活动，树立良好的品牌形象和企业形象，往往有可能改变消费者对企业及产品的认识，使更多的消费者增加对本品牌的喜爱，提高产品的知名度和用户对本企业产品的忠诚度，达到锁定用户，实现稳定销售的目的[87]。

二、网络促销组合概述

促销组合，主张企业运用广告、人员推销、公关宣传、营业推广四种基本促销方式组合成一个策略系统，使企业的全部促销活动互相配合、协调一致，最大限度地发

[87] 冯英健．网络营销基础与实践 [M]. 清华大学出版社，2013.

挥整体效果，从而顺利实现企业目标。促销组合体现了现代市场营销理论的核心思想——整体营销[88]。

（一）网络促销组合

传统市场的促销组合是企业将广告、人员推销、销售促进和公共关系有效地整合，形成一套整体的促销策略的过程。促销组合最佳化是企业促销决策的追求目标。

与传统的市场促销方式相比，所谓网络促销组合指将网络促销的各种工具，如电子网络广告、站点促销、网络销售促销和公共关系营销有效地整合，以实现整体促销效果的企业营销活动过程。其中，网络站点促销的主要作用是将顾客牢牢地吸引过来，保持稳定的市场份额；站点促销和网络广告是企业网络营销中不可或缺的促销手段和策略，网络广告的主要作用是将企业的产品推向市场，获得广大消费者的认可。各种促销工具的具体含义及作用如下：

1. 电子网络广告

网络广告是网络营销的主要促销方法之一，网络广告主要是借助网上知名站点（ISP 或 ICP）、自己的网站，或是免费电子邮件和一些免费公开的交互站点如新闻组、公告栏（BBS，Bulletin Board System）发布企业的产品信息，对企业和产品进行宣传推广。随着网络技术的发展，网络广告的形式日新月异，一般常用的形式有旗帜广告、巨型广告、电子邮件广告等。

2. 站点促销

站点推广是利用网络营销策略扩大站点的知名度，吸引上网者访问站点，起到宣传和推广企业以及企业产品的效果。站点推广的主要方法有搜索引擎注册、互换链接等。

3. 网络销售促销

即销售促进。营销的基本目的是为增加销售提供帮助，网络营销也不例外，大部分网络营销方法都与直接或间接促进销售有关，但促进销售并不限于促进网上销售，事实上，网络营销在很多情况下对于促进网下销售十分有价值。以网络广告为代表。网上促销没有传统营销模式下的人员促销或者直接接触式的促销，取而代之的是使用大量的网络广告这种软营销模式来达到促销效果。

这种做法对于中小企业来说可以节省大量人力支出、财力支出。通过网络广告的效应可以挖掘潜在消费者，可以通过网络的丰富资源与非竞争对手达成异业联盟合作，以此拓宽产品的消费层面。网络促销还可以避免现实中促销的千篇一律，能够根据本企业的文化，以及帮助宣传的网站的企业文化相结合来达到最佳的促销效果。

---

[88] Internet: http://baike.baidu.com/link?url=ydJwqzD_r1Do_hicjFLhWI9nujzPwTeey2mS-Ji1bsp821g5RZdSBT-OTeZPefPdYdevKbW4iNCpyHYpssyLua

4. 公共关系营销

即关系营销。借助互联网的交互功能吸引用户与企业保持密切关系，借助互联网作为媒介和沟通渠道培养顾客忠诚度，通过与企业利益相关者，包括供应商、经销商、顾客、社会团体等建立良好的合作关系，提高企业收益率。

（二）企业开展网络营销促销组合时，应充分考虑的因素

1. 产品类型

企业应根据不同的产品类型，选择不同的促销组合方式。从西方发达国家的营销发展史来分析，广告是消费品的主要促销工具，人员促销是工业品的主要促销工具。

2. 促销的目标

企业促销目标的不同，其促销工具的组合方式也不同。例如：企业促销的目标是扩大销售量，提高市场占有率，则促销的重点是利用网络广告和销售促进策略；如果是追求树立企业良好形象，则应重点突出公共关系策略，以加强和顾客的沟通，为实现长期效益目标奠定基础。

3. 市场特点

企业应根据不同的市场特点，选择不同的促销组合方式。主要应考虑：目标市场的范围大小、不同顾客群的特征、市场规模大小等。

4. 顾客不同的购买阶段

顾客在购买的不同阶段需要接受不同的信息，例如：知晓、了解、信任、购买等阶段，企业应根据顾客的虚拟性需要，确定促销组合策略中的重点促销工具。

5. 产品市场生命周期

在产品市场生命周期的投入期、成长期、成熟期、衰退期，由于促销的重点不同，企业的促销组合策略也存在重大差异。

三、网络促销的实施过程

如何实施网络营销促销策略是每一家企业都重点关注的问题，企业营销人员必须面对众多的难题，根据国内外大量的网络促销实践活动总结，网络促销的实施过程可以通过六个步骤来逐步完成：确定网络促销对象、设计网络促销内容、决定网络促销组合、制定网络促销预算方案、衡量网络促销效果、网络促销过程的综合管理和协调。

1. 确定网络促销对象

网络促销对象是指在网络虚拟市场上可能产生购买行为的消费群体。随着互联网的快速普及，在虚拟市场上进行消费的网络人群规模也在日益壮大，这一群体主要锁定在以下三部分人群里：

（1）产品的使用者，这里指实际使用或消费产品的人。对产品的实际需求是这

些顾客产生购买行为的直接原因。只要能够通过各种网络促销形式抓住这一部分消费者，网络销售就有了稳定的市场。

（2）产品购买的决策者，这里指实际购买产品的人。在传统的实体市场环境下，产品的使用者和购买者常常不一致。在虚拟的网络市场环境下，由于大部分的上网人员都有独立的经济决策能力，也有一定的经济收入，这就使商品的使用者和决策者往往是一致的，但是随着网络对消费者在各个地域、各个年龄层次全方位的普及之后，另外一些情况也是常见的，产品的购买决策和使用者是分离的。例如，中老年用品，老年人在网络保健市场上看到具有养生价值的保健品时，非常希望购买，但是由于中老年人对网络的不熟悉，其实际的购买决策往往需要老人的子女及其他相关的成年人做出；婴儿用品也具有特殊性，该产品的使用者是婴儿，但购买的决策者是婴儿的父母及其他相关的成年人，所以网络促销人员应当把购买决策者放在重要的位置上。

（3）产品购买的影响者，这里指只是在看法或建议上对购买决策产生一定的影响的人。但在低值易耗品用品的购买决策中，产品购买影响者的影响较小，而在高价耐用品的购买决策上，其影响力较大，这主要是因为购买决策者在高价耐用品的选择上更为谨慎，希望广泛征求意见后再做决定。现如今网络信息的传播能力增强，因此，网络促销人员应该认清这个群体在购买过程中充当的角色。

2. 设计网络促销内容

网络促销的最终目的是引起消费者需求，引导消费者产生购买行为。为了实现这个目标，设计具体有效的网络促销信息是十分重要的。消费者的购买过程是一个多阶段的、波动性大的、复杂的过程，因此，应当根据商品所处的生命周期的不同阶段和消费者目前所处的购买决策过程的不同阶段来决定促销内容。

在初始阶段，新产品刚刚投入到市场当中，这一阶段，消费者对该种产品的认识是模糊的。促销活动的内容应侧重于宣传产品的效用特点，引起购买者的注意。在产品的上升阶段，此时产品在市场上初步形成了一定的影响，促销活动的内容则需要偏重于发掘消费者的购买欲望；同时，还需要打响品牌的知名度。当产品进入成熟期后，市场竞争变得十分激烈，促销活动除了针对产品本身的宣传外，还需要提升企业的品牌形象，做大量的形象宣传工作，树立消费者对企业产品的信心，培养消费者对企业品牌的忠诚度。在产品的衰退期阶段，促销活动的重点在于密切联系消费者，及时沟通与消费者之间的感情，通过各种让利促销活动，延长产品的生命周期。

3. 决定网络促销组合

网络促销组合是一个非常复杂的问题。企业的产品种类不同，销售对象不同，促销方法与产品种类和销售对象之间将会产生多种网络促销的组合方式。因此，同一行业内部，各个企业选择哪种促销组合方式，如何分配促销预算都有极大的不同。应当根据企业自身的特点和情况，依赖网络广告促销、网络站点促销、电子邮件促销、关系促销等多种方式展开活动。

促销策略主要有两种：推动策略和拉引策略。如图 8–1。推动策略是指利用人员推销和商业促销手段为主的促销组合，通过影响中间商使其产生积极性来推动商品销售，再通过中间商将商品送到消费者手中。拉动策略则是指通过广告以及对客户促销活动为主的促销组合，进而直接影响、吸引消费者，引发其消费需求，再通过消费者的需求激起中间商的欲望，使其增加对企业的产品订购。网络广告促销和网络站点促销这两种促销方式代表了这两种不同战略的运作过程。图 8–2 显示了这两种不同策略的运作过程。

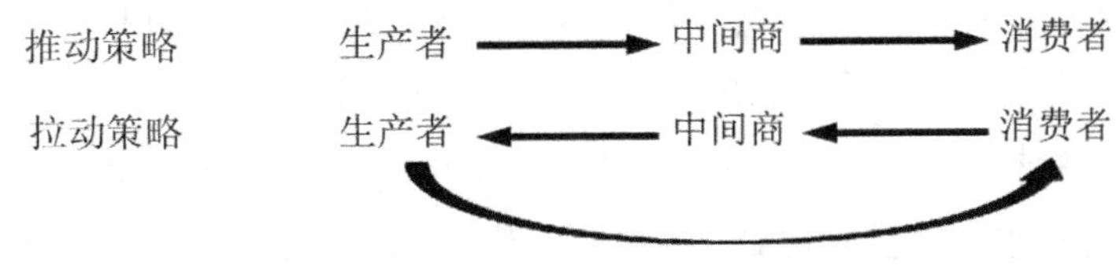

图 8–1　推动策略和拉动策略

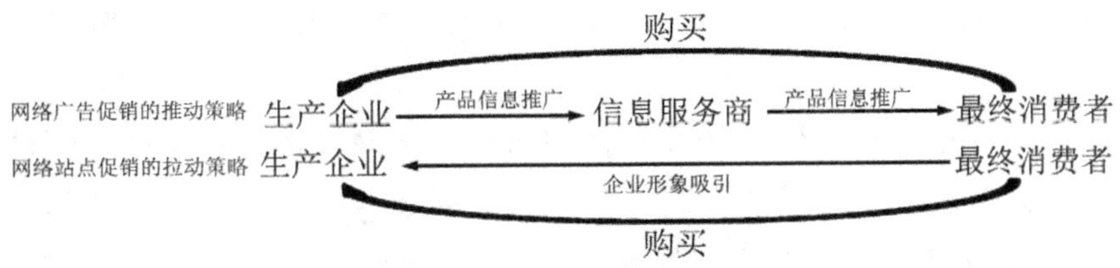

图 8–2　网络广告和网络站点促销的不同策略

企业应当根据产品生命周期和产品自身特点、功效来决定网络促销组合方式，如在产品的成长期，企业应该侧重于宣传产品的性能和特点，重点放在将企业产品与其他同类产品区分开来；在产品的成熟稳定期，企业应当加强自身网络站点的建设，树立企业形象，巩固已有市场占有率。根据促销的经验，大型机械产品、专用工具的网络站点促销效果比较理想，日用消费品（食品饮料、化妆品、医药制品、家用电器等）反而是应用网络广告促销的效果更明显。除此之外，企业还应当根据自身网络促销的能力确定两种网络促销方法配合使用的比例。

4. 制订网络促销预算方案

公司遇到最棘手的网络营销决策之一是究竟花费多少钱在促销项目上。在建立整体促销预算前必须清楚以下几个问题：

（1）必须明确网上促销的方法及组合的方法选择不同的 ICP。网络促销活动也可以在企业自建的网站上开展，这样可以大大降低活动费用，但是也由于知名度还没有那么响，其覆盖范围有限，因此可以借助其他的信息服务商进行，宣传的价格可能悬殊极大。由此，企业应该认真比较各网站的服务质量、服务价格、知名度、服务广度，从中选择与本企业的质量与价格相匹配的信息服务网站。

（2）需要确定网络促销的目标是树立企业形象、宣传产品，还是宣传售后服务。确定了促销目标之后，再策划促销的内容，包括文案的数量、图片的多少、色彩的丰富与否、投放时间的长短、内容更换的时间间隔以及广告内容的更换周期、广告宣传的位置及效果监测的方法等。一旦这些细节确定好，也就初步确定了投资数额，可以增加与信息服务商进行洽谈的把握和信心。

（3）需要明确希望影响的是哪个群体，哪个阶层，国内的还是国外的。这是由于各个站点的服务对象是有很大差别的。例如：去哪儿旅游网的服务对象是爱好旅游的网民；聚美优品网则是侧重于爱好美容美体产品的消费者。不同消费者的消费需求千差万别，所以企业促销人员应当熟知自己产品的销售对象和销售范围，根据自己的产品特点在适当的网站上进行促销。一般来讲，在宣传范围上，单一地使用文字进行网络促销的费用较低，使用中英文促销则费用较高；在产品类别上，侧重于商品推销的站点的服务费用较高，而侧重于学术文献的站点的服务费用则相对较低，所以，不同的产品应该选用不同的宣传站点，这样更有利于企业扩大市场份额，宣传企业品牌。

在互联网上促销，对于任何企业及任何营销人员来说都是一个全新领域，所有的价格、条件都需要在实践中不断学习和体会，不断地总结经验，这样才能劳有所获，事半功倍，才可能利用有限的人力和物力尽可能收到好的效果。

5. 衡量网络促销效果

任何企业都必须对已经实施的网络促销活动进行评价。网络促销的实施过程进行到这一阶段，应该衡量一下促销的实际效果是否已经达到了预期的促销目标。对促销效果的评价主要运用两个方面的数据：一方面，要充分利用互联网上的统计软件，对促销活动的优劣做出及时的统计。在网上可以依靠统计软件统计网站的访问人数、统计广告的阅览人数、点击次数（click-through）、千人广告成本（cost per-one-thousand impression，CPM）等，甚至可以告诉访问者，他是第几个访问者。利用这些统计数据，网上促销人员可以了解自己在网上的优势与弱点以及与其他促销企业的差距。另一方面，统计促销产品销售量的增加情况、利润的变化情况、促销成本的高低情况，有助于判断促销决策是否正确。同时，还应注意促销对象、促销内容、促销组合等方面与促销目标因果关系的分析，从而对整体促销工作做出正确的判断。

6. 网络促销过程的综合管理和协调

网络促销是一项崭新的事业，要在这个领域中取得成功，科学的管理起着不容忽视的重要作用。在衡量网络促销效果的基础上，对偏离预期促销目标的活动进行调整是保证促销取得最佳效果必不可少的程序。同时，在促销实施过程中，不断地进行信息沟通的协调，也是保证企业促销连续性、统一性的需要。

作为企业营销工作的一分子，每一个营销人员都应该摆正自己的位置，深入了解商品信息在网络上传播的特点，分析网络信息的接收对象，设定合理的网络促销目标，通过科学实施网络促销的步骤，提升网络促销的发展水平，打开网络促销的新局面。

第二节　网络广告

一、网络广告概述

网络广告就是在网络上做的广告。通过网络广告投放平台来利用网站上的广告横幅、文本链接、多媒体的方法，在互联网刊登或发布广告，通过网络传递到互联网用户的一种高科技广告运作方式。与传统的四大传播媒体（报纸、杂志、电视、广播）广告及近来备受垂青的户外广告相比，网络广告具有得天独厚的优势，是实施现代营销媒体战略的重要一部分。网络广告是主要的网络营销方法之一，在网络营销方法体系中具有举足轻重的地位，事实上多种网络营销方法也都可以理解为网络广告的具体表现形式，并不仅仅限于放置在网页上的各种规格的BANNER广告，如电子邮件广告、搜索引擎关键词广告、搜索固定排名等都可以理解为网络广告的表现形式。无论以什么形式出现，网络广告所具有的本质特征是相同的：网络广告的本质是向互联网用户传递营销信息的一种手段，是对用户注意力资源的合理利用。Internet是一个全新的广告媒体，速度最快效果很理想，是中小企业扩展壮大的很好途径，对于广泛开展国际业务的公司更是如此。

（一）网络广告的内涵

广告是指确定的广告主以付费的方式运用大众传媒劝说公众的一种信息传播活动，传统广告通常被定义为：由厂商支付费用为某种产品或企业自身进行的无人员参与的、单向的大众宣传。与传统广告相对应，网络广告的表现形式发生了很大的变化，网络广告就是确定的广告主以付费形式运用网络媒体劝说公众的一种信息传播活动。

自1994年10月第一个网络广告发布以来，网络广告的市场因为网民人数的爆发式增长而增长，网络广告的形式也因为计算机互联网技术的发展而迅速增多，网络广告家喻户晓。虽然网络广告正在被越来越多的企业所认识和重视，但是，其传播效果却不尽如人意，其中的原因就包括相关营销人员对网络广告认识的不到位，没有能够很好地遵循网络广告的基本原理。这就需要营销人员重视网络广告的技术原理，使企业能够更好利用网络广告这一重要的网络营销策略。

与传统的广告相同，网络广告也包括五个基本要素，即广告主、广告费用、广告媒体、广告受众和广告信息。

（二）网络广告的特征与分类

广告是企业进行产品和服务促销活动的一个重要策略，广告所追求的最终目的就是通过与目标消费人群的良好沟通，使顾客做出消费决策，提高企业的销售业绩水平。调查显示，随着社会进步和技术经济水平的提高，消费者的消费需求个性化程度日益提高，因此，具有实时性、共享性、互动性特点的网络给传统广告带来了翻天覆地的变化。

1. 网络广告的特征

由于计算机技术和互联网所具有的交互性和多媒体等独有特点，网络广告除了具有传统广告的特点之外，还具有以下特点。

（1）信息量大

网络广告凭借着其所运用的媒体的特点而拥有信息涵盖量大、形式丰富多变、画面绚丽多彩等特点。与传统广告相比，网络广告主可以通过网络技术把自己的产品和服务等多方面的详细信息制成网页融入一个网络广告当中，等待广告的受众者来点击观看，并且广告的受众者可以根据自己的个性需求来选择查看不同的广告页面。

（2）传播广泛

网络广告的传递不受时空的限制，它通过国际互联网把广告信息全天不间断地传播到世界各地，在人类生活的地球上空虚拟一个全新的网上交流互动平台，只要具备浏览互联网的条件，任何人在任何时间，任何地点都可以随时随地阅读网络广告信息。这是传统媒介无法比拟的。

（3）针对性强

网络广告的受众是最年轻的，最具活力的，受教育程度最高，购买力最强的群体，网络广告的广告主直接面对的是目标消费群体中最有可能产生购买行为的消费者。

（4）交互性强

交互性是网络本身的最大特点，网络不同于传统媒体信息的单向传播，而是信息的双向互动传播。用户可以获取他们认为有用的信息，厂商也可以随时得到消费者的反馈信息。从行销传播的角度观察，网络上的互动式广告有两个基本特质：一是适应个人需求而发布信息，二是广告受众自由选择信息。它不同于在传统媒介上出现的广告，互动式广告允许不同的受众选择不同的广告信息，以此满足个人对信息的需求。

（5）精确性强，易统计性

这是网络广告有别于传统广告的重要特点之一。传统媒介发布广告，很难精确统计广告信息目标受众的数量以及接收人群的分布情况，只能通过调查、分析和推测来判定消费者对广告的感受。而在互联网上，可以通过权威公正的访问统计系统，精确统计出每条广告信息的接触量，更可以了解受众者接触广告信息的时间和地区分布，从而为广告主科学地评估广告效果奠定坚实的基础。

（6）灵活便捷

网络广告是一种实时、灵活、低成本的广告形式。网络广告的实时性主要体现在互联网上：广告刊播后，可以方便地根据市场的变化，营销策略的调整及时变更广告内容，使广告活动及时有效地服务于营销策略。传统媒介上广告刊播后很难更改，而且将支付很大一笔费用。其次，网络广告的灵活性主要体现在广告类型和表现形式的多样性上，从点击广告到电子邮件广告；从文字广告到动画、三维、多媒体广告，广告设计者可以根据广告的目标和目标受众的喜好、利用不同技术表现手段实现满意的视听效果。网络广告的载体基本上是多媒体、超文本格式文件，受众对感兴趣的商品可以了解更为详细的资料，使消费者能够亲身体验商品与服务，这种以图、文、声、像的形式传递多感官信息，使目标受众如亲临其境感受商品与服务，并通过互联网进行订购、交易、结算，极大地增强了网络广告的实效。网络广告也有其局限性：传播的效果比电视差，网络广告的发展有待于当地科技的发展等。

（7）经济实惠

成本是企业重点关注的方面，对于广告主而言，网络广告比传统广告更为经济。首先，网络广告的制作和发布费用比传统广告更为低廉和简便；其次，网络广告运用了自动化的软件工具进行统计管理和创作设计，能够及时、便捷地调整网络广告的内容和形式，以适应广告受众的需求，容易获得更好的广告效果；最后，利用统计工具对网络广告进行有目的和有针对性的统计，使得收集和分析广告效果所用的时间和费用都有所降低，为企业创造更大的利润。

2. 网络广告的分类

凭借着计算机技术和互联网的迅速发展，网络广告的形式丰富多彩，提供给企业更多选择的同时，也吸引更多的人来点击浏览。目前，网络广告最常用的表现形式有以下几种。

（1）横幅广告（Banner）

Banner一般翻译为网幅广告、旗帜广告、横幅广告等。如图8-3所示。它是以图像的形式来表现广告的内容，并在图像中用极简练的文字表现广告的主题，为了吸引浏览者的注意并点击页面上的广告，广告通常会利用各种表现手法来设计旗帜广告，如动画、闪现等。一个表现商家广告内容的图片，放置在广告商的页面上，是互联网广告中最基本的广告形式，尺寸是 468×60 像素，或 234×30 像素，一般是使用 GIF 格式的图像文件，可以使用静态图形，也可用多帧图像拼接为动画图像。除普通 GIF 格式外，新兴的 Rich Media Banner（丰富媒体 Banner）能赋予 Banner 更强的表现力和交互内容，但一般需要用户使用的浏览器插件支持（Plug-in）。一般发表在网站的显著位置，目的在于扩大知名度，树立品牌形象。

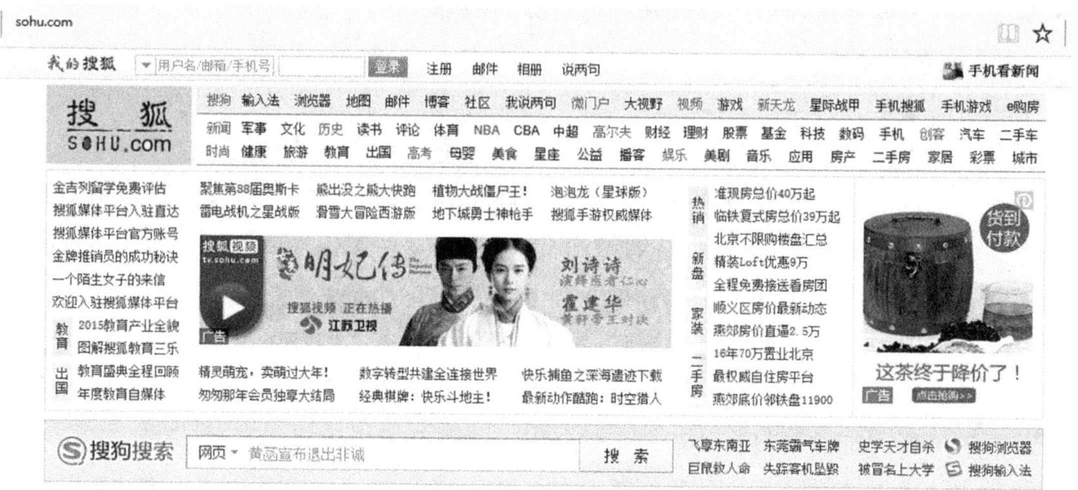

图 8-3　横幅广告示意图

（2）文字链接（Textlink）广告

通过一般性的简短文字链接，直接链接到客户的广告内容页面上，如图 8-4 所示。广告简单明了，价格相对低廉，效果较好，通常运用于分类栏目中。直接涵盖主题，对访问者而言具有较强针对性和引导性。为了追求良好的广告效果，文字广告一般放置在热门站点首页的关键位置，借助于浏览者对热门网站的访问，吸引他们关注和点击广告。

图 8-4　文字链接广告示意图

（3）电子邮件广告

电子邮件广告是指利用电子邮件或电子杂志发布广告。广告的形式可以是图片或是文字，如图 8-5 所示。电子邮件广告具有针对性强（除非你肆意滥发）、费用低廉的特点，且广告内容不受限制。特别是针对性强的特点，它可以针对具体某一个人发送特定的广告，这是其他网络广告形式所无法比拟的。

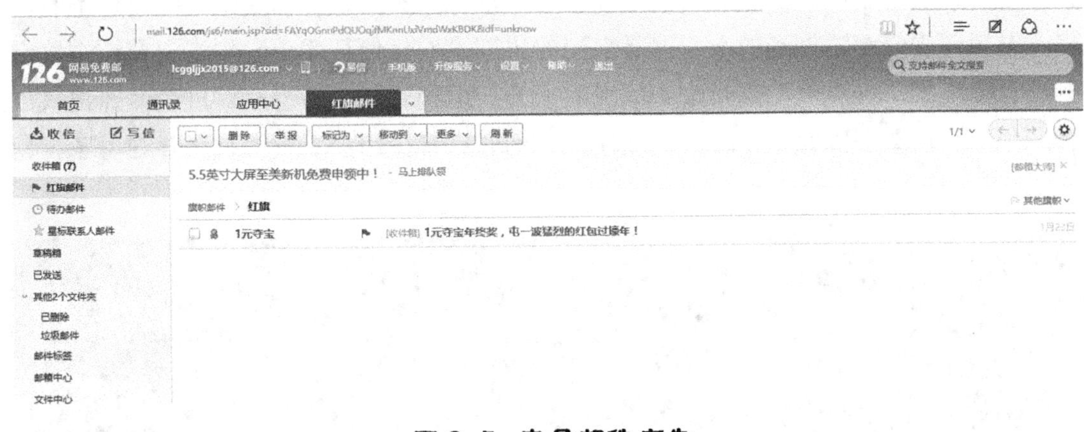

图 8-5 电子邮件广告

（4）按钮型广告

按钮广告（Button）表现为图标广告，通常广告主用来宣传其商标或品牌等特定标志，如图 8-6 所示。按钮广告是一种与标题广告类似，但是面积比较小，而且有不同的大小，版面位置可以选择，它是从 banner 广告演变过来的一种广告形式，图形尺寸比 banner 要小。有 120×60、120×180、80×40、40×20 像素等大小。可以被更灵活的放置在网页的任何位置。最早是网景浏览器公司用来提供使用者下载软件之用，后来这样的规格就成为一种标准。按钮广告能提供简单明确的资讯，并且其面积大小与版面位置的安排都较具有弹性，可以放在相关产品的内容旁边，是广告主建立知名度的一种相当经济的选择。例如，戴尔曾将一个广告按钮放在一份科技类报纸的电脑评论旁边。一般这类按钮不是互动的，当你选择点击这些按钮的时候会被带到另外一个页面。有时这类广告可以提供音效和影像，但要花很多时间下载，因此不是很受用户欢迎。

图 8-6 按钮型广告示意图

（5）插播式广告

即弹出式广告，访客在请求登录网页时强制插入一个广告页面或弹出广告窗口，如图 8-7 所示。这种有点类似电视广告，都是打断正常节目的播放，强迫观看。弹出式广告有两种表现形式，一种是当用户打开页面时马上弹出广告窗口，另一种是当用户离开网站时才弹出广告窗口。弹出式广告有各种尺寸，有全屏的也有小窗口的，而且互动的程度也不同，从静态的到全部动态的都有。浏览者可以通过关闭窗口不看广告（电视广告是无法做到的），但是它们的出现没有任何征兆，它们肯定会被浏览者看到。弹出式广告虽然能够带来访问量的上升，但同时浏览者也会对过量的弹出式广告产生反感情绪。因此，广告主应该注意，到底有多少用户真正的打开并观看了弹出式广告。

图 8-7 插播式广告示意图

（6）巨型广告

巨型广告比一般的 Banner 广告尺寸更大，占据屏幕显示的三分之一，能达到 360×300 像素，面积能达到一般旗帜广告的 4 倍，并且多采用 flash 动画形式。如图 8-8 所示。

网络广告发展的潮流是广告尺寸的变大与动态互动效果的加深，巨型广告正是这种情况下诞生的。巨型广告一般出现在产品新闻或者热点内容的页面，较大的版面蕴含了更加丰富的信息，紧密与新闻或信息结合，使得访客在浏览自己感兴趣的内容的过程中去体会广告的含义，接受广告的信息。在线巨型广告源自美国的 Cnet 网站（http：//www.cnet.com）。我国的新浪、网易等网站紧随其后推出巨型广告。另外，巨型广告还包括垂直式广告，其广告垂直矗立于网页的左右两边。

图 8-8 巨型广告示意图

（7）移动广告

移动广告是通过移动设备（手机、PSP、平板电脑等）访问移动应用或移动网页时显示的广告，广告形式包括：图片、文字、插播广告、html5、链接、视频、重力感应广告等。如图 8-9 所示，移动广告最初的设计出发点是为了避免旗帜广告、按钮广告等比较呆板的缺点，更主动和有效地吸引浏览者的注意。但是由于移动广告随着页面的移动会影响浏览者的视觉，所以设计不当的移动广告会引起浏览者的反感。为避免上述问题的发生，可以增加移动广告的播放位置。

图 8-9 移动广告示意图

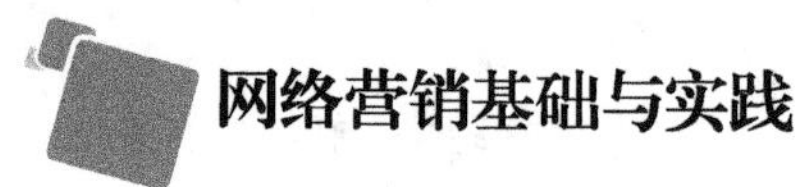

（8）主页型广告

通过整个网页广告的设计传达广告内容。如图 8-10 所示，企业的网页广告一般做在自己的主页上，在其他网站媒体上通过购买带链接的广告形式可让客户点击到达。主页型的广告可以详细地介绍企业的有关信息，让浏览者全面地了解企业和企业的产品。

图 8-10　主页型广告示意图

（9）分类广告

网络分类广告是充分利用计算机网络的优势，对大规模的生活实用信息，按主题进行科学分类，并提供快速检索的一种广告形式。如图 8-11 所示，这种分类广告与报纸杂志中的分类广告相似，是由专门提供广告信息服务的站点提供的一种发布广告的形式，在这种站点中，按照产品类别或企业类别等分类检索方法，可以检索到相应的广告信息。

理财新趋势　尚品 收藏　汽车 房产

· 2月25日在售高收益银行理财产品 重要理财信息汇总
· 王健林成全球华人首富 北京成十亿美金富豪之都
· P2P公司惠卡世纪再发奇葩公告：请党和国家庇护
· 中行信用卡客户信息遭泄露 卡未用被盗刷近五万 投诉
· 瘫痪老人需农行上门服务遭拒 无奈绑轮椅上去银行
· 江苏恒融投资高息吸金放高利贷 涉案金额8600万
· 链家被质疑高利贷为买家赎契 房产交付风险被放大
· 8.5折成广州房贷主流 银行内部称利率望进一步走低

产经　诚聘夜班编辑 金融产品经理 工程师

国务院5措施支持新能源车 严查骗补

[以奖代补发展动力电池 充电设施迎建设高峰 1月销量环比大降]

· 产经 | 广汽集团大自主战略遭到质疑：嫡庶际遇有别
· 中联重科收购美国第二大机械制造商陷入僵局
· 观致自救：全面下调官方指导价 眼高手低处境尴尬
· 强生质量门：睛爽身粉致癌风险消费者死亡 判赔4.7亿
· 五航企将机票代理手续费降为零 对消费者影响不大

图 8-11　分类广告示意图

（10）即时通信工具广告

现在网上有许多种类的通信工具和社交软件，其中像腾讯的QQ是很多网络消费者每天上网所必须浏览的软件，该软件的注册用户数量巨大，实际使用人数约占总网民人数的八成，那么，在该软件上做广告，理所当然会成为一个极好的广告媒体。如图8–12所示，QQ广告具有普通网络广告所具有的一切优点。

图8–12 即时通信工具广告示意图

（三）网络广告的价格水平

1. 影响网络广告价格的因素

（1）网络广告的幅面大小与位置。

（2）网络广告提供商的知名度。

（3）网页浏览次数（pageview）和网页浏览率。

（4）点击次数和点击率（click–through and click–through rate）。

（5）伴随关键词检索显示的网络广告（keyword–triggered Banner advertising）。

2. 网络广告的计费方式

（1）按展示计费

①CPM广告（cost per mille/cost per thousand impressions）：每千次印象费用，每千人成本即为该媒体计算广告价格的基础。广告条每显示1000次（印象）的费用。也就是说，假设一个网络广告的单价是10元人民币/CPM，这代表着每1000人次看到这个广告就要支付10元人民币费用，以此类推，如果有10000人浏览了该网络广告，那么就要支付100元人民币，CPM是最常用的网络广告定价模式之一。

② CPTM 广告（cost per targeted thousand impressions）：经过定位的用户的千次印象费用（如根据人口统计信息定位）。CPTM 与 CPM 的区别在于，CPM 是所有用户的印象数，而 CPTM 只是经过定位的用户的印象数。

（2）按行动计费

① CPC 广告（cost-per-click）：每次点击的费用。根据广告被点击的次数收费，是宣传站点的最优方式。如关键词广告一般采用这种定价模式。但是，有不少网络广告提供商觉得此类方法不公平。例如，虽然浏览者没有点击，但是他已经看到了广告，对于这些被看到却没有点击流量的广告来说，网站是没有收入的。因此，很多网站不愿意做这样的广告。这类广告计费方法在传统媒体中也是从来没有过的。

② PPC 广告（pay-per-click）：是根据点击广告或者电子邮件信息的用户数量来付费的一种网络广告定价模式。

③ CPA 广告（cost-per-action）：每次行动的费用，即根据每个访问者对网络广告所采取的行动收费的定价模式。对于用户行动有特别的定义，包括形成一次交易、获得一个注册用户或者对网络广告的一次点击等。

④ CPL 广告（cost for per lead）：按注册成功支付佣金。

⑤ PPL 广告（pay-per-lead）：根据每次通过网络广告产生的引导付费的定价模式。例如，广告客户为访问者点击广告完成了在线表单而向广告服务商付费。这种模式常用于网络会员制营销模式中为联盟网站制定的佣金模式。

（3）按销售计费

① CPO 广告（cost-per-order）：也称为 cost-per-transaction，即根据每个订单/每次交易来收费的方式。

② CPS 广告（cost for per sale）：以实际销售产品数量来换算广告刊登金额。

③ PFP 广告（pay for performance）：按业绩付费，如根据点击次数、销售业绩、导航情况等衡量网络广告的费用。

④ CPP 广告（cost per purchase）：广告主为了规避广告费用风险，只有在网民点击网络广告并进行在线交易后，才按销售笔数付给广告提供商费用。

（4）包月方式

在国内，许多网站有一种固定的收费模式，即按照“一个月多少钱”收取费用。这种方式的优点是价格公开，计费简便。但是这种计费方式忽略了广告效果的好坏和访问量的多少，因此容易产生纠纷。一般意义上来讲，大型的网站更偏好采用 CPM 和 CPC 的广告方式，而中小站点则偏好于使用包月方式。

（四）网络广告与传统广告相比较

不可否认，大众媒体曾经在广告的历史上呼风唤雨，直到现在它还扮演着一个非常重要的角色，而网络广告才是“小荷才露尖尖角”，但是作为触觉敏锐的广告人，应该“山雨欲来风满楼”地意识到随着网络时代的到来，大众媒体的风行一时只不过是落日余辉，昨日黄花。历史的巨轮是无情的，任何落后于形势的东西都必然被它无情抛弃。

1. 沟通模式

从沟通模式上来看，传统广告的主要传播形式是由发送者即企业经过许多中间环节最终“推向”消费者。沟通模式主要的特点是：大面积播送，而不是直接将信息送到细分的目标市场；在信息传送和反馈之间是隔离的，非交互的，并且有时差的；强势信息灌输，并且试图劝诱目标受众成为购买者。传统广告的沟通模式图解如图8-13所示。

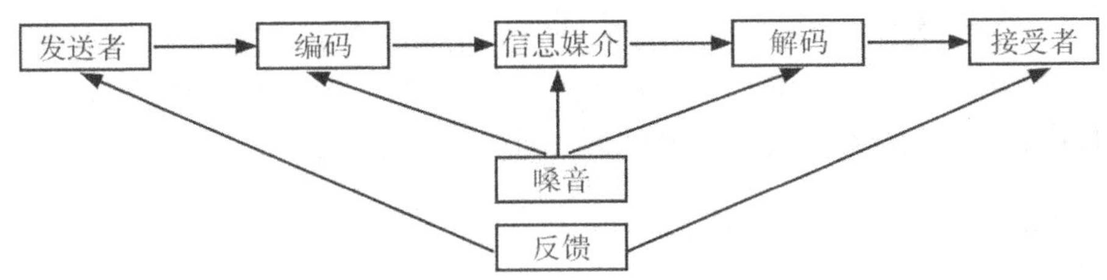

图8-13 传统广告的沟通模式

网络广告的沟通模式促成消费者采取行动的机制主要靠逻辑、理性的说服力。网络广告的沟通模式如图8-14所示。网络广告沟通模式的主要特点是主动的信息寻求者是受众，而企业成为被动地寻找目标的信息源。一旦某个企业确定成为受众的信息源，受众就会与企业进行即时互动，这时企业应该使出浑身解数使受众成为购买者。这种由受众出发向发送者索要特定信息的沟通形式是一种“拉”和“互动”相结合的模式。

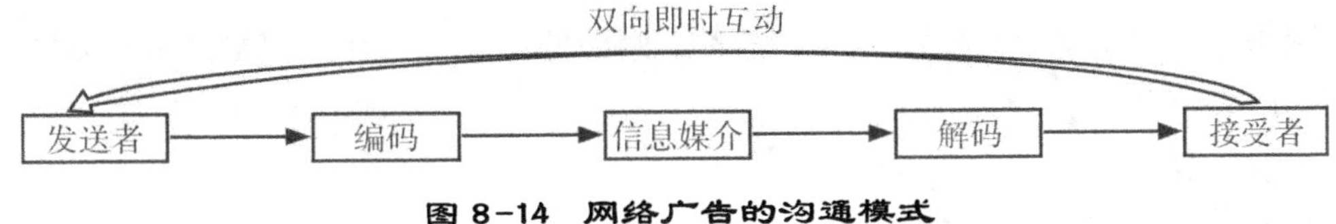

图8-14 网络广告的沟通模式

2. 网络广告和传统广告的区别

表8-2 网络广告与传统广告的比较

	网络广告	传统广告
传播方式	双向互动性强、交流广泛	单向性、相互隔离
沟通目标	有针对性，可提供定制服务	大面积，目标群体多
时空传播性	空间无限、即时	空间有限、有时差
信息诉求方式	理性诉求、逻辑说服、动态信息	强势灌输、制造影响、潜移默化

有一些学者认为网络广告是传统广告的延续。这种说法是不准确的，无论从形式还是内容本质上看，两者都是有着根本区别的，网络广告是一个绝对崭新的时代。传统广告使用的形式是大众媒体，包括四种：电视、广播、报纸以及杂志。而现代广告使用的却是以网络媒体为主的多媒体，传统的大众媒体所扮演的角色无疑在渐渐淡化。

如果说形式于广告来说，就好像武器于战士，那现代广告与传统广告之争无疑是新式的核武飞弹与旧式的长矛铁盾之间的战争。从内容和本质上看，传统广告内容主要是反映经济生活的，而现代广告却是整合营销电子传播。从本质上来说，前者是推销加营销式的，而后者却是社会文化式的。

我们应该意识到，传统广告与网络广告是互补的，企业不应该为了追求时髦，而一味地摒弃传统广告；应根据不同的顾客、不同的商品和不同的销售时机，把网络广告和传统广告有机地联合运用，以便达到最佳的广告效果。

二、网络广告的优势与劣势

网络的变化是大家有目共睹的，发展的速度以及影响的层面是相当快及广泛的。网络广告的特点是借助于网络这个平台，因此，也决定了网络广告的诸多特点，其主要特点和优势体现在：

（一）网络广告的优势

网络广告的优势与电视、报刊、广播三大传统媒体或各类户外媒体、杂志、直邮、黄页相比，网络媒体集以上各种媒体之大成，具有得天独厚的优势。随着网络的迅速普及，它日渐融入人们的现代工作和生活。

1. 受众范围广

网络广告的受众极其广泛。只要具备上网条件，任何人在任何地点都可以随时随地浏览广告信息。

2. 交互性强

传统的媒体广告是单项的，交互性是互联网络媒体的最大优势，它是信息互动传播。通过链接，用户只要简单地点击鼠标，就可以从厂商的相关站点中获得更多、更详尽的信息。在网络上，当用户获取他们认为有用的信息时，厂商也可以随时得到宝贵的受众的信息反馈。

3. 针对性明确

网络广告目标群确定，由于点阅讯息者即为感兴趣者，所以可以直接命中目标受众，并可以为不同的受众推出不同的广告内容。而且，随着各个网站的日趋完善，通过提供众多的免费服务，网站一般都能建立完整的用户数据库，包括用户的地域分布、年龄、性别、收入、职业、婚姻状况、兴趣爱好等。这些资料可以帮助广告主分析市场与受众，并可以为不同的受众推出不同的广告内容。

4. 受众数量统计精确

利用传统媒体投放广告很难精确地知道有多少人接受到广告信息，而在 Internet 上可通过权威、公正的访客流量统计系统来精确统计出每个广告的受众数以及这些受众查阅的时间和地域分布。借助分析工具，易体现广告成效，客户群体清晰易辨，广告行为收益也能准确计量，有助于客商正确评估广告效果，制订广告投放策略。

5. 实时、灵活、成本低

在传统媒体上投放广告，发布后很难更改。即使可改动也往往需要付出很大的经济代价。而在 Internet 上投放广告能按照需要及时变更广告内容，当然包括改正错误。这就使经营决策的变化可以及时地实施和推广。作为新兴的媒体，网络媒体的收费也远低于传统媒体。若能直接利用网络广告进行产品销售，则可节省更多销售成本。

6. 多维性、感观性强

传统媒体是二维的，而网络广告则是多维的，它能将文字、图像和声音有机的组合在一起，传递多感官的信息，让顾客如身临其境般感受商品或服务。网络广告的载体基本上是多媒体、超文本格式文件，广告受众可以对其感兴趣的产品信息进行更详细的了解，使消费者能亲身体验产品、服务与品牌。这种图、文、声、像相结合的广告形式，将大大增强网络广告的实效。

7. 网络广告具有可重复性和可检索性

与传统的让受众被动的接受信息，如果错过了广告时间，就不能再得到相关广告信息的电视广告相比较，网络广告可以将文字、声音、画面完美地结合之后供用户主动检索，随时重复观看。

8. 网络广告制作成本低、速度快、更改灵活

网络广告制作周期短，即使在较短的周期进行投放，也可以根据客户的需求很快完成制作。而报纸、期刊或电视广告等传统广告制作成本高，投放周期固定。

（二）网络广告的劣势

虽然网络广告相比传统广告存在许多优势，但是在发展过程中也存在一些问题。

1. 普遍性的问题

例如，网络带宽、网络终端、安全、结算等。

2. 网络用户对网络广告的“过滤”

通过一些软件可以把部分网络广告屏蔽。有一些目标受众可能都没有看过，就会把邮件广告删除，这样，网络广告就达不到预期的效果。

3. 监管滞后

我国还没有专门的政府相关机构或专业的管理监督手段来对网络广告进行从制作到发布的全程透彻地跟踪和监控。

4. 无序竞争

网络广告价格的透明化势在必行。

5. 强迫性广告过多

现在网络用户想躲开强迫性网络广告，浏览一个干净的网页越来越难了。而网民主动搜索的分类信息在网络广告中所占的比例却一直不大。

6. 网络广告专业人员缺失

目前的网络广告大多是由网络技术人员来完成，受本身专业的限制，使得网络广告缺乏与行销、传播、美术设计等专业广告要素的契合，从而让网络广告对观众的影响力度大打折扣，达不到预期的效果。

三、网络广告执行的步骤

（一）网络广告构思的基本思路

1. 引起消费者注意

有效的广告沟通必须要处理好三个沟通要素：沟通的方式、沟通的对象和沟通的目标。网络广告想要成功地吸引消费者的注意力，就必须使设计的网络广告成为消费者注意的中心点，为此，应该采取措施增强人们对这一网络广告的注意程度。聚焦消费者的目光是广告设计的基本要求，也是网络广告走向成功的第一步。

2. 主题清晰明确

一个成功的、有营销意识的网络广告，应该使消费者在第一时间了解到所做的网络广告的业务主题是什么。如果做一个没有明确主题的广告，就相当于什么也没有做。在限定的时间、地域内，网络广告应该是开门见山，直奔主题的，具有规划意识、连贯性、完整性，并且应该具备当下流行的，好玩的，吸引人的时尚元素，一个没有主题，没有灵魂的网络广告是一种资源的浪费，是不能为企业和消费者带来利益的。

3. 内容新颖独特

精美的广告设计要有新颖、独特、新奇的构思，给人以“意料之外，情理之中”的感受。而且广告色彩对商品起一种象征作用。透过不同商品各自独特的色彩视觉语言，使消费者更容易辨认、识别商品，并产生亲切感。有彩色的广告鲜艳悦目，装饰效果强，给人以良好的印象。例如，如果有两家开发同类产品的企业，他们之间在广告宣传方面的竞争就会十分激烈，如何使自己的产品在市场中脱颖而出就是网络广告应该努力的方向了。

4. 受众广泛

网络广告的目的是吸引消费者的注意力，最后实现产品和服务的销售。因此，网络广告的设计应该照顾大多数人的习惯，采用适当的技术手段，突出广告文案的内容，以保证有尽量大的宣传面，在网络广告文案内容的安排上，也应该符合大多数人的原则。一味地追求时髦和复杂的广告技术对于网络广告的宣传不一定是好事，因为网络广告是具有明确商业目的性的，如果不注意广告文案的受众人群，任意的设计不为消费者所青睐，是导致广告失败的原因之一[89]。

（二）网络广告的发布途径

企业为了更好地宣传企业和企业产品，制作和发布精良的网络广告，吸引消费者的注意和浏览，以达到树立企业形象、增进产品销售的目的。网上发布广告的渠道和形式众多，各有长短，企业应根据自身情况及网络广告的目标，选择网络广告发布渠道及方式。在目前，可供选择的渠道和方式主要有以下几种。

1. 创建自己的网站或主页并在上面发布广告

建立自己的主页，对于企业来说，是企业发布广告最简单、最常用的方式，也是企业网络营销发展的一种必然趋势。它不但树立企业形象，也是宣传产品的良好工具，在企业自己的网站上发布广告可以在广告创意、广告形式和广告内容上充分发挥自己的想像，较少地受到他人的限制。在互联网上做广告的很多形式都只是提供了一种快速链接公司主页的途径，所以，建立公司的 Web 主页是最根本的，有了自己的网站和主页，企业可以非常便利的利用其他的广告发布形式，例如企业名录、新闻组等进行与公司主页的链接，加强网络广告的宣传力度。从今后的发展看，公司的主页地址也会像公司的地址、名称、电话一样，是专有的，是公司的标识，将成为公司的无形资产。

2. 通过网络内容服务商（ICP，Internet Content Provider）

引人关注的 ICP 如新浪、搜狐、网易等，它们提供了大量的互联网用户感兴趣并需要的免费信息服务，包括新闻、评论、生活、财经等内容，因此，这类网站的访问量非常大，是网上最引人注目的站点，企业可以借助该类网站流量大的优势，提高浏览者关注和点击广告的概率。目前，这样的网站是网络广告发布的主要阵地，但在这些网站上发布广告的主要形式是旗帜广告。

3. 利用专业类销售网站

这是一种专业类产品直接在互联网上进行销售的方式。走入这样的网站，消费者只要在一张表中填上自己所需商品的类型、型号、制造商、价位等信息，然后按一下搜索键，就可以得到你所需要商品的各种细节资料。比如国内的京东商城网站

[89] 摘自：李光明《网络营销》2014 年版．

（http：//www.jd.com/）等。在京东商城上，消费者只需根据自己的要求输入相关的电子产品需求条件，按一下搜索按钮，网站就会从千万种产品中筛选出符合条件的各种产品信息。由于这类产品为消费者提供了既详尽又方便，同时也具有针对性的产品信息服务，因此，消费者在打算购买相关产品时会首先登录此类网站进行产品信息的查询。对于相关产品的生产企业、代理商和销售商来说，选择这类网站做产品广告会取得事半功倍的效果，既省力又省钱。

4. 加入企业名录

这是由一些互联网服务商、政府机构或行业协会将一部分企业信息融入他们网站的主页。例如，中华人民共和国商务部是由中华人民共和国国务院主管的商业经济和贸易的组成部门，在网站主页中就有特定栏目展示部分企业的名称，点击名称后可以直接链接到企业的网站主页。只要用户感兴趣，就可以通过链接进入选中企业的主页。

5. 免费的电子邮件服务

在互联网上有许多服务商提供免费的E-mail服务，很多上网者都喜欢使用。利用这一优势，企业可以像传统营销中发送邮寄的广告一样以电子邮件的方式向网上用户发送产品和服务的信息，这种方式能够帮助企业将广告主动送至使用免费E-mail服务的用户手中。但是在利用电子邮件发送广告时应注意：要事先得到用户的同意，并且允许用户拒绝接收邮件，还应该使用注册用户的方式，在发送的电子邮件广告中明确告知发件人的地址。

6. 黄页形式

在互联网上有一些专门用以查询检索服务的网站，如雅虎（Yahoo！）、Infoseek、Excite等。这些站点就如同电话黄页一样，按类别划分，便于用户进行站点的查询。这些网站会在网页上为企业留有发布广告的位置，企业可以选择位置发布相关的广告。采用这种方法的好处，一是针对性强，查询过程都以关键字区分；二是醒目，处于页面的明显位置，易于被查询者注意，是用户浏览的首选。

7. 网络报纸或网络杂志

随着互联网的发展，国内外一些著名的报纸和杂志纷纷在Internet上建立了自己的主页；更有一些新兴的报纸或杂志，放弃了传统的“纸”质媒体，完完全全地成为一种“网络报纸”或“网络杂志”。其影响非常大，访问的人数不断上升。对于注重广告宣传的企业来说，在这些网络报纸或杂志上做广告，也是一个较好的传播渠道。

8. 网络社区

在网络虚拟社区中，只要用户遵循基本的原则都可以成为注册成员，并且可以在上面发表自己的观点和看法，因此，只要企业严格遵守相关的网络规定，就可以利用网络虚拟社区，在线上发表与本企业产品和服务相关的信息和建议，起到良好的宣传作用。

9. 新闻组

新闻组是人人都可以订阅的一种互联网服务形式，其与电子公告栏相似，阅读者可成为新闻组的一员，是一个很好的讨论交流和学习分享信息的平台。新闻组是严格按照内容分类排序的，企业可以选择参与和本企业产品及服务相关的新闻组。新闻组的成员可以在新闻组上阅读大量的公告，也可以发表自己的公告，或者回复他人的公告。新闻组是一种很好的讨论和分享信息的方式，广告主可以选择与本企业产品相关的新闻组发布公告，这将是一种非常有效的网络广告传播渠道。

（三）网络广告的推广策略和技巧

1. 网络广告的推广策略

一个成功的网络广告不仅仅需要好的广告策划和高超的技术，广告的创意、形式、动画效果也同等重要，企业可以根据广告总体目标的要求，选择运用如下的推广策略：

（1）利益导向策略

所谓利益导向，即着重宣传网络广告产品和服务能够给消费者带来的利益与好处，比如参与广告本身的好处以及网络广告产品能够给用户带来的好处，宣传产品的特殊性能，能够满足消费者的特殊需要等。

①有奖活动。为了吸引和鼓励网络用户参与活动，增加用户参与的积极性，在举办一些有奖征文、有奖投票活动时可以设定一些奖励举措。

②低消费策略。用低廉的价格引发网络消费者的消费热情，推动网络会员跨出网上购物的第一步。

③注册有礼。为了扩大广告宣传对象在目标人群中的知名度，可以运用这个策略以达到增加注册用户的目的。

④迎合消费者特殊需求。在情人节前夕，为了迎合情人的需要，玛氏食品制作了德芙巧克力情人节系列广告，并在情人节期间投放。德芙广告在其网络广告中宣传巧克力所代表的甜蜜气氛，抓住了消费者度过情人节时需要调动气氛的心理特点。选择情人节前后投放广告也是符合产品本身特色的，德芙巧克力产品的用户就是需要甜蜜感觉的情人。

（2）名人导向策略

时尚永远为人们所追逐，消费者认为名人明星用的产品总是高级上档次的，此策略借用社会名人的声誉进而提高企业产品的声誉。使用名人导向策略是创品牌的重要广告策略。例如，康师傅茉莉花茶饮料的网络广告投放由两部分组成，在网站主页上的前端广告，采用以周渝民和林依晨形象为主的极富美感的移动图标形式获得了较高的点击率。

（3）权威导向策略

借用权威机构，人物或者事件的影响，提高企业或者产品的知名度和可信度，比如企业参与国内外的排名，荣获知名奖项，某个产品被指定为奥运会专用产品等，都可以运用于广告宣传策划。

（4）网络广告时间策略

网络广告的时间策略包括网络广告发布的时机、时序、时限等策略。有时抓住一个有利的时机，能够使网络广告产品一夜成名。比如说，在春节前后，宣传中老年营养产品的某品牌，一些重大的文体活动，比如说夏季奥运会、冬季奥运会、亚运会、世博会等都是举世瞩目的网络广告良机。订货会、展览会等，都可能成为网络广告宣传的绝佳时机。

2. 使用网络广告的技巧

由于网络广告具有传统广告不具备的优势，为企业和消费者带来了新的机遇，但是，与传统广告相同，在使用网络广告时，也应该遵循一定的原则，注意运用技巧，否则，网络广告也不会发挥理想的作用。

网络广告应该重点把握三个要素：广告设计、目标受众、实时效果反馈。

（1）广告设计

营销人员应该同技术人员一起完成广告设计，才能综合运用有利的销售信息、营销技巧和技术方法，形成对消费者独一无二的吸引力。

（2）目标受众

企业应该了解目标受众的需求和喜好，将消费者依照合适的标准予以调查和细分，比如性别、年龄、地域、文化程度、收入、职业等，并根据消费者的特点选择适合的网站做广告宣传，如果条件允许，可以为网络用户提供购买和使用的机会。

（3）实时效果反馈

利用访问统计软件或广告评估机构进行实时的技术和内容监控，然后利用网络广告的测评指标（点击数、浏览率、页面印象等）显示监测结果，最后再根据监测的结果分析并判断广告的成效，把握今后的改进方向。

（四）网络广告的运作管理

网络广告的运作即贯穿于广告策划和实施全过程的一系列活动。为了能够提高企业网络广告活动的整体利益，获得广告投入的最佳效果，企业应该加强对网络广告运作的管理。

1. 明确企业的网络广告目标

在广告学的理论中，对广告目标的讨论之所以重要，在于它揭示了消费者对广告信息反应的一般心理规律，从而确定了沟通能够影响营销的理论基础。广告目标的作用是通过信息沟通使消费者产生对品牌的认识、情感、态度和行为的变化，从而实现企业的营销目标。从根本上说，广告目标就是对沟通效果的预先设定。因此，在设计和制作网络广告之前，企业应该首先明确企业整体广告策略的目标定位，使网络广告和传统广告有机地结合起来，共同实现广告的目标。

2. 定位网络广告的目标

所谓网络广告的目标定位包括对网络广告的目标群体和网络广告所要达到的目的进行需求特点分析。进行网络广告目标群体分析，了解消费者对网络广告的需求特点，为设计广告内容，宣传广告形式提供依据；明确网络广告目标是为了指导网络广告的方向和进程。

3. 制订网络广告的预算

网络广告预算以未来的财务计划为核心，将组织的网络广告战略管理、网络广告人力资源管理、网络广告业务管理等主要管理模块紧密联系在一起，是对网络广告委托代理关系规范化的一种实践。编制合理的网络广告预算是网络广告能否正常运作的保证。在制订网络广告的预算时应当根据网络广告要达到的目标、企业的产品市场、竞争者的情况及网络广告收费标准等进行综合考虑。

4. 选择网络广告服务商

网络广告的策划、制作和投放都需要专业的技术人员进行操作。尤其是当企业不具备这种技术条件时可以委托网络广告中介服务组织来帮助实现。网络广告服务商是提供网络广告服务的网站，或搜索引擎，通常 ISP 和 ICP 都具有这样的服务功能。随着 Internet 的迅猛发展，国内外已涌现出一大批网络广告服务商，由于他们的服务内容、质量和费用存在着很大的差异，因此选择一个服务优良、收费公道的广告服务商是企业成功地开展网络促销的重要环节。

5. 设计网络广告

（1）广告信息

首先，广告信息的内容应该做到真实可信，其次，为了能够吸引目标消费群体的注意，还应该符合目标群体的信息量需求，根据情况的变化及时更新广告内容。

（2）广告结构

专业的网络广告设计者不仅要在“设计”“构思”“图案”“色彩”上下功夫，并且在展示广告时，应该做到广告层次清晰，找寻方便。

（3）广告形式

企业还要考虑广告的形式与其他媒体的搭配问题。在形式上有网幅广告（Banner）、图标广告（Picture）、文字广告（Words）。这些形式往往与网站的特点紧密相关，只有充分研究网站，才会在形式上统一起来。网络广告在媒体选择与组合上主要应考虑的形式有：点击率、覆盖面、信誉度等问题。其考虑的思路可以从广告目的、广告成本、营销市场、竞争对手、潜在市场等实际与企业相关的商业环境出发进行考虑。

（4）广告储存

为了能够让广告传播的更快更广，在进行广告信息设计时应该充分考虑目标受众查询和保存广告的方便性。

6. 制作网络广告

制作网络广告是指运用专业的技术手段实现网络广告的设计。一个完整的网络广告制作是一个相当复杂的过程，要构思画面、广告语、内容以及定位目标受众。

7. 发布网络广告

在制作完成后，需要选择合适的网络广告发布途径进行发布和传播。为了获得良好的广告效果，在选择发布广告途径时可以从以下方面进行考核：下载速度、对浏览器的要求、信誉、安全、访问量、定向功能和费用。

8. 网络广告效果反馈

网络广告成为众多网络公司利润的主要来源，也是众多站长挣外快的途径，而作为投放广告的商家希望通过网络广告达到尽可能高的收益，网络广告效果评估标准是作为广告主与广告客之间结算的依据，目前行业分别以：广告展示量、广告点击量、广告到达率、广告二跳率、广告转化率作为广告的评估指标。

在实际操作中，企业对网络广告进行评估时可以根据自己的能力或需要，选择采用以下三种方式来进行：通过第三方评估机构进行评估，通过访问统计软件进行统计评估或者通过客户反馈情况进行统计评估。

如果企业选择了网络广告服务商提供的网络广告服务，其一般都会为企业提供以下数据，以供分析使用。

（1）每日广告记录，包括当时的广告播放情况和广告的切屏报告。

（2）媒体效果分析，包括投放媒体性价比、单个点击价格对比等。

（3）每日媒体分析，包括每日印象数、点击数据、总体走势的分析。

通过对每日统计数据的分析，企业可以及时了解网络广告的效果，调整广告的投放方向，配合网络营销的整体运作[90]。

【本章小结】

网络营销促销战略是企业整体经营战略的一个重要组成部分，本章在介绍网络促销的概念之上较为形象地分析了网络促销的类型和特点，形象地解读了网络促销的实

[90] 冯晖 . 网络广告实务 [M]. 水利水电出版社 .2009 年 .

施步骤。从内涵、类型、特点、计价方式和推广策略方面详细地论述了网络广告这一重要的网络营销促销战略。

关键术语：网络促销　网络广告

【课后思考题】

一、名词解释

1. 网络促销
2. 电子邮件促销
3. 网络广告
4. 旗帜广告
5. 弹出式广告

二、选择题

1.（　）不属于网络广告形式。

A. 旗帜广告　B. 按钮式广告　C. 新闻组广告　D. 公告栏广告

2. 我国的第一个商业性网络广告出现在（　）年。

A.1994　B.1995　C.1996　D.1997

3. 报纸、杂志传输的主要是文字信息，而互联网传输的主要是（　）。

A. 文字信息　B. 视频信息　C. 音频信息　D. 多媒体信息

4. 企业通过互联网来快速提高企业和产品的知名度，以树立企业的良好形象，这属于网络营销的（　）职能。

A. 网络品牌　B. 网址推广　C. 信息发布　D. 销售促进

5. 所谓企业站点网络营销，是指通过企业自己的（　）开展网络营销活动。企业网站是一个综合性的网络营销工具，是为企业经营提供强力支持的。

A. 电子邮件 E-mail　B. 网站

C. 博客　D. 电子公告牌 BBS

6. 下列广告形式中，不属于链接式广告的是（　）。

A. 图标广告　B. 标志广告　C. 网页广告　D. 按钮式广告

7.（　）营销是通过提供有价值的信息和服务，利用用户之间的主动传播来实现网络营销信息传递的目的。

A. 病毒性　B. 网络广告　C. 博客营销　D. 网络会员制

8.CPM 是（　）的英文缩写。

A. 每千次点击成本　B. 每千人印象成本

C. 每回应成本　D. 每购买成本

三、判断题

1. 网络促销的对象是在网络虚拟市场上产生购买行为的消费者群体。（　）

2. 企业网站就是企业在互联网上进行网络建设和形象宣传的平台。（　）

3. 网络广告主要是实施拉动战略，其主要功能是将企业的产品推向市场，获得广大消费者的认可。（　）

4. 网络站点促销主要是实施推动战略，其主要功能是将顾客牢牢地吸引过来，保持稳定的市场份额。（　）

5. “黄页”具有营销与购物的双向指南功能，具有方便、全面、直接、抗干扰等优点。（　）

6. 通常在网络上为公司产品做广告有两种方式：一是在自己的网站上发布广告；二是在其他公司的站点、搜索引擎、网上杂志、邮件清单上面购买空间做广告。（　）

7.CPM 是依据点击次数来计算的收费模式，这种收费模式最直接的好处就是把广告与广告对象联系起来。（　）

8. 链接式广告往往所占空间较大，在网页上的位置也比较自由，它的主要功能是提供通向厂商指定网页（站点）的链接服务。（　）

9. 企业站点又称为企业网站，所谓企业站点网络营销，是指通过企业自己的网站开展网络营销活动。企业网站是一个综合性的网络营销工具，是为企业经营提供强力支持的。（　）

10. 自动弹出式广告又称为“插入式广告”“弹跳广告”，是一种不请自来的广告形式。（　）

四、简答题

1. 常用的网站推广方法有几种？分别是什么？

2. 网上销售促进主要有几种？

3. 什么是网络营销促销？它的组合方式是什么？

4. 网络广告有哪几种最常用的表现形式？

5. 网络广告有什么特点？

第九章　网络营销的常用工具和应用

【学习目标】

1. 掌握搜索引擎营销的概念及基本方式
2. 了解电子邮件营销的概念及基本方式，掌握电子邮件营销的特点和实施
3. 掌握事件营销的特征和实施
4. 了解各种平台营销的概念和应用，掌握博客营销的特点
5. 了解社会营销的概念，掌握社会营销的内容和实施

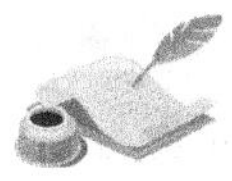

【内容要点】

1. 搜索引擎营销的含义、特点和应用
2. 电子邮件营销的含义、特点和应用
3. 网络事件营销的含义和应用
4. 平台营销的含义、分类和应用
5. 即时通讯工具店铺的含义分类和应用
6. 社会网络营销的含义和应用

【引导案例】

ALS 冰桶挑战：席卷全球的公益病毒

在 2014 年炎热的夏天，一桶冰水当头倒下，微软的比尔·盖茨、Facebook 的扎克伯格跟桑德博格、亚马逊的贝索斯、苹果的库克全都不惜湿身入镜，这些硅谷的科技人，飞蛾扑火似地牺牲演出，其实全为了慈善。

ALS 中文全称是“肌萎缩侧索硬化症”，患有此病的波士顿学院的著名棒球运动员 Pete Frates 希望更多人能够关注到这一疾病，于是发起冰桶挑战。活动规则如下，被点名的人要么在 24 小时内完成冰桶挑战，并将相应视频传上社交网站；

要么为对抗ALS捐出100美元。因挑战的规则比较简单，活动得到了病毒般的传播，并在短短一个月内集得了2.57亿美元的捐款。纳德拉是被前美国职业橄榄球联盟（NFL）球员史蒂夫·格里森（Steve Gleason）在Twitter上“点名”参加这一挑战的。而在纳德拉完成了这一挑战后，他也选择继续将这一传统延续下去，并在Twitter上点名亚马逊CEO杰夫·贝索斯（Jeff Bezos）和谷歌（微博）联合创始人拉里·佩奇（Larry Page）参与这一活动。

而在国内，这一活动经最大的社交平台微博不断发酵。率先接受挑战的是科技界类似于雷军、李彦宏这样的大佬们。而后，娱乐圈的各路明星也纷纷加入活动，使冰桶挑战的热度持续升温。这种大范围的公众人物参与活动可以算是互动营销历史上的第一次。

接受捐款的ALS协会称，仅在美国就有170万人参与挑战，250万人捐款，总金额达1.15亿美元。ALS协会表示这1.15亿美元主要用于五个方面：7700万美元用于“研究”，2300万美元用于“病患与社区服务”，1000万美元用于“公共与职业教育”，300万美元用于“募款”，200万美元用于“外部相关费用”。

ALS冰桶挑战是一次公益与网络营销十分有效的结合，可能Pete Frates在发起这项活动时都没有料想到会有如此疯狂地传播，这也算是无心插柳柳成荫。不少品牌也纷纷依靠此活动借势营销，较有名的就是三星向苹果发起了“冰桶挑战”。

（资料来源：“冰桶挑战”停不下来！明星纷纷狂野“湿身”

http：//ent.news.cn/2014-08/20/c_126892522.htm 新华网 2014年08月20日）

网络营销现已成为企业营销的重要手段，许多行业和公司纷纷采用这种方式加大企业营销力度。而网络营销有各种各样的方式和工具，常见的有搜索引擎营销、电子邮件营销、网络事件营销（包括网络新闻营销、网络投票等）、平台营销（包括网站营销、博客营销、论坛营销、贴吧营销、网络广告、网络视频营销、电子杂志营销、网络游戏营销）、即时通讯工具营销、SNS社会网络营销等。不同的网络营销手段有其各自的特点，并且适用于不同的营销活动。

第一节　搜索引擎营销

一、搜索引擎营销的概念

搜索引擎营销（Search Engine Marketing，SEM），是指基于搜索引擎平台的网络营销，利用人们对搜索引擎的依赖和使用习惯，在人们检索信息的时候尽可能地将营销信息传递给目标客户。搜索引擎营销追求最高的性价比，以最小的投入，获得最大的来自搜索引擎的访问量，并产生商业价值[91]。

企业利用被用户检索的机会，使网页在关键词搜索结果中排名靠前，引导用户点击，从而达到品牌展示和促进销售的目的。搜索引擎不仅是企业网站推广的常用手段之一，在网络广告市场中的地位也日益重要。

搜索引擎营销的基本思想是让用户发现信息，并通过搜索点击进入网站 / 网页进一步了解他所需要的信息。在介绍搜索引擎策略时，一般认为，搜索引擎优化设计主要目标有 2 个层次：被搜索引擎收录、在搜索结果中排名靠前。这已经是常识问题，多数网络营销人员和专业服务商对搜索引擎的目标设定也基本处于这个水平。但从目前的实际情况来看，仅仅做到被搜索引擎收录并且在搜索结果中排名靠前还很不够，因为取得这样的效果实际上并不一定能增加用户的点击率，更不能保证将访问者转化为顾客或者潜在顾客，因此只能说是搜索引擎营销策略中两个最基本的目标。

二、搜索引擎营销的特点

搜索引擎营销的实质就是通过搜索引擎工具，向用户传递他所关注对象的营销信息，它有以下特点：

1. 用户主动创造了被营销的机会

搜索引擎营销和其他网络营销方法最主要的不同点在于，在这种方法里是用户主动创造了营销机会。有调查显示 33% 的搜索者在进行购物，并且 44% 的网民利用搜索站点来为购物做调研以便做好最优购物决策。例如，关键字广告，平时在搜索引擎工具上并不存在，只有当用户输入了关键字，结束查找，才在关键字搜索结果旁边出现，虽然广告内容已定，不是用户所决定的，但给人的感觉就是用户自己创造了被营销的机会，用户主动地加入了这一过程。

2. 搜索引擎方法操作简单、方便

搜索引擎营销的登录非常简单。如果搜索引擎是分类目录，企业想在此搜索引擎登录，那么只需工作人员按照相应说明填写即可，无需专业技术人员或营销策划人员，纯技术的全文检索则不存在登录的问题。再者，计费简单。例如，关键字广告计费方式是 CPC（Cost Per Click），有别于传统广告形式，它是根据点击的次数进行收费，而且价格便宜，并可以设定最高消费以防止恶意点击。最后搜索引擎营销的分析统计简单明了。一旦企业和搜索引擎发生了业务联系，搜索引擎便向企业提供一个接口，企业可以很方便地知道自己每天的点击量、点击率，这样企业可以方便的获得相关数据并对营销效果进行分析，以便优化和改进其营销方式。

---

[91] 周宁，李鹏 . 网络营销：网商成功之道 [M]. 北京：电子工业出版社，2011 年 .

3. 搜索引擎营销具有广泛覆盖性、精准匹配性和强大的信息聚合性

搜索引擎能够覆盖相当大数量的信息，并且将各种信息有效聚合起来。另外由于搜索引擎的固有特点，它能够非常精准的匹配搜索者的需求，使其与企业迅速建立联系。

三、搜索引擎的实现方法

搜索引擎的实现方法有许多，包括竞价排名（如百度竞价排名）、分类目录登录、搜索引擎登录、付费搜索引擎广告、关键词广告、来电付费广告、搜索引擎优化、地址栏搜索、网站链接策略等[92]。

1. 搜索引擎登录和排名

搜索引擎要求的内容通常有网站名称、网址、关键词、网站描述和联系人信息等。在搜索引擎上登录注册后，还需要不定期到所登记的搜索引擎查看网站排名的变化情况。当搜索位置一直向后靠时，需要仔细分析原因，如果是自身网站的原因，就需要重新优化网页并向搜索引擎提交。

2. 搜索引擎优化（search engine optimization，SEO）

搜索引擎优化是指针对各种搜索引擎的检索特点，使网页设计符合搜索引擎的搜索原则及搜索方法，从而获得被搜索引擎收录并在排名中靠前的各种方法。对于网站在 Google 或 Baidu 搜索中是否被收录以及排名都与网站质量密切相关，因此进行搜索引擎优化设计非常重要。搜索引擎优化（SEO），是针对搜索引擎对网页的检索特点，让网站建设各项基本要素适合搜索引擎的检索原则，从而使搜索引擎收录尽可能多的网页，并在搜索引擎自然检索结果中排名靠前，最终达到网站推广的目的。搜索引擎优化（SEO）包括网站内容优化、关键词优化、外部链接优化、内部链接优化、代码优化、图片优化、搜索引擎登录等。

3. 关键词广告

关键词广告是充分利用搜索引擎资源开展网络营销的一种手段，属于付费搜索引擎营销的主要形式。购买关键词广告，即在搜索结果页面显示广告内容，实现高级定位投放，用户可以根据需要更换关键词，相当于在不同页面轮换投放广告。关键词广告具有形式简单、显示方式合理、采用点击付费计价模式、随时查看流量统计及方便进行管理等特点。由于关键词广告是在对特定关键词进行检索时，关键词广告才出现在搜索结果页面的显著位置，所以其针对性非常高，被称为性价比较高的网络推广方式。

---

[92] 周宁，李鹏 . 网络营销：网商成功之道 [M]. 北京：电子工业出版社，2011 年 .

4. 竞价排名

竞价排名就是在网站付费后才能出现在搜索结果页面，付费越高者排名越靠前。竞价排名服务，是由客户为自己的网页购买关键字排名，按点击计费的一种服务。客户可以通过调整每次点击付费价格，控制自己在特定关键字搜索结果中的排名，并可以通过设定不同的关键词捕捉到不同类型的目标访问者。在国内最流行的点击付费搜索引擎有百度、雅虎和 Google。值得一提的是即使是做了 PPC（Pay Per Click，按照点击收费）付费广告和竞价排名，最好也应该对网站进行搜索引擎优化设计，并将网站登录到各大免费的搜索引擎中。付费搜索引擎广告（PPC，pay per click）是以搜索引擎为平台，按照点击次数收费的一种广告模式。

2009 年 6 月 9 日，全球体育用品公司耐克公司与中文搜索巨头百度公司宣布启动品牌搜索营销合作，这是搜索营销成为品牌推广新阵地的一个典型案例。耐克中国品牌传播总监 Kerri 表示大品牌正在对搜索进行着新认知和新发现，那就是搜索已经不仅仅是搜索。通过合作，百度为耐克提供了与消费者密切沟通的新方式，也是营销模式的一次创新。二者合作之后，在百度上搜索 Nike，得到的相关搜索网页达到近一亿篇。在百度上输入关键词运动鞋，关于耐克的搜索结果出现在前 5 条以及屏幕右侧的推广栏中。耐克和百度双方明确表示，今后将持续深入推进协同营销，合作双方都对未来充满信心。而从全球的角度，我们也有理由相信他们的未来。尤其在北美市场，搜索引擎自推出以来，每年以两位数的增长幅度飞速发展，即便是全球金融危机也未能挡住它增长的步伐。美国市场调查数据统计公司 eMarketer 发布的数据显示，2005 年以来，北美地区搜索引擎广告费用逐年攀升，2008 年达 135 亿美元，预计 2009~2013 五年的年均增长率为 13.6%，2013 年有望达到 261 亿美元。

在北美市场，品牌厂商的搜索营销已非常成熟，很多知名品牌及世界顶级品牌都是品牌搜索引擎的密切协同营销伙伴。正是这些巨头们的加入，一手推动了近年北美搜索引擎广告费用的急速攀升，成为广告市场大蛋糕中的重要组成部分。而中国作为世界网民最多的国家之一，必将步北美市场的后尘，进入品牌搜索引擎营销时代。

事实上，这一迹象越来越明显。在百度上，已经汇聚了中国市场上的众多知名品牌。IT 行业的英特尔、诺基亚、联想，汽车行业的奔驰、宝马，化妆品行业的迪奥、香奈儿等，都与百度启动了品牌搜索营销，并收到了预期效果。

另外，对于搜索引擎而言，其最重要的目的是为用户提供精准的搜索回答，而这一切都必须建立在公平公正的基础上。这包括，需要明确注明广告条目以及不偏向特定的网站。

案例 9-1

对于消费者来讲，要求搜索结果公平公正的诉求常常不能得到满足，比如百度经常为人诟病的是大量的医疗广告，而Google也面临后一项指控。据Fortune报道，美国的“大众点评”Yelp数据团队联合哈佛商学院的教授Michael Luca以及FTC（联邦贸易委员会）前顾问Tim Wu发布了一份报告，指责Google在显示搜索结果的时候优先显示自己服务里的内容，而并非完全根据相关性呈现结果。这份46页的报告在开篇就表示，Google会在搜索结果里显示自己的不同服务信息，比如来自Google Maps的信息，来自Google News的信息，从而推广了自己的相关服务。这样一来，来自第三方网站的内容就受到了排挤。这个搜索结果里，前7条都是来自Google Maps的内容，原生的搜索结果在第8条Tim Wu将Google的这种做法，比作微软曾经在自己的操作系统里捆绑IE浏览器。对这次来自Yelp的指责，Google的回应也非常直接，他们认为这次研究漏洞百出，并且仅仅是部分特例。

事实上，Yelp和Google一直矛盾不断。尤其在本地商户信息上，Yelp曾多次指控Google在本地信息搜索上偏向展示Google Maps和Google+的内容，故意降低来自Yelp的搜索结果。

为了保证搜索的公正性，搜索引擎最好的办法就是不要做内容。而Google并没有做太多内容，更多只是对不同类别的内容进行的整合，并推出相应的产品。

相比Google，百度做了更多的内容，比如百度百科和百度贴吧，这其实更难保证搜索的公正性。但百度也推出了框计算，用户只要在搜索框里输入服务需求，系统就能明确识别这种需求，并将该需求分配给最优的内容资源或应用提供商处理。

如果Google要做到绝对公正，或许也需要有类似“框计算”的产品，只是对大部分通用搜索来说，Google自己提供的相关服务往往是最好的。

第二节　电子邮件营销

一、电子邮件营销的概念

电子邮件是网络时代一种常见的广告营销形式，是向网站的大量客户或潜在客户发送有关网站的特定电子邮件，实现企业经营战略的一种营销技术，它主要指通过邮件列表向顾客发布公司的新闻、声明、新产品信息、优惠信息等。与传统邮件相比，电子邮件使用的频率非常高，大多数上网者都有自己的邮箱，并且使用也较为频繁，也就为网站的推广和营销提供了很大的机会。费用低也是电子邮件在各种宣传方式中较容易被接受的一个优势，此外，电子邮件营销还具有针对性强、速度快、效率高的特点，可以针对某一些人发送特定的广告，其营销推广效果也容易统计[93]。

通常企业可以通过使用 EDM 软件向目标客户发送 EDM 邮件，建立同目标顾客的沟通渠道，向其直接传达相关信息，用来促进销售。EDM 软件有多种用途，可以发送电子广告、产品信息、销售信息、市场调查、市场推广活动信息等。

E-mail 营销有三个基本因素：用户许可、电子邮件传递信息、信息对用户有价值。三个因素缺一不可，否则不能称之为有效的邮件营销。

1. 基于用户许可

基于用户许可的表现方式有很多，包含线上与线下两大类。线上收集 E-mail 地址一般有网站在线注册、订阅等，线下收集 E-mail 地址一般有展会、名片交换、线下活动收集、超市 Check-out 收集等多种方式。用户线上注册的时候，发送确认邮件进行 double-opt-in（激活确认），可保证 E-mail 地址的准确性，同时增强用户对邮件的意识，提高许可性。

2. 通过 E-mail 传递信息

通过 E-mail 传递信息，是邮件营销的技术基础。首先要保证 E-mail 的送达，才能谈得上邮件营销。要保证群发邮件的正确送达，最好选择第三方专业的 EDM 服务商。

3. 信息对用户有价值

向用户传递有价值的信息，是许可式邮件营销的核心环节。基于用户许可的邮件群发，不一定是邮件营销。只有保证传递给用户有价值的信息，才称得上是真正的邮件营销。通过将 E-mail 与 SNS、Mobile、Web 等进行整合，同时利用相应的分析工具和专业的 EDM 系统，获取更加详细的用户信息与追踪行为，然后进行有针对性的邮件发送。

电子邮件营销是网络营销手法中最古老的一种。通常电子邮件营销是在获得客户许可的情况下进行发送的，而未经许可的电子邮件营销就是垃圾邮件（spam）。电子邮件营销的方式有电子刊物，新闻邮件，注册会员通信，新产品通知，顾客服务及顾客关系邮件，顾客定制信息等。

按照 E-mail 地址的所有权划分为内部 E-mail 营销和外部 E-mail 营销，或者叫内部列表和外部列表。内部列表是一个企业 / 网站利用注册用户的资料开展的 E-mail 营销，而外部列表是指利用专业服务商或者其他可以提供专业服务的机构提供的 E-mail 营销服务，投放电子邮件广告的企业本身并不拥有用户的 E-mail 地址资料，也无需管理维护这些用户资料。外部列表是网络广告的一种表现形式。内部列表 E-mail 营销和外部列表 E-mail 营销在操作方法上有明显的区别，但都必须满足

[93] 陈向军 . 网络营销与策划 [M]. 北京：高等教育出版社 . 2011 年 .

E-mail 营销的三个基本因素：基于用户许可、通过电子邮件传递信息、信息对用户是有价值的。内部列表和外部列表各有自己的优势，两者并不互相矛盾，如果必要，有时可以同时采用。

二、电子邮件营销的特点

电子邮件营销的特点有：

（一）互动性强

利用电子邮件营销，可以有效提高与消费者的互动。对于年轻的消费者来说，他们大多都会使用手机来上网，那么向这部分用户发送电子邮件，可以借助地理位置进行推广活动，比如当用户访问实体店时才能获得相应优惠。企业还可以在向用户发送电子邮件的同时，利用邮件邀请其在社交媒体上推广公司产品，发表他们对产品的体验，并可向好友发送优惠码。电子邮件追踪能够帮助营销主体掌握消费者对不同的内容做出的反应，并能够把那些不参与电子邮件活动的消费者剔除出发送名单。

（二）操作简单效率高

使用专业邮件群发软件，单机可实现每天数百万封的发信速度，而操作过程也简单易行。搜索引擎优化需要几个月，甚至几年的努力才能充分发挥效果。博客营销更是需要时间，以及大量的文章。SNS 营销需要花时间参与社区活动，建立广泛的关系网。而电子邮件营销只要有邮件数据在手，发送邮件几小时后就可看到效果。

（三）成本低廉

电子邮件营销成本低廉，基本只会涉及网络费用和其他人员费用，其成本比传统广告低很多。电子邮件营销只要有邮件服务器，发送一封邮件的成本几乎等于零，因为只要找到了用户邮箱，便可花很少的时间将邮件发送出去

（四）应用范围广

《第 36 次中国互联网络发展状况统计报告》显示截至 2015 年 6 月，中国网民规模达 6.68 亿，中国手机网民规模达 5.94 亿，互联网普及率为 48.8%。Facebook 发布《2015 年全球互联网接入报告》称，截至 2015 年年底，全球网民数量增长至 32 亿。由于数量众多的网络用户群体的存在，只要拥有足够多的 E-mail 地址，就可以在短时间内向众多目标用户发布广告信息，而不受地理位置的限制。另外，E-mail 营销不受行业的影响，适用于各行各业。邮件载体的信息量发送巨大，也能被长期保存，收藏和转发非常简便，具有长期的宣传效果。

（五）针对性强

电子邮件由于具有指向性，可以针对某一特定人群发送特定的广告邮件，也可以

根据需要按行业或地域进行分类，然后针对目标客户进行广告邮件群发，这样的操作目标更明确。例如优衣库通过发送电子邮件邀请函，将对优衣库感兴趣的淘宝会员，转化为优衣库的活跃用户。定期向新老会员发送电邮杂志，开展 EDM（E-mail Direct Marketing）营销，定期向客户推荐新产品，提高客户品牌忠诚度。经过半年的 EDM 运营，优衣库的活跃用户增长近 70%，电子邮件营销渠道产生了约 20% 的销售额，电子邮件已成为优衣库重要的网络营销渠道。企业还可以制定个性化内容，主动给客户发出企业的营销信息，实现企业的营销目的。

三、电子邮件营销的模式

电子邮件营销的模式有以下几种：

（一）顾客关系 E-mail

首先，顾客需要明确地选择加入许可 E-mail 的关系，这样才可以避免直接 E-mail 营销造成的潜在伤害，即顾客受骗而加入营销关系的感觉。从较长的一段时期来看，许可 E-mail 营销战略无论在反应率还是在总成本方面都领先于其他方式的 E-mail 营销。

（二）企业新闻邮件

对于企业新闻邮件等可以加大个性化服务，这不仅仅是在邮件里加上客户的名字，而应该创建更多的个性化许可 E-mail 活动。关于客户的信息除了名字和地址外还应该有更加详细的内容，创建一个与产品和服务相关的客户数据库，有助于维持许可列表的忠诚度，改善“信噪比”，并增加回应率。

（三）定制提醒计划

客户许可的水平有一定的连续性，在每一封发送的邮件中都包含着允许加入或退出营销关系的信息，用某些条件限制顾客退出营销关系是没有必要的。将电子化营销服务模块化对满足顾客的需求有更加明显的效果。例如，可以在一系列不同的 E-mail 服务项目中提供顾客所需要的特定信息，如新闻邮件、特定产品信息、降价信息等，使顾客能够选择最能满足需求的服务，同时还可以传达对产品兴趣和频率敏感的信息。

（四）许可邮件列表

IMT Strategies 调查过的半数以上领先的营销人员已经进行过提醒服务和定制提醒计划的实验，包括时间提醒（如生日）、补充（如替换、升级）和服务备忘录（如预定维护）。研究表明，33% 的 E-mail 登记了提醒服务。

（五）赞助新闻邮件

研究表明，有 75% 以上的顾客曾经收到过熟人的推荐，被调查的成功的营销人员中，有 50% 利用已经建立起来的可信任的顾客关系产生杠杆作用，采取鼓动性实验营销计划（病毒性营销）。此外，20% 的电子邮件用户利用熟人的“口碑”宣传发现并浏览新的网站。除了搜索引擎和自由冲浪之外，实现领先的营销战略还需要做其他宣传，如网络标志广告和电视广告等。

（六）赞助讨论列表

交叉品牌及与伙伴公司合作的营销战略是 E-mail 营销实践的部分内容，开展这些计划有利于建立与核心顾客社区的高度信任，影响新顾客社区并建立营销杠杆，并迅速扩张许可 E-mail 活动的宽度和价值。

（七）鼓动性营销

开展营销活动应该识别一个特定计划的总体反应率（例如点击率和转化率）并跟踪顾客的反应，从而根据顾客过去的反应行为作为将来的细分依据。然而，令人吃惊的是，调查中发现，将近 70% 的营销人员在 E-mail 营销活动中既没有测试点击率也没有测量转化率。投资的绩效评价和回报应该作为营销计划的基本内容。

（八）伙伴联合营销

E-mail 联系的频率应该与顾客的预期和需要相结合，这种频率预期与具体环境有密切关系，从每小时更新到每季度的促销诱导。这一点非常重要，因为顾客需要相应的、定位的内容和服务来取得许可，长期不变的非定位的 E-mail 信息将造成已经建立营销关系的顾客撤消他们的许可。

案例 9-2

花旗银行（Citibank）在其营销部门采用自然语言处理程序手段以提高其邮件推广的成功率。花旗的营销信件利用这种自然语言处理程序——一种兼用人工智能和语言学的程序——生成客户禁不住想点击的句子和短语。这样做的想法是激起一种可能带来销售的情绪化回应（以及手握鼠标的那只手的食指颤动）。花旗就有很多理由在它的宣传中采用机器学习技术。它要推销信用卡，要说服顾客升级或开设新账户，要劝诱人们花掉奖励积分。反正它总得去联系客户，那为什么不把推广用语写得尽量更吸引人一些呢？ Persado 称，花旗电子邮件的“点击率”提高了 70%，邮件内链接的“点击率”提高了 114%。

（资料来源：http：//www.fortunechina.com/business/c/2015-05/15/content_240515.html 机器人营销员 Robert Hackett 财富中文网 2015 年 05 月 15 日）

第三节　网络事件营销

一、网络事件营销的概念

网络事件营销是指企业通过策划、组织和利用具有新闻价值、社会影响以及名人效应的人物或者时间，以网络为传播载体，吸引媒体、社团和消费者关注，以求建立和提高企业或产品的知名度、美誉度，树立良好的品牌形象，并最终促成产品或服务销售的手段和方式。网络事件营销受众面广、突发性强，在短时间内能使信息达到最大、最优传播效果，能为企业节约大量的宣传成本。它集新闻效应、广告效应、公共关系、形象传播、客户关系于一体，并为新产品推介、品牌展示创造机会，建立品牌识别和品牌定位，形成快速提升品牌知名度和美誉度的营销手段。

有些采用网络投票的方式进行网络营销。网络投票是企业在门户网站或专业网站举办网络投票活动，一般以奖励为手段，吸引网友对某个话题展开讨论或对某产品表达看法。而企业会巧妙地将网民的偏好引导到关注企业或产品的正面上，这个正面选择结果是有利于企业宣传的砝码。这种网络投票方式影响力大，受关注度高；网民的参与性强；另外营销行为隐秘，可信度高。

二、网络新闻营销

网络新闻营销是一种利用互联网资源及技术，结合新闻媒体力量而形成的一种市场营销形式，也称为网络公关。其遵循新闻的本质，以快速、及时、准确、广泛为基本，具备一定的社会影响，在某一领域中能够达到一定的轰动效果。

网络新闻营销具有双重属性，一方面，它具有新闻特质，通常以热点话题或者新闻事件切入，与品牌信息产生关联，运用大量数据或事实进行信息传递；另一方面，它又具有广告特质，其标题和内容的设置都与品牌紧密相关，从而具有广告的传播功能。网络新闻营销是政府、企业及个人重要的营销手段之一。

在进行新闻营销时，应遵循其自身最大的特点，遵循新闻自身的本质，以快速、及时、准确，三点为基本，但同时其所发布的消息必须具备一定的社会影响，在某一领域中能够达到一定的轰动效果。同时，新闻发布的信息大体上可分为正式性正规发布（即新闻发布会模式）和随机性发布两类，在正式正规性新闻发布时，形式上会正规隆重，档次较高，地点经过精心安排，邀请记者、新闻界（媒体）负责人、行业部门主管、各协作单位代表及政府官员。随机性新闻发布是指传媒行业凭借媒体敏锐的新闻嗅觉挖掘出社会中的新闻题材予以发布的信息，这类题材的新闻大多数与百姓的生活密切相关，其轰动性和社会反向较前者会稍逊一些，但对社会的影响同样不可小视。

网络新闻营销具有以下特点。首先，隐秘性强，可信度高。很多消费者对于广告可能不喜欢，而对于新闻则没有抵触感，甚至乐于翻看各种新闻。再者，网络新闻的投放成本相对于广告的投放低一些。最后，网络新闻营销的信息的再传播性比较高。因为新闻的形式会引发其他网站对网络新闻的再次传播，而这种传播通常不会产生更多的成本。

网络新闻营销还同时具有新闻的四大特性：

1. 网络新闻营销具有真实性

它体现了新闻报道的宗旨，在新闻稿的写作过程中，笔者应站在旁观者的角度，客观的进行写作，不能带有任何主观色彩；就这点而言，要求笔者有足够的理性和主见，始终以理性的角度客观反映事实。

2. 网络新闻营销时效性

时效性是指信息的新旧程度、行情的最新动态和进展；只有新鲜出炉的新闻才是最具有价值的新闻，新闻稿写作的语言可以不华丽，情感可以不丰富，但却一定要保证内容的新鲜。

3. 网络新闻营销准确性

任何一篇新闻稿件所描述的内容、概况，以及文章所包含的数字，都必须是准确无误的，不能有任何的人为修改。

4. 网络新闻营销具有简明性

在新闻稿撰写过程中，语言要简洁明了，不能过于累赘，只要能把事件交代清楚即可，不需要做过多的深入分析。

第四节　平台营销

现时的网络平台营销借助很多平台，例如论坛、博客、网络广告和电子杂志等。

一、论坛营销及其特点

论坛营销是指企业利用网络交流平台，通过文字、图片、视频等方式发布企业的产品和服务信息，从而让目标顾客更加深刻的了解企业的产品和服务，达到宣传企业产品或品牌，提高市场认知度等目的的网络营销活动。

通常在论坛进行营销，最好不要直接介绍企业的产品或服务，而主要用软文的方式推广。软文广告相对于硬性广告而言，用唯美的语言将产品形象化，刺激阅读者的兴趣、进而产生消费的欲望。软文写作的目的就是要将企业的产品和形象通过美丽的文字来进行包装，以达到宣传的效果。软文写作的最高境界就是言之无物，实则有物。

软文已经成为企业或者产品营销推广中一种很实用的方式，通过营销软文可以达到做广告的效果和提高企业知名度和美誉度的目的。软文的硬效果就是要能卖货，即通过软文将企业的产品和服务卖出去。

写软文首先要选切入点，即如何把需要宣传的产品、服务或品牌等信息完美的嵌入文章内容。其次要设计文章结构，把握整体方向，控制文章走势，选好冲击力强的标题。还要完善整体文字，按框架丰富内容，润色具体内容。最后要反复沟通和完善。

论坛营销有如下特点：

（1）利用论坛的超高人气，可以有效为企业提供营销传播服务。而由于论坛话题的开放性，几乎企业所有的营销诉求都可以通过论坛传播得到有效的实现。

（2）专业的论坛帖子策划、撰写、发放、监测、汇报流程，在论坛空间提供高效传播。包括各种置顶帖、普通帖、连环帖、论战帖、多图帖、视频帖等。

（3）论坛活动具有强大的聚众能力，利用论坛作为平台举办各类踩楼、灌水、贴图、视频等活动，调动网友与品牌之间的互动。

（4）事件炒作通过炮制网民感兴趣的活动，将客户的品牌、产品、活动内容植入进传播内容，并展开持续的传播效应，引发新闻事件，导致传播的连锁反应。

（5）运用搜索引擎内容编辑技术，不仅使内容能在论坛上有好的表现，在主流搜索引擎上也能够快速寻找到发布的帖子。

（6）适用于商业企业的论坛营销分析，对长期网络投资项目组合应用，精确的预估未来企业投资回报率以及资本价值。

（7）论坛营销成本低，见效快。论坛营销多数是属于论坛灌水，其操作成本比较低，主要要求的是操作者对于话题的把握能力与创意能力，而不是资金的投入量。但是这是最简单的，粗糙的论坛营销，真正的要做好论坛营销，有诸多的细节需要注意，随之对于成本的要求也会适当提升。

（8）传播广，可信度高。论坛营销一般是企业以自己的身份或者是伪身份发布的信息，所以对于我们来说，其发布的信息要比单纯的网络广告更加可信。迎合网络的需求，不同类型的站点都架构了论坛，系统操作者发布论坛的广度也很明显。

（9）互动、交流信息精准度高。企业做营销的时候一般都会提出关于论坛营销的需求，其中会有特别的主题和板块内容的要求，操作者多从相关性的角度思考问题，所操作的内容就更有针对性，用户在搜索自己所需要内容的时候，精准度就更高。

（10）针对性论坛营销的针对性非常强，企业可以针对自己的产品在相应的论坛中发帖，也可以为了引起更大的反响而无差别地在各大门户网站的论坛中广泛发帖。论坛营销还可以通过这个平台与网友进行互动，引发更大的回响。

二、博客营销及其特点

博客（Blog）也叫网络日志，即个人思想、观点、知识等在互联网上的共享。博客营销是指企业或个人利用博客这种网络交互平台，发布企业或个人的相关信息或产品信息，同时利用博客的互动功能，密切关注并及时回复平台上客户对于企业或个人的相关疑问以及咨询，并通过较强的博客平台帮助企业或公司零成本获得搜索引擎的较前排位，以达到宣传目的的营销手段。

不同行业、不同规模企业采用的博客营销模式也不尽相同，事实上博客营销可以有多种不同的模式，从企业博客的应用状况来看，企业博客营销有下列六种常见形式：企业网站博客频道模式、第三方 BSP 公开平台模式、建立在第三方企业博客平台的博客营销模式、个人独立博客网站模式、博客营销外包模式和博客广告模式。

博客营销模式可以有很多种，比如在博客做广告、发表专业文章、打造博客团队和监测博客网站等。在博客世界，标准的、口号式的广告，就仿佛是鸡尾酒会上的大声叫唤。广告的设计要把博客考虑进去，要让博客成为广告对话的一部分。作为专业文章的主角——产品一定要有一个知识点，用来和公众沟通，并树立权威感。通过公关公司打造博客团队，发布博客日记，来影响主流媒体的报道。通过监测博客网站，及时发觉当前谈论最多的公司或时下民众最关注的话题，为潜在的公关危机做好准备。

博客营销有其自身的优势。

1. 细分程度高，广告定向准确

博客是个人网上出版物，拥有其个性化的分类属性，因而每个博客都有其不同的受众群体，其读者也往往是一群特定的人，细分的程度远远超过了其他形式的媒体。而细分程度越高，广告的定向性就越准。

2. 互动传播性强，信任程度高，口碑效应好

博客在我们的广告营销环节中同时扮演了两个角色，既是媒体（blog）又是人（blogger），既是广播式的传播渠道又是受众群体，能够很好地把媒体传播和人际传播结合起来，通过博客与博客之间的网状联系扩散开去，放大传播效应。

每个博客都拥有一个相同兴趣爱好的博客圈子，而且在这个圈子内部的博客之间的相互影响力很大，可信程度相对较高，朋友之间互动传播性也非常强，因此可创造的口碑效应和品牌价值非常大。虽然单个博客的流量绝对值不一定很大，但是受众群明确，针对性非常强，单位受众的广告价值自然就比较高，所能创造的品牌价值远非传统方式的广告所能比拟。博客可以直接带来潜在客户。有价值的博客内容会吸引大量潜在用户，继而传递给潜在用户，这是博客营销最直接的价值表现。

3. 影响力大，引导网络舆论潮流

随着各种博客门事件的陆续发生，证实了博客评论意见的影响面和影响力度，博客渐渐成为了网民们的“意见领袖”引导着网民舆论潮流，他们所发表的评价和意见会在极短时间内在互联网上迅速传播开来，对企业品牌造成巨大影响。博客文章可以为用户通过搜索引擎获取信息提供机会，还可以方便的增加企业网站的链接数量，提高企业网站访问量。访问量大的博客比一般企业网站的搜索引擎友好性更好，用户可以方便地通过搜索引擎找到企业博客。另外，企业在博客文章中可以方便地为企业网站做链接，不仅为网站带来新的流量，还提高了网站在搜索引擎中排名的优势，因为一些主要搜索引擎都会将一个网站被其他网站链接的数量和质量作为搜索排名的影响因素。

4. 大大降低传播成本

口碑营销的成本由于主要仅集中于教育和刺激小部分传播样本人群上，即教育、开发口碑意见领袖，因此成本比面对大众人群的其他广告形式要低得多，且结果也往往能事半功倍。企业网站建成后需要进行有效的推广，否则网站的实际价值会降低。而在博客内容中适当的加入企业网站的信息便可以达到对企业网站的有效推广，而这种方式的成本也非常低，因此，在不增加额外的网站推广费用的基础上，完成了对企业网站的推广作用，提高了网站的访问量。

5. 博客文章的内容题材和发布方式更灵活

博客内容题材和形式多样，更容易受到用户的欢迎。专业博客网站用户数量大，有价值的文章更容易迅速获得大量用户的关注，从而具有更高的推广效率。博客的方便灵活性与企业网站不同，可以作为企业网站内容的有效补充或者转换，从而更有利于消费者接受。

6. 博客传播具有更大的自主性，博客的信息量更大且无需直接费用

博客传播具有更大的自主性，博客的资源和操作均由博主来进行，并且无需其他传播费用，而常用的网络营销方法对于营销人员来讲无法主动掌握资源和操作，并且要支付较贵的费用。博客的表现形式灵活，且比供求信息平台提供的信息量更大，可以很好地与平台发布信息互为补充。博客的内容并不是单纯的广告信息，在一定意义上讲是一种公关方式，只是这种公关方式是由企业自行操作且不借助于公关公司和其他媒体。

7. 博客信息显得更正式、可信度更高

博客文章比论坛信息发布的优势在于，每篇博客都是独立的网页，而且博客文章只要运用适当的关键词就很容易被搜索引擎收录和检索，从而有更多机会被消费者发现且阅读。

8. 可以低成本的对受众行为进行研究

当博客内容较受欢迎时，博客网站也是用户交流的场所，用户可以发表评论，可以提出自己的看法，因此企业可以了解用户的相关看法。另外也可以在文章中加入在线调查的链接，以能够更方便的了解用户的消费习惯和消费行为。这种方式提高了在线调查的交互性，也能够降低调查研究费用。

三、电子杂志营销及其特点

电子杂志营销是利用电子杂志为载体的一种营销方式，电子杂志是一种非常好的媒体表现形式，它兼具了平面与互联网两者的特点，且融入了图像、文字、声音等相互动态结合来呈现给读者，是很享受的一种阅读方式。

电子杂志作为一种网络营销方式，传播的是一种智慧与文化，在网络信息化的今天，看电子书的人越来越多。商家可以品牌联播将自己的电子产品通过互联网在各大网站上发表，吸引读者的关注并购买。

这种网速瓶颈的突破和多种方式的融合体现充分迎合了网络人群的休闲阅读心境，使得读者得以在自由的时间内以一种主动阅读的心态接触电子杂志的广告，由此，企业采用电子杂志营销则可以达成企业理念、产品属性与目标顾客态度的契合。

电子杂志营销的特点有：新颖性强，比较吸引读者眼球。容量极大，适合企业进行低成本传播。互动性强，能够有效拉近与网民之间的距离。形式丰富，能够更好的表达产品各种复杂的功能或品牌内涵。

现如今，许多时尚品牌选择电子时尚杂志进行品牌推广。一些其他行业的公司还选择网络游戏进行营销，因为网络游戏营销的互动性极强、营销隐秘性好，而且体验式营销效果明显[94]。

案例 9-3

对于奢侈品品牌而言，网络媒体的发展亦如火如荼，虽然很多奢侈品品牌当前选择的营销方式仍是以杂志广告投放为主，网络媒体为辅。相应的，也产生了很多针对奢侈品品牌的网络营销产品，比如，百度品牌专区，通过富媒体的方式给奢侈品牌搭建展示平台，LV 和博柏利（Burberry）等品牌已经入驻。此外，一些品牌也开始试水电子商务。2011 年，博柏利和阿玛尼（Armani）都建立了电商网站，奢侈品集团 LVMH 也在中国开设了中文版的官网。另一些品牌则对电商保持审慎，比如爱马仕，在欧美已经可以通过官网在线购物，但在中国，诸如仿品的泛滥等互联网乱象令其放慢了脚步。社交媒体是另一个新兴的营销平台，Angelito Tan 认为，对于 20 ~ 25 岁

[94] 林景新 . 实战网络营销 [M]. 广州：暨南大学出版社，2012 年 .

暂时还没有购买能力，但渴望有朝一日拥有奢侈品的年轻消费者，社交媒体就可以发挥巨大优势，帮助他们持续地了解品牌。

（曹理达．中国奢侈品行业报告：后启蒙时代的制胜路径．财富中文网.2013年06月20日）

第五节　即时通讯工具营销

即时通讯营销IM，是企业通过即时通讯工具如QQ、微信、陌陌等推广产品和品牌的一种手段。一般有两种应用模式。一种是网络在线交流，中小企业建立网店或者企业网站时一般会设置在线即时通讯功能，这样潜在客户如果对产品或服务感兴趣，就会主动通过即时通讯与商家联系。一种是企业通过即时通讯工具发布产品信息、促销信息，或者通过发布一些带有企业宣传标志的一些表情来达到宣传功能。

即时通讯营销能够精准化传播，可以精确锁定目标客户群。另外，即时通讯营销形式新颖，也更吸引年轻客户群体的关注。而对于一般性的网络广告，即时通讯营销的成本也更为低廉。

一、微博营销

微博营销是指通过微博平台为商家、个人等创造价值而执行的一种营销方式，也是指商家或个人通过微博平台发现并满足用户的各类需求的商业行为方式。微博营销以微博作为营销平台，每一个听众（粉丝）都是潜在的营销对象，企业利用更新自己的微型博客向网友传播企业信息、产品信息，树立良好的企业形象和产品形象。每天更新内容就可以跟大家交流互动，或者发布大家感兴趣的话题，这样来达到营销的目的，这样的方式就是新兴推出的微博营销。

该营销方式注重价值的传递、内容的互动、系统的布局、准确的定位，微博的火热发展也使得其营销效果尤为显著。微博营销涉及的范围包括认证、有效粉丝、朋友、话题、名博、开放平台、整体运营等。

二、微博营销的特点

微博营销的特点有：

1. 成本低廉

140个字发布信息，远比博客发布容易，对于同样效果的广告则更加经济。与传统的大众媒体（报纸、流媒体、电视等）相比受众同样广泛，前期一次投入，后期维护成本低廉。

2. 传播效果好、速度快、覆盖广

微博信息支持各种平台，包括手机，电脑与其他传统媒体。同时传播的方式有多样性，转发非常方便。利用名人效应能够使事件的传播量呈几何级放大。

3. 针对性强，利用后期维护及反馈

微博营销是投资少见效快的一种新型的网络营销模式，其营销方式和模式可以在短期内获得最大的收益。

4. 多样化，人性化

从技术上，微博营销可以方便地利用文字、图片、视频等多种展现形式。从人性化角度上，企业品牌的微博本身就可以将自己拟人化，更具亲和力。

5. 开放性

微博几乎是什么话题都可以进行探讨，而且没有什么拘束，微博就是要最大化的开放给客户。

6. 拉近距离

在微博上面，美国总统可以和平民点对点交谈，政府可以和民众一起探讨，明星可以和粉丝们互动，微博其实就是在拉近距离。

7. 传播速度快

微博最显著的特征之一就是其传播迅速。一条微博在触发微博引爆点后短时间内互动性转发就可以抵达微博世界的每一个角落，达到短时间内最多的点击人数。

8. 便捷性

微博只需要编写好 140 字以内的文案，微博小秘书会审查的，即可发布，从而节约了大量的时间和成本。

9. 高技术性，浏览页面佳

微博营销可以借助许多先进多媒体技术手段，从多维角度等展现形式对产品进行描述，从而使潜在消费者更形象直接的接受信息。

10. 操作简单

信息发布便捷。一条微博，最多 140 个字，只需要简单的构思，就可以完成一条信息的发布。这点就要比博客方便得多。毕竟构思一篇好博文，需要花费很多的时间与精力。

11. 互动性强

能与粉丝即时沟通，及时获得用户反馈。

三、微博营销模式

一般来讲，微博营销主要有两种模式：个人微博营销和企业微博营销。

很多个人的微博营销是由个人本身的知名度来得到别人的关注和了解的，如明星、成功商人或者是社会中比较成功的人士，他们运用微博往往是通过这样一个媒介来让自己的粉丝更进一步地去了解自己和喜欢自己，微博在他们手中也就是平时抒发感情，功利性并不是很明显，他们的宣传工作一般是由粉丝们跟踪转帖来达到营销效果的。

企业微博一般是以盈利为目的性的，他们运用微博往往是想通过微博来增加自己的知名度，最后达到能够将自己的产品卖出去，往往企业微博营销要难许多，因为知名度有限，短短的微博不能使消费者直观的理解商品，而且微博更新速度快，信息量大，企业微博营销时，应当建立起自己固定的消费群体，与粉丝多交流，多互动，多做企业宣传工作。

案例 9-4

根据咨询公司贝恩发布的2015年度《中国奢侈品市场研究报告》显示，品牌在数字化渠道上的花费平均达营销总预算的35%，而且这一数字还在上升。移动端消费阅读习惯的兴起正在改变传统行业的销售宣传方式。

贝恩调查发现，近80%的受访者一般从互联网或应用软件上接收奢侈品信息。60%的受访者将社交媒体如微博、微信作为奢侈品信息的在线来源。

消费者获取奢侈品信息的渠道从传统杂志、广告转变为互联网和应用程序：根据报告显示，2015年78%的用户从互联网和应用程序获取奢侈品信息，同比增长3%。随着奢侈品牌消费族群逐渐年轻化，阅读、获取信息的习惯也在逐渐改变，奢侈品品牌宣传也相应地在微博、微信等新媒体渠道中投入更多成本。根据报告，倾向于从官方网站获取新品等信息的消费者占比60%，同比下跌10%，而微博、应用程序、微信以及名人博客等渠道都有不同程度增长，总占比超过官方网站。

因此，大部分奢侈品牌在中国区设立专门团队负责品牌运营，主要在数字化平台互动和数字化内容创作两方面进行投入，如从单方面发出信息转化成加强“粉丝”与品牌间互动，同时也增加了网红、公众大号等用户到达渠道。发布在微博上的“蔻驰2016年春季”系列话题收到了约1.2亿浏览，转发有奖活动参与者达5000人左右。Chanel、Gucci和Burberry官方微博都已经突破上百万粉丝，Gucci和Burberry的发帖数量分别达到6000条和4000条。

现在，微信、微博等数字化平台与微博和微信公众号成为奢侈品牌主要的宣传渠道。Chanel通过微博与中国区形象代言人周迅进行互动，提升品牌知名度，通过周迅来发布活动相关信息以及街拍系列。

（http：//tech.ifeng.com/a/20160122/41543054_0.shtml 行情不好奢侈品牌降低身段转向网络营销 2016年01月22日）

第六节　社会网络营销

一、社会网络营销的概念

SNS（social networking services）即社会性网络服务，目的在于帮助人们建立社会性网络的互联网应用服务。

SNS 营销也就是利用 SNS 网站的分享和共享功能，在六维理论的基础上实现的一种营销。通过病毒式传播的手段，让产品被众多的人知道。企业也可以做问卷调查等。伴随着网络的变化，越来越多的营销方式会产生和应用的。不管任何营销方式，结果是衡量营销效果的唯一标准[95]。

SNS 有以下三层含义：

Social Network Service：中文译为社会性网络服务或社会化网络服务，意译为社交网络服务。

Social Network Software：中文译为社会性网络软件，依据六度理论，以认识朋友的朋友为基础，扩展自己的人脉。并且无限扩张自己的人脉，在需要的时候，可以随时得到该人脉的帮助。

Social Network Site：就是依据六度理论建立的网站，帮你运营朋友圈的朋友。

二、社会网络营销的特点

社会化网络营销的特点有：资源丰富，用户依赖性高，互动性极强及 SNS 网站丰富的价值。

无论是综合的 SNS 还是垂直的 SNS。都没有特定的用户群体，其中的人员分布很广泛，全国各地的、各行各业的都有，所以，这就给 SNS 网站以无限的资源，由广大用户在使用中慢慢的帮助 SNS 网站积累了资源，其实用户就是资源。

由于 SNS 网站积累了较多的资源，所以，SNS 用户可以更容易的在网站上找到自己想要的，比如，有些人希望找老乡、找些自己喜欢的东西。通过其他用户提供的资源可以解决这个问题。又如，在 SNS 认识了一些志同道合的人，所以每天都想上去交流一番。逐渐地形成了一定的用户群体，并有较高的用户黏度。

SNS 网站虽然不是即时通讯工具，但是它的即时通讯效果也是很好的。还可以写一些消息发给好友，这是极其方便的工具。在 SNS 网站，人们可以就自己喜欢

---

[95] 陈向军主编 . 网络营销与策划 . 北京：高等教育出版社，2011 年 .

的、当下热点的话题进行讨论。可以发起一些投票，发出一些问题，调动所有人的智慧。

丰富的资源就是SNS的最大价值。其实用户可以分为好多种，有人是想通过SNS来多认识些朋友，有人是想通过在SNS上发软文来推广自己的网站，有些人是想写写日志来交到更多志同道合的朋友，有人是想利用SNS的丰富人脉找到工作等。这些都体现了SNS网站的价值所在。

SNS社会网络营销有其自身特有的优势：

1. SNS营销可以满足企业不同的营销策略

作为一个不断创新和发展的营销模式，越来越多的企业尝试着在SNS网站上施展拳脚，无论是开展各种各样的线上活动、产品植入，还是市场调研（在目标用户集中的城市开展调查了解用户对产品和服务的意见），以及病毒营销等，所有这些都可以在这里实现。

2. SNS营销可以有效降低企业的营销成本

SNS社交网络的“多对多”信息传递模式具有更强的互动性，受到更多人的关注。随着网民网络行为的日益成熟，用户更乐意主动获取信息和分享信息，社区用户显示出高度的参与性、分享性与互动性，SNS社交网络营销传播的主要媒介是用户，主要方式是“众口相传”，因此与传统广告形式相比，无需大量的广告投入，相反因为用户的参与性、分享性与互动性的特点很容易加深对一个品牌和产品的认知，容易形成深刻的印象，从媒体价值来分析形成好的传播效果。

3. 可以实现目标用户的精准营销

SNS社交网络中的用户通常都是认识的朋友，用户注册的数据相对来说都是较真实的，企业在开展网络营销的时候可以很容易对目标受众按照地域、收入状况等进行用户的筛选，来选择哪些是自己的用户，从而有针对性的与这些用户进行宣传和互动。如果企业营销的经费不多，但又希望能够获得一个比较好的效果的时候，可以只针对部分区域开展营销，例如，只针对北上广的用户开展线上活动，从而实现目标用户的精准营销。

4. SNS营销是真正符合网络用户需求的营销方式

SNS社交网络营销模式的迅速发展恰恰是符合了网络用户的真实需求，参与、分享和互动，它代表了网络用户的特点，也是符合网络营销发展的新趋势，没有任何一个媒体能够把人与人之间的关系拉的如此紧密。无论是朋友的一篇日记、推荐的一个视频、参与的一个活动、还是朋友新结识的朋友，都会让人们在第一时间及时地了解和关注到身边朋友们的动态，并与他们分享感受。只有符合网络用户需求的营销模式才能在网络营销中帮助企业发挥更大的作用。

优衣库推出过一款基于SNS的社交小游戏，消费者在这款游戏中可以选择自己喜欢的卡通形象，去参加品牌促销的排队，排队过程中可能还会遇到自己的 SNS 好友，彼此的中奖信息会互相推送，从而增强互动性。排队中奖的基本奖项为该品牌的打折优惠券，消费者可以拿着券到该品牌的门店去消费。优衣库在 2010 年首先将这款排队游戏放到了 Facebook 和 Twitter 上，用户可以通过这两个网站的账号登录优衣库官网，排队领取优惠券，据统计，这次活动吸引了 6 万人次参加；2011 年，优衣库带着排队游戏进入中国内地，合作方是当时比较红的 SNS 平台人人网，一方面原因是人人开放了 API，有很多应用可以操作，另一方面是因为人人和 Facebook 接近，而此前优衣库已经积累了相应经验。这种排队抽奖的活动，如果单纯的开设在线下实体店内，对于已经麻木的用户来说，没有太大的影响力，而将其巧妙地与 SNS 结合起来，增强用户在网络上的互动，新颖的方式更具带动性，而让用户得到优惠券的方式，则可以提升线下实体店销售额。优衣库在中国大陆地区首次举办的网上排队活动，在短短一周内，共吸引超过 130 万人次参加排队，盛况空前，大大超过了之前在日本举办时的 17 万人次与在台湾地区举办时的 60 万人次的记录。

案例 9-5

Instagram 近日开放了它的 API 应用程序接口，允许品牌自助购买 Instagram 广告，并通过 Sales Force、Brand Networks 等第三方平台规划营销战役。API 的开放不仅意味着品牌商从此能够在 Instagram 上像在 Twitter，Google 和 Facebook 上一样买广告，而品牌社会化营销的效果也可以在同一个界面上显示。Instagram 将可能成为移动广告的一股庞大力量。Facebook 近期公布的财报显示，Instagram 拥有 3 亿多活跃用户，而其带来的利润已成为集团收益的重要组成。尽管 Facebook 没有透露 Instagram 的具体收入数值，市场研究公司 eMarketer 预估它将产生 6 亿美金的广告收入，并可能在两年内超越 Google 和 Twitter 的移动显示广告（mobile display ad）收入。此前，在 Instagram 上买广告的资格仅限于一些有着高预算的大公司。如今，它的广告 API 将开放给所有品牌，并无公司规模上的限制。Instagram 还将帮助品牌主制作能够在恰当的时机与地理位置定向推送给目标受众的广告。Instagram 自称其用户能够回忆品牌广告的次数（即有效性）为网络广告的 2.8 倍。Jason Stein，Laundry Service 的创始人及 CEO 在接受 Digiday 采访时说道：“这次 Instagram 的突破是令人激动的，它将使 Instagram 成为营销战役中颇具价值的资源，尤其是它的目标市场选择能力将受到人们的重视。当然，要让广告出彩使观者愉悦接受最重要的还是保证广告的高质量、有创意并且适应于 Instagram 这个平台。”而 eMarketer 的分析师 Debra Aho Williamson，则有不同的观点。尽管她承认小规模公司对在 Instagram 上做广告有不小的需求（可免去花费 20 万美元购买特权），但是在她看来广告的大量涌入可能会带来不利影响。在旧的模式中，Instagram 与品牌商密切合作，精心设计广告和宣传活动，这些广告是严格意义上为了品牌推广而设计的。而在现在的模式下，很多广告可能只是用来提示你下载某应用产品、注册实时信息报刊等。“更多广告的发布推出，特别是那些与 Instagram 环境格格不入的，可能会激怒用户，导致使用量下降。”她在采访中说道。

（http：//socialbeta.com/t/instagram-is-opening-the-advertising-floodgates

Instagram 开放 API 允许品牌自助购买平台广告 SocialBeta2015-08-10）

Burberry 是奢侈品界里在近些年社交网络化的佼佼者。在 2011 伦敦时装秀的时候，他们就通过现场网络直播的形式呈现给全世界观众，并且赢得了阵阵好评。2012 年 Burberry 为其台北旗舰店开张呈上了全球 3-D Stream 时装秀，使得远在芝加哥、伦敦的消费者都可以通过现场直播，观看盛况。2013 年 Burberry 又进行了一次大胆创新：BurberryKisses——以吻封缄的信件。这一次 Burberry 将英国奢侈品精华和 Google 所引领的数字化网络革新完美地结合在一起。在与 Google 合作下，他们推出一项有趣贴心的服务 BurberryKisses，只要使用 Google 的 Chrome 登录 kisses.burberry.com，然后在屏幕上印下你的唇，这项应用将把你的浓情送到你爱的人眼前。Burberry 的 CCO 表示：我们为现代科技添加了一些人性的关怀，我们认为数字营销应该更人性化。有趣的是，这个应用不仅仅只是针对女性消费者而设计的，他们这次也为男士预留了无口红选择。当然，你会发现 5 支备选口红是 Burberry 美容系列新品贯穿在这个应用当中。通过逼真的 3D 效果场景看着自己的吻漂洋过海，最终抵达目的地，英国的浪漫的确让人渴望！

（http：//socialbeta.com/t/case-study-burberrykisses-2013.html

Burberry：奢侈品行业的数字营销创新巨星 SocialBeta 2013-06-19）

【本章小结】

在现今的网络时代中，网络营销是企业营销活动的重要手段，常见的营销方式有搜索引擎营销、电子邮件营销、网络事件营销、平台营销、即时通讯工具营销、SNS 社会网络营销等。网络事件营销包括网络新闻营销和网络投票等多种方式。平台营销可以借助各类网络平台进行营销，例如，网站营销、博客营销、论坛营销、贴吧营销、网络广告、网络视频营销、电子杂志营销、网络游戏营销等。搜索引擎营销能够通过客户的主动搜索使客户与企业联系起来，其精准的匹配性和强大的信息聚合性而被许多大型企业所青睐。各种社会网络营销活动在如今的社会发展中也显得尤为重要，为企业带来更多的价值。

【课后思考题】

1. 简单分析搜索引擎营销的特点及优势。

2. 简述网络新闻营销的特性。

3. 根据优衣库的 SNS 社交小游戏案例，分析社会网络营销的特点。

第十章　移动互联网下的网络营销工具的应用

【学习目标】

1. 了解移动互联网的发展趋势
2. 了解移动互联网产业的发展特点
3. 熟悉移动互联网营销工具的应用

【内容要点】

1. 移动互联网的发展趋势和特点
2. 移动互联网营销工具的运用

【引导案例】

优衣库的移动电商尝试

日本的优衣库（UNIQLO）在进军移动电子商务方面存在很多亮点。优衣库品牌的迅销公司建立于1963年，当年是一家销售西服的小服装店。该公司创始人柳井正一度是日本首富，因而在日本享有很高的声望。优衣库的衣服款式很多，但是价格却很便宜。在优衣库买东西感觉和在超市很像，许多人都会一次买很多件衣服回家。

优衣库拥有智能手机的App，到2013年年初的时候，其App在日本已经有数百万的用户。为推广其App，优衣库给下载其App的顾客提供特殊的优惠，例如下载App后可以在店铺享受打折。

优衣库的App还会经常给用户推送打折优惠券，每次购物可以省掉几百日元。此外，优衣库一个著名的营销策略是某种特定的商品限期打折。例如，Heat-tech发热保暖内衣，会在一周限期内打8折，而当内衣的活动结束后，下一周牛仔裤可能又会打折，总之在优衣库的店里几乎每天都有几种商品在打折。这样，用户登录优衣库的App后，就可以看到当天打折的商品。

在优衣库的App中，可以通过地理位置查看附近的店铺。据说优衣库正在考虑在今后用户接近其实体店铺的时候，主动推送附近店铺的优惠券。

此前，优衣库通过邮件为用户推送优惠、促销信息，以后手机App的推送功能可能取代邮件的功能，这对于提升老顾客的到店率有很大的促进。

日本的快速消费品连锁公司的App战略，通常都是开发一大批App集团作战。优衣库除了最主要的销售客户端手机App，还开发了好几个其他类型的手机App，例如，一个名为UT CAMERA的App，鼓励用户穿着优衣库的T恤拍照并上传到社交网络上，形成一个喜欢穿优衣库T恤的人的文化圈子。除此之外，优衣库的音乐日历、优衣库闹钟等App都很有特色。优衣库的App之所以成功，幕后是电通的成功策划。电通是日本最大的广告公司，在移动广告方面也积累了很丰富的经验。

优衣库主要用其App作用户忠诚度的管理，目的是提升老用户的消费频次，而不是单纯用来获取新用户。

除此之外，优衣库在日本、中国的社交网络上开展了一系列O2O促销活动让人印象深刻。优衣库在Facebook、Twitter、人人网等社交网络上设计了一款基于SNS的社交小游戏，有着时尚的卡通界面和有人的糖果色，你可以选择自己喜欢的卡通形象作为你在网络世界里的替身，去参加一个品牌的促销排队。在这里，你会走过长长的一个堆土，或许会见到队伍里有你的SNS好友，而且他们中奖的消息也会通知你，让你心中涌起一阵欣喜和亲切。到队尾的时候，游戏会立即告诉你是否中奖。如果两手空空也没关系，5分钟后又可以再去排队，而且可以一遍遍这样每5分钟重复下去，直到中奖为止。最基本的奖项是这个品牌的打折优惠券，你可以拿着它去该品牌的门店消费。如果足够幸运，你还会在排队中抽中iPhone、iPad或者该品牌的服装大礼包。中奖者的名字，将会在游戏页面下方一遍遍滚动，当你看到自己或者朋友赫然在列时，是不是会发出由衷的微笑。

正是凭着这种轻量级的社交游戏，优衣库成功地将线上的消费者带到了实体店，顺利完成促销目标。

（改编自：曾航，刘羽，陶旭骏著，移动的帝国：日本移动互联网兴衰启示录[M]，浙江大学出版社，2014.01.）

第一节　移动互联网的发展综述

移动互联网是下一代互联网的核心领域，从21世纪初起步迄今已有10余年发展历史，尤其是2007年iPhone的出现，颠覆和超越了移动互联网以往的发展模式，四年多来，移动互联网成为信息通信业中发展最为迅猛、创新最为活跃的领域。移动互联网结合了传统的桌面互联网和移动网的优势，既有桌面互联网大屏幕终端、准确性、隐私性的特点，又有移动互联网的开放性、免费和草根化的优势。移动互联网产业的发展，不仅有利于调整经济结构、创造就业机会，节约社会资源，实现低碳环保，而且对于整个社会运营管理效率与整体水平有重大作用，可以提高民众与社会生活的智能化程度，有效改善用户体验，移动互联网产业作为新兴产业的崛起势不可挡。

党中央和国务院充分认识到当前我国正处于技术变革和产业发展的历史机遇期，积极鼓励在现有互联网基础上进行创新，发展地址资源足够丰富、先进节能、安全可信，具有良好可扩展性和成熟商业模式的下一代互联网，同时加强信息化建设，全面提高我国互联网产业发展水平。基于移动终端的网络视频、游戏、微博、商务、支付等应用迅速普及并形成产业规模，我国的移动互联网产业发展已经步入快车道。

一、业务来源

目前我国移动互联网的业务来源主要有三个途径：第一种是固定互联网业务移动化，例如互联网的主流应用，包括即时通信、电子邮件、浏览器、Office、播放器等，通过现有的3G平台可以部分或者是绝大部分逐渐移植到移动网络中；第二种是移动业务互联网化，通过内容、服务的加强移植到新的业务平台，例如VoIP业务；第三种是融合移动通信与互联网特点而进行的创新业务，例如，移动广告、移动支付、移动定位、移动流媒体等业务。其中前两类是移动互联网发展初期的基本业务模式，由于产业基础较好，将是率先受益的短时间即将形成规模的产业。第三类基本上是从无到有的发展模式，是当前和未来业务发展需要关注的重点。

二、移动互联网现状

目前，我国移动互联网发展在总体上仍然处于产业的初步形成阶段，产业形态、格局还不是非常清晰，技术应用平台的建设与发展较为落后，技术原创性与商业模式创新仍然不足。

第一，用户激增需要配套的基础设施和信息化服务亟待完善。信息网络基础设施落后将直接限制新技术的应用和新产业的发展。云计算需要高速的宽带网络支撑传输高容量的数据，较低的网络速度将会影响云计算应用和推广。移动通信的速率、稳定性和资费将对移动互联网、数字内容、手机电视等产业的发展产生影响。未来类似数字家庭、智能车载系统、移动办公等更丰富的智能应用都需要信息基础设施作为支撑。移动互联网、物联网的应用需要大量IP地址，如不能及时启动IPv6应用，将压制新技术的创新和应用。2011年9月15日国际电信联盟发布的《衡量信息社会发展报告》表明，我国信息通信技术发展指数的世界排名，已经由2008年的第75位后退至2010年的第80位，是世界排名滑坡最严重的国家之一。我国移动宽带网络普及率已大幅提高，但宽带速度却很不理想。目前全国大部分家庭用户上网带宽局限在1M~2Mbps，有些地区还仅停留在512Kbps，而实际的传输速率更低。很多农村、偏远地区由于条件受限，至今还无法接入互联网。据统计，我国平均网速为0.81Mbps，远低于全球平均网速1.84Mbps。

第二，商业模式有待于进一步清晰，产业发展动力需要加强。创新是业务先发优势的基础，也是移动互联网业务体系不断枝繁叶茂的重要原因。移动互联网的技术创新主要由全球互联网巨头、消费电子巨头贡献，而当前我国互联网企业技术创新能力制约了业务创新能力；我国运营商在应用程序商店，业务能力开放、终端操作系统方面都进行了深入探索，但受到机制体制制约，效果有限，反而受到破坏性创新业务的巨大挑战；借助开源开放操作系统发展，以华为、中兴为代表的我国终端厂商迅速扩大智能机的规模，提升了全球影响力，但整体上来说利润微薄，更多的厂商则生存艰难。互联网服务市场是“只有第一，没有第二”的残酷竞争市场。业务创新意味着率先提供新业务，占领新用户市场。企业对新一代信息技术的应用很有兴趣，但却又深感困惑。主要受困于应用模式不成熟、经济效益不明显，找不到商业模式的突破口。物联网、云计算仅在少数行业形成了清晰的应用模式，大部分行业尚处于观望、探索状态。移动互联网应用尚未完全展开，成功的商业模式不多。

第三，行业政策、法规与监管亟待完善。在业务创新环节，中国互联网保护业务创新的知识产权或专利的环境还有待形成，在移动互联网领域延续了互联网领域的这一问题。业务创新是互联网创新环境中最活跃的一环，而中小企业是业务创新队伍中的生力军，大量的业务创新是由中小企业来完成的。由于我国对业务创新所形成的知识产权、创新专利等的保护环境还有待形成，互联网企业的业务创新，很容易被其他公司所复制，这造成产业内业务创新动力不足，尤其是中小企业缺乏发展环境，这也成为制约中国互联网业务创新的瓶颈。知识产权保护不力，将会极大挫伤数字内容产业的发展，对于原创素材的保护，才能形成产业发展的良好基础，基于移动视频、游戏、文学等数字内容产业的知识产权保护迫在眉睫。

第四，移动互联网信息安全面临严峻考验。移动互联网带来的信息安全挑战也不容忽视。随时随地地接入服务、更便捷的信息发布和传播渠道、智能化的可移动终端，都使得安全管理形势更加复杂。由于网络基础安全支撑能力依然薄弱，互联网安全性和可信任性一直得不到根本改善，身份真实性、用户可溯源性、恶意行为可控性等安全环境构建的基本能力依然难以有效保障；移动环境的特殊性导致现有安全手段有效性降低，移动互联网随时随地地业务接入特性，使得原有安全防护技术遇到了新挑战。移动终端有限的存储和计算能力，使现有基于计算机的威胁防护手段的有效性、可扩展性大大降低；互联网应用和短信、彩信等通信功能融合，使威胁来源、传播途径、攻击方式更加复杂，现有的防护技术难以覆盖。内容安全监管机制难以适应微博客等移动创新应用特性。智能手机可以通过移动互联网应用，如微博，随时随地上传信息，向群组公开发布，这给现有的媒体内容发布审查机制带来严峻技术挑战；微博客，其点点连接的网状内容传播方式，使现有的监管技术手段也无法有效控制。

三、发展建议

综上所述，在移动互联网发展中，我们要注意：

第一，在国际竞争中，强化企业的危机意识。英特尔收购英飞凌（Infineon）的无线业务部门、高通收购 Atheros 公司（占 WiFi 市场四分之一的份额）、英伟达（Nvidia）收购 Icera 公司、谷歌收购摩托罗拉移动事业部等并购事件，反映出了国际企业的危机意识，纷纷积极弥补自己的短板，以求在未来竞争中取得优势地位。我国移动互联网产业链齐全，终端厂商和应用服务、浏览器、软件商店等环节特色明显，但操作系统等核心技术与国际差距明显，应采取积极的措施鼓励企业走出去，在国际竞争中发现自己的不足，寻找补充短板的路径。

第二，切忌浮躁，着力培育中国创新机制。苹果的成功不是一蹴而就，我们要正视三巨头取得的骄人成绩，开辟中国自己的移动互联网时代。目前基于市场机制的国家创新模式的创新是我国创新机制的关键：一是继续发挥我国网民多、需求旺盛等应用创新方面的优势，倒逼机制下，推动移动互联网操作系统核心技术差距、专利隐患等问题的解决；二是结合我国的特色，充分利用电信运营商天然的主导地位，充分利用其在网络资源、业务能力以及庞大的用户群的天然优势，建立完善的移动互联网一体化服务，融合智能终端和内容应用服务，在提供网络服务的基础上，加强与各企业合作，建立一个竞争、融合、可信的产业生态环境，以开源开放的发展模式，以乘数效应撬动产业发展，建立包括终端制造、终端设计、终端芯片、硬件平台、操作系统内核、基础中间件、应用框架 /UI API、移动网络、应用服务等在内的一体化的产业生态系统。

第三，积极培育移动互联网产业发展软环境。借鉴国际经验，通过设立专项资金和项目加大产业的投入、引导社会资本的投入和鼓励行业内并购等多种手段，引导产业发展；并在防范网络问题的新技术和云计算等领域进行重点攻关和突破，配以安全、严厉打击侵权、盗版等知识产权保护性政策，培育创新机制的形成；积极地采用国际行业标准和规范，逐步增强企业在国际标准制定中的话语权。

第四，“技术落后，制度跟进”，确保移动互联网产业安全。继续完善现有针对网络中流动内容的信息安全监管支撑技术手段，同时转变现在单纯以信息内容为核心管理对象的方式，逐步将移动互联网应用作为信息安全监管的另一个重要抓手，构建以应用为中心的信息内容安全管理机制。一是抓住移动互联网应用中的信息流动的关键环节，包括信息发布、内容同步更新、信息转发、下行推送等，针对不同应用的特性，有针对性的部署技术管控手段。二是针对我国目前普遍存在的“重事中应急、事后处置，轻事前预防”的信息安全管理缺陷，以移动互联网应用信息安全管理为切入点，研究构建互联网业务应用信息安全风险评估机制、应用提供者的安全信用体系，以及差异化应用安全管理机制。逐步使事后处置为主的管控机制向事前预防转化，防患于未然。三是从制度和标准入手，建立移动互联网应用分级分类的信息安全管理制度。制定评估标准，明确评估要素、指标和评测方法。根据应用的评估结果，判定相应的安全管理级别和管理强度。同时该制度的实施应将运营企业自评估、政府行业主管部门检查评估和日常监督结合。

四、移动互联网应用前景

（一）移动互联网应用服务平台向集成化发展

整体来看，我国移动互联网应用服务已有了较好的发展基础。部分移动互联网应用服务已形成稳定的市场格局，产业各方对新的应用服务模式展开积极探索，例如开设应用程序商店等。

但由于移动互联网所具备的私密性、封闭性等特殊属性，应用服务的发展呈现出“终端＋服务”一体化的模式。操作平台拥有者往往利用对平台的掌控能力实现对应用的主导，提供“终端－娱乐内容－应用”的模式，借助终端平台进行应用服务的排他性部署，以实现自身利益的最大化。该模式已经成为对产业进行控制的重要手段。

（二）面向移动互联网的网络平台发展迅速

移动互联网对网络平台的影响和需求主要有两个方面：一是移动互联网对无线网络资源的巨大冲击，直接导致部分运营商如 AT&T 网络拥塞，网络拥塞使移动宽带包月的模式难以为继，需要多种无线接入网络包括 WLAN、3G/TD、LTE 的协调发展；二是电信运营商需要开放网络能力以实现与互联网巨头的博弈。

作为我国发展移动互联网产业的主导力量，运营商应具有全球视野，打破花园围墙，构建 Web2.0 式的业务创新发展模式，充分发挥移动网络核心优势，探索新业务与新模式，形成领先的技术与标准。同时协调我国产业各方力量，推动我国终端平台体系的自主创新，形成对我国移动互联网产业的关键掌控能力。

（三）移动智能终端软件平台向 Web 为中心演进

移动互联网终端软件体系可分为操作系统、应用软件平台与应用软件三个层级。

操作系统是终端软件体系的核心，其向下适配硬件系统，发挥终端基础效能，向上支撑应用软件，决定用户最终体验。全球科技巨头纷纷推出自有移动操作系统，市场竞争激烈。而我国自主研发的移动操作系统与国外差距巨大，只有凯思 Hopen、红旗 Linux 等几家，商用数量有限，影响力也较小。随着移动互联网的发展，终端软件逐步以 Web 为中心演进，类似浏览器的渲染、解析等功能成为公共能力，以浏览器引擎、Widget 引擎为主的中间件成为应用软件平台。在该领域，中国移动较早推出了跨平台引擎 BAE，联合沃达丰、Verizon 等全球主流运营商成立联合实验室，制定移动 Widget 标准，并得到业界广泛支持，其领导的 WAC 应用仓库更大大缩小了我国移动互联网应用规模与全球主流终端平台应用规模的差距。应用软件平台对移动互联网业务应用入口的控制非常重要，我国应积极构建高性能 Web 应用环境，聚集产业链力量，逐步打造具有中国特色的、基于应用层平台的全新移动互联网业务发展生态体系。

（四）移动数据库市场快速成长

随着移动互联网产业向纵深发展，中国移动数据库市场也逐渐进入了快速成长期，每年以约 40% 的速度增长。在中国市场上，Oracle、SAP（含 Sybase）、IBM、微软凭借在该领域的技术优势、行业应用经验和良好口碑占据了市场份额的大部分。国产软件在移动数据库领域基础较弱，能够提供移动数据库产品的软件厂商屈指可数。人大金仓自主开发的“小金灵”嵌入式移动数据库是国产数据库中的佼佼者，但其市场份额仍难以与传统巨头匹敌。

（五）移动安全日益受到消费者和业界的关注

监测数据显示，中国移动安全软件市场已经启动，未来将保持 50% 以上的增长率。麦克菲、赛门铁克、卡巴斯基等安全厂商并购不断，或收购相关软件公司，或与硬件厂商结盟，意图提前布局产业链高端。传统安全软件厂商在产业链积极布局的同时，也在中国市场推出移动安全领域的新产品，尤其在手机安全软件领域。目前，中国本土安全软件厂商也纷纷将研发重点转向移动安全领域，努力把握这一潜力市场。随着移动终端的爆炸式增长和移动互联网应用的日益丰富和成熟，中国移动安全软件市场正迎来新的发展机遇。

（六）手机 PC 化已然成为显著发展趋势

手机 PC 化、智能化，必然是智能手机商家的必争之地。手机已经不再只是通讯设备，智能手机的发展，也揭开了移动互联网市场大战的序幕[96]。

[96] 罗文，樊会文，李成钢 . 中国移动互联网产业发展蓝皮书 [M]. 中央文献出版社，2012 年 12 月 .

第二节　移动互联网应用的发展特点

移动互联网的应用和无线数据通信技术的发展，为移动电子商务的发展提供了坚实的基础。推动移动电子商务发展的技术主要包括：无线应用协议 WAP、移动 IP 技术、蓝牙技术 Bluetooth、通用分组无线业务 GPRS、移动定位系统 GPS 和第三代 3G、第四代移动通信系统 4G 等。

移动电子商务的应用模式包括移动信息服务、移动定位服务、移动商务支持服务、移动游戏、移动音乐、移动支付等。例如，北京金都公司（www.king2.net）给每个服装专卖店或店中店配置一部手机和一个钥匙扣大小的与手机相连的条码扫描器，卖出的每一件服装经条码扫描器轻轻一扫，就能快速、准确地记录下所售服装的品牌、数量、型号、价格、款式、售出时间等重要销售数据，这些数据将每天定时或者随时通过手机无线发送至企业总部进行汇总及分析处理，及时动态地生成日报表、月报表等多种销售明细图表。这些处理后的数据、图表信息即时发送到企业管理者的手机上，管理者无论身处何时、何地，都可以准确把握市场的动态和消费者的需求，以最快的速度对消费者的偏好和产品定位做出决策。

移动电子商务的移动性和易用性特征，是移动电子商务不仅能广泛应用于服装、化妆品、家电、快速消费品等众多从事店面零售的企业，也可以广泛应用于物流企业、运输企业、快速公司、公安车检、产品质量跟踪等，还能广泛应用于农业生产以及紧急避险、抗震救灾等十分广泛的领域。对于企业管理、市场管理、城市管理也都具有重要的作用和广泛的应用前景。移动互联网应用的特点主要有以下几点。

一、开放包容性

移动电子商务因为接入方式无线化，使得任何人都更容易进入网络世界，从而使网络范围延伸更广阔、更开放，同时，使网络虚拟功能更带有现实性，因而更具有包容性。

二、超越时空限制

移动电子商务最大的特点就是自由和个性化。传统电子商务已经使人们感受到了网络所带来的便利和快乐，但它的局限在于必须有线接入，而移动电子商务则可以弥补传统电子商务的这种遗憾，可以让人们随时随地结账、订票或购物，感受独特的商务体验。

三、潜在用户规模大

中国的移动电话用户居全球之最。显然，从电脑和移动电话的普及程度来看，移动电话远远超过了电脑。而从消费用户群体来看，手机用户中基本包含了消费能力强的中高端用户，而传统的上网用户中以缺乏支付能力的年轻人为主。由此不难看出，以移动电话为载体的移动电子商务不论在用户规模上，还是在用户消费能力上，都优于传统的电子商务。

四、能较好确认用户身份

对传统的电子商务而言，用户的消费信用问题一直是影响其发展的一大问题，而移动电子商务在这方面显然拥有一定的优势。这是因为手机号码具有唯一性，手机 SIM 卡片上存储的用户信息可以确定一个用户的身份，而随着未来手机实名制的推行，这种身份确认将越来越容易。对于移动电子商务而言，这就有了信用认证的基础。

五、定制化服务

由于移动电话具有比 PC 机更高的可连通性与可定位性，因此移动电子商务的生产者可以更好地发挥主动性，为不同顾客提供定制化的服务。例如，开展依赖于包含大量活跃客户和潜在客户信息的数据库的个性化短信服务活动，以及利用无线服务提供商提供的人口统计信息和基于移动用户位置的信息，商家可以通过具有个性化的短信服务活动进行更有针对性的广告宣传，从而满足客户的需求。

六、易于推广使用

移动通信所具有的灵活、便捷的特点，决定了移动电子商务更适合大众化的个人消费领域。例如，自动支付系统，包括自动售货机、停车场计时器等；半自动支付系统，包括商店的收银柜机、出租车计费器等；日常费用收缴系统，包括水、电、煤气等费用的收缴等；移动互联网接入支付系统，包括登录商界的 WAP 站点购物等。

七、易于技术创新

移动电子商务领域因涉及 IT、无限通信、无线接入、软件等技术，并且商务方式更具多元化、复杂化，因而在此领域内很容易产生新的技术。随着中国 3G 网络的兴起与应用，这些新兴技术将转化成更好的产品或服务，所以，移动电子商务领域将是下一个技术创新的高产地。

当然，网络信息技术这种巨大能量和巨大商业价值不会任人获取，需要建立一个或多个符合客户需求的、具有商务价值实现能力的商务模式，才能在运作这种商务模式的过程中，组织起客户资源、人脉资源、需求资源、市场管理资源，并及时整合上下游、相关各方资源，实现最短路径连接、最快速度成交、最安全便捷支付，完成完整的商务运作过程，体现和创造出商务价值。

案例 10-1　京东发力服装品类借京致衣橱布局社交化移动电商

近日，京东旗下京致衣橱APP在“尚京东秋冬时尚发布会”上隆重推出了升级版本。京致衣橱2.0版完善了时尚搭配和社交玩法，丰富的购物场景和社交体验迅速在年轻时尚消费群体引发了全新的购物潮流，为京东在时尚电商领域的布局开辟了全新的版图。作为京东服饰在移动端的重要战略产品，京致衣橱是一款具备业内领先在线商品搭配和分享互动功能的服饰APP，其成功得益于京东的商品运营体系的品质保证，更得益于其移动化社交化创新。

作为集时尚品牌、潮流搭配、管理衣橱和社交分享于一身的全新电商平台，京致衣橱涵盖了优质的京东服饰品牌和闪购商品，并纳入了全球购和日百的美妆、钟表等诸多时尚品类，以全新的“时装＋社交＋移动搭配”理念，满足时尚消费群体利用碎片化时间管理衣橱、搭配时装、社交分享等多重需求。京致衣橱不仅完善了京东在时尚社交电商领域布局最重要的一块拼图，更对整个时尚社交电商未来发展模式创新具备重要的探索意义。

京致衣橱与京东账号体系的打通以及与微信、QQ社交平台的联动，强化了用户关系链，使搭配玩法和社交互动的功能得到更大的释放。围绕“有趣好玩”的消费体验和“分享时尚态度”的价值体验，京致衣橱更精准地找到了自己的核心消费群体，拉近了平台与消费者的距离，从而走出了一条与同类产品截然不同的移动社交化发展路径。

（资料来源：京东发力服装品类 借京致衣橱布局社交化移动电商[N/OL].中国经济网，2015/08/26.http：//finance.ce.cn/rolling/201508/26/t20150826_6323714.shtml）

第三节　移动互联网营销工具的应用

如今，移动互联网营销工具的应用十分广泛，已经逐渐普及到了人们日常生活的方方面面。以下分别讲述了这七种移动营销工具：手机应用商店、手机地图、QQ营销、滴滴出行、团购营销、微博营销、微信营销。这7种移动营销工具与我们的生活息息相关，共同展示了移动互联网营销的巨大优势，对人们的生活习惯产生巨大影响，呈现了多元化的特点。

一、手机应用商店的模式创新及意义

手机应用商店也称为手机软件商店（APPSTORE），在2009年由苹果公司率先应用并提出概念。手机应用商店创新了智能手机的软件应用模式，以传统的商店模式来经营和推广手机的应用软件，以便捷的方式为手机用户提供下载服务，加强了移动互联网软件服务的集成化发展。手机应用商店以平台的方式集成了互联网企业、运营商、终端设备厂商、操作系统提供商等产业链环节所提供的各种应用服务，内容涵盖了手机软件、手机游戏、手机图片、手机主题、手机铃声、手机视频等大类。据CNNIC统计，2014年上半年，74.6%的手机用户通过手机应用商店进行软件下载，手机应用商店成为我国手机用户下载的主要途径。同时，基于手机浏览器的下载、与电脑联网后的手机管家或者用电脑下载后传到手机上进行安装等具有传统的PC业务特色的下载方式也有较大的占比。

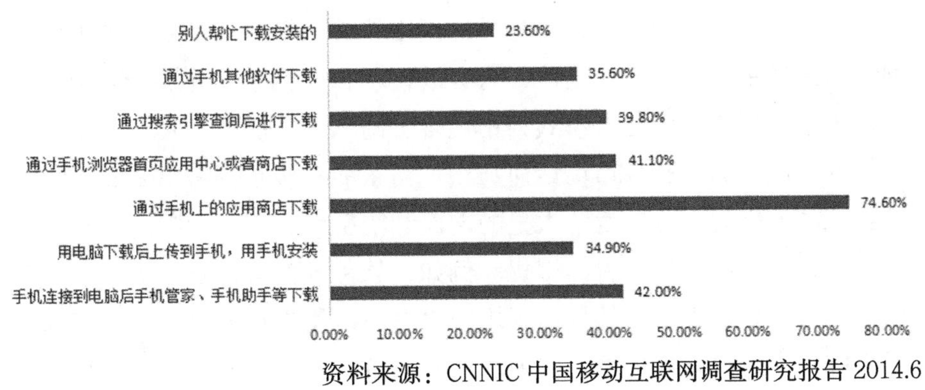

资料来源：CNNIC中国移动互联网调查研究报告2014.6

图10-1 手机网民下载手机应用软件的方式

手机应用商店模式有着重要的创新意义。一方面，随着云计算、物联网向应用领域的延伸，传统的PC向着移动互联网的转变，各种基于“云”的互联网软件与应用服务层出不穷，活跃了应用市场。基于Internet/intranet的应用程序运用、只包含浏览器的瘦客户端，集成多媒体等众多功能于一体的智能终端等终端领域的发展，更为云环境下的软件与应用服务提供了难得的发展机遇。移动互联网时代，迅速、低廉、高品质地满足用户的多元化应用需求，已经成为企业获胜的有力武器，软件与应用服务向网络化、社会化与平台化方向发展的趋势显著。另一方面，市场的混乱带来众多的隐忧。这些分布在各类平台上的网络应用软件，往往由发烧友、专业人群或者凭借个人爱好者上传或者下载使用，发布人群广、分散性强、涉及领域多，商用和自用交叉在一起，为软件应用市场带来了众多不稳定的因素。如盗用公司软件的源代码，设计开发应用服务并加以传播，侵犯正版软件的知识产权；有些网络软件中包裹着流氓软件，有的互联网软件的开发者往往凭借个人兴趣开发网络软件和应用服务，后续的补丁和应用服务持续性较差，应用安全性隐患较大；这种状态扰乱了网络软件和服务市场的正常秩序，其侵权行为的可追溯性差，许多正规的互联网软件提供商积极性受挫，等等。

手机应用商店模式为手机软件市场的优化提供了一种积极的模式。不仅仅为手机用户提供更为便捷的查找和下载服务，而且对于手机软件的生产者、软件市场的管理者也具有重要的意义。

第一，手机应用商店以平台化运营和传统百货、商店的模式集中了主要的网络应用软件，为规范化外部管理提供了便利。分散、无序的网络软件分布状态为软件的管理带来极大不便。原有的《软件产品管理办法》（工信部第 9 号令）已经无法满足新形势下的软件产品管理要求，比如网络产品与应用服务如何定义？如何加强对数以万计国内外网络软件的审核与监管？如何正确引导个人上传的网络应用软件与应用服务？最关键的问题是，即使界定清楚的前提下，在这种分散的状态下如何进行有效的管理。手机应用商店的运营模式，为分散的网络软件市场提供了集中的服务平台，让分散的网络软件集中于一个平台之上，为有效管理和可追溯性提供了可能。

第二，手机应用商店的运作模式为正规合法的软件提供者和发烧友提供了一个对接用户的友好交流界面。软件市场如何与用户需求的对接是供需双方面临的大问题。网络提供了无限的空间，也产生了大量的网民和消费者，但是无限的空间和众多的消费者如何对接，成为软件生产者的困扰。例如，软件开发者开发出了一款适合消费者的应用软件，可是如何把这款软件送到用户手中去试用，在分散的软件市场中是个问题，而手机应用商店以自身为平台，为软件提供者和用户之间搭建了一个友好交流的界面，也为发烧友之间的交流提供了渠道。

第三，这种以商店模式集中运营的模式本身就有净化软件市场的积极效果。手机软件商店以开放的姿态容纳众多软件提供者的加入，但是对其有相关的要求：如阻止侵犯他人知识产权、禁止含有计算机病毒、可能危害计算机系统安全、不符合我国网络软件标准规范的、含有法律、行政法规等禁止内容的传播等。与前面分析的电子商务模式中的 B2C 和 C2C 类似，如果说分散于互联网中的各种软件是 C2C 的话，那么加盟了应用商店的软件就可以看作是 B2C，可以以资质、规范来相对便利地约束和推广。

二、手机地图的模式创新和趋势

手机地图是终端用户通过智能手机查找位置信息、兴趣信息、交通情况与位置相关的业务活动。从满足消费者的需求看，基于手机地图功能开发的移动互联网的应用服务具有巨大的发展空间，多种现有服务可以直接嫁接其上，根据消费者的需求开发和引导新的消费模式也具备较大的发展潜力。根据 CNNIC 的统计，目前手机地图在手机上使用的功能主要包括线路导航、地点查找、定位自己的位置、线路规划或查询、周边美食餐饮服务、周边交通设施查询、实时路况查询、周边休闲娱乐服务、离线地图查看、位置标记收藏、卫星视图查看、手机街景查看、签到或位置信息分享、打车服务等。目前手机地图基本覆盖了人们食、玩、行的全方位城市信息。

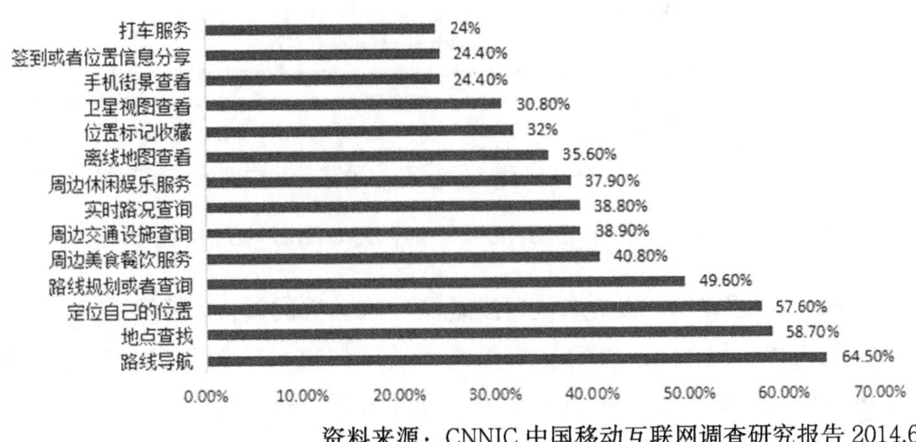

资料来源：CNNIC 中国移动互联网调查研究报告 2014.6

图 10-2 手机地图用户在手机地图上使用的功能

这些功能可以从多个角度来分类，例如，有的把手机地图功能分为基础的传统地图功能、生活服务和社交服务功能，也可以按照人们生活需求的大类，如食、玩、行的角度划分。

根据 CNNIC 的统计，从目前人们选择手机地图时考虑的因素方面，“准确性”被放到了第一位，如“定位准确”占比 47.8%，导航精确占比 39.7%，地图检索精确占比 26%。而信息“全面性”的需求还未被开发出来。如商家信息全面占比 16%，团购、天气、酒店的信息全面占比 15.5%，生活、娱乐、酒店等信息的丰富占比仅为 15.3%，功能全面性的要求也占 25.1%。从这个分析数据可以看出，我国手机地图的发展还处于初级应用阶段，人们对手机地图的诉求还处于较为低端的需求状态，基于现有的手机地图的应用服务还有巨大的提升空间。

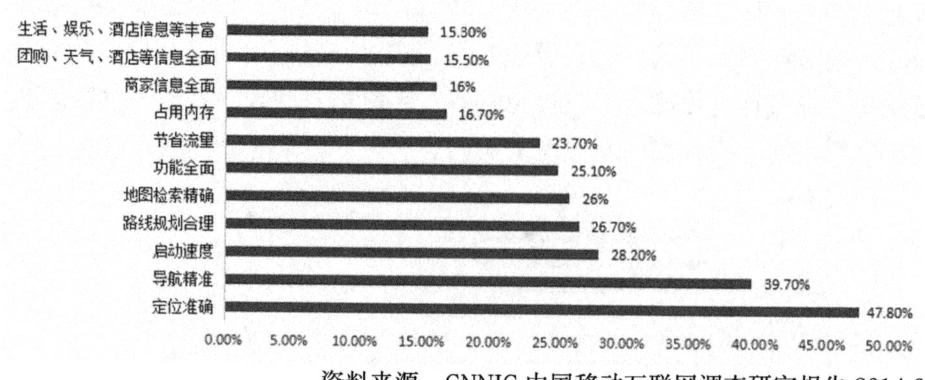

资料来源：CNNIC 中国移动互联网调查研究报告 2014.6

图 10-3 手机地图用户选择手机地图时考虑因素

目前我国手机地图市场的格局是百度地图一家独大的局面。根据 CNNIC 的统计，百度地图的用户市场份额是 63.7%，高德地图的用户市场份额是 32.4%。其他如搜狗地图、谷歌地图、腾讯地图、手机自带的无品牌地图、老虎地图、和地图等所占份额较小。从手机地图的应用趋势看，基于地理位置向各个细分的消费领域延伸趋势明显。未来的发展格局应该是综合平台和基于细分的消费领域的垂直平台并行的局面，在竞争中形成一到两家综合性的手机地图服务平台，和众多特色消费领域结合的垂直平台。

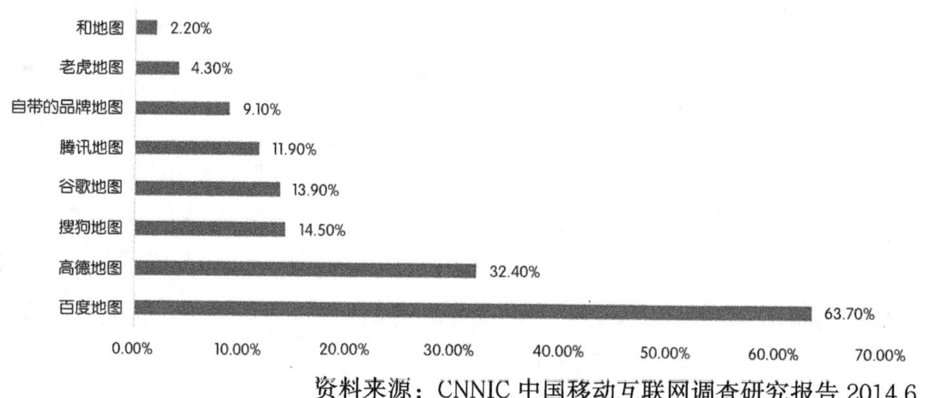

资料来源：CNNIC 中国移动互联网调查研究报告 2014.6

图 10-4 手机地图用户市场份额情况

从手机地图未来的发展趋势角度，可以从静态和动态两个方面看待手机地图行业的发展。

一方面，基于相对静态的地理信息的服务，如目前提供的多数服务，即手机地图传统的地图和定位功能，线路导航的使用率 64.5%、地点查找的使用率 58.7%、定位使用率 57.6%、线路规划的使用率 49.6% 等，这些传统的地图和定位功能在使用中还是占据手机地图的主要方面。甚至包括周边餐饮、娱乐等服务，这些都是基于相对静态的地理信息的查找和定位服务。这种静态地理信息需要的是对于现有的地理信息的搜集，如使用最广泛的线路导航功能，源于定位和现有的道路规划信息，确定两点间的距离，然后根据道路规划设计可行性的路线。这种属于相对静态的服务，因为这种规划只是提供了可能性，但是关于路况信息还没有加入其中，即使选择了最优的规划路线，但是如果交通状况不好的话，还是未必能够及时到达目的地。诸如现在餐饮、娱乐等生活和社交服务，也是基于位置的查找，即可到达，其实还是一种定位和规划的服务。这种静态的地理信息服务需要占有大量的资源和数据，但是从原理上只要掌握基本的各个“定点”和城镇交通规划，是可以较好地实现的。目前我们开发的地图服务项目，还没有把人们所有的消费领域都囊括进去，从静态的角度，这也只是时间问题，因为在一定时间内，地理信息是静态的，即交通和道路规划相对稳定，基于相对静态的地理信息服务，需要面对的是把更多、更细的信息纳入到手机地图上来，供消费者查询和使用。

另一方面，动态的地理信息服务。动态的地理信息服务需要在静态地理信息服务的基础上，结合大数据和云计算等技术，进行时时反馈和规划。基于传统的地理信息查找，很快会成为手机地图的常态，与生活、娱乐相关的地理信息也会成为一种基本的定位查找信息。那么，手机地图的未来趋势应该是“一机在手，天下我有”。运用手机地图，不仅了解静态的地理位置，而且结合着相关的人文、社会、特色以及更加具体的细节化信息，这些信息均是动态的。例如，从甲地到乙地，不仅要知道行车路线，而且要知道此时此刻，从甲地到乙地的道路状况等动态的信息，从而能够做出更加科学和完整的判断；不仅仅查到饭店的信息，而且要知道目标饭店今天的特价菜、饭菜的价格、服务等更加具体的信息；不仅要知道附近的百货、专卖店的地理位置，而且要清楚有哪些特色服装、商品、现有的存货、价格、款式等更加具体和动态的信息。当利用手机地图点击随意的某一地点时，该处的人文、特色等各种信息能够时时满足消费者的需求。这些功能目前还没有完全实现，但却是手机地图的发展方向。这些功能的实现和完善，是“智能交通”“智慧城市”建设的范畴，也是我国信息惠民的高端表现，也是“互联网 +”在消费领域的积极实践。这需要充分完善的静态地理服务信息、信息的即时采集、即时传输、即时处理、即时反馈；需要移动互联网的带宽和速率；需要在庞大数据资源基础上的数学模型优化，以及大数据、云计算、物联网的相关技术和服务模式创新。手机地图模式创新的趋势是与相关的业务领域和技术进行融合，深化其应用。

目前，发展势头良好的手机打车软件是集手机地图、手机支付、社交服务等于一体的单一工具类应用软件，已经形成了较为稳定的市场格局。这一软件的开发，对于缓解出租市场的“供需矛盾”，在节能减耗、节约成本和便民等方面均发挥重要的作用。自2012年应用以来，已经发展出巨大的用户规模，据CNNIC统计，截至2014年6月，手机打车软件的市场用户规模达到4908万，占手机网民的9.3%。但这一市场还处于流量导向阶段，盈利模式还有待于进一步清晰。从目前的应用状况看，还在以平台大量派送优惠券等方式，来吸引司机和消费者使用，来增加用户黏性，属于免费使用和推广阶段。但是其盈利模式也备受关注。是与运营商探讨流量分成，还是用户积累足够后实行收费模式，或者作为平台型企业增加用户黏性的手段，还是仿照电话叫车的收费模式，各种讨论不一而足。不过与电话叫车“定制化”性质的服务有所不同，手机打车属于大众化的服务，其商业模式还有待于进一步清晰和完善。作为移动互联网的应用服务，手机打车对于服务模式的创新和满足广大用户的需求方面的贡献是毋庸置疑的。

网络空间孕育着无穷的创意，信息技术的突破，网络基础设施的完善，最广泛的用户市场需求，以及不断融合的服务模式，我国移动互联网的前景喜人。尤其是不断清晰的商业模式，各种应用服务的发展和完善将更有可持续性。“一站式”服务的融合性平台网站将会发展。集路况、空气质量、文娱资讯、航班列车、水电费、生活黄页、公共政策等便民服务网站将成为热点。移动互联网或可称为三网融合的突破口，从而加快推动步入网络社会的步伐。

三、QQ营销

在这个微信火热的时代，QQ的访问量并不是骤降，而是平稳的上升，2015年腾讯公布的第四季度及全年业绩中更充分地显示了QQ并没有没落，并没有淡出用户的视线，反而更加被越来越多的用户访问浏览。所以我们在免费使用QQ的时候，也要享受QQ带给我们的效益，充分利用QQ进行营销。

据腾讯公布的《2015年第四季度及全年业绩》报告，QQ月活跃账户数达到8.53亿，比去年同期增长5%。其中，QQ智能终端月活跃账户达到6.42亿，比去年同期增长11%。QQ最高同时在线账户数达到2.41亿，比去年同期增长11%。QQ空间月活跃账户数达到6.40亿，比去年同期下降2%。QQ空间智能终端月活跃账户数达到5.73亿，比去年同期增长6%。收费增值服务注册账户数为0.95亿，比去年同期增长13%。从上述数据更能清晰地看出QQ的使用量并没有下降，反而呈一个很高的比例增长，我们要充分利用QQ进行营销，将会给我们带来意想不到的收益。

（一）QQ营销含义

QQ营销是指利用QQ即时通信的方式，使企业与用户进行即时的聊天并反馈产品的信息，使企业能更好地了解客户的需求，进行销售产品的一种方式。

QQ营销不同于传统市场营销，QQ营销并不能取得即时的收益，它是利用QQ的海量用户，与自己企业的潜在客户进行聊天，咨询客户对产品的不同需求和购买意向，从而重点的培养目标客户，为企业获得一个庞大的陌生客户群。

（二）QQ的营销模式

1. QQ空间

QQ空间不仅仅是个人空间，用来写日志，发表自己的空间动态，它可以定制成企业空间，用来发布企业产品信息，企业产品促销信息等。

企业可以利用最近的热点事件提高企业空间的访问量，下面附属企业的网站链接，达到很好的宣传作用；也可以发布一些颇具深意的日志，激发用户的浏览欲望，培养潜在客户。切忌直接发布企业产品的广告信息，不仅达不到宣传的作用，反而会被用户屏蔽删除。

2. QQ群

企业可以搜寻自己所卖产品的目标客户的QQ群，例如企业卖的是减肥产品，可以搜寻有关减肥的QQ群。锁定潜在客户后先通过聊天的形式取得对方的信任，然后把可以发展成为目标客户的加为好友重新设置新的QQ群，可以每天发布些好的文章、幽默的笑话、晨悦读、晚间读物等来博得目标客户的好感，进而发布产品的信息。要定时定量地发布产品的信息，如果无节制地发布，反而会激起客户的反感。

3. QQ邮箱

企业可以利用公邮给指定目标客户以邮件的方式发布产品信息，发布产品信息的同时下面附属链接，方便用户直接点击进入。

4. 腾讯微博

微博的使用方法和空间相似，发布动态、发布日志、发布热点事件、发布优美的文章等来吸引用户浏览。

5. 同城服务

企业可以在同城服务上发布自己的产品信息，利用同城的地理位置优势，提供上门服务，从而更加刺激消费者的购买欲望。

6. 附近的人

企业可以搜寻附近的人，借鉴小米的营销方式，重点培养种子客户，利用种子客户的宣传从而带动同城购买潮流。

QQ营销不是轰炸性地发布产品广告信息，要掌握QQ的营销技巧，常见的QQ营销技巧有永远在线、保持活跃、主动出击等，一定要找到适合自己企业营销的技巧，才能获得更好的收益。

四、滴滴出行

随着移动通信技术的快速发展，移动支付方式的广泛应用催生了很多新的商业模式，“滴滴打车”就是其中的代表。截至2014年3月底，“滴滴打车”的用户在全国已经突破1个亿，日均订单量也突破521.83万，覆盖了北上广深等178个一线和二线城市，使用“滴滴打车”软件的司机超过了90万人。目前，“滴滴打车”每天为全国超过1亿用户提供便捷的叫车服务和更加本地化的生活服务[97]。

（一）滴滴出行概述

滴滴出行，是我国国内第一家使用移动互联网技术和新型网络智能叫车系统的应用类软件。它是时下最热、最酷、最帅的手机“打车神器”，也是覆盖最广、用户最多、最受用户喜爱的“打车”应用之一。目前，滴滴已从出租车打车软件，成长为涵盖出租车、专车、快车、顺风车、代驾以及大巴等多项业务在内的一站式出行平台，同时也是全国最大的打车软件平台。

“滴滴出行”App改变了传统打车方式，建立并培养出大移动互联网时代下引领用户现代化的出行方式。较传统电话召车与路边扬招来说，滴滴打车的诞生更是改变了传统打车市场格局，颠覆了路边拦车概念。

滴滴打车软件拥有两大特点，一是对着手机说出所在位置及目的地就可以叫来周边行驶的出租车；二是可以即时看到司机的车牌、电话及所属公司。

滴滴出行在不同的业务方面也有不同的特点：

（1）滴滴出租车。随时一键叫车，出租车师傅会在您需要的地方，出现并微笑。

（2）滴滴专车。睡个安心觉，喝个矿泉水，紧急充个电，贵宾级礼遇，其实人人都能有。

（3）滴滴快车。快速直达，超便宜坐车。

（4）滴滴顺风车。不同行业的人伴你回家，交朋友，长知识，省（赚）银子。

（5）滴滴代驾。聚餐喝酒，困乏疲劳，需要时，把爱车交给放心的人，安全到家。

滴滴出行将通过共享经济和互联网+的方式，最大利用交通资源化，提高效率。它利用移动互联网特点，将线上与线下相融合，从打车初始阶段到下车使用线上支付车费，画出一个乘客与司机紧密相连的O2O完美闭环，最大限度优化乘客打车体验，改变传统出租司机等客方式。通过匹配用户和司机的需求，减少司机的空载，提高效率，让司机师傅根据乘客目的地按意愿“接单”，节约司机与乘客沟通成本，降低空驶率，最大化节省司乘双方的资源与时间。

截至2015年9月，第三方调研数据显示，滴滴已占据国内出租车叫车软件市场99%的份额。据预测，2015年GMV将达到120亿美元，而规模化必然伴随着不断延展的品牌冲动。目前，滴滴每天实现300万出租车订单，超过300万的专车订单，峰

---

[97] 闻博，宋豆．移动支付视阈下新商业模式探究——以“滴滴打车”为例[J]. 对外经贸，2015（4）.

值 223 万的顺风车订单，业务覆盖全国 360 个城市[98]。

（二）滴滴的营销模式

滴滴巴士事业部总经理李锦飞说，O2O 企业要建立长期的口碑与信任度，最终还是要回归到服务的本质上。滴滴出行的营销模式充分地体现了“以人为本”的理念，这也使得这种营销模式在市场上有更大的核心竞争力[99]。

1. 数据营销

数据营销就是拉来了多少新用户。滴滴重视数据营销，从公司营销团队的分类上也能体现出来。据滴滴出行市场副总裁程峻怡介绍，滴滴营销部门目前有 100 多人，共分为 4 个团队，分别是品牌、数据营销、第三方合作和广告销售。

2. 直线营销

“滴滴打车”的目标受众，一端是出租车司机，一端是乘客。营销部负责向司机推广，市场部负责向乘客推广。

第一，司机端的推广。“滴滴打车”软件主要是通过地推以及与出租车承运公司合作的方式进行推广，同时也借助交通广播或通过的哥之间的人际传播扩大影响力。在机场、加油站等出租车集散地都有专业人员向司机介绍“滴滴打车”软件，并提供软件下载、设备安装等免费服务，让司机没有任何后顾之忧。很多司机为了使用“滴滴打车”软件特意购买了智能手机并成为义务宣传员。

第二，乘客端的推广。面对消费者，“滴滴打车”更是加大了宣传和奖励力度，不仅解决了叫车电话打不通或叫不到车的情况，还奖励使用“滴滴打车”软件的消费者每次打车后享受话费返利，刺激消费者的需求，大大提升了“滴滴打车”占整个打车市场的份额。

目前，全国“滴滴打车”平均接单时间为 27 秒左右。借助司机、用户间的口碑传播，辅以机场、高铁等位置的广告宣传，加上开展一些优惠和奖励活动，“滴滴打车”积累了大量的用户，同时也使人们渐渐对这款应用程序产生了依赖感。

3. 逆向营销

大多数产品的推广方式都是由线上往线下推广，但“滴滴打车”却采取了自下而上的推广方式，这主要是因为在一些二三线城市，出租车司机和消费者的线上观念不强。随着“滴滴打车”软件在出租车司机中的使用率越来越高，出租车公司也开始关注这款应用，因此该软件的推广在相关主管部门、出租车公司、出租车调度中心都没有遇到任何阻力[100]。

---

[98] 资料来源：百度百科 .http://baike.so.com/doc/10954985-11482956.html.

[99] 郭辰希 . 滴滴打车营销模式分析 [J]. 中外企业家，2015（25）.

[100] 闻博，宋豆 . 移动支付视阈下新商业模式探究——以“滴滴打车”为例 .[J] 对外经贸，2015（4）.

4. 闭环营销

（在移动互联网时代，滴滴出行将营销和传播合二为一，形成品牌闭环。[101]）消费者在使用滴滴出行之后，可以立即为朋友分享滴滴红包，客户抢到的红包能够在下次打车时当做现金使用，而分享者也会获得分享红包。这样的闭环策略实现了滴滴出行的病毒化传播和几何级的客户增长。对于滴滴而言，获得微信这样一个 6 亿级的互联网入口，意味着找到了实现自己价值的“暴风口”。

五、团购营销

目前移动互联网团购已经成为团购行业新的增长点。随着移动互联网应用的迅速发展和普及，人们通过手机等移动客户端团购的消费现象已十分普遍。团购是能够给消费者和销售商等团购参与者带来多赢的一种购买模式。随着市场竞争的日趋激烈，团购营销被视为一种新型的营销方式，而被越来越多的企业所重视[102]。

（一）团购的含义和特点

Kaffman 认为：“所谓团购是指有意购买某种商品或者服务的消费者利用网络联合，提高了与商家博弈的能力，进而让商家让利以较低廉的价格来出售商品。”[103]我国学者阙志东对网络团购的定义比 Kaffman 更全面，认为购买的不仅仅是商品，还应包括服务等。阙志东认为：“网络团购是指消费者利用互联网工具、网络社区等方法来聚集对某种产品或是服务有共同需要的消费者，从而加强买方的议价能力。”

团购（Group purchase）就是团体购物，指认识或不认识的消费者联合起来，加强与商家的谈判能力，以求得最优价格的一种购物方式。根据“薄利多销”的原理，商家可以给出低于零售价格的团购折扣和单独购买得不到的优质服务。

移动互联网技术下的团购呈现出了一些新特点，消费者团购模式正在向 O2O 模式转变。移动互联网技术下的团购行为由于依托于移动技术，消费者在某一地点需要某项服务时，可以选择使用移动设备定位搜索周边是否有合适的团购活动，入店体验后，决定是否购买。作为 O2O 应用之一的团购，在完成了将消费者从线上引领到线下的工作后，面对移动互联网技术，还要面对的是将线下的消费者带入到线上了解团

---

[101] 高承远 . 滴滴打车：现象级的电商营销模式 . 全球品网，http://www.globrand.com/2015/583436.shtml.

[102] 梁建 . 浅议团购营销 [J]. 市场周刊 .2006.10.

[103] Kaffman，R.J and B. Wang.2002.Bid together，buy together: On the efficacy of troup-buying business models in Internet-based selling. In P.B.Lowry，J.O. Cherrington，and R.R.Watson（Eds），Handbook of Electronic Commerce in Business and Society，Boca Raton，FL: CRC Press，2002，99-137.

购活动并消费，再到线下体验[104]。

移动互联网团购作为一种新兴的电子商务模式，通过消费者自行组团、专业团购网站、商家组织团购等形式，提升用户与商家的议价能力，并极大程度地获得商品让利，引起消费者及业内厂商，甚至是资本市场的广泛关注。

截至 2015 年 12 月，我国团购用户规模达到 1.80 亿，较 2014 年底增加 755 万人，增长率为 4.4%，有 26.2% 的网民使用了团购网站的服务。相比整体团购市场，手机团购继续保持快速增长，用户规模达到 1.58 亿，增长率为 33.1%，手机团购的网民使用比例由 21.3% 提升至 25.5%[105]。

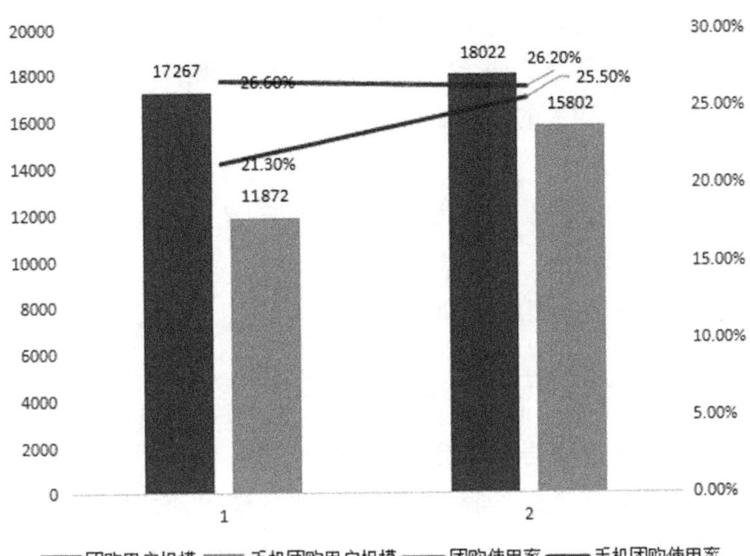

资料来源：CNNIC 中国互联网发展状况统计调查

图 10-5　2014-2015 年团购 / 手机团购用户规模及使用率（单位：万人）

团购不像网购，网购的产品往往分布在全国各地，距离远而且分布分散，和客户在时间度上分散，使产品和售后都大打折扣。团购往往具有一定的地域性，团购的发起一般都是在某个城市，产品和服务都集于彼此都很近的距离，有利于使服务和售后得到保证[106]。

（二）团购营销的含义和特点

团购营销是指由销售商（生产商、批发商、零售商）主导，通过团购来扩大产品

[104] 刘晨，马羽思 . 基于移动互联网技术下的消费者团购行为分析及应对策略 [J].

[105]《第 37 次 CNNIC 中国互联网发展状况统计调查》.

[106] 李晨焕 . 团购模式的博弈分析 [J]. 广东财经职业学院学报，Vo1.5，No. 2，2006.

销售的一种营销策略[107]。

对于销售商而言，众多的消费者的购买行为可能是随机的、无序的、杂乱的。团购营销则将消费者的购买行为进行人为的组织，使消费者的购买行为集中起来，形成有效的“集中购买活动”。团购营销实现了购买交易的集约化，提高销售商销售的效率，从而可以节约巨大的营销成本和服务成本，同时也降低了各种销售过程中的不确定性风险，提高了销售的成功率。

目前，大多数商品是买方市场，随着市场竞争日趋激烈，众多企业开始将目光投向团购营销，并把团购作为企业营销的一个重要的销售渠道。有些企业设立专门的部门和人员负责团购业务。有些企业的团购销量甚至能占到年销售总额的一半以上。还有些企业开辟自己的团购网站，如李宁体育用品公司推出了自己的“李宁团购网”，只要免费注册成为李宁团购网的会员后可以参加组织的团购活动，可以采购或定制各种文化体育用品。

总之，团购营销将打破传统的营销模式，为越来越多的企业所采用，企业对于团购营销的投入亦将会愈来愈大。

一般而言，我国的团购营销具有如下特点：

1. 商品成本较低

与团购网的起源地美国不同，中国团购网销售的商品很少涉及装修、家电、建材、家具等，其售卖的多是餐券、食品、服装、保健品和健身产品类。这类产品的优点在于价格较低，是大众消耗品，容易集结起大量的消费者，并且风险也比较低，一般不易出现产品质量和服务问题，因此往往不会引起顾客与团购网之间的纠纷，减少了管理环节的复杂性。

2. 资金流转较快

不管是全国性的美团网、拉手网，还是地域性的0531团、泉城路，它们都有一个共同的特点，即先付费、后消费，这就扭转了传统意义上的先购买、后付费模式。正常情况下，团购者在团购成功后必须通过支付宝或网上银行等第三方支付平台，将货款打入团购网账户，这就意味着，团购网可以提前或者及时获得充裕的流动资金，避免财务出现资金周转慢和应收账款问题。

3. 参与者多方共赢

网络营销是一种自下而上的营销方式，它更强调互动式的信息交流，任何人都可通过网络媒体发表见解。消费者可以直接将信息和要求传达给市场营销人员，大大提高了营销过程中消费者的地位，使他们由被动的承受对象和消极的信息接受者转变为主动参与者和重要的信息源。在整个过程中，企业与消费者保持持续的信息密集的双

---

[107] 梁建．浅议团购营销 [J]. 市场周刊 .2006.10.

向沟通和交流，让消费者参与营销过程的方方面面，从产品设计、制作、定价到售后服务，真正体现了以消费者为中心的营销思想。

4. 支付环境较安全

团购的网络交易属于典型的电子商务交易，而一个典型的电子商务交易一般由三个阶段组成：信息搜寻阶段、订货和支付阶段、物流配送阶段。其中第二阶段就涉及网上支付问题，即如何利用互联网以安全、快捷的方式实现交易双方的资金划拨，以确保电子商务交易的顺利进行。从交易的三个阶段来看，网上支付是最关键的，因为网上支付一旦完成，物流的配送就是顺理成章之事，也就意味着网上交易的完成。目前国际上流行的两种网上交易模式 B to B（企业对企业）和 B to C（企业对消费者），无一不对网上支付阶段存在很强的依赖。可以说，没有有效的网上支付就不能完成一个完整的电子商务交易[108]。

影响团购发展的两个重要因素是：网络安全和支付风险。现在，互联网大多采用防火墙系统，从而保证了网络系统的安全。网络支付平台技术比较全面，排除盗号木马等人为因素，交易安全系数还是相当高的，如“支付宝”等。

5. 拥有巨大的消费群体

根据 CNNIC 的《第 37 次中国互联网络发展状况统计报告》显示，截至 2015 年 12 月，中国网民规模已经达到约 6.88 亿，手机网民规模达到约 6.20 亿，使用手机上网的比例约为 90.1%[109]。这意味着在我国半数以上的中国人已接入互联网，而且 90% 以上的中国网民都会使用手机上网，那么移动互联网团购很快就能吸引这些人的注意力。并且在不久的未来，手机网上支付一旦普及，相信团购消费群体的数字将是惊人的。

（三）团购营销的应用模式

我们熟知可以用于团购的移动 APP 有“美团网”“百度外卖”“拉手网”“糯米网”“饿了么”等，这些都可以用于团购商品。除此之外，还有很多很多……我们按照它们的应用模式，可以分为生活服务信息类、特定产品类和导航类的团购营销模式。

1. 生活服务信息类团购模式

生活服务信息类团购模式，是指基于区域市场而提供服务，为消费者挑选出优质的商家，每天在网站上展示优质商家的一项极其优惠的服务，以吸引消费者前往体验。

---

[108] 查曰礼 . 网络团购营销模式分析 [J]. 企业改革与管理，2011.07.

[109]《CNNIC 第 37 次调查报告：90 后成互联网主流人群》.2016.1.22.

Internet: http://jiangsu.china.com.cn/html/2016/kuaixun_0122/3585549.html

例如，“美团”的移动APP客户端就是这类团购模式的典型。“名店抢购”“天天特价”和“一元吃”等创新应用给美团带来了很多用户，让它在获取巨额利润的同时，也提升了用户体验满意度。但太多团购用户在某个时间段内集中到某商户消费，是对商户应对能力的考验，消费者虽然有购买价位上的折扣优惠，但用户的体验感难以得到充分满足。因此，这就要求团购网站在这方面做出相应的措施来迎合消费者的心理。

这类团购营销模式一般具有以下特点：成本低；非实物的商品售卖使团购网站没有物流、库存积压成本；即使团购失败也是一次专场的网络营销展示，从而提升品牌知名度与影响力。

2. 特定产品类团购营销模式

对于特定产品类团购营销模式，其涵盖范围可以基于区域市场亦可面向全国市场，主要以电子商务为主，分为三类：第一类是B2C电子商务网站自身推出的团购网；第二类是网络交易平台推出的团购网，如淘宝网推出的聚划算；第三类是纯团购网与网购企业合作。

手机淘宝已经开始插足团购，普通团购网站每天只推几项团购活动，但是淘宝则是一天几十个团购，团购信息达三张网页。例如，2013年9月9日，聚划算“99大聚惠”的日成交额达10.3亿元，只聚划算无线客户端在当天单日成交额就破亿元，来自手机客户端的有1.3亿。目前无线是PC端的补充，但未来将成为主流。消费者可以利用闲暇时间或者是等车、排队这样的碎片化时间用手机下单，轻松抢购到热门商品[110]。

这类团购营销模式具有以下特点：成本低、覆盖范围广；所针对的消费群体明确，目标性强；在已有的用户资源上，一方面加强用户黏性、活跃度等，另一方面吸引新用户、激发潜在用户的消费。

基于电子商务的产品类团购模式想象空间非常大，B2C电子商务企业可以利用自身的团购网站将营销深入到每位固定用户、潜在用户心中。

3. 导航类团购营销模式

导航类团购营销模式，集结了各团购网站每日的团购信息，用户可通过该网站获取各大团购网站的最新信息，选择比较团购。此类模式国内典型的企业有团购导航网、“我是团长”网等。

同样，伴随着团购网站在中国市场中的爆发式增长，与之相关的团购导航网站也迅速发展起来。如果拥有繁荣的团购市场环境，团购导航网站的发展前景将会一片光

---

[110] 聚划算单日成交超10亿手机成交达1.3亿元．光明网．

Internet: http://news.xinhuanet.com/info/2013-09/10/c_132709394.html.

明。不过据相关人士分析认为，未来中国团购市场格局将会发生较大变化，团购网站可能不会超过5家，更大一部分团购网站将会走向“垂直”，受此影响靠团购网站赚钱的导航网站将会大批死去。另外，由于导航网站技术门槛和资金门槛比较低，有些导航网站大都是“一人网站”，甚至没有ICP备案。更有甚者，有些网站为了追逐短期利益，采用“竞价排名”，将一些并不知名甚至风险极大的团购网站，放在比较明显的位置，来吸引消费者点击进入。如果说团购的市场已经被疯狂的竞争所透支，那么团购导航的市场同样危机四伏。

导航类团购营销模式具有以下特点：信息覆盖面广，具有比较购物的功能；导航可以以最低的成本保持用户的稳定增长；培养一定的用户基础上可成为团购网的一个宣传推广基地。

此类模式的用户通过导航信息选择团购网站，但对于导航类网站而言，其用户忠实程度极低。主要表现在：将认定几家熟知的团购网站后而抛弃导航网；或者认定2~3家导航网，亦存在随时离开的潜在危险。此时，导航网站无论是做团购网站们的搜索引擎，如hao123，还是做互动型团购社区等，企业在明确自身的市场定位后，关键是要将用户从无形变为已有，只有把握好用户的需求度、兴奋点，才能有所突破[111]。

六、微信营销

目前，微信和WeChat合并月活跃用户量达到6.5亿，同比再涨39%。自从2014年底突破5亿以来，微信正在以每个季度新增5000万用户的节奏稳步增长。QQ在移动智能终端月活跃用户量为6.39亿，同比增长18%，尽管势头也不错，但这是第一次，微信干掉了移动QQ！[112]

（一）微信营销的概念

微信是腾讯公司于2011年初推出的一款快速发送文字和照片、支持多人语音对讲的手机聊天软件。用户可以通过手机、平板、网页快速发送语音、视频、图片和文字。微信提供公众平台、朋友圈、消息推送等功能，用户可以通过摇一摇、搜索号码、附近的人、扫二维码方式添加好友和关注公众平台，同时将内容分享给好友以及将用户看到的精彩内容分享到微信朋友圈。微信营销是商家或个人用户基于微信的功能展开的营销活动。微信既是一种社交工具，同时它也具备很多优秀的营销功能。具有微信营销潜力的微信功能有：

扫一扫：二维码扫描功能是直接把线下引流到线上体验的工具，如今已经被广泛

[111] 查曰礼．网络团购营销模式分析[J].企业改革与管理.2011.07.

[112] 微信用户量破6.5亿：终于超越QQ Internet:http://digi.163.com/15/1110/19/b836smgu00162out.html.

地应用到企业微信的推广中。将二维码图案置于取景框内，微信会帮你找到关注企业的二维码，然后你将可以获得成员折扣和商家优惠。

摇一摇：通过摇手机或点击按钮模拟摇一摇，可以匹配到同一时段触发该功能的微信用户，从而增加用户间的互动和微信粘度。这个本来用作交友的功能也被一些商家用来寻找潜在用户。

查看附近的人：基于地理位置的服务（LBS），微信将会根据您的地理位置找到在用户附近同样开启本功能的人。商家可以利用“用户签名档”这个免费的广告位为自己做宣传，附近的微信用户就能看到商家的信息。

漂流瓶：用户可通过扔瓶子和捞瓶子来匿名交友，但精明的商家很快把这个功能用于品牌活动上。招商银行发起了一个微信“爱心漂流瓶的活动”：微信用户用“漂流瓶”功能捡到招商银行漂流瓶，回复之后招商银行便会通过“小积分，微慈善”平台为自闭症儿童提供帮助。

（二）微信营销模式的类型

1. 微信公众平台的服务营销与 CRM

微信在推出 5.0 版本后，把公众号分为了服务号与订阅号两种公众平台账号。公众平台服务号，是公众平台的一种帐号类型，旨在为用户提供服务。

如，招商银行、中国南方航空。服务号的功能如下：

（1）1 个月（30 天）内仅可以发送 1 条群发消息。

（2）发给订阅用户（粉丝）的消息，会显示在对方的聊天列表中。

（3）在发送消息给用户时，用户将收到即时的消息提醒。

（4）服务号会在订阅用户（粉丝）的通讯录中。

（5）可申请自定义菜单。公众平台订阅号，是公众平台的一种帐号类型，为用户提供信息和资讯。

再如，骑行西藏、央视新闻。订阅号的功能是：

（1）每天（24 小时内）可以发送 1 条群发消息。

（2）发给订阅用户（粉丝）的消息，将会显示在对方的订阅号文件夹中。

（3）在发送消息给订阅用户（粉丝）时，订阅用户不会收到即时消息提醒。

（4）在订阅用户（粉丝）的通讯录中，订阅号将被放入订阅号文件夹中。

（5）订阅号不支持申请自定义菜单。

从上述服务号与订阅号的功能区分来看，可见：服务号更适合做品牌，而订阅号更适合做服务营销。服务号一个月只能发一条消息的限制，是为了不要过多的打扰到用户。服务号本身更像个微缩版的企业网站，归纳起来，服务号的功能有在线咨询、产品介绍与展示、活动介绍、品牌形象展示和微信支付功能。而订阅号有点像企业微博，每天向用户推送新闻与资讯。但无论是服务号还是订阅号都具备企业微博不具备的功能：客户关系管理（CRM）。而且这种客户关系管理是动态的、实时的。微信公众平台通过用户的基本信息、用户与平台的互动信息、平台推出活动后用户的反馈信息等能够实时了解到用户的需求与变化。如果想进一步做精细化管理，订阅号还可以利用第三方公司针对微信的 API 接口开发的整套客户关系管理和产品促销推广管理软件。

2. 作为自媒体平台的微信营销

除了利用微信公共平台实现服务营销与 CRM，微信也可以作为自媒体平台的营销工具。在微博营销时代，很多草根名博就开始利用自己的影响力做广告、卖产品。发展到微信营销时代，更多的草根名博更是把自己在微博的人气与影响力转移到了微信上。这些人的微博粉丝数量非常庞大，从几十万到几百万不等。他们推广自己微信公众号的重要手段之一就是通过微博广而告之。凡是做自媒体平台比较成功的基本上都是微博影响力很大的意见领袖。“罗辑思维”与“孕峰”分别代表了两种不同微信自媒体营销的思路。

“罗辑思维”微信营销的本质是一种会员制营销。“罗辑思维”微信公众账号需要用户主动关注并订阅，还需回复关键词才可接收系统推送的文章，其订阅模式和回复方式使受众进一步参与到信息传播过程中来。“孕峰”微信营销的本质是传统广告营销。“孕峰”正在面临着创新盈利模式的探索。

3. 基于朋友圈的微信营销

目前最广泛的微信营销就是个人或商家通过微信朋友圈进行营销推广与产品销售。由于朋友圈都是熟人，在这种强关系链中做营销和推广有利有弊。好处是熟人之间有比较好的信任，弊端是频繁地更新产品图片容易引起朋友的反感。目前在朋友圈中售卖比较多的产品有高仿奢侈品、泰国佛牌、美容化妆品、农产品等。朋友圈之所以能成为商家或个人售卖产品的平台，和微信朋友圈的产品设计特点有关系。不同于淘宝卖家需明码标价，图文并茂地列出商品尺码、颜色、月销量、评分、商品详情、成交记录等多项公开信息，朋友圈的每条商品或服务推广信息只有简洁的“文字配图片”介绍，价格不透明、不显示销量，也没有对商品的任何反馈信息[113]。

不同的买家只要不是朋友关系就彼此看不到各自的评论，这种闭环设计最大的好处是使得买家不能通过广泛的比价、看产品评价来确定产品是否值得购买。再加上熟人之间的感情因素，使得朋友圈营销模式和淘宝营销模式形成巨大反差，这也是越来越多的淘宝小卖家愿意从淘宝转战微信朋友圈的原因。

微信朋友圈的商业模式特点：

---

[113] 白兰，李欣忆．“朋友圈”变“生意圈”[N]. 华西都市报 .2013.12.9.

第一，专业化程度高，有一定的门槛，行业比较小众，没有大公司大品牌运作。

第二，客单价（指每一位顾客平均购买商品金额）比较高，无论是宗教产品、美容品批发还是奢侈品珠宝。这样的话，不需要太多的客户，一人维护百人左右的规模，就可以达到不错的销售额。

第三，客户是不断积累与靠关系维系的。客户与卖家之间有信任度，而且会不断增加。这和电商的引流转化模式有很大的不同，而且用户评价是完全区隔的，一个人的差评不会干扰其他人的选择。

第四，比起公众平台来，不会因为推送而打扰用户。用户没事刷刷朋友圈，就可以看到自己感兴趣的产品了。

不过，在朋友圈中营销做得比较好的，基本上有一个特点，那就是大部分人之前就在其他的平台（比如淘宝）上有自己的店铺，或者是经营时间较长的商家。所以朋友圈营销做得好的前提是产品质量好、口碑好。如果产品缺乏竞争力，单凭朋友圈的平台做营销，还是会遇到很多困难的。对于朋友圈变成生意圈的现状，腾讯微信方面表示：微信朋友圈并不是一个电商平台，我们也不鼓励个人在朋友圈中售卖商品这样的行为。“如果用户发现微信上有任何销售假冒伪劣商品等不合法行为，可以通过微信的举报功能进行检举，核实后我们将对违法账号进行不同程度的处理[114]。”

（三）微信营销会超越微博营销成为主流微营销模式

1. 微博与微信特点对比

其实，微信与微博各有所长，只是从营销层面，微信的特点比微博更适合做营销。我们来看微博与微信的特点对比：

表 10-1　微博与微信的特点对比

媒体属性	自媒体和大众媒体	兼具自媒体和用户管理（CRM）的双重身份
传播特点	一对多	一对一、更具有针对性
广告呈现	更偏向传统广告	真真的对话
曝光率	极低	几乎是 100%
私密性	几乎没有	很好
传播方式	开放的扩散传播	私密空间内的闭环交流
用户关系	弱关系	强关系与弱关系结合
工具属性	一种展示工具	联络工具
适用平台	桌面和移动均可	纯移动平台

从上表我们可以清晰地看到，微信在有些方面确实比微博更先进，微博天生欠缺CRM、一对一传播、曝光率、私密性等营销层面的功能。微博是一对多的发布模式，借助转发使影响力几何级增大，能赢得规模性的话语权，并且进一步反作用于传统媒

[114] 白兰，李欣忆．“朋友圈”变“生意圈”[N]. 华西都市报．2013.12.9，b01 版．

体[115]。微博的优势在于传播迅速、涉及面广、引发广泛讨论，其强烈的大众媒体属性能深刻影响社会生活，成为网民关注身边焦点事件的工具。而微信是纯粹基于移动互联网环境下的社交产品。2012 年的时候，很多机构还在考虑如何做微博营销，而 2013 年都转向了微信营销。据笔者了解，很多人登陆微博的次数直线下降。2012 年，笔者个人微博登录次数是每天一次，至 2013 年下半年以后，大约是几个月才登录一次。因为每个用户的媒体使用时间是有限的，在微信上占用更多的时间，也就意味着花在其他媒体上的使用时间在减少。

2. 微信营销的优势

（1）高到达率

营销效果很大程度上取决于信息的到达率，这也是所有营销工具最关注的地方。微信公众号传播的信息类似于手机短信群发和邮件群发，但好处是不会被大量过滤。微信公众账号所群发的每一条信息都能完整无误的发送到终端手机，到达率高达 100%。

（2）高曝光率

曝光率是衡量信息发布效果的另外一个指标，信息曝光率和到达率完全是两码事，与微博相比，微信信息拥有更高的曝光率。在微博营销过程中，除了少数一些技巧性非常强的文案和关注度比较高的事件被大量转发后获得较高曝光率之外，直接发布的广告微博很快就淹没在了微博滚动的动态中了。

（3）高精准度

和微博营销一对多的广播式传播相比，微信公众号的传播是建立在用户许可和主动关注基础之上的精准投放。凡是主动关注某品牌微信公众号的用户，应该都是对该品牌的产品与服务感兴趣的潜在用户或准用户，对这些用户的信息传播绝对是高效精准的，他们很有可能会成为品牌未来的消费者与传播者。

（4）高便利性

移动终端的便利性再次增加了微信营销的高效性。相对于 PC 电脑而言，未来的智能手机不仅能够拥有 PC 电脑所能拥有的很多功能，而且携带方便，用户可以随时随地获取信息，而这会给商家的营销带来极大的方便[116]。

【本章小结】

1. 基于移动终端的网络视频、游戏、微博、商务、支付等应用迅速普及并形成产业规模，我国的移动互联网产业发展已经步入快车道。但我国总体上仍处于移动互

[115] 方兴东，石现升，张笑容，张静 . 微信传播机制与治理问题研究 [J]. 现代传播 .2013.6，P122-127.

[116] 金力 . 探究移动互联网环境下的微信营销 [J]. 现代视听，2014，05:17-21.

联网产业发展的初步形成阶段：第一，用户激增需要配套的基础设施和信息化服务亟待完善；第二，商业模式有待于进一步清晰，产业发展动力需要加强；第三，行业政策、法规与监管亟待完善；第四，移动互联网信息安全面临严峻考验。对此我们应该采取以下措施：第一，在国际竞争中，强化企业的危机意识；第二，切忌浮躁，着力培育中国创新机制；第三，积极培育移动互联网产业发展软环境；第四，“技术落后，制度跟进”，确保移动互联网产业安全。

2. 移动互联网具有广泛的应用前景：移动互联网应用服务平台向集成化发展；面向移动互联网的网络平台发展迅速；移动智能终端软件平台向 Web 为中心演进；移动数据库市场快速成长；移动安全日益受到消费者和业界的关注；手机 PC 化已然成为显著发展趋势。

3. 移动互联网应用的发展具有七个主要特点：开放包容性、超越时空限制、潜在用户规模大、能较好确认用户身份、定制化服务、易于推广使用、易于技术创新。

4. 移动互联网营销工具的应用十分广泛，已经逐渐普及到人们日常生活的方方面面。重点了解这七种移动营销工具：手机应用商店、手机地图、QQ 营销、团购营销、微博营销、微信营销、滴滴出行。

【课后思考题】

1. 移动互联网的发展具有哪些特点？
2. 请列举常见的移动营销工具，并说明他们的应用模式。
3. 试比较微信营销和微博营销的区别。

参考文献

[1] 周宏仁，乔阳，梁春晓，李成钢．从阿里巴巴看中国电子商务及电子商务服务业发展研究报告［R］.2010.05.

[2] 朱彤．外部性、网络外部性与网络效应［J］．经济理论与经济管理，2001.11.

[3] 廉月娟．试论网络营销产生的基础［J］．北京市计划劳动管理干部学院学报，2001 年第 9 卷第 2 期．

[4] 杨晓蒙．网络营销的基础技术分析［J］．黑龙江科技信息，2014.

[5] 钱旭潮，汪群．网络营销与管理［M］．北京：北京大学出版社，2002.

[6] 张卫东．网络营销［M］．北京：电子工业出版社，2002.

[7] 互联网条件下网络营销环境分析［D］．上海：上海理工大学．

[8] 中国互联网状况白皮书［M］．

[9] 齐爱民，中华人民共和国电子商务法草案建议稿［J］．法学杂志，2014 年第 10 期．

[10] CNNIC 第 37 次调查报告［R］.2016.

[11] 李倩茹，郑娜，孟许峰．我国企业网络营销的宏观与微观环境分析［J］．营销策略，2012.02.

[12] 杨艳梅．企业外部微观营销环境状况的模糊综合评价［J］．西华师范大学学报，2010 年 9 月，第 31 卷第 3 期．

[13] 刘戈．网络消费市场中的体验营销［M］.2012.

[14] 卓骏．网络营销理论、策略与实战［M］．北京：机械工业出版社，2015，2.

[15] 梁娜，刘军．浅析市场细分雨目标市场选择［J］.2011 年第 4 期．

[16] 欧阳慧，喻建良．论适应网络营销的产品特点［J］．长沙通信职业技术学院学报，2004 年 6 月第 3 卷第 2 期．

[17] 张卫东．试论网络营销产品的概念与特点［J］．南通纺织职业技术学院学报，2002 年 9 月，第 2 卷第 3 期．

[18] 田玲．网络营销理论与实践［M］．北京：清华大学出版社，北京交通大学出版社，2008 年．

[19] 钱丽萍，喻子达．新产品开发创意新源泉—来自海尔的案例分析［J］．管理工

程学报，2009 年 02 期 .
[20] 菲利普·科特勒 . 营销管理 [M] . 第 11 版 . 上海：上海人民出版社，2003，10.
[21] 熊晓洁 . 企业品牌营销策略探析 [J] . 经营谋略，2009 年第 8 期 .
[22] 吴晓璐 . 微博时代的企业品牌营销策略 [J] . 中国商贸，2010 年第 29 期 .
[23] 刘芸 . 网络营销与策划 [M] . 北京：清华大学出版社 .
[24] 黄敏学 . 网络营销（第二版）[M] . 武汉：武汉大学出版社 .
[25] 罗乐娟 . 网络营销差别定价策略分析 [J] . 价格月刊 .2007.
[26] 张春法，张为付 . 渠道结构变迁与网络背景下的营销渠道 . 财贸经济 [J] . 2006（12）.
[27] 陈学军 . 服装网络营销 [M] . 北京：化学工业出版社，2014.
[28] 黄海滨，严中建 . 浅谈网络营销销售渠道的优势 [J] . 商场现代化，2008.03.
[29] 朱文静 . 电子商务下的网络营销策略 [J] . 当代经济 .2016.
[30] 陈桂玲 . 网络营销的渠道策略 [J] . 集团经济研究 .2006.
[31] 李欣 . 服装线上线下营销渠道冲突问题研究 [D] . 杭州：浙江理工大学，2013.06.
[32] 马咏梅 . 渠道冲突管理理论与实证分析 [D] . 成都：西南财经大学，2007.
[33] 文晓庆 . 网络时代混合营销渠道冲突及管理 [J] . 企业管理，2010（6）.
[34] 服装行业发展报告 2014-2015 [R] .2016.
[35] 冯英健 . 网络营销基础与实践 [M] . 北京：清华大学出版社，2013.
[36] 冯晖 . 网络广告实务 [M] . 北京：中国水利水电出版社，2009.
[37] 周宁，李鹏 . 网络营销：网商成功之道 [M] . 北京：电子工业出版社，2011.
[38] 陈向军 . 网络营销与策划 [M] . 北京：高等教育出版社，2011.
[39] 林景新 . 实战网络营销 [M] . 广州：暨南大学出版社，2012.
[40] 罗文，樊会文，李成钢 . 中国移动互联网产业发展蓝皮书 [M] . 北京：中央文献出版社，2012.
[41] 闻博，宋豆 . 移动支付视阈下新商业模式探究——以“滴滴打车”为例 [J] . 对外经贸，2015（4）.
[42] 郭辰希 . 滴滴打车营销模式分析 [J] . 中外企业家，2015（25）.
[43] 梁建 . 浅议团购营销 [J] . 市场周刊 .2006.10.
[44] 刘晨，马羽思 . 基于移动互联网技术下的消费者团购行为分析及应对策略 [J] .
[45] 李晨焕 . 团购模式的博弈分析 [J] . 广东财经职业学院学报，Vo1.5，No.2，2006.
[46] 梁建 . 浅议团购营销 [J] . 市场周刊，2006.10.

[47] 查曰礼．网络团购营销模式分析［J］．企业改革与管理，2011.07.

[48] 陈致中，林山．企业微博营销效果之实证研究——以腾讯微博为例［J］．媒介经营与管理，2012 年 12 期．

[49] 白兰，李欣忆．“朋友圈”变“生意圈”［N］．华西都市报，2013.12.9.

[50] 方兴东，石现升，张笑容，张静．微信传播机制与治理问题研究［J］．现代传播，2013.6，P122-127.

[51] 金力．探究移动互联网环境下的微信营销［J］．现代视听，2014，05：17-21.

[52] Raymond Vernon. International Investment and International Trade in the Product Cycle［J］. The Quarterly Journal of Economics，1966（5），Vol. 80，No. 2：190-207.

① Alam Ian. Commercial innovations from consulting engineering firms：An empirical exploration of a novel source of new product ideas［J］. Journal of Product Innovation Management，2003，20：300 ~ 313.

② Stasch Stanley F， Lonsdale Ronald T，LaVenka Noel M. Developinga framework for sourcesofnew-productideas［J］. Journal ofConsumerMarketing，1992，9（2）， Spring：5 ~ 15.

[53] Douglas w. La Bahn and Katrin R. Harich、Sensitivity to National Business Culture：Effects on U.S.-Mexican Channel Relational Marketing、5（December 1997），PP29-51.

[54] Kaffman，R.J and B. Wang.2002.Bid together，buy together：On the efficacy of troup- buying business models in Internet-based selling. In P.B.Lowry，J.O. Cherrington，and R.R.Watson（Eds），Handbook of Electronic Commerce in Business and Society，Boca Raton，FL：CRC Press，2002，99-137.